中国信息服务产业发展报告

（2014–2015）

本书编委会◎编

人民邮电出版社

北京

图书在版编目（CIP）数据

中国信息服务产业发展报告. 2014～2015 / 《中国信息服务产业发展报告》编委会编. -- 北京 : 人民邮电出版社, 2015.8
ISBN 978-7-115-39627-3

Ⅰ. ①中… Ⅱ. ①中… Ⅲ. ①信息服务业－产业发展－研究报告－中国－2014～2015 Ⅳ. ①F719

中国版本图书馆CIP数据核字(2015)第132510号

内 容 提 要

本书从产业经济学、区域经济学的视角出发，运用相关分析工具对信息服务产业发展的结构、布局、环境、政策等进行了分析，以期在更为深刻的层次上、在更为广阔的时空范围揭示和把握信息服务产业发展的内在规律和特点，探寻后危机时代中国信息服务产业的发展道路。

本书适合所有关注信息服务产业发展的领导者、研究人员、咨询师和培训人员阅读。

◆ 编　　　　本书编委会
　责任编辑　李　强
　责任印制　彭志环
◆ 人民邮电出版社出版发行　　北京市丰台区成寿寺路 11 号
　邮编　100164　　电子邮件　315@ptpress.com.cn
　网址　http://www.ptpress.com.cn
　北京隆昌伟业印刷有限公司印刷
◆ 开本：787×1092　1/16
　印张：17　　　　　　2015 年 8 月第 1 版
　字数：360 千字　　　2015 年 8 月北京第 1 次印刷

定价：200.00 元

读者服务热线：(010)81055488　印装质量热线：(010)81055316

反盗版热线：(010)81055315

本书编委会

孙惠民　阴　宏　杜子芳　李　杰　李新创　杨学成

束　盈　吴晓军　宋　雷　张立华　张永泽　张永富

张　闯　张国力　张　鸿　罗　红　季桓永　金永生

周宏仁　赵国庆　段永朝　姜奇平　姚予疆　贺登才

袁闻峰　徐　刚　殷　群　席利宝　曹　伟　曹国钰

阎长乐　曾　鸿　谢苗峰　谢智勇　谭志成

编写组组长：王　宁

副 组 长：张永泽　刘　宇　谢智勇　杨学成　谢苗峰

编写组成员（按姓氏笔画）：

于伟静　王静宇　王　璐　刘丹丹　刘海伦　孙　飞

李　扬　李　杨　李国庆　李桥枫　李梦洁　李瑾梁

杨旻珺　宋嘉莹　张思航　陈　威　胡小阳　钱懿斐

徐　缓　曹　政　梁柳云

统　　稿：张永泽　李桥枫

序

经典的经济增长理论认为，一个国家或地区的经济增长主要取决于两个因素：资本和劳动力。20 世纪 80 年代中期，保罗·罗默和卢卡斯提出了“新增长理论”，首次将罗伯特·索罗的新古典增长模型中的“劳动力”的定义扩展为人力资本投资，即人力不仅包括绝对的劳动力数量和该国所处的平均水平，而且还包括劳动者的教育水平、生产技能训练和相互协作能力的培养。美国经济学家保罗·罗默 1990 年提出了技术进步内生增长模型，把经济增长建立在内生技术进步之上。

然而，今天的人类社会各项活动与信息数据的创造、传输和使用直接相关。信息数据作为一种无形的、依附于其他要素的非独立要素，通过优化劳动力、资本技术等要素的结构和配置来施加对生产力的影响。信息数据成为独立的生产要素，经历了近半个世纪的信息化过程，促成了信息量和处理能力的爆炸式增长，海量信息数据的积累与交换，分析与运用，产生了前所未有的洞见与知识，极大地促进了生产效率的提高。

同时，信息数据要素也开始显现出完全不同于资本、劳动力和技术等物质要素的经济特征。首先，信息数据具有即时性，数据生成实时在线，处理速度快，取代了时间的位置，经济向即时同步发展。其次，信息数据要素的出让者并未在出让的同时丧失出让信息数据的使用价值，具有共享性特征。最后，信息数据具有边际生产力递增性，即信息数据在使用过程中非但没有被消耗，还会因为信息数据的使用而产生新的信息数据。

今天，信息经济正在倒逼一个个产业的互联网化、在线化、数据化。由于信息数据本身具有天然的共享性和边际生产力递增的特性，信息数据要素的投入和信息技术的应用，使得物质要素不断被节约，从而不断提高生产效率。信息价值的增加突破了传统经济中“1+1=2”的线性增长模式，取而代之的是非线性增长模式。

信息服务产业是信息产业中的软产业部分，是从事信息资源开发和利用的重要产业部门，属于第三产业。同时，信息服务产业也是连接信息设备制造业和信息用户之间的中间产业，其对生产与消费的带动作用大，产业关联度高，发展信息服务产业有助于扩大信息设备制造业的需求和增加对信息用户的供给。

中国互联网正处于娱乐性和媒体性互联网向生产性互联网转变的重要阶段，中国信息服务产业也处于一个稳定高速发展阶段。因此，服务于传统产业各个领域和门类的产业互联网和信息服务业将成为我国未来产业发展的重要方向，这不仅为传统产业带来新的增长和创新空间，更将带动生产方式和经济发展模式的深刻转型。

在新常态下，以 BAT 为代表的互联网商业生态系统，已经成为理论界必须关注的研究对象。这种商业生态系统属于新经济范畴，为什么信息数据会成为经济增长的要素？信息经济条件下的增长模式是什么？对这一经济现象的系统探索与研究，或许会催生出新的经济增长理论。

《中国信息服务产业发展报告（2014—2015）》的出版，无疑为信息服务产业的研究提供了新的素材与成果，其理论和实践意义不言而喻。

是为序！

乔建永

北京邮电大学校长 教授 博士生导师 俄罗斯工程院外籍院士

前言

《中国信息服务产业发展报告（2014—2015）》共分为四篇。第一篇——概览篇，主要对2014年信息服务业的总量、结构、区域发展等情况进行回顾，并对信息服务业的发展环境与行业信心指数进行分析，在此基础上对2015年信息服务业的发展进行展望。第二篇——热点篇，集中对2014年以来信息服务业产业热点的发展进行追溯，并对存在的问题及未来发展进行分析与预测。第三篇——分析篇，基于2014年相关数据对信息服务业的细分行业结构与区域结构进行了分析，并对信息服务业区域发展态势进行了比较分析与评价。第四篇——行业篇，基于2014年相关数据对信息服务业各细分行业进行分析，特别针对信息技术服务业上市公司2014年的发展进行了评价。

目　录

第一篇　概　览　篇

第二篇　热　点　篇

第三篇　分　析　篇

第四篇　行　业　篇

第一篇　概　览　篇

——本篇对 2014 年信息服务业的总量、结构、区域发展等情况进行了回顾，对信息服务业的发展环境、行业的景气指数进行了分析，并在此基础上对 2015 年信息服务业的发展进行了展望。

第1章　2014年产业发展概况

信息服务产业是提高信源与信宿之间信息传递效率的产业的集合，是涉及信息生产、信息存储、信息传输、信息加工与信息使用等诸多领域的综合性产业。基于相关统计口径，并考虑数据采集的有效性和连续性，本报告把信息服务产业的研究范围界定为3个主要方面，即信息传输服务、信息技术服务和信息内容服务。其中，信息传输服务包括电信、互联网、广播电视等；信息技术服务包括集成电路设计、数据处理和存储服务、软件产品、信息系统集成服务、信息技术咨询服务及嵌入式系统软件等；信息内容服务包括数字内容服务和传统内容服务。

在与国家统计局发布的《统计上划分信息相关产业暂行规定》相衔接，参考联合国相关分类标准和国内其他地区提出的信息服务业统计办法，结合统计工作调查实际，注重统计数据的可获得性，有利于信息服务业统计数据的收集、开发和监测的基础上，本报告为了增强研究的针对性，在细分行业分析中也采用以下结构框架（见图1-1）。

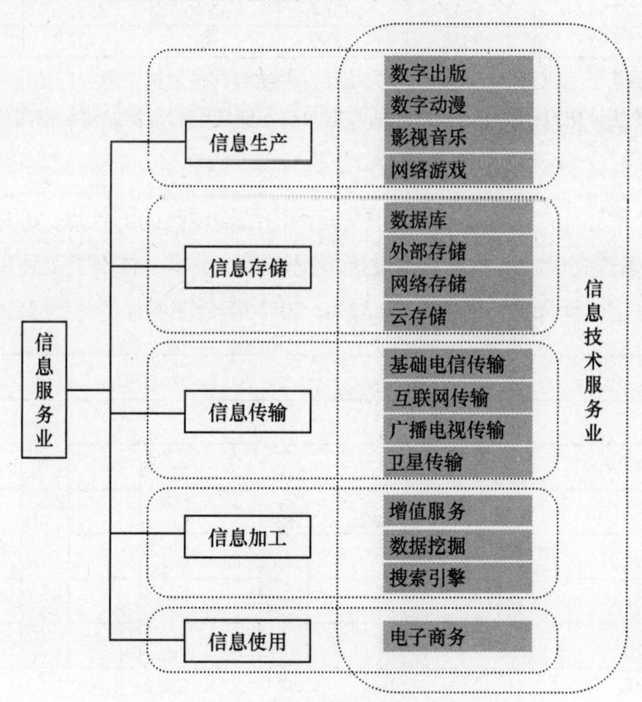

图1-1　信息服务业产业链

在信息的使用中，电子商务是一个重要组成部分。但是，电子商务涉及的范围很广，综合性也很强，本报告主要研究信息服务业的发展，所以不能从交易规模的角度入手，而是更加注重电子商务中涉及信息服务的内容。

1.1 总体规模

2014 年，信息服务业继续保持高速增长的态势，在国民经济和社会发展中发挥了举足轻重的作用，在不断创造出新的业态的基础上，呈现出政策助力日益强化、产业转型稳步推进、企业跨界加速、信息技术全面渗透的特点，在拉动经济增长、解决社会就业、促进经济结构转型等方面发挥了不可替代的作用。

经过相应的调整和计算，我们得到了狭义信息服务业的产业规模。截至 2014 年年底，产业规模达到 62887 亿元，相比 2013 年增长了 12.7%（见表 1-1），以信息技术服务为内涵的软件业在信息服务业中占到很大的比例，构成了产业发展的主体。

表 1-1　　信息服务业产业市场规模　　单位：亿元

	2008 年	2009 年	2010 年	2011 年	2012 年	2013 年	2014 年
信息服务业	20210	23584	29551	37233	45224	55797	62887
电信	8139.9	8424.3	8988	9880	10763	11689	11541
广播电视传输服务	1583	1853	2302	2764	3269	3735	4258
互联网信息服务	989	1435	2008	2611	3342	3743	4192
软件业务收入	7572.9	9513	13364	18467	23637	31575	37235
数字内容产业	1925	2359	2889	3511	4213	5055	5661

注：表中的数据主要基于工业和信息化部的相关统计，并结合其他数据来源。广播电视传输服务数据主要参考国家广播电影电视总局的统计快报；数字内容产业的数据来自本课题组的市场监测数据库；2014 年的数据来自本课题组的预测模型

信息化是当前经济发展的主动力，信息消费是国内结构调整的切入点。正是在这样的背景下，信息服务业的重要性越来越突出。从我国实际发展情况来看，基本上体现了上述发展趋势。从 2008 年到 2014 年，信息服务业年复合增长率达到 20.82%，2014 年全部增加值达到 31110.2 亿元（见图 1-2）。

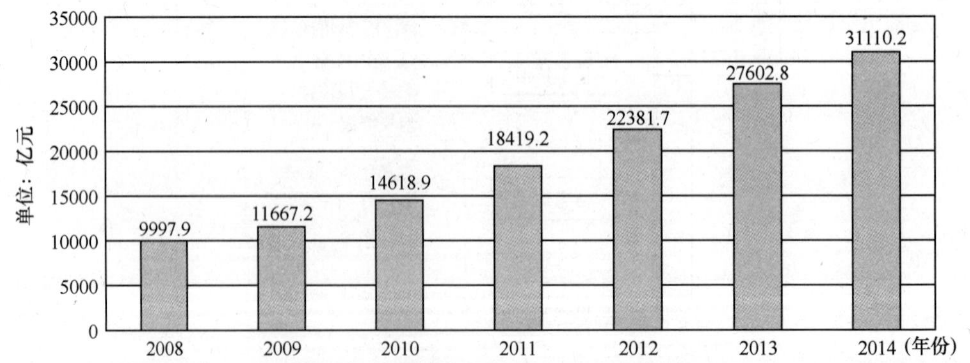

注：信息传输服务业、信息技术服务业的增加值根据统计局相关统计数据整理计算；信息内容产业的增加值只包括数字内容产业部分，来自课题组的预测模型

图 1-2　信息服务业增加值发展趋势

自2008年以来，由于受到整个经济形势波动的影响，信息产业发展有所放缓，信息服务业增长率略有下滑。但是从总体发展态势来看，中国信息服务业收入规模仍在快速增长。2014年，信息服务业占按当年价格计算的GDP的比例达到4.89%（见图1-3），比2013年提高0.04个百分点，显示出该产业在国民经济中日益提高的地位。如果考虑其发展的潜在动力和发展质量，信息服务业的重要性更加值得期待，其在未来经济增长和结构调整中也必将发挥越来越重要的作用。

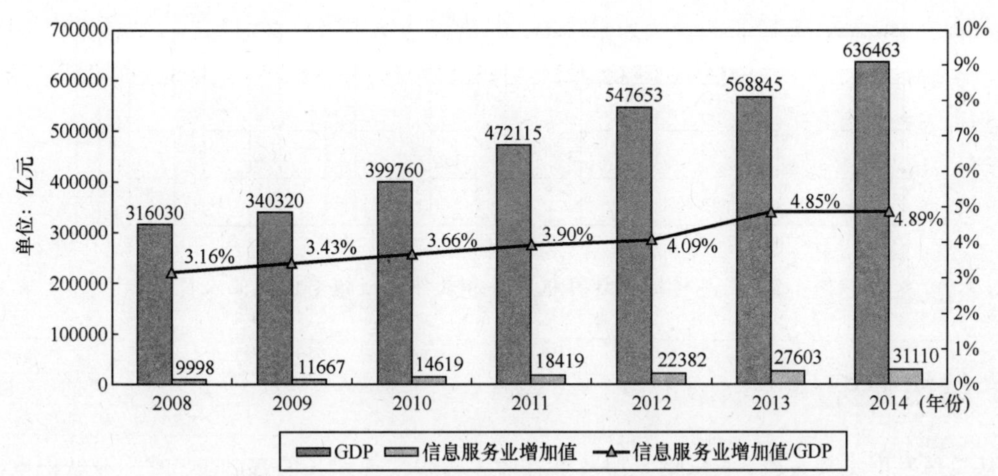

图1-3 信息服务业增加值占GDP的比重

在信息服务业的固定资产投资中，信息传输和信息技术服务业占到较大的比例。截至2014年年底，信息传输、软件和信息技术服务业固定资产投资达到4187亿元（见图1-4）。

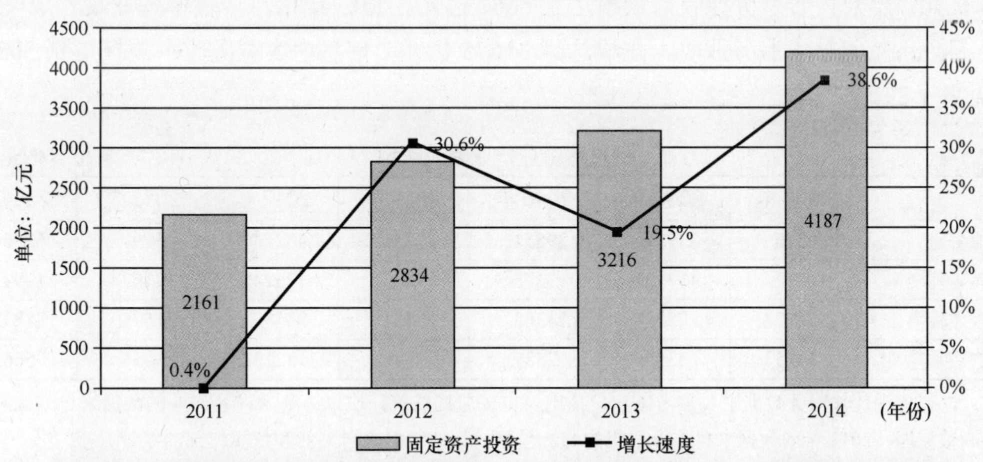

数据来源：根据国家统计局统计公报相关数据整理。固定资产投资（不含农户）指城镇和农村各种登记注册类型的企业、事业、行政单位及城镇个体户进行的计划总投资500万元及500万元以上的建设项目投资和房地产开发投资，包含原口径的城镇固定资产投资加上农村企事业组织项目投资，该口径自2011年起开始使用

图1-4 信息传输、软件和信息技术服务业固定资产投资总体投资规模

截至2013年年底，信息传输、信息技术服务业就业人数达到327.3万人，比2012年的222.8万人增长46.9%（见图1-5），充分体现了服务业吸纳就业人员的能力，在当前经济形势下意义尤为重要。

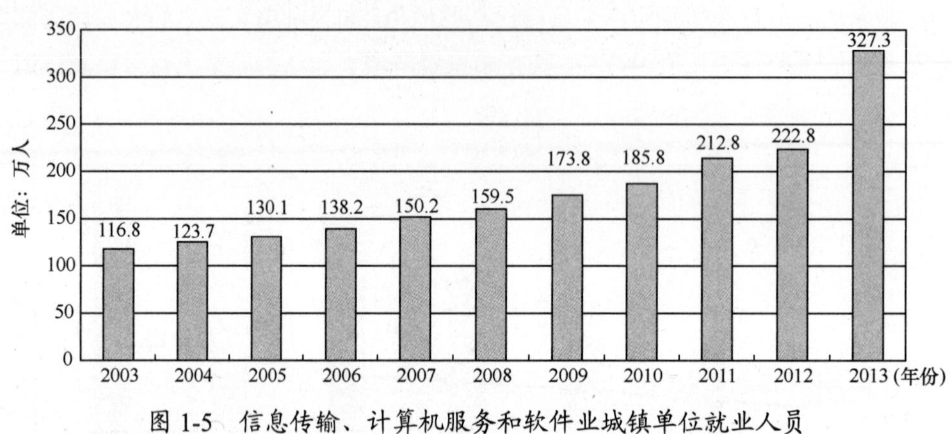

图 1-5　信息传输、计算机服务和软件业城镇单位就业人员

1.2　结构分析

从总体发展态势来看，中国信息服务业在收入规模快速增长的基础上，其产业结构也在不断优化。其中，软件产业、电信业、互联网信息服务业的发展尤为突出。软件产业规模持续高速增长。

截至2014年，信息传输服务业收入规模达到19991亿元；信息技术服务业收入规模达到37235亿元；信息内容服务业收入规模达到5661亿元。2013年信息传输服务业收入规模达到19167亿元；信息技术服务业收入规模达到31575亿元；信息内容服务收入规模达到5055亿元（见表1-2）。

表 1-2　　信息服务业产业收入结构　　单位：亿元

	2008年	2009年	2010年	2011年	2012年	2013年	2014年
信息服务业	20210	23584	29551	37233	45224	55797	62887
信息传输服务业	10712	11712	13298	15255	17374	19167	19991
信息技术服务业	7572.9	9513	13364	18467	23637	31575	37235
信息内容服务业	1925	2359	2889	3511	4213	5055	5661

注：广播电视传输服务数据主要参考国家广播电影电视总局的统计快报；数字内容产业的数据来自本课题组的市场监测数据库；2013年的数据来自本课题组的预测模型；其他数据来自工业和信息化部的统计月报

2014年，信息传输服务收入占信息服务业总体收入的比例为31.8%，比上年下降2.4%个百分点；信息内容服务收入占信息服务业总体收入的比例为9.0%，比上年略微下降0.1个百分点；信息技术服务占信息服务业总体收入的比例为59.2%，比上年提高7个百分点，在信息服务业中的比例继续提高（见图1-6）。

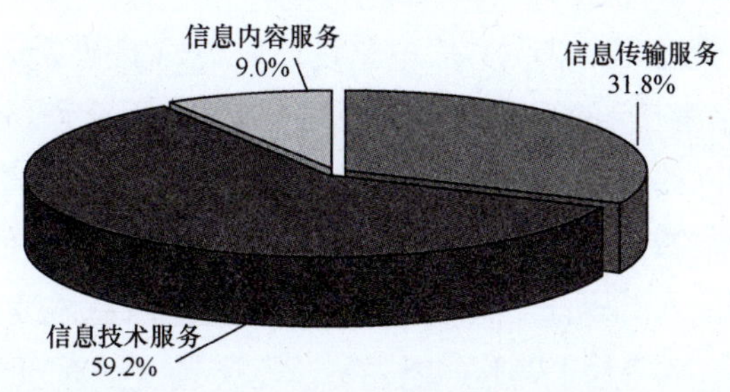

图 1-6　信息服务业收入结构

从 2008—2014 年，信息传输服务收入年复合增长率为 10.96%，信息内容服务收入复合增长率为 19.70%，信息技术服务收入复合增长率为 30.40%（见图 1-7）。在信息服务业增长速度结构中，信息技术服务业的增长势头最为强劲。

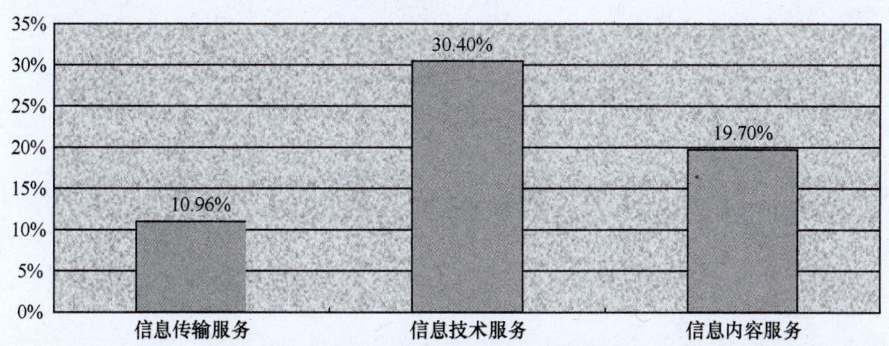

图 1-7　信息服务业细分产业增长速度对比

2014 年 1～12 月，移动通信收入累计完成 8599.4 亿元，比上年同期增长 3.3%，在电信主营业务收入中所占的比重从上年同期的 74.4%上升到 74.5%；固定通信收入累计完成 2941.7 亿元，比上年同期增长 4.3%，在电信主营业务收入中所占的比重从上年同期的 25.6%下降到 25.5%（见图 1-8）。

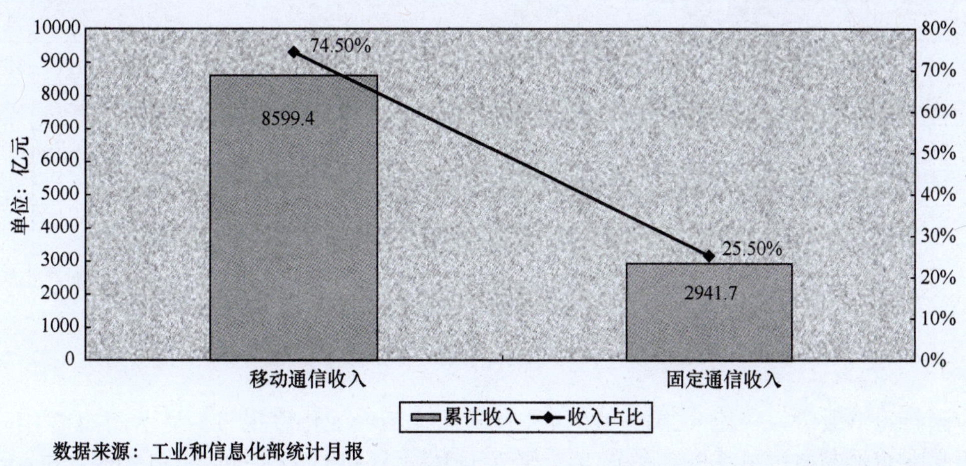

数据来源：工业和信息化部统计月报

图 1-8　电信传输服务收入结构

在有利的产业政策的带动下，我国集成电路设计业增长步伐逐步加快，2014 年 1～12 月实现收入 1099 亿元，同比增长 18.6%，低于上年同期 1.6 个百分点。软件服务业的不断发展，使数据处理和存储服务收入的增长持续处于高位，累计到 12 月底，数据处理和存储服务实现收入 6834 亿元，同比增长 22.1%，增速高于上年 1.8 个百分点。软件产品、信息系统集成服务、信息技术咨询服务和嵌入式系统软件增长平稳，分别实现收入 11324 亿元、7679 亿元、3841 亿元和 6457 亿元，同比增长 17.6%、18.2%、22.5%和 24.3%（见图 1-9）。

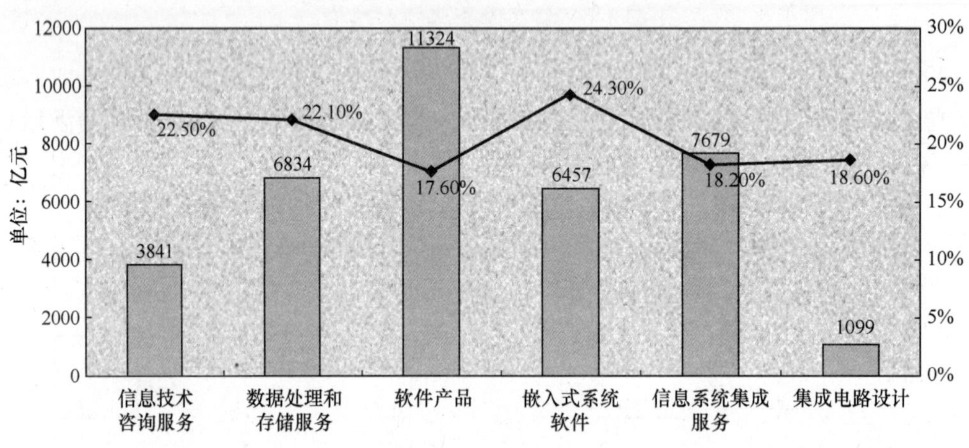

图 1-9 软件业务收入结构

截至 2013 年年底，我国信息传输、计算机服务和软件业 500 万元以上投资项目数量为 4007 个，新开工项目 2913 个，建成投产项目达到 2619 个。其中，电信和其他信息传输服务业投资项目数量 2286 个，新开工项目 1684 个，建成投产项目达到 1610 个，在信息服务业中占据主要份额（见图 1-10）。总体来看，电信和其他信息传输服务业投资项目数量比上年略有增加。

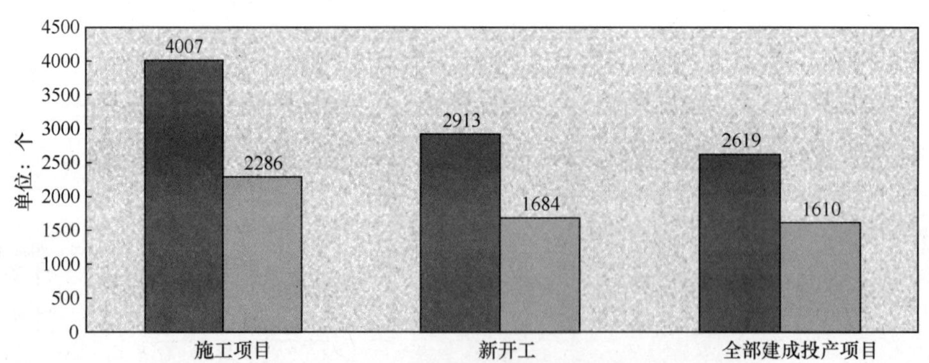

图 1-10 信息服务业投资项目数量结构

中国新闻出版研究院的《2013—2014 中国数字出版产业年度报告》显示，2013 年，我国数字出版产业继续保持强劲增长势头，全年收入规模达 2540.35 亿元，比 2012 年增长了 31.25%。其中，互联网期刊收入达 12.15 亿元，电子书（含网络原创出版物）达 38 亿元，数字报纸（不含手机报）达 11.6 亿元，博客达 15 亿元，在线音乐达 43.6 亿元，网络动漫达 22 亿元，手机出版（含手机彩铃、铃音、手机游戏等）达 579.6 亿元，网络游戏达 718.4 亿元，互联网广告达 1100 亿元（见图 1-11）。

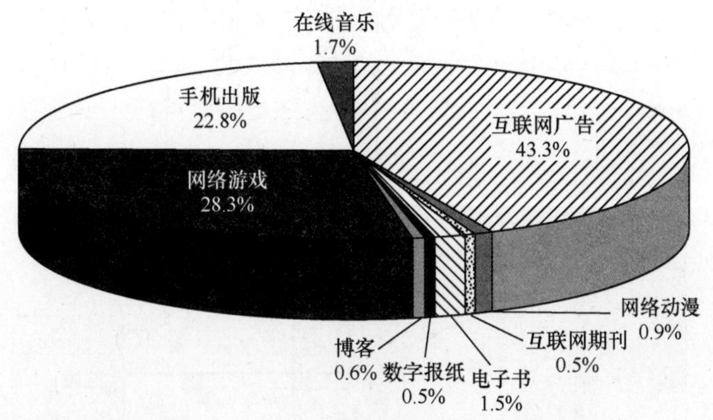

数据来源：中国新闻出版研究院，《2013—2014 中国数字出版产业年度报告》

图 1-11　2013 年数字出版业收入结构

1.3　区域结构

1.3.1　总体区域结构

截至 2014 年年底，我国东部地区信息服务业收入达 44517.5 亿元，收入占比为 70.79%；中部地区信息服务业收入达 9089.1 亿元，收入占比为 14.45%；西部地区信息服务业收入达 9280.4 亿元，收入占比为 14.76%（见图 1-12）。

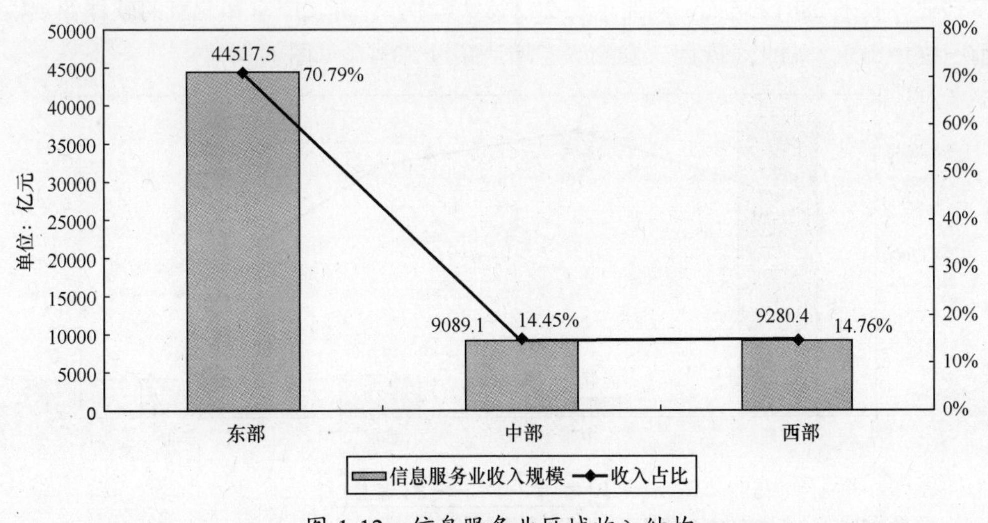

图 1-12　信息服务业区域收入结构

1.3.2 电信传输服务业区域结构

2014年，东部地区实现电信业务收入6422.8亿元，占全国电信业务收入比重为54.6%，同比下降0.6个百分点，自2009年以来占比持续下降。东中西部收入差距进一步缩小，东部与中西部收入占比差距分别为31.8%、32%，较上年分别下降0.6个百分点、1.2个百分点（见图1-13）。

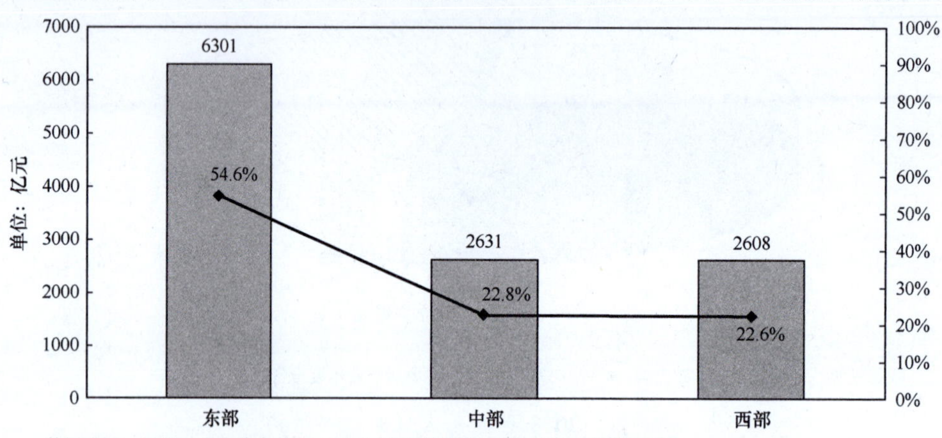

数据来源：根据工业和信息化部《2014年通信运营业统计公报》整理计算

图1-13 2014年电信业务收入区域结构

1.3.3 信息技术服务业区域结构

2014年1～12月，中、西部地区分别完成软件业务收入1713亿元和3927亿元，同比增长26.7%和23.5%，增速高出全国平均水平6.5和3.3个百分点，在全国所占比重为4.6%和10.6%，分别比2013年提高0.2和0.3个百分点。东北三省回落明显，完成软件业务收入3583亿元，同比增长11.6%，占全国比重9.6%，比2013年下降0.9个百分点。东部地区平稳增长，完成软件业务收入28012亿元，同比增长20.5%。其中，江苏、广东和北京的软件业规模仍居全国前三位，山东、湖北、陕西、安徽等省增速超过30%（见图1-14）。

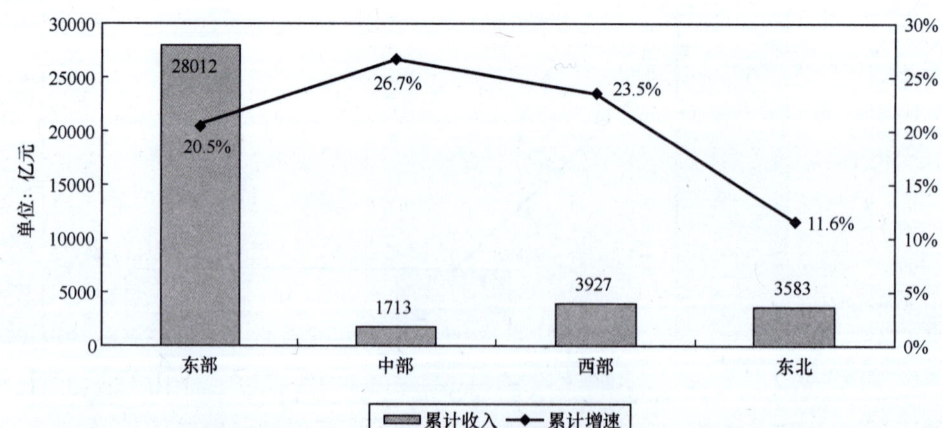

数据来源：工业和信息化部《2014年1～12月软件业经济运行情况》

图1-14 2014年1～12月信息技术服务收入区域结构

2014年1～12月，全国15个中心城市共实现软件业务收入超过2万亿元，同比增长21.1%，增速高出全国平均增速0.9个百分点（见图1-15），但比2013年下降6.5个百分点。其中，软件业务收入规模超过1000亿元的中心城市达到9个，比2013年增加1个。中心城市的软件业务收入中，数据处理和存储服务增长25.7%，增速高于全国平均水平3.6个百分点。

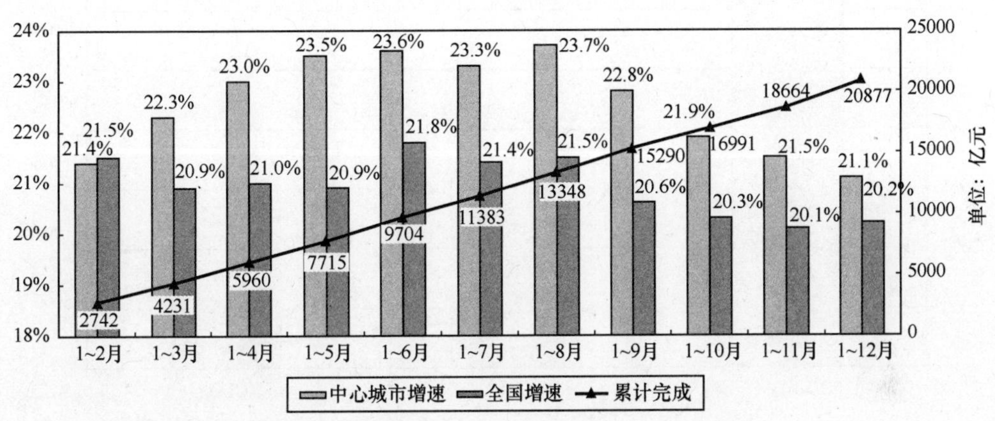

图1-15　2014年中心城市软件业务收入结构

1.3.4　信息内容服务业区域发展

《国务院关于推进文化创意和设计服务与相关产业融合发展的若干意见》要求推动文化产品和服务的生产、传播、消费的数字化、网络化进程，强化文化对信息产业的内容支撑、创意和设计提升，加快培育双向深度融合的新型业态。深入实施国家文化科技创新工程，支持利用数字技术、互联网、软件等高新技术支撑文化内容、装备、材料、工艺、系统的开发和利用，加快文化企业技术改造步伐。大力推动传统文化单位发展互联网新媒体，推动传统媒体和新兴媒体融合发展，提升先进文化互联网传播吸引力。深入挖掘优秀文化资源，推动动漫游戏等产业优化升级，打造民族品牌。推动动漫游戏与虚拟仿真技术在设计、制造等产业领域的集成应用。推进数字绿色印刷发展，引导印刷复制加工向综合创意和设计服务转变，推动新闻出版数字化转型和经营模式创新。

根据国家新闻出版广电总局的统计信息，2013年，全国出版电子出版物达到11708种，数量为35220.18万张。相比2012年，品种有所下降，但数量增长了33.69%。在所有电子出版物中，只读光盘品种下降了4.48%，数量增长了45.54%；高密度只读光盘品种下降了2.12%，数量下降20.89%；交互式光盘及其他电子出版物品种增长了35.06%，数量增长了70.56%。2013年全国出版电子出版物品种和数量结构如图1-16所示。

根据国家新闻出版广电总局的统计信息，2013年，全国累计出口音像制品、电子出版物与数字出版物2346.96万美元，与2012年相比，增长7.09%。其中，全国出版物进出口经营单位累计出口122.43万美元，与2012年相比，数量下降63.45%，金额增长265.02%。2013年全国出版电子出版物出口结构如图1-17所示。

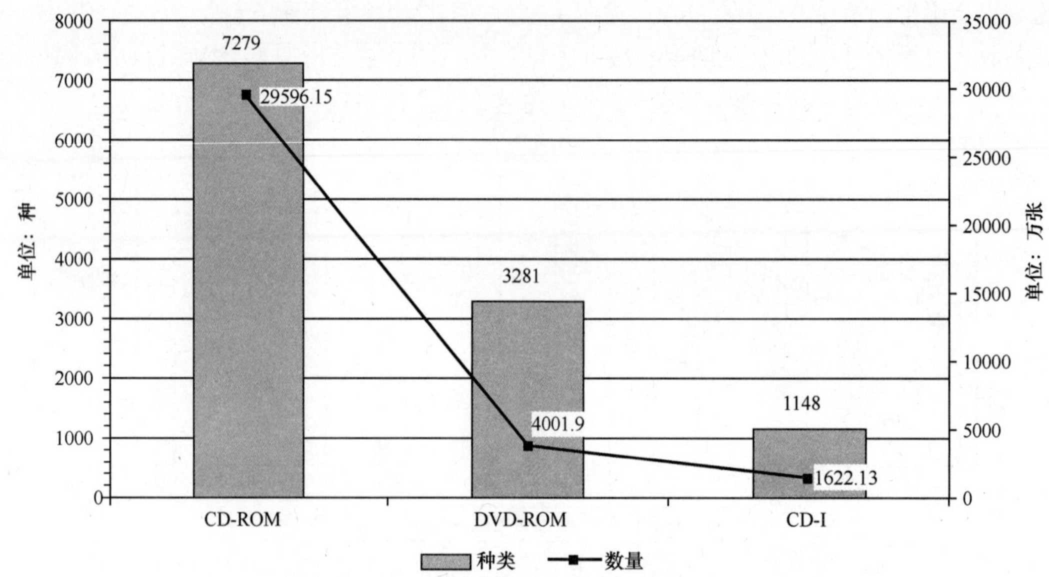

数据来源：国家新闻出版广电总局《2013 年全国新闻出版业基本情况》

图 1-16　2013 年全国出版电子出版物品种和数量结构

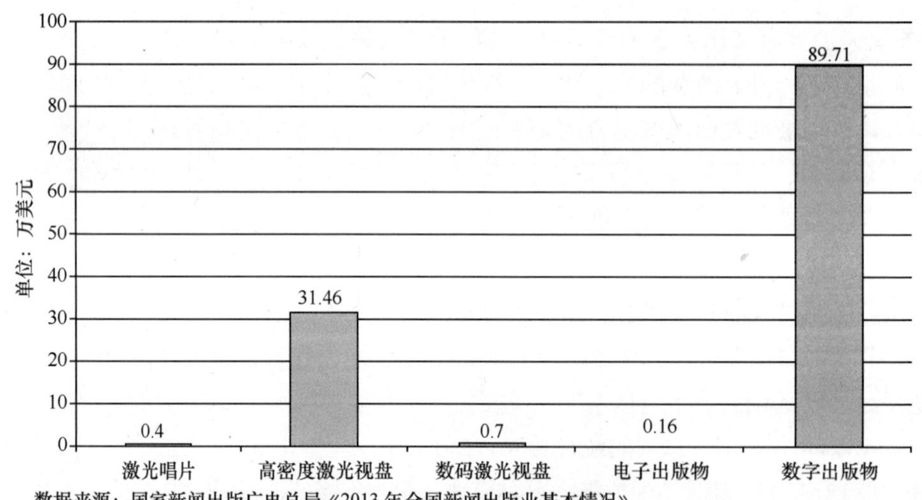

数据来源：国家新闻出版广电总局《2013 年全国新闻出版业基本情况》

图 1-17　2013 年全国出版电子出版物出口结构

2013 年，全国出版物进出口经营单位累计进口音像制品、电子出版物与数字出版物 28.51 万盒（张）、20022.34 万美元，与 2012 年相比，数量增长 53.59%，金额增长 20.00%。2013 年全国出版电子出版物进口结构如图 1-18 所示。

2013 年，全国广播节目制作时间达到 739 万小时，相比 2012 年，增长了 2.82%（见图 1-19）。

2013 年，全国电视节目制作时间达到 340 万小时，相比 2012 年，下降了 1.11%（见图 1-20）。

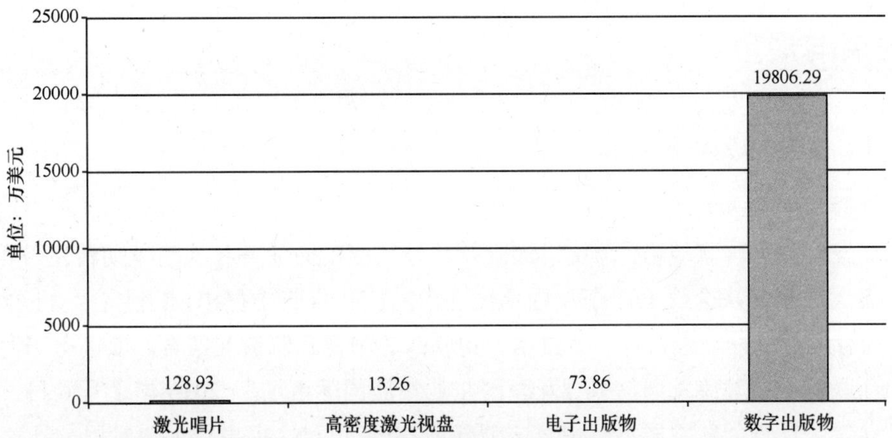

数据来源：国家新闻出版广电总局《2013 年全国新闻出版业基本情况》

图 1-18　2013 年全国出版电子出版物进口结构

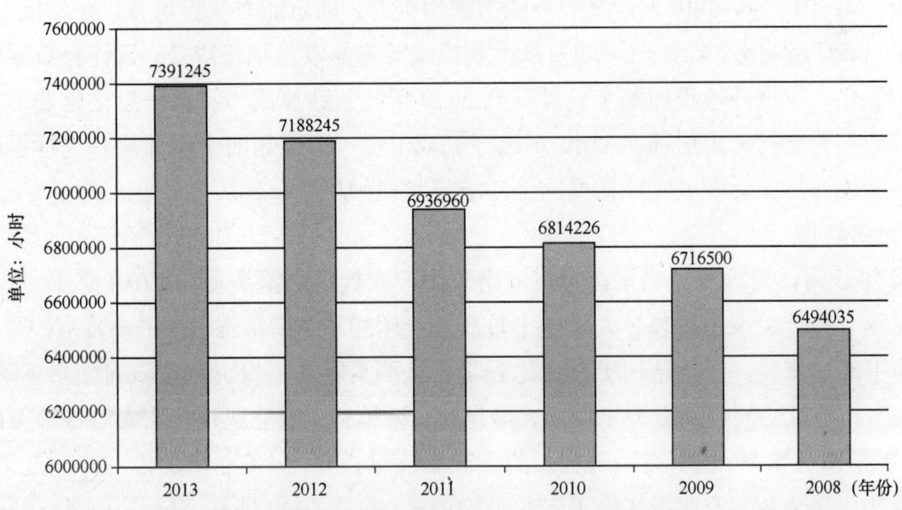

图 1-19　全国广播节目制作时间增长趋势

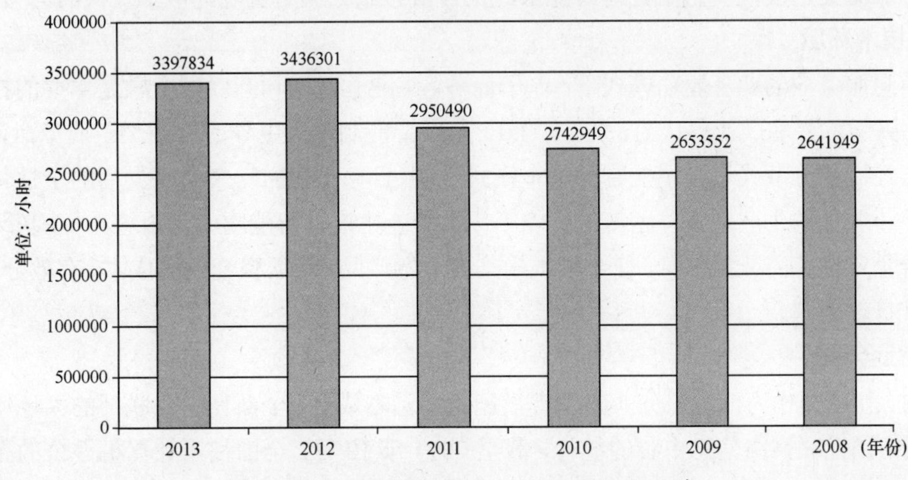

图 1-20　全国电视节目制作时间增长趋势

1.4 发展与展望

1.4.1 发展环境更加优化

1. 政策环境

信息化发展作为国家战略，顶层设计开始从技术驱动向业务和战略驱动转化。第十二届全国人民代表大会第三次会议上，李克强总理在政府工作报告中提出，“制定‘互联网+’行动计划，推动移动互联网、云计算、大数据、物联网等与现代制造业结合，促进电子商务、工业互联网和互联网金融健康发展，引导互联网企业拓展国际市场”。2015 年 1 月 6 日，国务院印发《关于促进云计算创新发展培育信息产业新业态的意见》，提出要加快发展云计算，打造信息产业新业态，推动传统产业升级和新兴产业成长，培育形成新的增长点，促进国民经济提质增效升级。到 2017 年，我国云计算服务能力大幅提升，创新能力明显增强，在降低创业门槛、服务民生、培育新业态、探索电子政务建设新模式等方面取得积极成效，云计算数据中心区域布局初步优化，发展环境更加安全可靠。到 2020 年，云计算成为我国信息化重要形态和建设网络强国的重要支撑。工信部在 2013 年已经完成了十二五规划的中期评估并进行了适当的调整，更加贴近经济社会发展实际需要的十三五规划已经启动。

2. 经济环境

2014 年 5 月，习近平总书记在考察河南时第一次提出“新常态”。2014 年 11 月，习近平总书记在亚太经合组织工商领导人峰会上首次系统阐述了“新常态”的主要特点，即“从高速增长转为中高速增长，经济结构不断优化升级，从要素驱动、投资驱动转向创新驱动”。在新常态环境下，通过协同推进新型工业化、信息化、城镇化、农业现代化，应对各种可能出现的风险。在新常态环境下，消费对经济增长的贡献率超过投资，服务业增加值占比超过第二产业，高新技术产业和装备制造业增速高于工业平均增速，单位 GDP 能耗下降。以上经济发展趋势，既为信息服务业的发展提出了更高的要求，也为信息服务业的发展提供了更大的动力。

3. 技术环境

在信息服务业的业务驱动模式下，电子商务、工业互联网和互联网金融是主要的技术发展方向。德国学术界和产业界认为，“工业 4.0”是以智能制造为主导的第四次工业革命，包含了由集中式控制向分散式增强型控制的基本模式转变，目标是建立一个高度灵活的个性化和数字化的产品与服务的生产模式，涵盖了智能工厂、智能生产、智能物流等内容。“互联网+金融”可以整合企业经营的数据信息，使金融机构丰富金融产品、降低资金融通成本、有效分散风险，进而提升贷款效率。

4. 社会环境

目前，互联网作为信息服务业的基础设施已经基本成熟，全面使用互联网的大环境已经形成。根据中国互联网络信息中心的统计，截至 2014 年 12 月，全国使用计算机办公的企业比例为 90.4%，使用互联网办公的企业比例为 78.7%，实现互联网宽带接入的企业比例为 77.4%，全国有 41.4%的企业建立了独立的企业网站，同时有 17.0%的企业利用电子商务平台建立了网店。全国的上网企业中，利用互联网开展发送和接收电子邮件、网上银行、与政府机构互动的比例分别为 83.0%、75.9%和 70.6%，在各项企业互联网应用中排名前三。全国开展过在线销售的企业比例为 24.7%，开展过在线采购的企业比例为 22.8%，利用互联网开展营销推广活动的企业比例为 24.2% 。

1.4.2　总量及结构数据预测

预计到 2015 年年底，我国信息服务业的总体规模将保持稳定发展的态势，产业收入可望突破 6.5 万亿元。其中，信息传输服务业发展进入稳定发展阶段，预计市场规模可以超过 2 万亿元；信息技术服务业继续保持高速增长态势，预计市场规模可以突破 4 万亿元；信息内容服务业将会平稳发展，预计市场规模可以接近 7000 亿元。

第2章　2014—2015年信息服务产业景气指数分析

2014 年，我国信息服务业保持着较快的发展速度，产业运行态势良好，产业规模不断扩大，即使在国内经济走势放缓的大背景下，信息服务业增速依然保持在 30%以上，远高于 GDP 增速。随着 2014 年国家经济产业结构的不断调整，以及信息服务业的相关法律法规逐步出台，信息服务业领域的技术创新进一步强化，社会和各行业信息化程度不断加深，信息服务业正在迎来发展高峰。

2.1　信息服务产业总量及结构分析

2014 年，我国信息服务业的总体规模保持稳定的发展态势，产业规模突破 5.5 万亿元。其中，信息传输服务业发展速度相对平缓，全年完成收入 18149.5 亿元，同比增长 16.1%，比上年提高 0.7 个百分点；信息技术服务业继续保持高速增长态势，全年收入达到 37235 亿元，同比增长 20.2%，增速比 2013 年下降 3.2 个百分点。全年发展呈稳中有降趋势，月度累计增速稳定在 20%～22%，第一至第四季度增速分别为 20.9%、22.6%、18.5%和 19.1%（见图 2-1），下半年增速有所放缓。

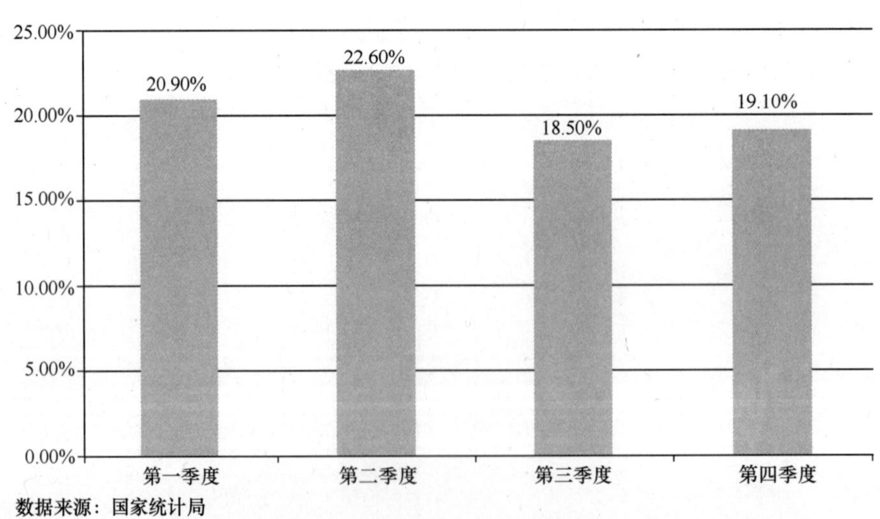

图 2-1　2014 年信息技术服务业全年收入增速

值得注意的是，软件技术服务发展迅速。2014 年，我国软件和信息技术服务业中，信息技术咨询服务、数据处理和运营类服务收入分别增长 22.5%和 22.1%，增速分别高出全行业平均水平 2.3 和 1.9 个百分点；占软件业比重分别达 10.3%和 18.4%，同比提高 0.2 和 0.3 个百分点。

随着我国大部分传统企业开始加速互联网布局，2014 年信息服务业的固定资产投资保持了较快的增长速度。其中，信息传输服务业固定资产投资为 1696.04 亿元，比去年同期增长 22.7%；信息技术服务业固定资产投资为 3553.87 亿元，比去年同期增长 34.2%。信息传输、信息技术服务业就业人数将突破 350 万人，从业人员平均工资达到 10 万元。

2014 年，中西部信息服务业发展速度加快，中、西部地区分别完成软件业务收入 1713 亿元和 3927 亿元，同比增长 26.7%和 23.5%，增速分别高出全国平均水平 6.5 和 3.3 个百分点，在全国所占比重为 4.6%和 10.6%，分别比 2013 年提高 0.2 和 0.3 个百分点；东北三省回落明显，完成业务收入 3583 亿元，同比增长 11.6%，占全国比重 9.6%，比 2013 年下降 0.9 个百分点；东部地区平稳增长，完成业务收入 28012 亿元，同比增长 20.5%（见图 2-2）。其中，江苏、广东和北京的信息服务业规模仍居全国前三位，山东、湖北、陕西、安徽等省增速超过 30%。

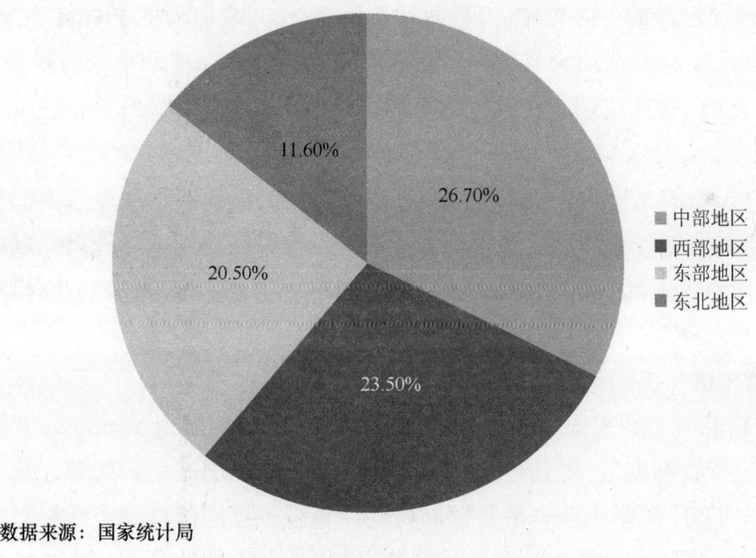

图 2-2　全国各地区收入增长饼形图

2.2　2014 年信息服务产业发展环境回顾

1. 产业发展基础进一步夯实

2014 年是第四代移动通信技术（4G）正式商用的第一年。4G 拥有通信速度快、网络频谱宽、通信灵活、智能性能高、兼容性好、提供增值服务、高质量通信、频率效率高、费用便宜等优势，它的使用加速了我国移动智能终端的进一步升级。

通信行业逐步向民营企业开放。工业和信息化部在2013年年底和2014年年初先后向两批共19家民营企业颁发了虚拟运营商牌照。虚拟运营商的出现，改变了以往电信运营的模式，将会为用户提供高质量、专业化的增值服务。同时，虚拟运营商推出的相关资费政策可能因价格优惠而进一步推动移动互联网产业和信息服务业的发展。

2014年7月15日，中国通信设施服务有限公司的成立实现了电信业的“网业分离”，这有利于减少电信行业内铁塔以及相关基础设施的重复建设，提高行业投资效率，进一步提高电信基础设施共建共享水平，缓解企业选址难的问题，增强企业集约型发展的内生动力，从机制上进一步促进资源节约和环境保护。同时，这也有利于降低中国移动的总体投资规模，有效盘活资产，节省资本开支，优化现金使用，聚焦核心业务运营，提升市场竞争能力，加快行业的转型升级。

2. 产业发展合作进一步深化

跨界合作趋势进一步增强。2014年，移动互联网业发展环境不断优化，手机制造企业与互联网企业的合作日趋紧密，以达到创新营销和巩固渠道的目的。例如，腾讯与互联网手机品牌大Q开展基于QQ空间营销的合作；百度提出Baidu Inside计划，将在智能硬件生态链上输出技术能力；阿里借助魅族的MX4，推出搭载基于阿里YunOS底层的Flyme系统手机；360向酷派投资4亿美元，并与其成立合资公司，欲借助手机弥补其在移动平台的弱势。由此可以看出，软件与硬件结合向智能终端进军，使得智能可穿戴设备、移动医疗、智能家具领域的发展不断深化。

2014年是O2O发展的元年，从打车软件到订餐软件，O2O模式迅速进入人们生活的方方面面。在2015年全国两会上，李克强总理的政府工作报告重点提到了“把以互联网为载体、线上线下互动的新兴消费搞得红红火火”，在政府政策的大力扶持下，未来O2O模式还将继续保持快速良好的发展态势。

3. 相关政策措施进一步完善

2014年，我国信息安全相关政策频繁推出，从重要部门招标禁用Windows 8系统，到即将推出的“网络安全审查制度”，再到有关金融行业将全面落实国产化替代等，软硬件国产化进程有望加速，国产IT厂商即将迎来重要发展机遇。自主可控的信息安全体系需从硬件、基础软件、行业应用软件乃至行业解决方案全面实现国产化，其中硬件设备是能够最快实现国产化的领域。无论是国产终端、服务器还是ATM等应用设备的推广，都将在未来一段时间内为我国计算机行业的发展提供新的市场动力。

2014年发布的《国家新型城镇化规划（2014—2020年）》明确要求：推进智慧城市建设，统筹城市发展的物质资源、信息资源和智力资源利用，推动物联网、云计算、大数据等新一代信息技术创新应用，实现与城市经济社会发展深度融合。据此，住建部、工信部等部门陆续出台了一系列智慧城市国家标准，包括《智慧城市 SOA 标准应用指南》《智慧城市技术参考模型》《智慧城市评价模型及基础评价指标体系》等6个立项。

2014年，国家在互联网金融领域出台了《关于手机支付业务发展的指导意见》《支付机构网络支付业务管理办法》《关于加强商业银行与第三方支付机构合作业务管理的通知》《私募股权众筹融资管理办法（试行）（征求意见稿）》和《关于做好个人征信业务准备工作的通知》等相关法律法规文件，进一步加强了对互联网金融领域的监管。

2.3　信息服务业景气指数及企业家信心指数分析

景气是对经济发展状况的一种综合性描述，用以说明经济活跃程度的概念。所谓经济景气，是指总体经济呈上升发展趋势，呈现出市场繁荣、购销两旺的景气状态。经济不景气是指总体经济呈下滑的发展趋势，绝大部分经济活动处于收缩或半收缩状态，表现为市场疲软、经济效益下降、许多企业破产倒闭、失业人数增加等现象。

景气分析英文单词为 BusinessCycleAnalysis，直译为“商业循环分析”，也有人称景气循环、经济波动和经济周期。作为一个抽象的宏观经济概念，景气是指国家总体经济的运行状态。景气有四个特征：①反复性——繁荣与萧条交替出现，但不是简单的重复；②多样性——由生产、收益、就业、物价、金融、贸易等多方面的周期性变化汇总；③涉及性——经济总体发展的不平衡，导致景气在商品、资本、劳动力三个市场先后波动；④累积性——景气峰、谷的到来可由繁荣衰退的累积效果产生。

经济分析中一般用行业景气指数和企业家信心指数来描述分析一个行业的景气程度。本书首先通过构建我国信息服务业指数体系，采用国际上通用的合成指数编制方法，测算了2007—2013 年的行业景气指数，并对 2014 年的行业景气指数进行分析。作为辅助分析，本文同时分析了 2014 年的企业家信心指数。本节分为两个部分，第一部分是对我国信息技术服务业景气指数进行分析和预测，第二部分是对企业家信心指数进行分析。所有的分析预测依据的数据是2007—2013 年国家统计局公布的年度数据和央行调查公布的企业家信心指数。

由于国家统计局（NBS）的直属机构中国经济景气监测中心测量的是中国宏观经济的景气情况，选取的指标有恒生内地流通股指数、消费者预期指数、社会收入指数等这类宏观经济指标，无法精确衡量我国信息技术服务业的景气情况，因此本研究组根据我国信息技术服务业的特征，选取能反映我国信息服务发展状况的指标，编制了我国信息技术服务业景气指数，且本指数具有可持续测量性，能够用来测量我国未来每年的信息技术服务业景气情况。

2.3.1　信息服务业景气指数分析

行业景气指数，是综合反映行业的各种指标并能反映行业变动趋势的一种综合指数。行业是提供同类产品或服务的企业类别总称，因管理水平、企业规模、地域分布等差异，同行业的不同企业生产经营、效益等方面存在较大的差异。因此，只有了解了整个行业的大多数企业，才能把握行业的发展方向，获得比较稳定可靠的信息。

1. 信息服务业景气指数

本研究组根据我国信息技术服务业特点设计出我国信息技术服务业景气指标体系，涵盖的指标有互联网宽带用户数、国内第三产业生产总值、互联网上网人数、IPv4 地址数、互联网宽带接入端口、域名数、网站数、网页数、信息传输、计算机服务和软件业固定资产投资（不含农户）建设总规模、信息传输、计算机服务和软件业城镇单位就业人员平均工资、信息传输、计算机服务和软件业城镇单位就业人员数、第三产业就业人员数、我国软件和信息技术服务业企业个数、软件业务收入、国民总收入和国内生产总值。

目前，国际上通用的景气指数方法有扩散指数方法（Diffusion Index，DI）、合成指数（Composite Index，CI）方法和景气综合评分法。其中合成指数 CI 与其他景气指数相比，具有可以预测经济周期波动的转折点，可以反映经济周期波动的振幅等优点，因此，本文采用合成指数方法来制定我国信息技术服务业景气指数。

2. 景气指数预测与分析

我国信息技术服务业合成指数是由一类特征指标以各自变化幅度为权数进行加权平均得到的综合平均数。根据合成指标的类别，我国信息技术服务业合成指数可以分为先行、同步和滞后三种。以 2007 年为测算基期，测算结果如表 2-1 所示。

表 2-1 我国信息技术服务业景气指数

年份	先行指数	同步指数	滞后指数
2007	100	100	100
2008	100.9089515	101.1776182	101.0592153
2009	102.14181	102.0061322	102.4370926
2010	103.0580197	103.3462998	103.2068772
2011	104.5132068	104.6759387	103.9069128
2012	105.2959814	105.7471346	105.0376628
2013	106.4208219	106.5832356	106.1597438
2014	107.6371	107.9833	107.0263

数据来源：根据国家统计局公布的年度数据整理，其中 2014 年的景气指数由线性回归模型预测得到

同时，将各年的景气指数与预测的指数合并绘制成折线图，如图 2-3 所示。横轴为时间周期，纵轴为景气指数。

我国信息技术服务业的景气指数测算结果显示，从国家统计局开始对我国信息技术服务业的相关指标进行统计（2007 年）到 2014 年期间，我国信息技术服务业收入一直都在快速、平稳地增加，相关指数始终保持良好的增长态势。我国信息技术服务业在近几年一直处于发展的活跃期，每年增长幅度大体相近，每年平均上升 1 个百分点，呈现平稳上升趋势。这充分反映出市场对信息服务业的投资热情，民间对信息服务业的极高参与度。由于信息服务业属于民营资本参与较高的行业，国家对新型服务业的相关政策有时落后于市场发展，因此这一领域属于市场自由程度较高的行业，发展也较为迅速。同时，在 2007—2014 年的发展过程中，信息服务业的发展没有出现过热现象，也没有出现抑制现象，说明在这期间，国家对于信息服务业相关政策的出台也起到了很好的调控作用。由于我国人口众多，信息服务业普及程度还不够，预计未来我国信息服务业还会继续保持良好的发展态势。

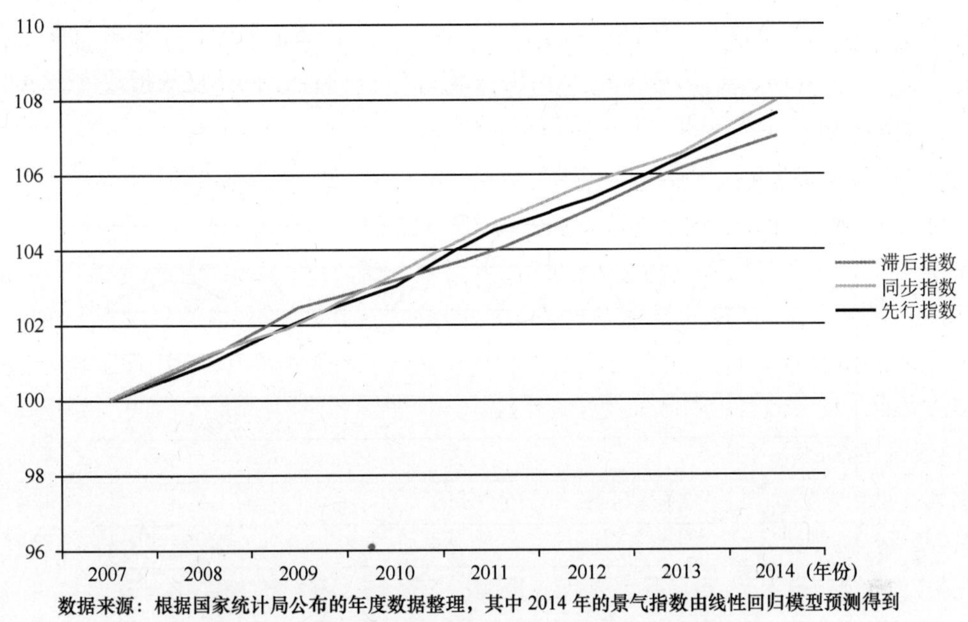

数据来源：根据国家统计局公布的年度数据整理，其中 2014 年的景气指数由线性回归模型预测得到

图 2-3　我国信息技术服务业景气指数时间序列图

2.3.2　企业家信心指数分析

企业家信心指数是通过对行业里的企业家进行问卷调查，了解他们对于未来行业发展的信心状况所得到的综合指数。企业家信心指数主要反映的是企业家对于行业形势的判断，一定程度上反映了行业当前的发展状况。

1. 2014 年企业家信心指数预测

从央行调查统计司获取的 2014 年企业家信心指数，如表 2-2 所示。

表 2-2　企业家信心指数

	第四季度（2013）	第一季度（2014）	第二季度（2014）	第三季度（2014）	第四季度（2014）
企业家信心指数	65.9	67.0	64.9	63.6	61.0

从表 2-2 可以看出，2014 年第一季度受季节因素影响企业家信心指数高达 67.0，从第二季度到第四季度，企业家信心指数不断下滑，第四季度企业家信心指数为 61.0，较上季下降 2.6 个百分点，较去年同期下降 4.9 个百分点。这反映出 2014 年后半年中国经济发展放缓，企业家信心受挫。根据已有各季度的信心指数绘制出的折线图如图 2-4 所示。

从图 2-4 可以看出，企业家信心指数在 2008 年第四季度受到金融危机的影响出现了大幅回落，达到了最低值，并且在 2010 年第二季度达到了最高值。近几年来，企业家信心指数一直有较大的波动，分析其原因，受经济危机的影响，市场发生较大的波动，企业家对于未来的判断较为不稳定。

2014 年企业家信心指数基本保持平稳，年初有小幅上升，随后又有一个微小的下滑。2010—

2014 年，企业家信心指数的变化都受到一定程度的季节性因素的影响。每年第一季度的信心指数非常高，到第二季度后信心指数再次出现回落，之后的第三、四季度的指数依旧呈小幅下滑趋势，预计 2014 年第四季度也是全年的最低点。

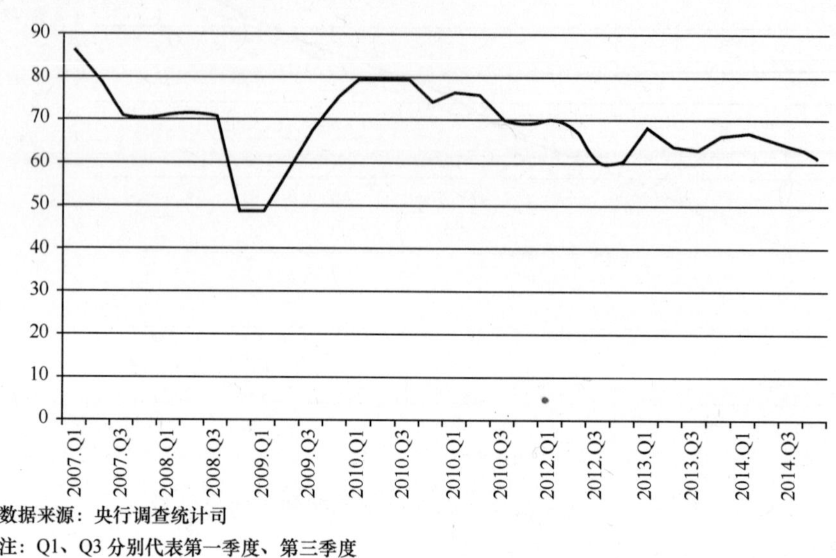

数据来源：央行调查统计司

注：Q1、Q3 分别代表第一季度、第三季度

图 2-4　企业家信心指数

2. 企业家信心指数季节性分析

根据 2007—2014 年的数据，用 SPSS 软件进行季节性分析得到企业家信心指数的各季节的季节因子，如表 2-3 所示。

表 2-3　各季度季节因子

季度	季节性因素
1	0.94420
2	1.19420
3	−0.7187
4	2.06652

由表 2-3 的数据可以看出，以往各年的四个季度中，第一季度和第二季度的季节因子大于第三和第四季度，而且程度较大。这说明企业家信心指数受到季节的影响程度较高，在前两个季度企业家信心指数偏高，后两个季度中企业家信心指数有所回落。绘制成折线图如图 2-5 所示。

图 2-5 所示的折线反映出企业家信心指数受到季度的波动明显，每年上半年企业家对整体宏观经济充满信心，然而下半年信心不足。鉴于这种季节性波动，国家如果在每年下半年出台相关鼓励政策，将提高企业家对宏观经济的信心。

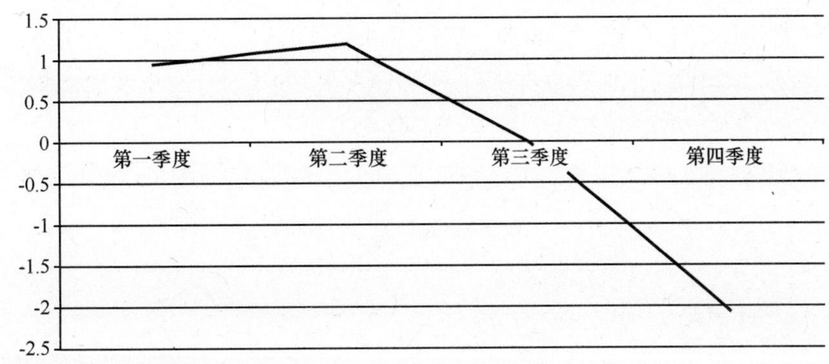

数据来源：SPSS 分析得到

图 2-5　企业家信心指数季度因子

第二篇 热 点 篇

——2014 年，互联网金融、跨境电子商务、流量经营和移动虚拟运营商构成了信息服务及相关产业的发展热点，吸引了政府、企业、大众的广泛关注。本篇主要对这些行业热点的发展历程进行追溯，对其发展现状和存在问题进行分析，并对其未来发展进行预测。

第3章　互联网金融

3.1　互联网金融概况

互联网金融的兴起在促进金融业发展的同时，也打破了固有的思维模式，成为我国经济发展的新引擎。然而，互联网金融的发展在带来便利的同时，伴随着的是极高的风险。传统金融业的转型，业务形态上的创新，良莠不齐的网络融资公司，都预示着金融行业的变革已经来临。

3.1.1　互联网金融概念的提出

互联网金融是指以依托于支付、云计算、社交网络以及搜索引擎等互联网工具，实现资金融通、支付和信息中介等业务的一种新兴金融。互联网金融不是互联网和金融业的简单结合，而是在实现安全、移动等网络技术水平上，被用户熟悉接受后（尤其是对电子商务的接受），自然而然地为适应新的需求而产生的新模式及新业务。它是传统金融行业与互联网精神相结合的新兴领域。互联网金融与传统金融的区别不仅仅在于金融业务所采用的媒介不同，更重要的在于金融参与者深谙互联网“开放、平等、协作、分享”的精髓，通过互联网、移动互联网等工具，使得传统金融业务具备透明度更强、参与度更高、协作性更好、中间成本更低、操作上更便捷等一系列特征。理论上任何涉及了广义金融的互联网应用，都应该是互联网金融，包括但是不限于第三方支付、在线理财产品的销售、信用评价审核、金融中介、金融电子商务等模式。互联网金融的发展已经历了网上银行、第三方支付、个人贷款、企业融资等多阶段，并且在融通资金、资金供需双方的匹配等方面越来越深入传统金融业务的核心。

目前，互联网金融已成为传统金融之外非常重要的金融模式，在业务形态上，涉及互联网支付、P2P 网贷、大数据金融、众筹、信息化金融机构、互联网金融门户等。

3.1.2　中国互联网金融的现状

中国金融业的改革是全球瞩目的大事，尤其是利率市场化、汇率市场化和金融管制的放松。而全球主要经济体每一次重要的体制变革，往往伴随着重大的金融创新。中国的金融改革，正值互联网金融潮流兴起，在传统金融部门和互联网金融的推动下，中国的金融效率、交易结构，甚至整体金融架构都将发生深刻变革。

随着信息通信技术和互联网的发展，互联网金融信息对金融市场的影响已经越来越不容忽视。某一新事件的发生或者是网络上对某支股票的热议，都在很大程度上左右着金融实践者们的行为，同时进一步影响着股市变化的趋势。另外，在金融市场中，传统的金融市场的影响因素同样发挥着巨大的作用。

在中国，互联网金融的发展主要是由监管套利带来的。一方面，互联网金融公司没有资本的要求，也不需要接受央行的监管，这是本质原因；另一方面，互联网金融虽然具有自身优势，但是要考虑合乎规定和风险管理的问题。

从政府不断出台的金融、财税改革政策中不难看出，扶持中小微企业发展已然成为主旋律，占中国企业总数 98%以上的中小微企业之于中国经济发展的重要性可见一斑。而从互联网金融这种轻应用、碎片化理财的属性来看，相比传统金融机构和渠道而言，更易受到中小微企业的青睐，也更符合其发展模式和刚性需求。

当前，以往不被重视的大量中小微企业的需求，正被拥有大量数据信息和数据分析处理能力的第三方支付机构深度聚焦着。随着快钱、创富理财、乐富支付等先后推出移动支付产品，这种更便携、更智慧、更具针对性的支付体验将广泛惠及中小微商户。当以创富理财、快钱、通联支付、乐富支付为代表的支付创新企业将金融支付彻底带入中小微企业，中小微企业将成为互联网金融发展中最大的赢家，这对于中国经济可持续健康稳定发展也将有着重要且深远的意义。

3.1.3 互联网金融的优势

互联网金融是将电子支付与金融业相结合的一种产物，也是金融供需存在缺口以及渠道创新下的必然产物，它最显著的优势就是对金融服务的创新，逐渐成为居民投资理财的新渠道。互联网金融主要有以下三个优势。

（1）实现了服务模式的多样化。

网络技术的发展提供了更先进的业务处理方式，以便捷、个性化的服务吸引了更多的客户，也创造了更多的交易机会。如前几年开始的电子银行、网上证券营业厅等，将传统的业务同互联网等资源和技术进行融合，通过互联网实现了将传统的柜台向客户的进一步延伸。近几年互联网金融的发展，不仅改变了金融机构与客户的联系方式，而且改变了传统的金融服务方式、产品销售方式、交易处理方式与支付结算方式。第三方支付、网络借贷、网络租赁等新型金融服务模式的逐步兴起，充分体现了互联网技术与金融服务的相互融合。一方面，互联网已经融入到金融服务的各个领域，服务模式更加多样；另一方面，金融市场是信息驱动的市场，互联网为客户提供了更加便捷的信息获取渠道与交易平台，金融服务也越来越依赖于日新月异的网络技术。

（2）非金融机构加入了金融服务提供者的行列。

以往金融服务提供者都是各类金融机构，即使如电子银行、网上证券营业厅等业务的提供方，仍然是商业银行、证券公司与保险（放心保）公司等传统的金融机构。随着互联网金融发展，越来越多的非金融机构也加入了金融服务提供者行列。具体来说，第三方支付服务机构为客户提供了支付服务，如 PayPal（易趣公司产品）、支付宝（阿里巴巴旗下）、财付通（腾讯公司、腾讯拍拍）、易宝支付（Yeepay）、快钱（99bill）、百付宝（百度 C2C）等；浙江借贷平台则实现了借贷双方客户的认证、记账、清算和交割等流程，满足了人们对资本快捷的需求；金融信息服务机构向客户提供投资理财咨询服务，如金融界、同花顺、大智慧和指南针等，其主要的收入来源为信息、数据以及客户端的服务费。从属性来看，这些机构大多属于电子商务公司，经营范围是网络信息技术，并不是传统意义上的金融机构。可见，网络技术的发展与应用，使这类机构逐步加入了金融服务提供者行列。

（3）金融服务流程日益规范。

无论是电子银行等传统金融服务，还是第三方支付、网络借贷、网络租赁等新型金融服务，目前均已逐步纳入政府部门的业务指导与监管下。各机构通过市场竞争与客户定位，确定目标，开发产品，逐步形成了规范的服务流程，用以满足不同客户的需求。2010 年 6 月 21 日，央行制定并出台了《非金融机构支付服务管理办法》以规范非金融机构的支付业务。该办法的出台使第三方支付机构业务范畴、监管等有章可循。而在网络借贷、网络租赁等其他新型金融业务模式方面，政府部门也应陆续出台管理办法，以确保服务流程的合理、规范。

3.1.4 互联网金融可能会面临的问题

互联网金融作为创新的金融服务，为居民提供便捷投资理财渠道的同时，仍存在一定风险点，需要时刻警惕，在发展中完善。

（1）法律风险。

目前对互联网金融没有明确的法律界定，现有法律框架也缺乏可供借鉴的相关制度，一旦出现法律纠纷，交易双方的权利都难以得到有效保护。如，央行曾明确提出“非法集资和非法吸收公众存款是互联网金融绝不能触碰的两条红线”，而在《最高人民法院关于审理非法集资刑事案件具体应用法律若干问题的解释》第三条中则提出“非法吸收或者变相吸收公众存款，主要用于正常的生产经营活动，能够及时清退所吸收资金，可以免予刑事处罚”，可见现有法律对极易发生上述行为的 P2P 网贷平台仅限于事后案件监管，不能形成有效制裁。

（2）信息安全风险。

在互联网金融的大数据时代，不断累积的交易数据逐步形成了一种新的信息源，各种信息在信息主体不知情的情况下就已经被收集并作为一种默认的信息来源使用。而一些互联网企业内控制度不健全，并不注重对客户信息安全的保护，现有法律也未明确指出互联网公司有保护客户身份信息和交易信息的责任，未对信息的合法合规流转和使用进行规范。这些保障措施的不健全使信息主体的合法权益得不到有效保护，信息被泄露、盗用和滥用的风险隐患增加。

（3）资金安全风险。

一是资金收益受损的风险：余额宝等网上理财工具所标明的高收益率吸引了众多投资者，

被认为是非常安全稳定的投资渠道，但是，一旦与之连接的货币基金的运营出现问题，或经济出现问题，投资收益将直接受到影响。二是期限错配所引发的流动性风险：互联网金融投资中一般承诺的期限以一年期为限，而借款人使用资金的期限往往超过一年，在投资期限来临、资金需要兑换时，容易形成流动性不足的风险。三是担保机制不健全引发的信用风险：如有的P2P 网贷平台在担保方面存在担保权利主体不明、自己为自己担保、风险准备金使用不规范等问题，平台也未纳入央行征信系统，借款人提供的包括身份证明、财产证明等信息的真伪难以辨别，且针对 P2P 提供第三方托管的问题也一直未得到有效解决，担保机制的不健全加大了资金的违约风险。

（4）监管存在盲点引发的风险。

一是准入资质方面：互联网金融从事的是金融业务，需具有金融业从业许可证，但目前仅有第三方支付机构由央行下发营业执照，91 金融超市、易宝金融获得由金融监管部门共同核准的金融信息服务牌照；而其他大多数机构注册的是“网络信息服务公司”和“咨询类公司”，在工商局注册即可开展业务，准入门槛低，这种情况下不仅容易出现很多不规范的网贷平台，而且会发生“劣币驱逐良币”现象，使一些依靠自律且运营正规的网贷平台受到影响。二是经营过程方面：如互联网企业在营销金融理财产品时，违规使用安全、高收益、无风险等易使投资人认为没有风险或片面强调集中营销时间限制的表述，违反了《证券投资基金销售管理办法》的相关规定，但出于业务的交叉性，并没有明确的部门进行监管；又如，P2P 网贷平台运营过程中，没有监管部门要求其披露各项经营指标，平台的资金进出、项目结算、坏账率等数据，用户也无法便捷地实施查询投资进度和拥有的资产状况；经营者不负责对借款人身份真实性的核查义务，这些都加大了投资者的风险。三是违约行为处理方面：银行等金融机构可将信用违约者列入征信记录，实现信息共享；而网贷平台对于违约者一般采取冻结信用额度和资金账户的办法，并通过在网上公开的形式进行惩戒，违约信息也无法在互联网企业间实现共享。

3.1.5 互联网金融风险的控制

（1）完善立法，促进互联网金融的合法化、规范化发展。

从西方发达国家探索出的一套经验做法看，各国普遍重视将互联网金融纳入已有的法律框架下，并强调互联网平台必须严格遵守已有的各类法律法规。而目前我国的《商业银行法》《证券法》和《保险法》均无法单独对互联网金融形成约束，建议国家立法机关应考虑与时俱进地修改上述法规以及《刑法》《公司法》等法规中的部分法律条款，出台有关司法解释，并依法严厉打击金融违法犯罪行为，为互联网金融创造宽松的法律环境。此外，在条件成熟的情况下，可适时研究出台针对互联网金融业务的新法规，以立法的形式进一步明确互联网金融中交易双方的权利和义务，为交易纠纷仲裁提供法律依据。

（2）建立监管协调机制与分类监管机制相结合的监管框架，提高监管的针对性和有效性。

探索建立互联网金融监督管理委员会，应考虑由央行牵头，银、证、保、财政部、国务院法制办、工信部等部门参与，联合组建一家国务院下属的全国互联网金融监督管理委员会，全面负责互联网金融行业的监管，出台互联网金融业务相关监管规定，确保监管的专业性和全面性，并且要建立稳定的交流合作机制和信息共享机制，防止系统性金融风险的发生。充分发挥行业自律的引领作用，中国支付清算协会互联网金融专业委员会应在互联网金融发展过程中积极发挥引领作用，参与自律组织的75家机构要加强内控建设，不断提升防范风险和安全经营能力，在自律组织中明确自己的职责，以此促进行业的规范发展。建立分类监管机制，建议可参考针对比特币的监管办法，对互联网金融涉及的其他业务采取不同的监管措施。例如，涉及民间借贷行为的，要求互联网企业针对资金来源、资金运用、资金担保、风险处置等做出明确规定；针对理财行为可按符合客户利益和风险承受能力的原则，制定《互联网理财条例》进行监管；针对P2P行业要尽快出台独立具体的监管细则，成立专门的部门或组织独立负责。

（3）加强流程监控，严格风险防控机制，提高风险识别能力和处置能力。严把准入环节，要求从事互联网金融业务的企业提出申报，明确规定申报条件和所需资料，获得监管部门批准后方可正式营业。建立信息披露制度，要求互联网金融企业建立对资本充足率、流动性、交易系统的安全性、客户资料的保密与隐私权的保护、电子交易记录的准确性和完整性等信息资料进行独立评估报告的备案制度；要求互联网企业向客户提供每一笔交易的信息，使客户可以便捷查询投资进度和拥有的资产状况；要求借贷双方标明利率、期限等要素，对合同的订立、履行、终止以及债务追偿、司法介入做出详细规定。建立风险评估系统，建立能够全面动态评价互联网金融风险、实现分类监管的风险评估系统。设定预警指标，建立风险评价模型，确定各指标的风险区间和临界值；从审计、管理、发展成果等方面综合测算互联网风险，并将风险划分等级，根据从高到低的风险程度进行监督管理。

（4）加快信用体系建设，完善消费者权益保护机制。《征信业管理条例》的出台推进了征信体系的完善，建议我国可将网贷平台业务开展中产生和采集、查询到的大量信息数据，经本人同意后提供给征信机构，在征信机构与网贷平台之间建立起完整的信息共享数据库，对信息的提供和使用进行规范化管理；征信机构通过整合与风险管理相关的各类信息，建立起良好的信息管理系统和严格的安全管理制度体系。互联网金融企业可通过征信机构的数据全方位评估借款人，快速解决信息失灵问题。另外，要引导互联网金融消费者正确使用互联网平台，提高风险防范意识和维权意识，构建金融消费者权益保护的长效机制。

3.1.6　互联网金融的发展背景

首先，中国金融体系中长期存在的一些低效率或扭曲的因素，为互联网金融的发展提供了空间。这些因素包括：①正规金融对小微企业服务不足，而民间金融（或非正规金融）有其内在局限性，导致风险事件频发；②正规金融无法满足经济结构调整所产生的大量消费信贷需求；③普通投资者投资理财渠道匮乏，难以实现资金的保值增值；④现行新股发行体制下，股权融资渠道不畅顺；⑤在存贷款利差受保护的情况下，银行利润高，各类资本都有进入银行业的积极性；⑥证券、基金、保险等机构的产品销售受制于银行渠道，有动力拓展网上销售渠道。

其次，中国对普惠金融的支持与推动也是促使互联网金融发展的重要动因。普惠金融的实现与互联网金融息息相关。普惠金融的核心是有效、全方位地为社会所有阶层和群体，尤其是那些被传统金融忽视的农村地区、城乡贫困群体和中小微企业提供金融服务。发展普惠金融，实现金融资源的公平配置，已成为国家层面的政策取向。然而，由于缺乏传统金融的资本实力、网络渠道和客户资源，普惠金融在传统经营方面处于天然劣势。相比之下，互联网金融服务模式能有效消除海量用户之间的信息不对称，降低交易成本，从而解决普惠金融所面临的诸多困难。通过利用互联网信息处理技术，结合丰富的数据资源，未来互联网金融将成为建设普惠金融的重要力量。

3.2 互联网金融迅猛发展，呈现多种业态

在被称为“互联网金融元年”的 2013 年的短短一年中，互联网金融得到了迅猛发展，第三方支付平台、P2P 平台得到迅速发展，众筹平台开始起步。据统计，工商银行有大约 73%交易量来自于互联网，远远超过 3 万个营业厅的业务规模；证券业网上交易（含移动证券）产生的交易量也占到了全部交易量的 85%以上，个别证券公司甚至可达 95%以上。金融互联网化已经成为一种不可阻挡的趋势。

3.2.1 第三方支付：支付平台成为互联网金融战略基础

随着我国电子商务环境的不断优越，支付场景的不断丰富，以及金融创新的活跃，使网上支付业务取得快速增长，而第三方支付机构发生的互联网支付业务也取得了较快增长。第三方支付企业之间竞争激烈，银行业对于网上支付也具有浓厚兴趣，而央行批准的 15 家外资银行在中国开办网上银行，也对中国国内第三方支付企业造成巨大冲击。

1. 第三方支付的定义

所谓第三方支付，就是一些和产品所在国家以及国内外各大银行签约，并具备一定实力和信誉保障的第三方独立机构提供的交易支持平台。在通过第三方支付平台的交易中，买方选购商品后，使用第三方平台提供的账户进行货款支付，由第三方通知卖家货款到达、进行发货；买方检验物品后，就可以通知付款给卖家，第三方再将款项转至卖家账户。

第三方支付平台服务的推出至少有以下几点优势：一是第三方支付平台采用了与众多银行合作的方式，可同时提供多种银行卡的网关接口，从而大大地方便了网上交易的进行；二是第三方支付平台作为中介方，可以促成商家和银行的合作；三是第三方支付平台可以对交易双方的交易进行详细记录，从而防止交易双方对交易行为可能的抵赖，以及为在后续交易中可能出现的纠纷问题提供相应的证据，并能通过一定的手段对交易双方的行为进行一定的评价约束，成为网上交易信用查询的窗口。总之，第三方支付机制将成为目前解决支付安全和交易信用问题较优化的解决方案，是我们在网上支付领域应该大力关注和发展的。

2. 第三方支付的三种运营模式比较

第三方支付是电子支付产业链中的重要纽带，一方面连接银行，完成资金结算、客户服务、

差错处理等一系列工作；另一方面又连接着非常多的商户和消费者，使客户的支付交易能顺利接入。由于拥有款项收付的便利性、功能的可拓展性、信用中介的信誉保证等优势，第三方支付较好地解决了长期困扰电子商务的诚信、物流、现金流问题，在电子商务中发挥着重要的作用。第三方支付目前主要有以下三大模式。

（1）独立的第三方网关模式

独立的第三方网关，是指完全独立于电子商务网站，由第三方投资机构为网上签约商户提供围绕订单和支付等多种增值服务的共享平台。这类平台仅仅提供支付产品和支付系统解决方案，平台前端联系着各种支付方法供网上商户和消费者选择，同时平台后端连着众多的银行。由平台负责与各银行之间账务的清算，同时提供商户的订单管理及账户查询等功能。这种模式国外以 CyberSource、WorldPay 公司为代表，国内则以首信易支付、百付通等为典型代表。

（2）有电子交易平台且具备担保功能的第三方支付网关模式

这种类型的第三方支付平台，是指由电子交易平台独立或者合作开发，同各大银行建立合作关系，凭借其公司的实力和信誉承担买卖双方中间担保的第三方支付平台，利用自身的电子商务平台和中介担保支付平台吸引商家开展经营业务。买方选购商品后，使用该平台提供的账户进行货款支付，并由第三方通知卖家货款到达、进行发货；买方检验物品后，就可以通知付款给卖家，第三方再将款项转至卖家账户。这类第三方支付工具在国内颇具代表性。尤其以支付宝和安付通独占市场鳌头。易趣的贝宝和腾讯的财付通在近期内也有非常好的表现。

（3）有电子商务平台的第三方支付网关模式

这种类型的网上支付平台是指由电子商务平台建立起来的支付网关，不同于第二种模式，这里的电子商务平台往往是指独立经营且提供特定产品（虚拟产品或实体产品）的商务网站。支付网站最初也是为了满足自身配送商品和实时支付而研发搭建的，逐步扩展到提供专业化的支付产品服务。这种类型的在线支付企业进入时间早，又依附于成熟的电子商务企业，拥有坚实的后盾和雄厚的资金，占有了一大部分在网上进行买卖的客户源。其典型代表是云网支付网。

3. 第三方支付的发展概况

2014 年第四季度，中国第三方互联网支付交易规模结构为：网络购物占比 31.5%，基金占比 14.7%，航空旅行占比 10.4%，电商 B2B 占比 7.4%，电信缴费占比 4.3%，网络游戏占比 2.4%（见图 3-1）。从交易规模上看，每个行业都有所上升，只是增速不同造成了市场份额的微幅调整。受到“11・11”促销的影响，第四季度网购增速较快，因此占比有明显提高；网游增速基本维持行业平均水平，因此变动幅度较小。相对于第三季度而言，第四季度航空旅行增速回落，因此占比出现了小幅下降。受到股市利好及央行降息的影响，相较于第三季度，天弘增利宝申购规模有了较大幅度提高，基金申购逐渐回暖。

2014 年第一季度到第四季度，中国第三方移动支付交易规模结构也发生较大的变化，如图 3-2 所示。由宝宝类货币基金等一系列互联网金融产品交易带动，2014 年各季度移动金融交易规模占比飞速提升，2014 年第一季度占比接近 50%，其余季度均在 35%～40%。与此同时，移动消费所占比重日益增加，到 2014 年第四季度已经占比近 23.4%。移动互联时代的到来，为移动支付创造了新的使用场景，也使用户对移动支付和多种支付场景产生了理念化的新关联。比如：网民对于余额宝等货基的观念已经从生息逐渐转化为方便支付行为的现金管理工具；同时，移动支付也与社交、搜索等行为紧密结合，更多呈现出小额高频的支付特点。移动支付越来越成为继现金、银行卡外重要的支付组成部分。

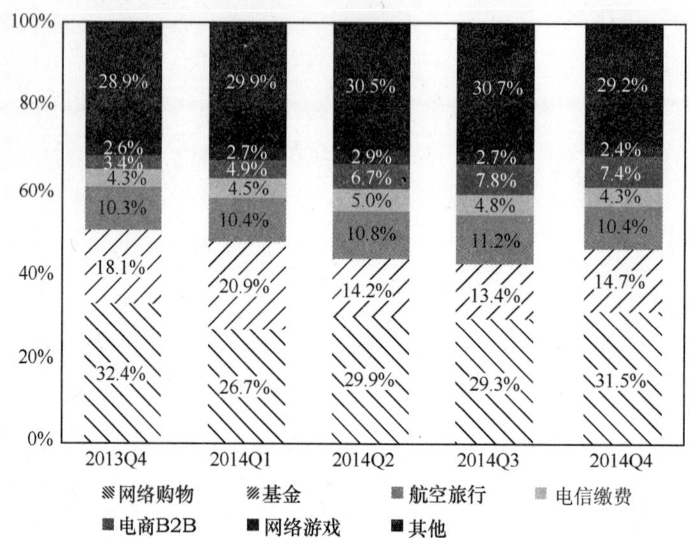

资料来源：艾媒咨询（图中 2013Q4＝2013 年第四季度，余类推）

图 3-1　2014 年中国第三方互联网支付市场交易规模结构

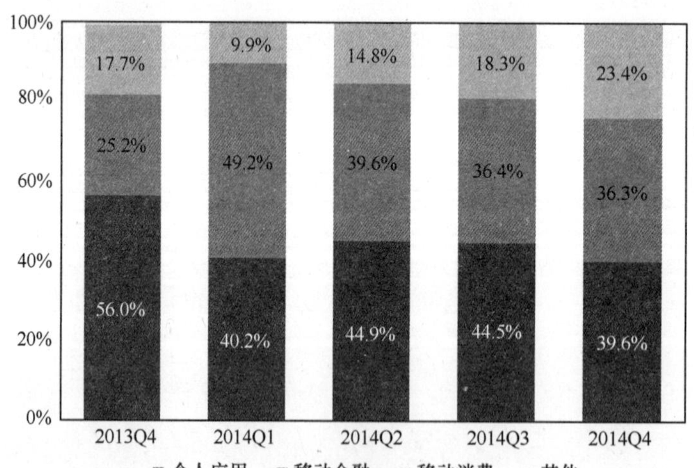

资料来源：艾媒咨询（图中 2013Q4＝2013 年第四季度，余类推）

图 3-2　2014 年中国第三方移动支付交易规模结构

4. 第三方支付的发展趋势

2014 年，中国第三方移动支付市场交易规模达到了 59924.7 亿元，较 2013 年增长了 391.3%。而 2013 年，第三方移动支付的增长率达到了 707.0%。移动支付已经连续两年保持超高增长。预计从2015年开始，移动支付的增速将放缓，2018年移动支付的交易规模有望达到18万亿元。

2014年移动支付市场快速增长的原因主要有3个：第一，移动互联网时代用户上网习惯的迁徙，移动互联网的普及使得用户从年龄、学历等各维度都呈现长尾化趋势；第二，支付场景的拓展使得移动支付成为网民继银行卡、现金外惯常使用的支付工具；第三，宝宝类货币基金的规模化和现金管理工具化带动了移动支付用户黏性的增长。

就目前来看，我国第三方支付平台还有一些问题值得进一步探讨，如在途资金的安全问题，第三方支付平台的资信、监管问题等。但是第三方支付平台的出现，在很大程度上解决了我国网上交易的支付信用问题和资金安全问题，其所具备的款项收付的便利性、功能的可拓展性、信用中介的信誉保证等优势，提升了网站的形象和竞争力，提高了消费者忠诚度，降低了交易风险。全面应用第三方支付平台已经成为开展电子商务，增加传统企业竞争力的新趋势。第三方支付平台的发展为我国电子商务的发展，特别是B2C、C2C等模式的电子商务的发展带来了良好的机遇。

3.2.2　P2P行业扩张迅猛，机遇与问题并存

2014年，中国P2P行业的平台数量和交易规模均呈井喷式增长。统计数据显示，截至2014年年末，中国网贷运营平台达1575家；全年累计成交量为2528亿元人民币，是2013年的2.39倍；网贷行业总体贷款余额1036亿元人民币，是2013年的3.87倍。然而，在迅猛扩张的同时，2014年中国出现提现困难或倒闭的P2P平台也多达275家，与2013年76家问题平台相比大幅增加，一些平台的不规范运营造成流动性风险。

1. P2P网贷的定义

P2P（Peer to Peer lending），即点对点信贷，是指通过第三方互联网平台进行资金借、贷双方的匹配，需要借贷的人群可以通过网站平台寻找到有出借能力并且愿意基于一定条件出借的人群，帮助贷款人通过和其他贷款人一起分担一笔借款额度来分散风险，也帮助借款人在充分比较的信息中选择有吸引力的利率条件，比如晋商贷。P2P平台的盈利主要是向借款人收取一次性费用以及向投资人收取评估和管理费用。贷款的利率确定或者是由放贷人竞标确定，或者是由平台根据借款人的信誉情况和银行的利率水平提供参考利率。

2. 几种P2P网贷运营模式比较

由于无准入门槛、无行业标准、无机构监管，对P2P网贷还没有严格意义上的概念界定，其运营模式尚未完全定型。目前已经出现的运营模式有以下几种。

一是纯线上模式，此类模式典型的平台有拍拍贷、合力贷、人人贷（部分业务）等，其特点是资金借贷活动都通过线上进行，不结合线下的审核。通常这些企业采取的审核借款人资质的措施有通过视频认证、查看银行流水账单、身份认证等。

二是线上线下结合的模式，此类模式以翼龙贷为代表。借款人在线上提交借款申请后，平台通过所在城市的代理商采取入户调查的方式审核借款人的资信、还款能力等情况。

另外，以宜信为代表的债权转让模式现在还处于质疑之中，这种模式是公司作为中间人对借款人进行筛选，以个人名义进行借贷之后再将债权转让给理财投资者。

3. 迅猛发展中的 P2P 网贷

相对 2013 年的爆发式增长，由于 2014 年问题平台不断涌现（12 月单月问题平台数量达 92 家），正常运营的网贷平台增长速度有所减缓，月均复合增长率为 5.43%，绝对增量已经超过 2013 年。数据显示，2014 年新上线的网贷平台超 900 家（含问题平台），这些平台平均注册资金约为 2784 万元，相对于 2013 年的 1357 万元，增长了约 1 倍。2014 年新上线平台的注册资金多数介于 1000 万～5000 万元，占比高达 61%，注册资金在 1 亿以上的平台多达 48 家。此外，运营平台主要分布在金融、IT 业较为发达的沿海地区，其中广东、浙江、北京、山东、上海、江苏省市位居前六位，占全国总平台数量的 71.30%。随着网贷行业逐渐被大众所了解，四川、安徽、重庆等内陆省市网贷行业也得到快速发展。值得一提的是，2014 年以来，银行、国资、上市公司和风投资本不断涌入网贷行业，加速网贷行业布局。据不完全统计，网贷行业获得风投青睐的平台多达 29 家；上市公司、国资国企入股的平台，均为 17 家；银行背景平台达 12 家。然而在 P2P 发展的同时，问题平台也越来越多：2014 年全年问题平台达 275 家，是 2013 年的 3.6 倍，12 月问题平台高达 92 家，超过去年全年问题平台数量；年底，受经济和金融大环境影响，借款人逾期、展期现象频繁，加之一系列平台倒闭和股市走牛影响，投资人纷纷撤出资金，网贷行业面临高兑付压力，许多平台被曝光出现提现困难。

从网贷成交量来看，截至 2014 年年底，中国网贷行业有史以来累计成交量超过 3829 亿元。2014 年网贷行业成交量以月均 10.99%的速度增加，全年累计成交量高达 2528 亿元，是 2013 年的 2.39 倍。

从网贷行业贷款余额来看，截至 2014 年 12 月底，我国网贷行业总体贷款余额达 1036 亿元，是 2013 年的 3.87 倍。除去银行存款，相比其他成熟的固定收益市场，网贷行业的规模仍然十分微小。贷款余额，也称待收金额，指平台目前在贷的尚未还款的本金（不计利息）。贷款余额是衡量平台借贷规模和安全程度的重要指标。数据显示，北京、广东、上海、浙江、江苏、山东六省市的 12 月底网贷贷款余额位于前六位，累计贷款余额达 903.21 亿元，占全国的 87.18%。网贷贷款余额在 5 亿以上的平台达 36 家，占全国的 58.82%，陆金所、红岭创投、人人贷的贷款余额位居前三位。

从利率来看，2014 年网贷总体综合收益率为 17.86%。自 3 月以来，网贷行业单月综合收益率呈现持续下跌趋势，平均下降速度为每月 56 个基点（1 基点=0.01%）。截至 12 月底，网贷单月综合收益率跌至 16.08%。

从期限来看，2014 年网贷行业平均借款期限为 6.12 个月。行业平均借款期限主要受一些成交量较大且平均借款期限在半年以上的平台，如陆金所、积木盒子和人人贷等平台的影响。按月来看，平均借款期限从 1 月的 5.37 个月上涨至 12 月的 6.88 个月，除 2 月及 12 月外，总体上趋涨。

此外，2014 年网贷行业投资人数和借款人数分别达 116 万人和 63 万人，较 2013 年分别增加 364%和 320%，网贷行业人气急速蹿升。

4. 一个更加成熟稳定的 P2P 市场即将到来

2014 年，是 P2P 快速发展的一年。这一年里，监管态度细化、资本规模进入、市场逐渐成熟、行业细分特征明显，这些特征，都表明了 P2P 网贷行业正走在成熟的路上。而民营征信的起步，为 P2P 模式的完善提供了更多的可能。

2015 年，当监管政策顺利落地之时，也许会有部分平台因为合规性问题而整改甚至停业，但与此同时，更加规范、更加安全的 P2P 平台也会吸引更多的投资人、机构投资者和资本方参与进来，市场规模也会进一步扩大，市场回归理性，成为一个更加成熟稳定的 P2P 市场。

3.2.3　大数据金融模式新出现

大数据对互联网金融的影响是毋庸置疑的。随着大数据技术的发展和应用，大数据与金融成为不可分割的整体。

1. 大数据金融的定义

大数据金融是指集合海量非结构化数据，通过对其进行实时分析，可以为互联网金融机构提供客户全方位信息，通过分析和挖掘客户的交易和消费信息掌握客户的消费习惯，并准确预测客户行为，使金融机构和金融服务平台在营销和风控方面有的放矢。基于大数据的金融服务平台主要指拥有海量数据的电子商务企业开展的金融服务。大数据的关键是从大量数据中快速获取有用信息的能力，或者是从大数据资产中快速变现，因此，大数据的信息处理往往以云计算为基础。

大数据能够通过海量数据的核查和评定，增加风险的可控行和管理力度，及时发现并解决可能出现的风险点，对于风险发生的规律性有精准的把握，将推动金融机构对更深入和透彻的数据的分析需求。虽然银行有很多支付流水数据，但是各部门不交叉，数据无法整合，大数据金融的模式促使银行开始对沉积的数据进行有效利用。大数据将推动金融机构创新品牌和服务，做到精细化服务，对客户进行个性定制，利用数据开发新的预测和分析模型，实现对客户消费模式的分析以提高客户的转化率。

2. 运营模式：平台模式和供应链金融模式

目前，大数据服务平台的运营模式可以分为以阿里小额信贷为代表的平台模式和以京东、苏宁为代表的供应链金融模式。阿里小贷以“封闭流程+大数据”的方式开展金融服务，凭借电子化系统对贷款人的信用状况进行核定，发放无抵押的信用贷款及应收账款抵押贷款，单笔金额在 5 万元以内，与银行的信贷形成了非常好的互补。阿里金融目前只统计、使用自己的数据，并且会对数据进行真伪性识别、虚假信息判断。阿里金融通过其庞大的云计算能力及数十位优秀建模师团队研发的多种模型，为阿里集团的商户、店主时时计算其信用额度及其应收账款数量，依托电商平台、支付宝和阿里云，实现客户、资金和信息的封闭运行，在有效降低了风险因素的同时，真正地做到了一分钟放贷。京东商城、苏宁的供应链金融模式是以电商作为核心企业，以未来收益的现金流作为担保，获得银行授信，为供货商提供贷款。

3. 大数据金融的影响和冲击进一步扩大

随着互联网、移动互联网、传感器、物联网、社交网站、云计算等的兴起，我们这个社会的几乎所有方面都已数字化，产生了大量新型、实时的数据。无疑，我们已身处在大数据的海洋。大数据对许多行业的影响和冲击已经呈现。例如，商业零售、物流、医药、文化产业等。金融，作为现代经济中枢，其实也已出现了大数据金融的发展趋势。我国金融大数据是从金融信息化大背景下升级和提升的。中国金融大数据来源于早期的信息化，传统的信息化已经不能适应新时代需求，互联网、物联网带来的冲击将加快大数据金融的构建速度。在过去的 2014 年里，国内大数据金融的发展主要有十个事件：2014 年 2 月 20 日，由工业和信息化部电信研究院、中关村互联网金融协会、京东商城、亿赞普、拉卡拉等 50 余家单位参与组建的中国国内首个面向数据交易的产业组织——中关村大数据交易产业联盟正式成立；3 月 2 日，IBM 和巨杉数据库公司（SequoiaDB）宣布与中国民生银行展开合作，打造民生银行大数据平台；3 月 6 日，2014 年两会上，互联网金融、大数据写入《政府工作报告》；4 月 2 日，阿里巴巴收购恒生电子 100%股份，强势切入金融软件行业，构建金融大数据；4 月 25 日，百度在其召开的第四届技术开放日上正式发布大数据引擎，将用于金融、医疗等领域；6 月 12 日，兴业银行与百度在福州举行战略合作签约仪式，宣布在大数据和金融领域开展全面战略合作；6 月 20 日，华为为中国农业银行提供 Hadoop 大数据计算平台，助力农业银行开启金融大数据；7 月 8 日，中证公司、百度和广发基金联合发布目前国内首支利用大数据平台开发的互联网金融指数，即中证百度百发策略 100 指数；7 月 23 日，阿里推出大数据的信用贷款，在天猫节宣布天猫联合阿里小贷、余额宝及部分汽车厂商共同推出汽车金融服务；12 月 11 日，北京大数据交易服务平台在 2014 中关村大数据日上正式发布上线。未来，北京大数据交易服务平台将通过建立相关的国家标准、行业规范，辅助产业管理部门进一步完善大数据产业的市场体系建设，促进数据立法，并带动北京市大数据及相关产业发展。

4. 大数据金融将实现多元业务的融合

大数据金融作为一个综合性的概念，在未来的发展中，企业依靠所拥有的大量数据将不再局限于单一业务，第三方支付、信息化金融机构以及互联网金融门户都将融入到大数据金融服务平台中，大数据金融服务将在各个相关机构发展的基础上，实现多元业务的融合。电商逐步金融化，实现信息流和金融流的融合，金融机构积极搭建数据平台，强化用户体验，最后大数据金融将实现大数据产业链分工。

3.2.4 众筹融资

众筹本身并不是新模式，它的形成远远早于互联网的出现。但在互联网时代，给予了它新的活力。在成为“创业神器”的同时，众筹一样蕴涵着各种风险和机遇。

1. 众筹的起源与概念

众筹意为大众筹资或群众筹资，是指用团购+预购的形式，向网友募集项目资金的模式。众筹的本意是利用互联网和 SNS 传播的特性，让创业企业、艺术家或个人对公众展示他们的创意及项目，争取大家的关注和支持，进而获得所需要的资金援助。众筹平台的运作模式大同小异——需要资金的个人或团队将项目策划交给众筹平台，经过相关审核后，便可以在平台的网站上建立属于自己的页面，用来向公众介绍项目情况。众筹的规则有三个：一是每个项目必须设定筹资目标和筹资天数；二是在设定天数内，达到目标金额即成功，发起人即可获得资金，项目筹资失败则已获资金全部退还支持者；三是众筹不是捐款，所有支持者一定要设有相应的回报。众筹平台会从募资成功的项目中抽取一定比例的服务费用。

2. 众筹的运营模式

众筹在欧美发展得较早，2009 年在美国成立的 Kickstarter 是最有名气的众筹网站。之后，伴随着股权制众筹、借贷制众筹的相关法律法规和政策在很多国家和地区的陆续出台，众筹在海外呈现出爆发式的发展局面。经过几年的迅速发展，众筹已经逐步形成股份制众筹、募捐制众筹、借贷制众筹和奖励制众筹等多种运营模式，也涌现出一批诸如 Kickstarter、Rockethub、Indiegogo、GoFundMe、Seedrs、Smallknot 和 Appsplit 的众筹网络平台。而在国内，受相关法律环境的限制，众筹网站上的所有项目不能以股权、债券、分红或是利息等金融形式作为回报，项目发起者更不能向支持者许诺任何资金上的收益，必须是以其相应的实物、服务或者媒体内容等作为回报；否则，可能涉及非法集资，情节严重的甚至可能构成犯罪。此外，股权制还存在突破法律对股东人数限制等问题。因此，基于我国目前的法律制度环境，大多数众筹平台（包括点名时间、追梦网、淘梦网、亿觅网、觉等）都属于奖励制的，仅有少部分众筹平台（诸如大家投、天使汇、创投圈等）从我国法律环境出发，谨慎地进行着疑似股权股份型众筹的初步尝试和探索。

众筹主要分为奖励众筹、捐赠众筹、债权众筹和股权众筹。中国互联网众筹主要有奖励众筹和股权众筹两种，前者主要指以互联网网站为筹资平台，以单纯的实物产品或服务为回报的众筹模式，类似于“团购+预售”；后者指的是融资方以出让一定比例的股份的形式，面向普通投资者募资，而投资者通过出资入股公司，最终以股权变现或者分红的方式获得未来收益。

3. 奖励类众筹模式仍处于主导地位

截至 2014 年年底，中国奖励类和股权类众筹平台总数已达 116 家，年内新增平台 78 家。股权类众筹平台由 2014 年 1 月的 5 家增至年底的 27 家。奖励类众筹模式仍处于主导地位。

从 2014 年众筹平台募资规模来看，国内众筹平台融资规模增速较快，且股权众筹平台的融资规模明显高于奖励类众筹平台。数据显示，2014 年第一季度国内众筹募资总金额为 5245 万元，股权众筹募资 4725 万元，奖励众筹募资仅 520 万元。到第四季度，我国众筹募资总金额累计突破 4.5 亿元，其中包括奖励众筹 10435 万元，股权众筹 34682 万元。如图 3-3 所示。

总的来说，奖励众筹较股权众筹募资规模小一些，但都发展很快。从金额上来看，京东众筹和淘宝众筹两大平台优势明显。目前，股权众筹还处在起步阶段，参与人数较少、募集资金成功率较低。但是大平台可能在 2015 年加快股权众筹的布局。以京东为例，他们将于 2015

年 3 月底上线股权众筹平台。

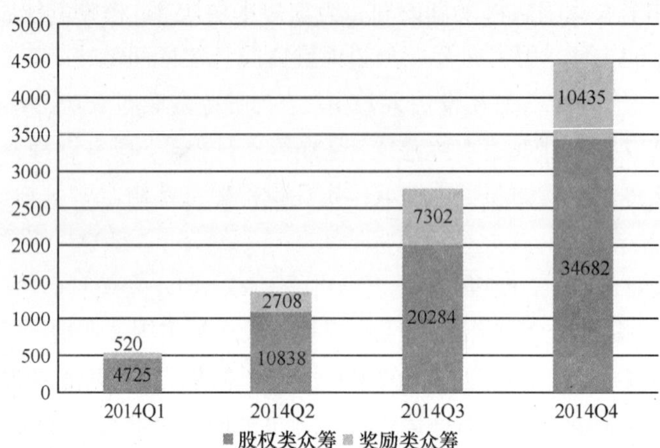

资料来源：众筹咨询（图中 2014Q1＝2014 年第一季度，余类推）

图 3-3　2014 年各季度众筹募资规模（万元）

4. 众筹未来可能的四大发展

众筹融资未来可能有四大发展：众筹市场规模继续扩大，平台数目将继续大增；众筹链条分工更加细化，更多第三方将参与众筹的生态链；众筹平台也更加细化，将出现更多的垂直型众筹平台；流程管理将成为众筹平台竞争力的关键。

3.2.5　金融创新的产物——信息化金融

1. 信息化金融的定义

所谓信息化金融机构，是指采用信息技术对传统运营流程进行改造或重构，实现经营、管理全面电子化的银行、证券和保险等金融机构。金融信息化是金融业发展趋势之一，而信息化金融机构则是金融创新的产物。从金融整个行业来看，银行的信息化建设一直处于业内领先水平，不仅具有国际领先的金融信息技术平台，建成了由自助银行、电话银行、手机银行和网上银行构成的电子银行立体服务体系，而且以信息化的大手笔——数据集中工程在业内独领风骚。

信息化金融机构从另外一个非常直观的角度来理解，就是通过金融机构的信息化，让人们无须通过银行就可以汇款、无须去营业厅就可以进行股票交易以及电话或上网可以买保险，这些都是金融机构建立在互联网技术发展基础上，并进行信息化改造之后带来的便利。

2. 三类主要的信息化金融运营模式

目前信息化金融机构主要运营模式分为三类，即传统金融业务电子化模式、基于互联网的创新金融服务模式和金融电商模式。

（1）传统业务的电子化模式

传统业务的电子化实质也是金融电子化的过程，是指金融企业采用现代通信技术、网络技术和计算机技术，提高传统金融服务行业的工作效率，降低经营成本，实现金融业务处理的自动化、业务管理的信息化以及决策的科学化，为客户提供快捷、方便的服务，达到提升市场竞争力的目的。它是一种基于传统的、封闭的金融专用计算机网络系统，其本质是行业内部管理的自动化与信息化。

（2）基于互联网的创新金融服务模式

金融机构信息化建设为金融服务电子化创造了条件。近年来金融机构依托云计算、移动互联等新技术加速转型，不断扩大金融服务电子化的范围及影响。金融服务电子化的变革体现在金融电子渠道对金融业务和服务的不断创新。

（3）金融电商模式

对于传统金融机构而言,在互联网时代充分抓住互联网带来的机会，是每个机构的必然选择。这种选择体现在运营模式上的一个最大特色和共同点就是金融机构电商化的选择。他们或者自己建立电商平台，或者与其他拥有海量客户信息和渠道的互联网企业合作建设电商平台，无论采用何种模式，其目的都是获得多元化的盈利模式。

3. 信息化金融正在走向一个全新的阶段

经过 20 多年的发展，中国金融机构信息化建设从无到有、从小到大、从单项业务到综合业务，取得了令人注目的成绩。我国金融信息化的发展，已从根本上改变了传统金融业务处理模式，建立在计算机和通信网络基础上的电子资金清算系统、柜台业务服务系统和金融管理信息系统表明一个多功能的、开放的金融电子化体系已初步形成。

纵观我国银行信息化发展历程，从最初电子设备在银行业的使用和普及，到银行网络化的建设和应用，银行信息系统建设已经走过了 20 多年的历程，大体经历了三个阶段：第一个阶段是 20 世纪 70 年代末到 80 年代末以电子银行业务为主的阶段，银行开始采用信息技术代替手工操作，实现银行后台业务和前台兑换业务处理的自动化；第二个阶段是 20 世纪 80 年代末到 90 年代末以连接业务为代表的银行全面电子化建设阶段，我国银行业在全国范围内建起了一批基于计算机网络的应用系统，实现了处理过程的全过程的电子化；第三个阶段是从 20 世纪 90 年代末一直持续到今天的以业务系统整合、数据集中为主要特征的金融信息化新阶段。随着计算机信息化建设的不断发展，金融机构信息科技工作由原来的全面管理、维护和系统研发为主，逐渐转变成以贯彻落实总行及管理机构标准规范为主导，以保障本地区网络安全稳定运行为重点的工作机制。

我国保险业信息化发展也大体经历了三个阶段：20 世纪 80 年代到 90 年代初是起步阶段，国内一些大型保险公司初步实现了办公系统信息化；20 世纪 90 年代中后期，随着网络技术的发展，我国保险公司加快网络的应用，基本实现保单电子化、保险业务流程信息化和网络化，所有大型保险公司开始对业务进行系统整合；2000 年以后，保险业信息化程度有了新的飞跃，这一阶段的保险业积极开展电子化建设，信息化主要成就有不断开发保险新产品，精算的效率与保险计费的科学性不断提升。

我国证券行业信息化起步较早，发展较快。证券业最早应用信息技术的是证券交易所。1990

年，上海证券交易所通过计算机进行了第一笔交易。1992 年，深圳证券交易所复合系统正式启用。二十几年来中国证券市场信息化取得了快速发展。目前证券交易所的信息化的主要成就包含四个方面，分别是交易系统的信息化、信息平台系统、通信系统和监管系统。证券公司作为证券业的主体，也是证券信息化的主体。目前国内的所有证券公司都建立了网上交易系统，通过互联网实现了全公司互联和集中交易。在管理、决策和风险控制方面，也基本实现了信息化，包括稽核系统、财务系统和统计分析系统等。

2014 年以来，金融行业信息化进入了创新机遇期。经过了之前十余年的数据和业务的集中建设，包括银行、保险、证券等在内的金融行业信息化正在走向一个全新的阶段。基于云计算、大数据、移动与智能设备以及社交网络等第三类平台的金融服务，正在成为新的金融业务创新及增值点。

4. 信息化金融的四大发展趋势

（1）服务机构虚拟化

基于计算机技术的信息化在互联网时代的广泛运用，营造出一个全新的不同于实体经济的虚拟经济，而未来的金融机构将会呈现出显著的虚拟化趋势。网络信息技术在金融业中的应用可以实现在互联网上设立网络银行等网络金融机构，从事虚拟化的金融服务，或者传统金融机构以现有专用网络与 Internet 联网，提供服务或设立网站。

（2）服务对象平民化

随着我国金融业市场化程度不断加深，金融业所面临的竞争也日益激烈。互联网时代新兴互联网金融企业的进入，更使传统金融机构感受到了威胁。同时，互联网时代金融机构的信息化建设，使得金融机构推出小额理财产品的成本大幅下降，使小额理财成为可能。随着我国社会经济的不断发展，普通居民的投资理财意识将更为强烈，寻求收益更高的投资方式也成为他们迫切的需求。可以说现实的激烈竞争和居民的金融需求要求金融机构服务对象平民化，而互联网技术又使得这一趋势能够成为现实。未来的信息化金融机构的服务将会向着更加平民化的趋势发展。

（3）金融机构平台化

平台经济实质是全球化、信息化和网络化三大趋势的集大成者。对于金融机构而言，建立平台能在竞争中居于有利位置，从而具有聚集各种资源的能力，在竞争中掌握主动权。从风险控制角度来看，通过平台占有的社会资源越多，抗风险的能力就越强。平台通过不断增加参与者规模并且逐渐改进、完善平台商业模式来为参与者带来更多价值，最终完成平台自身的增值。

面对一个金融需求强烈、客户群体庞大但渠道稀缺的市场，以商业银行为主体的金融机构扩张是必然性战略选择。而同新设机构背后承担的巨大建设成本与人员管理压力相比，构建虚拟化的平台中介，整合渠道与资源，低成本拓宽销售渠道更是转型发展的新方向。

（4）金融服务个性化

互联网正在通过开放、分享、个性化和分布式协作改造着传统金融。互联网时代的信息化金融机构的运营模式使得金融服务的成本更低，操作更便捷，同时服务的透明度更高，个性化更强，用户体验更好。对于信息化金融机构而言，未来的竞争更多体现在服务质量的比拼上，是否有能力针对客户的不同需求推出个性化、定制化的产品是每个金融机构必须面对的考验。

3.2.6　互联网金融门户正在崛起

1. 互联网金融门户的定义

互联网金融门户是指利用互联网进行金融产品的销售以及为金融产品销售提供第三方服务的平台。互联网金融门户最大的价值就在于它的渠道价值。它的核心就是“搜索+比价”的模式，采用金融产品垂直比价的方式，将各家金融机构的产品放在平台上，用户通过对比挑选合适的金融产品。互联网金融门户多元化创新发展，形成了提供高端理财投资服务和理财产品的第三方理财机构，提供保险产品咨询、比价、购买服务的保险门户网站等。这种模式不存在太多政策风险，因为其平台既不负责金融产品的实际销售，也不承担任何不良的风险，同时资金也完全不通过中间平台。目前在互联网金融门户领域针对信贷、理财、保险、P2P 等细分行业分布有融 360、91 金融超市、好贷网、银率网、格上理财、大童网、网贷之家等。

2. 互联网金融门户的运营模式

根据互联网金融发展方向和提供服务产品的不同，互联网金融门户网站可以分为 P2P 网贷门户网站、信贷门户网站、保险门户网站、理财门户网站和综合门户网站。各类互联网金融门户网站数量众多、类别各异，提供不同的金融咨询与金融产品。

（1）P2P 网贷类门户

资讯类网站是所有 P2P 网贷投资者最为关注的门户网站之一。资讯类网站是理财人和借款人了解 P2P 网贷行业以及各家 P2P 网贷平台运营状况的窗口，也是 P2P 网贷类门户的“曝光台”，可对存在倒闭及携款逃跑风险的 P2P 网贷平台起到一定的监督及风险预警作用。现阶段，我国发展较好的典型的 P2P 网贷类门户有网贷之家、网贷天眼等。伴随着 P2P 行业的快速扩张，P2P 网贷类门户日益成为了解 P2P 的第一平台。

（2）信贷类门户

对于信贷类门户而言，其模式日趋强调以“垂直搜索+比价”为主，因此，信贷类门户定位为信贷产品的垂直搜索平台，将传统的线下贷款流程以及信贷产品信息转移到网络，为传统信贷业务注入互联网基因。近一年来，信贷类门户虽然将线下信贷产品业务流程转移到线上，初步实现了信贷业务流程在线化，但由于信贷产品极其复杂并具有一定风险性，因此，目前国内客户购买信贷产品的方式依然以 O2O 模式为主，即客户通过在线搜索信贷产品信息进行比对，然后到线下的相关金融机构进行购买，这就是所谓的 ROPO（Research Online Purchase Offline）模式，而距离线上自助式购买还有很长的一段路要走。国内信贷类门户数量较多，典型代表有好贷网、融 360、安贷客、融道网等。

伴随着信贷类门户模式和技术逐渐成熟，在信贷产品信息采集方面，信贷类门户通过数据采集技术以及合作渠道提供的信息建立数据库，汇聚着各类信贷产品信息，并对产品信息进行实时更新，以确保客户搜索到的产品信息真实可靠。在信贷产品搜索及匹配方面，信贷类门户设计了简明的信贷产品搜索框，包括贷款类型、贷款金额以及贷款期限等条件，便于精准定位客户的贷款需求，并根据其不同的需求进行数据分析和数据匹配。

（3）保险类门户

在保险类门户中，门户发展逐渐演化为两类：一类是聚焦于保险产品的垂直搜索平台，利用云计算等技术精准、快速地为客户提供产品信息，从而有效解决保险市场中的信息不对称问题，典型代表有富脑袋、大家保等；另一类保险类门户定位于在线金融超市，充当的是网络保险经纪人的角色，能够为客户提供简易保险产品的在线选购、保费计算以及综合性保障方案等专业性服务，典型代表为大童网、慧择网以及 Leaky 等。保险类门户为客户提供了一种全新的保险选购方式，并实现了保险业务流程的网络化，具体包括保险信息咨询、保险计划书设计、投保、核保、保费计算、缴费、续期缴费等。这些服务促使保险成为除银行外金融信息化最高的行业。

（4）理财类门户

在理财类门户中，除传统理财门户外，互联网巨头 P2P 等纷纷切入该行业，使得理财产品更加多样化，充分的竞争使得理财产品市场个性化、专业化程度更高。

国内外理财类门户不仅数目繁多，而且类别各异，既包含传统的 PC 端网站式门户，例如格上理财、存折网、我爱卡等，又涵盖了移动端的 APP 式门户，例如铜板街以及挖财等。这类门户可以分为垂直搜索平台以及在线金融超市两大类，依托于“搜索+比价”的核心模式为客户提供货币基金、信托、私募股权基金（PE）等理财产品的投资理财服务。此外，部分理财类门户还搜集了大量的费率信息，帮助客户降低日常开支。

（5）综合类门户

还有一类综合类门户，它汇聚了信贷类门户、保险类门户以及理财类门户所能提供的多种金融产品，是互联网金融门户“混业经营”的典型代表，如百度金融、91 金融超市等。随着模式的丰富，这类门户正逐渐成为发展的趋势。

3. 互联网金融门户的产生与发展

门户网站的发展经历了从综合门户到垂直门户、从通用搜索平台到垂直搜索平台两个重要阶段。而互联网金融门户便产生于第二阶段，即垂直门户的快速发展时期。此时，随着国内互联网逐步向分众渗透，网络应用逐渐深化，网络服务垂直化已成为重要的发展趋势，为互联网金融门户的产生提供了可能性。

首先，网络营销逐渐成为金融领域的重要营销途径之一。随着互联网的发展，越来越多的客户倾向于先通过网络查询金融机构及相关产品的信息，充分了解后再进行交易。借此，营销从过去的被动式营销逐步转化成了现在的互动式营销，这就需要线下和线上不断结合，为互联网金融门户提供了生存发展的市场空间。

其次，随着金融产品不断增多，客户面临着严重的信息过剩问题，对于客户而言，从网络中的海量信息里找寻到适合自身需求的信息需要耗费大量的时间成本。而随着网络搜索技术的不断革新，金融搜索逐渐趋向垂直化，这种垂直化搜索的出现，不仅高效整合了金融机构资源，同时还将相关金融产品信息准确快速地传递给客户，便于客户更加快速、精准地搜寻到其自身所需的产品，有效地降低了搜寻成本，从而也促进了金融业的发展。

上述两点为互联网金融门户的产生和发展提供了宝贵的契机，促使其形成了依托垂直搜索引擎、云计算等网络技术，以金融产品信息汇集和金融产品在线销售为主的门户网站。

互联网金融门户网站发展虽然不如 P2P 网贷、第三方支付发展那么迅猛，但随着互联网金融发展的加速，互联网金融行业的信息也会以指数级的速度增长，关于信息搜索处理的需求将会越来越大，这也将促使互联网金融门户网站不断发展。当然互联网金融门户网站不会仅局限于提供信息服务，而会将业务向垂直搜索、金融产品销售等更多的领域扩展，促进互联网金融业的不断发展。

4. 互联网金融门户呈现出了良好的发展态势

目前，互联网金融门户的商业模式获得了投资机构的认可，而且市场空间广阔，总体上呈现出了良好的发展态势。未来互联网金融门户的发展趋势主要有以下 4 点。

（1）门户发展渠道化

互联网金融门户依托大数据技术，通过垂直搜索的方式解决了交易过程中的信息不对称问题，不仅为客户提供快速而全面的行业信息、便捷而精准的金融产品推荐服务，同时还为金融机构提供智能化的金融产品销售服务，有效地降低了金融机构的交易成本。

因此，在互联网金融生态系统中，互联网金融门户将成为集信息、在线销售以及相关增值服务于一体的金融产品销售渠道。通过结构化的垂直搜索方式，搭建一个产业联盟平台，聚集产业链上下游企业。互联网金融门户不仅为产业链增加了技术协助，还为供需双方实现信息交流、业务对接以及利益共赢提供了良好的平台。

（2）产品类别多元化

对于垂直搜索平台而言，信息不对称是其致力于解决的首要问题，因此，平台上的产品覆盖面越广、产品数量越多，其上游企业的资源越分散，信息传递越充分，平台的价值也就越大。这也是融 360 在信贷搜索之后又上线了信用卡搜索、以记账理财为核心业务起家的手机 APP 挖财推出基金交易服务以及软交所科技金融超市，一上线就涉及企业贷款、股权融资、政策融资、企业理财以及新三板/IPO 五大类金融产品的重要原因。

由此可见，在经营产品类别方面，以垂直搜索平台为核心定位的互联网金融门户未来必将呈现产品多元化的发展趋势，即门户将汇聚不同种类的金融产品，从单一金融产品的垂直搜索平台转化为汇聚不同种类金融产品的综合类垂直搜索平台，如信贷类垂直搜索平台可以开展 P2P 网贷、信用卡等搜索业务，而保险类垂直搜索门户可将业务范围延伸到理财、中期信托、短期保险基金等，供用户搜索比价，从而深层次、多角度地挖掘和满足用户需求。

（3）业务模式多样化

互联网金融门户的核心是客户。而随着人民生活水平日益提高，金融产品不断创新，满足客户对金融产品多元化需求的同时提升用户体验，将成为保障互联金融门户核心竞争力的关键。

因此，在业务模式方面，互联网金融门户不会仅局限于当前的B2C模式，随着依托大数据、云计算等互联网金融核心技术的不断发展深化，互联网金融门户将通过对客户搜索习惯和行为特征进行有效记录和智能分析，从而协助金融机构为客户量身设计金融产品，通过自主定制产品的方式加强客户在交易过程中的自我成就感，提升用户体验，逐步形成互联网金融领域的C2B模式。

（4）营销方式移动化

随着移动通信技术和手机终端设备的发展，越来越多的客户形成了使用手机浏览和支付的消费习惯。因此，结合移动互联网的发展趋势，未来互联网金融门户势必会涌现出一批像铜板街以及挖财等的手机APP，便于客户随时随地进行搜索比价。通过PC端到移动端的全方位布局，互联网金融门户将使其产品信息的传播更加及时，业务流程更加便捷，从而更好地聚拢客户资源，充分发挥其渠道优势。

3.3 互联网金融的监管及发展趋势

3.3.1 互联网金融如何监管成争论焦点

对于互联网金融这个“新事物”，金融监管总体上应当体现开放性、包容性和适应性，同时坚持鼓励和规范并重、培育和防险并举，维护良好的竞争秩序，促进公平竞争，构建包括市场自律、司法干预和外部监管在内的三位一体的安全网，维护金融体系稳健运行。秉承这样的理念，互联网金融监管应遵循以下12个原则。

（1）互联网金融监管应体现适当的风险容忍度

对于互联网金融这样一类新出现的金融业态，需要留有一定的试错空间，过早的、过严的监管会抑制创新。美国经济学家斯莱弗认为，任何制度安排都需要在“无序”和“专制”两种社会成本之间权衡。如果P2P和众筹的业务模式能坚持单笔金额小、人数少，就应该用私人秩序和司法来规范。P2P等无区域性、系统性影响地自然退出，是市场的一种自我淘汰机制，对整个互联网金融的长期有序发展未必是坏事。另外，整个互联网金融行业可以在摸索中寻找道路，但不能犯致命性错误，整体风险须在可控范围内。因此，监管的良好目标应是：既避免过度监管，又防范重大风险。

（2）实行动态比例监管

金融监管在中文和英文中都是一个很模糊的概念，需要进一步厘清。从松到严，金融监管可以分为市场自律、注册、监督和审慎监管四个层次。除此之外，法律本身也具有规范市场主体行为的监督约束作用，可以视为一种广义的监管。违反法律的，可由司法机关负责处理。典型的例子是，香港小贷机构的监管就是由警务处负责的。

金融监管部门应当定期评估不同互联网金融平台和产品对经济社会的影响程度和风险水平，根据评估结果确定监管的范围、方式和强度，实行分类监管。对于影响小、风险低的，可以采取市场自律、注册等监管方式；对于影响大、风险高的，则必须纳入监管范围，直至实行最严格的监管，从而构建灵活的（而不是僵化的）、富有针对性的与有效性的（而不是笼统与无效的）互联网金融监管体系。评估应定期进行，监管方式需根据评估结果动态调整。

（3）原则性监管与规则性监管相结合

在原则性监管模式下，监管当局对监管对象以引导为主，关注最终监管目标能否实现，一般不对监管对象做过多过细要求，较少介入或干预具体业务。而在规则性监管模式下，监管当局主要依据成文法规，对金融企业各项业务内容和程序做出详细规定，强制每个机构严格执行，属于过程控制式监管。一方面，互联网金融监管必须在明确监管目标的基础上，实现“原则”先行。监管原则应充分体现互联网金融运营模式的特点，给业界提供必要的创新空间，同时指导和约束运营者承担对消费者的责任。另一方面,要在梳理互联网金融主要风险点的基础上，对互联网金融中风险高发的业态和交易制定监管规则，事先予以规范。原则性监管与规则性监管的结合，有助于在维护互联网金融的市场活力与做好风险控制之间实现良好平衡，促进其可持续发展。

（4）防止监管套利，注重监管的一致性

监管套利是指金融机构利用监管标准的差异或模糊地带，选择按照相对宽松的标准展业，以此降低监管成本、获取超额收益。互联网金融提供的支付、放贷等服务与传统金融业相仿，如果二者执行不同的监管标准，将易于引起不公平竞争。为确保监管有效性，维护公平竞争，在设计互联网金融监管的规则时，应确保两个“一致性”：一是不论是互联网企业还是传统的持牌金融机构，只要其从事的金融业务相同，原则上就应该受到同样的监管；二是对互联网金融企业的线上、线下业务的监管应当具有一致性。

（5）关注和防范系统性风险

互联网金融的发展对于系统性风险的影响具有双重性，这应当是金融监管机构关注的焦点。一方面，通过增加金融服务供给、提高资源配置效率、推进实体经济可持续发展等，互联网金融的发展有助于降低系统性风险；另一方面，互联网金融也可能会放大系统性风险：互联网金融准入门槛低，可能会使非金融机构短时间内大量介入金融业务，降低金融机构的特许权价值，增加金融机构冒险经营的动机；互联网金融的信息科技风险突出，其独有的快速处理功能，在快捷提供金融服务的同时，也加快了相关风险积聚的速度，极易形成系统性风险；此外，某些业务模式存在流动性风险隐患。例如，互联网直销基金每周 7 天、每天 24 小时都可以交易，但货币市场基金有固定交易时间，第三方支付机构需要承担隔夜的市场风险和流动性风险，这类“小概率、大损失”的黑天鹅事件对于此类模式的成败有重要影响。金融监管机构对此应当保持高度警惕，及时化解和干预。

（6）全范围的数据监测与分析

及时获得足够的信息尤其是数据信息是理解互联网金融风险全貌的基础和关键，是避免监管漏洞，防止出现监管“黑洞”的重要手段。客观上，大数据为实施全范围的数据监测与分析，加强对互联网金融风险的识别、监测、计量和控制提供了手段。为此，监管机构需要基于行业良好实践，提出数据监测、分析的指标定义、统计范围、频率等技术标准。如对 P2P 平台设计经营性指标和风险性指标的定期与实时报送和分析机制。在数据监测、分析机制的建设过程中，应注意保持足够的灵活性，在定期评估的基础上持续完善以及时捕获新风险。

（7）严厉打击金融违法犯罪行为

在鼓励互联网金融的创新精神和普惠性的同时，必须及时惩治各类金融违法犯罪行为。互联网金融发展良莠不齐，少数互联网企业运营中基本没有建立数据的采集和分析体系，借着互联网的名义不持牌地从事传统金融，有些平台甚至挑战了法律底线。如一部分 P2P 脱离了平台的居间功能，先以平台名义获取资金再进行资金支配甚至挪作他用，投资人与借款人并不直接接触，这已突破了传统意义上 P2P 贷款的范畴。为此，必须不断跟踪研究互联网金融模式的发展演变，划清各种商业模式与违法犯罪行为的界限，依法严厉打击金融违法犯罪行为，推动互联网金融健康有序发展。

（8）加强信息披露，强化市场约束

信息披露是指互联网金融企业将其经营信息、财务信息、风险信息、管理信息等告知客户、股东等。准确充分的信息披露框架，一是有助于提升互联网金融行业整体和单家企业的运营管理透明度，从而让市场参与者对互联网金融业务及其内在风险进行有效评估，发挥好市场的外部监督作用；二是有助于增强金融消费者和投资者的信任度，奠定互联网金融行业持续发展的基础；三是有助于避免监管机构因信息缺失、无从了解行业经营和风险状况，而出台过严的监管措施，抑制互联网金融发展。加强信息披露的落脚点是以行业自律为依托，建立互联网金融各细分行业的数据统计分析系统，并就信息披露的指标定义、内容、频率、范围等达成共识。当前，提升互联网金融行业透明度的抓手是实现财务数据和风险信息的公开透明。

（9）互联网金融企业与金融监管机构之间应保持良好、顺畅、有建设性的沟通

互联网金融企业与金融监管机构之间保持良好、顺畅、有建设性的沟通，是增进相互理解、消除误会和达成共识的重要途径。一方面，互联网金融企业应主动与监管机构沟通，努力使双方就业务模式、产品特性、风险识别等行业发展难题达成理解。特别是对法律没有明确规定、拿不准的环节，更要及时与相关部门沟通，力求避免法律风险。在此过程中，推进行业规则逐步健全。另一方面，建设性的沟通机制有助于推动监管当局按照激励相容的原则设计监管规则，充分体认互联网金融企业在运营和内部风险管理等方面的特殊性，促进监管要求与行业内部风险控制要求的一致性，降低合规成本。

（10）加强消费者教育和消费者保护

强化消费者保护是金融监管的一项重要目标，也是许多国家互联网金融监管的重点。要引导消费者厘清互联网金融业务与传统金融业务的区别，促进公众了解互联网金融产品的性质，提升风险意识。在此基础上，切实维护放贷人、借款人、支付人、投资人等金融消费者的合法权益。当前重点是加强客户信息保密，维护消费者信息安全，依法加大对侵害消费者各类权益行为的监管和打击力度。例如，针对第三方支付中消费者面临的交易欺诈、资金被盗、信息安全得不到保障等问题，应有针对性地加强风险提示，及时采取强制性监管措施。

（11）强化行业自律

相比于政府监管，行业自律的优势在于：作用范围和空间更大、效果更明显、自觉性更强。今后一段时期互联网金融行业的自律程度、行业发展的有序或无序在很大程度上影响着监管的态度和强度，从而也影响着整个互联网金融行业未来的发展。为此，行业领头的企业必须发挥主动性，尽快带头制定自律标准，建立行业内部自我约束机制，不应一味等待政府的强制性干预。近期陆续成立的互联网金融协会应当在引导行业健康发展方面，尽快发挥影响力。特别是要在全行业树立合法合规经营意识，强化整个行业对各类风险的管控能力，包括客户资金和信息安全风险、IT 风险、洗钱风险、流动性及兑付风险、法律风险，等等。

（12）加强监管协调

互联网金融横跨多个行业和市场，交易方式广泛、参与者众多，有效控制风险的传染和扩散，离不开有效的监管协调。一是可以通过已有的金融监管协调机制，加强跨部门的互联网金融运营、风险等方面的信息共享，沟通和协调监管立场。二是以打击互联网金融违法犯罪为重点，加强司法部门与金融监管部门之间的协调合作。三是以维护金融稳定，守住不发生区域性、系统性金融风险底线为目标，加强金融监管部门与地方政府之间的协调与合作。

3.3.2 规范互联网金融的政策建议

互联网金融的热潮引来了地方政府的关注，全国各个地方纷纷出台政策，北京、上海、贵阳、深圳、广州、南京、武汉、青岛、成都、浙江等地均已出台或者拟出台相应的政策，尤其是最新出台的首个地方法规《浙江省促进互联网金融持续健康发展暂行办法》，首次在办法中明确了 P2P 应遵循的主要规则：不得从事贷款或受托投资业务，不得承担信用风险和流动性风险；不得非法吸收公众资金，不得接受、归集和管理投资者资金，不得建立资金池；不得自身为投资者提供担保，不得出具借款本金或收益的承诺保证；建立信息披露制度，不得故意隐瞒、虚构与投资者作出投资决策相关的必要信息。值得一提的是，在该办法中提出，P2P 网络借贷平台原则上应将资金交由银行业金融机构进行第三方存管。各地出台的政策虽然支持力度不同，但基本保持宽松和包容的态度，在监管上也遵循“适度监管、分类监管、协同监管、创新监管”的原则。各地政策在具体的支持细则上，存在些许的差异。下面分别对市辖区和直辖市、地级市政策细则进行梳理汇总，如表 3-1 所示。

表 3-1　中国各地区互联网金融政策梳理汇总

地区	时间	出台政策/意见征求稿
北京市	2013 年 8 月	《石景山区支持互联网金融产业发展办法（试行）》
	2013 年 10 月	《海淀区关于促进互联网金融创新发展的意见》
	2013 年 12 月	《关于支持中关村互联网金融产业发展的若干措施》
天津市	2014 年 2 月	《天津开发区推进互联网金融产业发展行动方案（2014—2016）》
深圳市	2014 年 3 月	《深圳市人民政府关于支持互联网金融创新发展的指导意见》

续表

地区	时间	出台政策/意见征求稿
广州市	2014 年 6 月	《广州市支持互联网金融创新发展试行办法》（征求意见稿）
	2014 年 7 月	《关于促进广州民间金融街互联网金融创新发展的若干意见》
贵阳市	2014 年 6 月	《关于支持贵阳市互联网金融产业发展的若干政策措施（试行）》
南京市	2014 年 7 月	《关于加快互联网金融产业发展的实施办法》
武汉市	2014 年 8 月	《武汉市政府关于支持互联网金融产业发展实施意见》（征求意见稿）
上海市	2014 年 8 月	《关于促进上海市互联网金融产业健康发展的若干意见》
	2014 年 9 月	《长宁区关于促进互联网金融产业发展的实施意见》
青岛市	2014 年 10 月	《鼓励发展新型业态和商业模式若干政策措施》
成都市	2014 年 11 月	《成都高新区推进“三次创业”加快金融业发展的若干政策》
浙江省	2014 年 12 月	《杭州市关于推进互联网金融创新发展的指导意见》
	2015 年 2 月	《浙江省促进互联网金融持续健康发展暂行办法》

数据来源：根据互联网金融网站资料整理

3.3.3 互联网金融成为增长新动力

随着社交网络的繁荣和金融脱媒化趋势的形成，人类迎来了互联网金融时代。互联网金融序幕一拉开热潮就在中国开始了。互联网金融的诞生是人类历史上划时代的大事件。虽然互联网金融现在还有很多缺点和问题，但也一样会在实践中不断完善，并且改变人们的生活方式，影响各行各业的发展，成为各行各业不可缺少的使用工具。同时，在互联网金融机构和互联网金融创新的支持下，互联网金融将会突破发展过程中遇到的各种瓶颈，为社会提供更好的产品和服务，同时为社会创造更多的财富。未来互联网金融的发展将大致呈现以下趋势。

（1）国家支持互联网金融发展的大趋势形成。

（2）向专业化和规范化发展。

（3）平台服务范围不断拓宽。

（4）投资便捷化、移动化。

（5）市场规模不断扩大，融资成本稳步下降。

（6）互联网金融门槛降低。

（7）为中小企业成长提供金融服务。

（8）民间金融向互联网金融转型是必然的趋势。

（9）P2P 行业引入保证保险的可能性。

（10）P2P 行业去担保化将成为必然的趋势。

（11）服务模式创新成为互联网金融发展的驱动力。

（12）互联网金融市场细分化。

（13）逐步同投资机构合作。

（14）逐步走向村镇。

（15）逐步面向个人，为信用消费服务。

（16）逐步形成联盟。

（17）互联网金融将成为未来 10 年最大的财富机遇。

（18）互联网金融服务实体经济是大趋势。

互联网金融平台将用正确的金融理论和互联网金融工具帮企业、机构转型升级，提高盈利能力和打造核心竞争力，推动中国地区经济更健康发展。以当地企业或适合地区发展的产业为基础，帮助地方政府招商引资，打造产业链，形成各地的产业集群。不仅投资给该地区需要融资的企业，更重要的是帮助产业链上的企业成长：推动企业技术创新，提高盈利能力，打造地区产业集群的企业核心竞争力；引导地区优势行业的企业发展，推动地区资源和产业转型升级和优化发展。

综上所述，互联网金融时代是中国企业与发达国家公司竞争的最好机会。在许多传统产业领域，美国等发达国家占据很多优先发展的优势，而在互联网金融领域，中国与美国等发达国家都处在一个起跑线上，甚至在某些方面我国已经处在美国等发达国家前面。例如，我国的互联网金融从业人员是美国的千倍以上，我国的互联网金融机构是美国的千倍以上，我国的互联网金融推动实体经济转型升级的实践也早已走在美国前面。互联网金融需要一个宽容的发展环境，只有这样，中国才能抓住互联网金融时代的历史性机遇。

第4章　跨境电子商务

近年来，随着经济全球化的不断深入和电子商务的快速发展，越来越多的商家开始在世界范围内寻觅消费者，跨境电子商务也让消费者有了更多的选择。全球跨境电子商务市场增速明显，市场研究机构 eMarketer 发布的数据显示，2012 年，世界网络零售电子商务交易额达到 1.09 万亿美元，较 2011 年增长 21.1%；2013 年全球电子商务交易规模达到 1.3 万亿美元。跨境电子商务市场潜力巨大，成为国内外众多电商企业的抢滩之地。2014 年，亚马逊最先启动海外购直邮，随后京东上线海外购，“双 11”期间更是有多达 217 个国家和地区在阿里巴巴的天猫商城进行了交易。2014 年 11 月落幕的 APEC 会议上，跨境电商也成为各国嘉宾的话题焦点。

4.1　跨境电子商务概述

目前，跨境电子商务作为一个比较新的概念，还没有一个统一的认识。通常认为，跨境电子商务是指分属不同国界或地区的交易主体，通过互联网平台进行交易、支付和结算，并通过跨境物流送达商品，完成交易的一种国际商业活动。

跨境电子商务作为推动经济一体化、贸易全球化的技术基础，具有非常重要的战略意义。跨境电子商务不仅冲破了国家间的障碍，使国际贸易走向无国界贸易，同时它也正在引起世界经济贸易的巨大变革。

4.1.1　跨境电商的分类

电子商务的表现形式主要有网络购物、网络消费、企业网络营销、企业网络采购与销售等。电子商务的主要模式有 B2C（Business to Customer）、B2B（Business to Business）、C2C（Consumer to Consumer）、O2O（Online to Offline）、M2C（Manufacturers to Consumer）、团购、社交网、物联网的电子商务应用等。

从电子商务模式的角度看，根据跨境电子商务企业在跨境商品交易流通环节中所处的地位和作用不同，以及产业终端的用户类型不同，跨境电商主要可分为 B2B、B2C、C2C 或小宗 B2B、代运营四大类型，未来或将出现跨境 O2O 或跨境 C2B 模式，具体内容如表 4-1 所示。

表 4-1　　跨境电商的主要模式

模式	B2B	B2C	C2C 或小宗 B2B	代运营
定位	跨境大宗交易平台	垂直类跨境小额批发零售平台	综合类跨境小额批发零售平台	专业第三方服务平台
简介	为境内外会员提供网络营销平台，为供货商和采购商之间传达商品或服务的信息，最终撮合买卖双方完成交易。此类平台通常包括网站、线下展会、出版品等多种推广管道	通过联系境内外企业作为供货商，买断货源，同时自建 B2C 平台直接服务海外终端消费者，负责物流、支付、客服等，将产品销往海外	独立的第三方销售平台，提供给境内从事对外贸易的企业或个人以及海外买家，双方透过平台进行下单，平台本身不参与物流、金流等交易环节	不直接或间接参与任何电子商务的买卖过程，而是为不同行业、不同规模的从事小额跨境电商的公司提供解决方案，帮助企业推动其电子商务跨境销售的发展
盈利模式	会员费、营销推广费、增值服务费等	主要是销售收入，赚取进货销货价差	佣金、会员费、广告费、增值服务费等	服务费、咨询费等
国内代表	阿里巴巴国际站 环球资源网 中国制造网 敦煌网	兰亭集势 米兰网 跨境购	阿里巴巴全球速卖通 敦煌网	四海商舟 递四方 阿里巴巴一达通
国外代表	Directindustry TradeKey	亚马逊海外直邮	eBay	

另外，B2B 模式下，由于企业运用电子商务的方式以广告和信息发布为主，成交和通关流程基本在线下完成，本质上仍属传统贸易，已纳入我国海关一般贸易统计。而 B2C 模式下，企业直接面对国外消费者，以销售个人消费品为主，物流方面主要采用航空小包、邮寄、快递等方式，其报关主体是邮政或快递公司，目前大多未纳入海关统计。图 4-1 所示的是主要跨境电商企业举例。

图 4-1　主要跨境电商企业举例

从跨境电商平台所提供的服务类型看，跨境电商平台又可以分为信息服务平台（如阿里巴巴国际站、环球资源网、中国制造网等）和在线交易平台（如兰亭集势、敦煌网、阿里巴巴速卖通、米兰网、大龙网等）；从跨境电商平台的运营方看，跨境电商还可以分为第三方开放平台（阿里巴巴国际站、速卖通、环球资源网、敦煌网）和自运营平台（如兰亭集势、米兰网、大龙网等）；从进出口贸易的角度看，根据跨境电商企业在进出口贸易中的业务方向不同，跨境电子商务可以分为出口跨境电商（如中国制造网、阿里巴巴速卖通、敦煌网等，其基本流程如图 4-2 所示）和进口跨境电商（如洋码头、跨境通等，其基本流程如图 4-3 所示）。

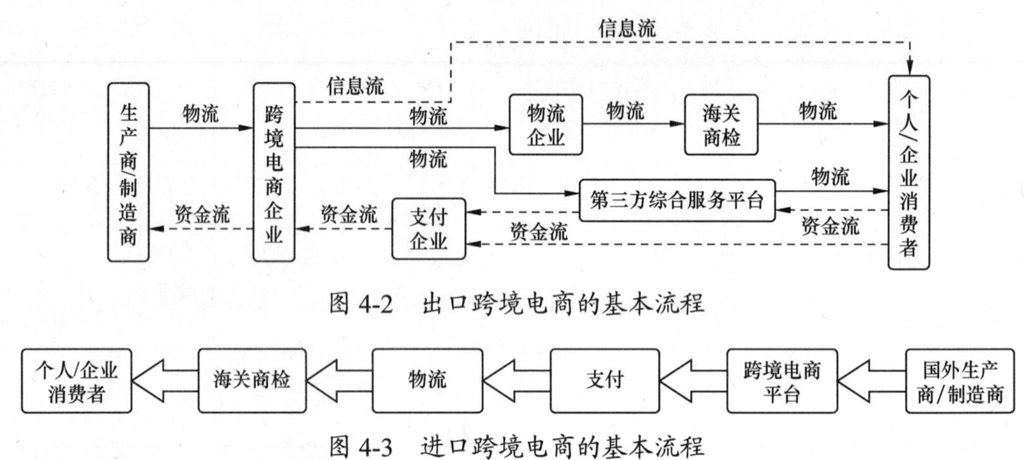

图 4-2　出口跨境电商的基本流程

图 4-3　进口跨境电商的基本流程

4.1.2　跨境电商的特点

所谓“跨境电商”，将其分开来理解，跨境即国与国之间进行的商品和劳务交换，强调空间上的国际性、全球性；电商即以信息网络技术为手段，以商品交换为中心的商务活动，强调交易方式上的无纸化和信息化。跨境电子商务融合了国际贸易和电子商务两方面的特征，区别于传统贸易，呈现出自己的特点，主要表现在以下 4 个方面。

1. 全球化和多边化

网络是一个没有边界的媒介体，具有全球性和非中心化的特征。依附于网络发生的跨境电子商务也因此具有了全球性和非中心化的特性。电子商务与传统的交易方式相比，一个重要特点就在于电子商务是一种无边界交易，丧失了传统交易所具有的地理因素。互联网用户不需要考虑国界就可以把服务和产品，尤其是高附加值的数字化产品提交到国际化的市场上，体现出跨境电商产品全球化、市场全球化和交易全球化的特点。多边化是指跨境电商业务实施过程中所涉及的资金流、信息流和物流已由传统贸易的双边逐渐演变为多边，呈现涉及世界多个国家和地区的网状结构。例如，跨境电商的加拿大消费者可以通过中国的交易平台选择商品，中国香港的支付结算平台进行支付，美国的物流平台获得商品，实现多个国家（地区）的参与。

2. 无纸化和数字化

一方面，电子商务的主要特征之一就是采取无纸化操作的方式。各种形式的电子数据和文件取代了一系列的纸面交易文件，如 EDI、Web 技术、电子邮件等能够使商品和服务的提供者、广告商、消费者等共享商务信息，并管理和完成各项商务活动。由于电子信息以比特的形式存在和传送，跨境电商的多数过程实现了无纸化。

另一方面，信息网络技术的深入发展使数字化产品和服务的种类增加、传输盛行，贸易量快速增长。例如软件、图片、声音、影视作品、游戏等数字化商品在全球化的网络环境中通过跨境电商进行销售或消费的趋势越来越明显。与之相比，传统的国际贸易主要是实物产品的贸易。

3. 即时性和直接性

传统交易模式下，信息交流方式如信函、电报、传真等，在信息的发送与接收间，存在着长短不同的时间差。而跨境电商的信息交流，由于网络技术的发达，无论实际时空距离远近，一方发送信息与另一方接收信息几乎是同时的，能够实现即时的交流磋商，甚至即时达成交易。并且，跨境电商可以通过电子商务平台，实现多国企业之间、企业与最终消费者之间的直接交易。与传统国际贸易相比，进出口环节少、时间短、成本低且效率高。

4. 批量小和频率高

由于跨境电商实现了国际上两个企业之间或单个企业与单个消费者之间的交易，相对于传统贸易而言，跨境电商的单笔订单大多是小批量的，甚至是单件的。然而跨境电商实现了单个企业或消费者能够即时按需采购、销售或消费，因此相对于传统贸易而言，交易双方的交易频率也大幅提高了。

4.2 中国跨境电商发展历程

1999 年，马云创立了阿里巴巴国际交易市场，帮助小企业拓展海外市场，实现用互联网连接中国供应商与海外买家，中国的对外出口贸易实现了互联网化。此后，中国的跨境电子商务一共经历了三个历程，实现从信息服务到在线交易，再到全产业链蓬勃发展。

4.2.1 萌芽阶段（1999—2003 年）

1999—2003 年是中国跨境电商的萌芽阶段，这一阶段也被称为跨境电商 1.0 阶段。此时的主要商业模式是网上展示、线下交易的外贸信息服务模式。跨境电商企业以第三方的信息服务平台为主。跨境电商企业为外贸企业的信息及产品提供网络展示平台，并不在网络上涉及任何交易环节，外贸企业通过线下会议等方式达成最终交易。

早期，网络黄页推广的方式最为普及。对外贸企业来说，网络黄页推广主要是加入面向全球市场的国家级和世界级黄页目录，以及在目标市场的网络黄页上做广告。中国互联网普及特别是阿里巴巴成立后，这种网络黄页式国际电子商务服务成了一种流行的模式。当时很多外贸网站，如环球资源网、中国制造网、全球市场网、慧聪网等，基本上都是网上黄页的模式。

这一阶段的盈利模式主要是通过向信息展示的企业收取服务费、会员费、竞价排名、提供咨询服务等增值服务、广告等。跨境电商 1.0 阶段虽然通过互联网解决了中国外贸企业信息面向世界买家推广的难题，但依然无法实现在线交易，对于跨境电商产业链的整合仅完成了信息流整合。

4.2.2 起步阶段（2004—2012 年）

2004 年，随着敦煌网的上线，跨境电商 2.0 阶段来临，中国跨境电商开始起步发展。这一阶段，跨境电商平台开始摆脱纯信息展示的网络黄页模式，将线下交易、支付、物流等流程实现电子化，逐步实现了网上在线交易模式。

此时，企业做跨境电子商务有两种途径。一种是跨境电商 B2B 平台模式，主要是在第三方平台上建立自己的网店门户进行跨境电子商务，例如亚马逊、eBay、阿里巴巴速卖通、敦煌网等，这一模式也是跨境电商发展至今的主流模式。另一种是跨境电商 B2C 独立运营模式，通过构建自己的品牌，搭建自己的网站并推广，做独立的跨境电商，例如兰亭集势、大龙网等。

这一阶段，跨境电商的第三方平台实现了营收的多元化，同时也延伸了后向收费模式，将收取会员费改为以收取交易佣金为主。同时，跨境电商还通过整合平台的营销推广、支付、物流、仓储等获得更多的增值收益。

4.2.3 快速成长阶段（2013 年以后）

2013 年以来，中国的电子商务正在经历行业变革。随着京东、聚美优品、唯品会、阿里巴巴等企业陆续上市，跨境电子商务的格局也在悄然变化。中国跨境电商快速成长的 3.0 时代随之到来。

近年来，中国外贸进出口遭遇寒流，呈现逐步回落态势。国务院于 2013 年 7 月出台促进外贸发展、提高外贸便利化水平的“国六条”，支持外贸综合服务企业的发展，为中小企业出口提供融资、通关、退税、物流、保险等外贸服务。

通过外贸综合服务企业提供进出口环节相关服务，降低了中小外贸企业的经营成本，对促进外贸转型具有积极意义。

这一阶段，以阿里巴巴一达通、世贸通等为代表的外贸综合服务平台迅速发展壮大。外贸综合服务平台是我国外贸业务模式的重要创新。同时平台类跨境电商企业和自营类跨境电商企业也全面升级了服务，平台承载能力更强，与相关的物流、营销、代运营、IT、金融、保险等产业链服务的整合也更加深入。

随着移动电子商务的深入普及、O2O 模式的兴起、外贸综合服务平台的完善，未来中国跨境电商将会有更多类型的买家、中大额订单比例也会进一步提升，也将会出现如 M2B 模式的新的平台模式。

4.3 中国跨境电商现状

可以说 2003 年的“非典”成就了阿里巴巴，2008 年的全球金融危机造就了跨境电商。到了 2012 年，我国跨境电商交易总额已经占我国全年进出口贸易额的 9.6%，有着推动我国对外贸易转型的趋势。2013 年是我国跨境电商发展的真正元年，而 2014 年跨境电商则迎来了规模化拐点。

4.3.1　市场规模不断扩大

据统计，我国现在已经有超过 5000 家的电子商务平台企业，还有超过 20 万家的外贸企业借助这些电商平台发展跨境外贸交易。

中国电子商务研究中心数据显示，2013 年，中国电子商务市场交易规模达 10.2 万亿，同比增长 20.0%（见图 4-4）。其中，B2B 电子商务市场交易额达 8.2 万亿元，同比增长 31.2%。网络零售市场交易规模达 18851 亿元，同比增长 42.8%。中国电子商务市场一直保持较快增速，且增速高于全球平均水平，在中国网络经济乃至中国国民经济中的地位越来越重要。

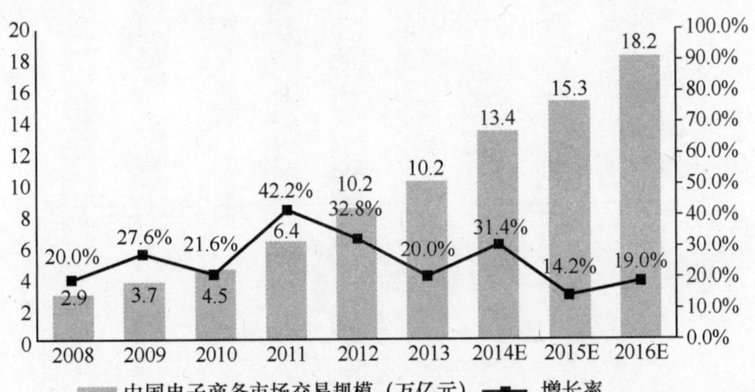

数据来源：中国电子商务研究中心《2013 年度中国电子商务市场数据监测报告》，2014—2016 年数据为预测值

图 4-4　2008—2016 年中国电子商务市场交易规模

从 2008—2013 年，中国跨境电商连续 5 年复合增长率超过 30%。截至 2013 年，中国跨境电商交易额已达 3.1 万亿元人民币。艾瑞咨询公司预测，在全球电商快速发展和中国电商全球化的大趋势下，中国跨境电商交易规模将持续高速发展，跨境电子商务在中国进出口贸易中的比重将会越来越大，到 2016 年将会达到 19.0%，跨境电商交易规模可达 6.5 万亿元（见图 4-5）。

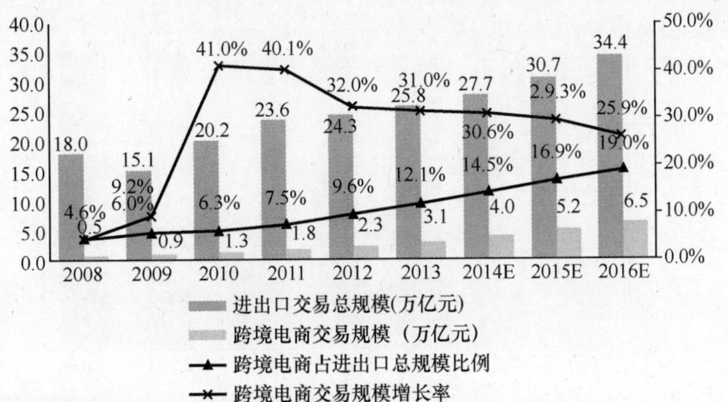

数据来源：艾瑞咨询，2014—2016 年数据为预测值

图 4-5　2008—2016 年中国进出口贸易及跨境电商市场交易规模

4.3.2 进口比重逐渐增加

从中国跨境电商的进、出口结构分布情况来看，2012 年以前超过 90%的交易规模由出口电商贸易贡献；2013 年起，这一比例下降到 90%以下，为 88.2%（见图 4-6）。可见，中国跨境电子商务进口比重仍然较低，但随着中国跨境网购市场的开放、跨境网购基础环境的完善以及消费者跨境网购习惯的养成，未来进口电商比重将逐步增大。

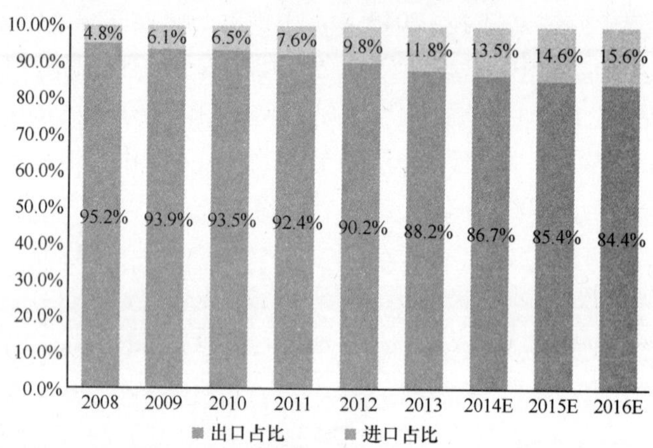

数据来源：艾瑞咨询，2014—2016 年数据为预测值

图 4-6 2008—2016 年中国跨境电商交易规模进出口结构

4.3.3 B2B 交易占比极高

从中国跨境电商的交易模式来看，由于跨境电商 B2B 交易订单较稳定、批量也较大，B2B 模式的交易占比一直占有绝对优势。2010 年，跨境电商 B2B 交易模式占比高达 97.7%；此后虽然一直有下降趋势，但占比始终高于 90%；2013 年，跨境电商 B2B 交易占比仍然高达 93.9%。未来，跨境电商 B2B 交易仍然是主流，但随着参与跨境电商的主体规模越来越小，跨境电商的订单会更加凸显批量小、高频度、碎片化的特点，B2C 交易模式的占比也会出现一定提升。艾瑞咨询公司预计，2016 年中国跨境电商 B2C 交易的占比将达到 10%左右（见图 4-7）。

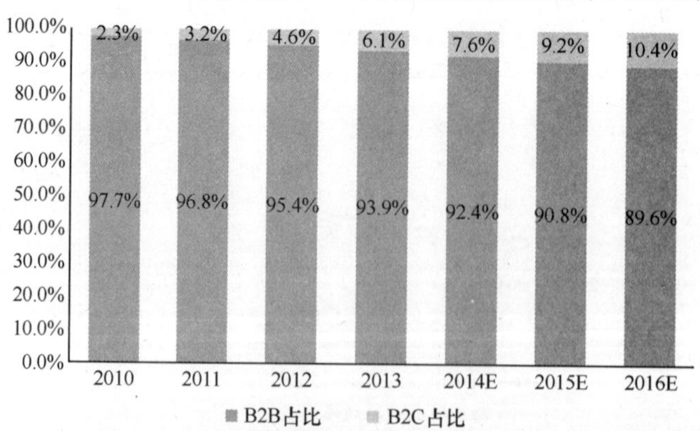

数据来源：艾瑞咨询，2014—2016 年数据为预测值

图 4-7 2010—2016 年中国跨境电商交易规模 B2B 与 B2C 结构

4.3.4　相关政策日趋完善

国家关于跨境电子商务的利好政策持续发酵并日趋完善，地方相关细则也在逐步落地。2013 年 7 月，国务院常务会议制定促外贸“国六条”，明确积极扩大商品进口，增加进口贴息资金规模，为国内电子商务平台发展进口业务提供了契机。2013 年 8 月初，国务院发布《促进信息消费扩大内需的若干意见》，提出挖掘消费潜力、增强供给能力、激发市场活力、改善消费环境等。2013 年 8 月底，国务院办公厅转发商务部等部门《关于实施支持跨境电子商务零售出口有关政策意见的通知》，即国家支持跨境电商产业发展“国六条”正式出台；该通知在上海、重庆、杭州、宁波、郑州 5 个城市试点跨境贸易电子商务服务，并从 2013 年 10 月 1 日起向全国有条件的地区实施；2013 年 9 月，广州亦获批成为跨境电子商务试点城市；2013 年 9 月底，第二批国家电子商务示范城市创建工作启动。2013 年 11 月底，商务部发布《关于促进电子商务应用的实施意见》。2014 年 1 月，财政部、国税总局联合发布《关于跨境电子商务零售出口税收政策的通知》，针对零售出口型企业，在海关、质检、税收、外汇、支付和信用等方面制定了相应法规，明确了跨境电子商务零售出口有关的税收优惠政策。2014 年 5 月，国务院发布《关于支持外贸稳定增长的若干意见》，提出进一步加强进口，出台跨境电子商务贸易便利措施等。其他有关跨境电子商务发展的政策法规还有很多，如表 4-2 所示。

表 4-2　　2004—2014 年中国跨境电商领域主要相关法律法规

法律法规	颁布时间	发文单位
《电子签名法》	2004-08	国务院办公厅
《关于加快电子商务发展的若干意见》	2005-01	国务院办公厅
《商务部关于促进电子商务规范发展的意见》	2007-12	商务部
《跨境贸易人民币结算试点管理办法》	2009-07	央行
《商务部关于加快流通领域电子商务发展的意见》	2009-11	商务部
《网络商品交易及有关服务行为管理暂行办法》	2010-05	国家工商行政管理总局
《非金融机构支付服务管理办法》	2010-06	央行
《关于促进网络购入健康发展的指导意见》	2010-06	商务部
《跨境贸易人民币结算试点管理办法实施细则》	2010-09	央行
《支付机构客户备付金存管暂行办法》	2011-11	央行
《支付机构互联网支付业务管理办法》	2012-01	央行
《网络商品交易及服务监管条例》	2012-06	国家工商行政管理总局
《支付机构跨境电子商务外汇支付业务试点指导意见》	2013-02	国家外汇管理局
《关于实施支持跨境电子商务零售出口有关政策的意见》	2013-08	国务院
《促进信息消费扩大内需的若干意见》	2013-08	国务院
《关于促进电子商务应用的实施意见》	2013-11	商务部
《关于跨境电子商务零售出口税收政策的通知》	2014-01	财政部、国税总局
《关于支持外贸稳定增长的若干意见》	2014-05	国务院

4.3.5　跨境电商服务试点城市成绩显著

中国海关总署表示，自 2013 年 7 月中国跨境电子商务服务试点开展以来至 2014 年年底，中国跨境电子商务试点的交易规模已突破 30 亿元人民币。在出口方面，截至 2014 年 12 月底，上海、重庆、杭州、宁波、郑州、广州、深圳、北京、苏州、青岛、金华、东莞、西安、南京、葫芦岛、银川 16 个城市先后开展出口业务，累计验放清单 3823.5 万份，出口到 181 个国家和地区，价值约 20.4 亿元；在进口方面，截至 2014 年 12 月底，上海、重庆、杭州、宁波、郑州、广州、深圳先后开展了进口业务，共验放包裹 411 万余件，价值约 10.1 亿元。

为进一步促进中国跨境电商健康快速发展，2014 年海关总署开发了适用于全国的统一版跨境电子商务出口通关管理系统。该系统依托电子口岸平台，实现了与电商、物流、支付企业和平台的高效对接，能够全程掌握跨境电子商务的准确数据和状态。统一版系统与电商企业的联网对接和数据交换也在加快。

4.4 跨境电商发展趋势

4.4.1 跨境电商发展的有利条件

1. 适应国际贸易的发展趋势

随着物流、金融、网络等国际贸易基础设施的改善和新技术的出现，国际贸易的发展趋势也在不断演化。发展跨境电子商务是推动经济全区化、贸易全球化的重要基础，对我国适应国际贸易发展趋势具有非常重要的战略意义。2008 年全球金融危机后，消费者收入增长趋缓，国外消费者开始直接通过网络购买世界各地物美价廉的商品。而部分海外进口商出于缓解资金链压力和控制资金风险的考虑，也倾向于将大额采购转变为中小额采购、长期采购变为短期采购，单笔订单的金额明显减小，传统“集装箱”式的大额交易正逐渐被小批量、多批次的“碎片化”进出口贸易取代。金融危机后，中国跨境电商迎来了第一次成长高峰。随着全球经济的复苏，我国宏观经济的外部环境将得到改善，外部需求有所提升。电子商务渠道的深入渗透，有助于在成本和效率层面增强中国的出口竞争优势。跨境电商以开放、多维、立体的多边经贸合作模式拓宽了中国企业进入国际市场的路径，对保持中国外贸稳定增长起到重要作用，更好地适应了国际贸易的发展趋势。

2. 具有优质的市场基础

跨境电商订单的特点是批量小、频率高和直接化。而这些特点正好迎合了我国国内海量的中小外贸企业的碎片化优势，跨境电子商务成为它们开辟海外市场的有力武器。数不胜数的小微企业能够提供充足的货源，直接支撑起了我国的世界级跨境电商供应链。

并且，世界各国对“中国制造”的刚性需求不会减少。随着更加开放的国际环境和“中国制造”本身质量、技术和品牌的提升，我国制造业未来在全球的比重还将不断提高，世界也将越来越离不开“中国制造”。跨境电子商务企业能够借此机遇将我国制造的产品销往世界。

在跨境贸易出口对象方面，除了已经较为稳定的美国和欧洲市场以外，还涌现了一些新兴市场如巴西、阿根廷、俄罗斯以及东南亚地区等。这些新兴市场的政府和当地企业都很乐意与中国跨境电商企业发展更深的合作往来，帮助中国跨境企业供应的商品更深地扎根于它们的市场，从而创造一个双赢局面。

3. 跨境电商平台发展快速

完善的第三方跨境电子商务交易平台，是跨境电商发展的不可或缺的推动力。借鉴 eBay 和亚马逊这两个全球最大交易平台的发展经验，兰亭集势、敦煌网及阿里巴巴速卖通这些国内的跨境电子商务企业自身发展也日趋成熟。相关政府部门为了增强这些电商平台服务跨境电商的力度，还专门制定了相关政策给予支持。这对处于蓬勃发展期的跨境电商来讲，无疑是个利好消息。

4. 政策积极引导，政府大力支持

近年来跨境电子商务的蓬勃发展吸引了政府部门的密切关注。各级政府积极出台政策措施，旨在扫除广大跨境外贸企业发展道路上的各种阻碍，为跨境电商的发展营造了有利环境。国内各省区市结合本地区的资源禀赋状况，以各种资金和政策支持，大力打造跨境电子商务的技术、物流、管理支撑体系和配套措施，积极开展国际电子商务示范城市创建工作和电子商务示范基地建设。其中，上海、杭州、北京、天津、吉林、长春、福建、广东、重庆等省市走在了全国的前列。这些试点城市跨境电商的稳步推进，除了带动自身的发展、给予政府积极的反馈外，还能给其他城市提供经验支持和技术支持，起到带头的作用。

5. 能够有效降低商品价格

传统对外贸易一端连接着中国的生产商和制造商，另一端通过中间的出口商、进口商、批发商、零售商等环节连接着外国消费者，而跨境电商则绕过这些中间环节，仅需经过工厂、跨境电商平台和海外商人即可到达国外消费者，对外国商家而言有效降低了商品的进口成本和价格，外贸净利润可能达到传统贸易的数倍。传统贸易与跨境电商的流程对比如图 4-8 所示。未来跨境电商的环节还可以更加简化，产品从工厂经过跨境电商平台就可以直接到国外消费者手中。原来的中间成本一部分变成生产商的利润，一部分成为电子商务平台的佣金，剩下的则成为消费者获得的价格优惠。并且，跨境电商平台带来的中间贸易环节的缩减，使得国内外贸企业与境外客户的交易成本大幅降低，缩短了交易流程和运营周期，加快了资金周转速度。如果跨境电商企业能采用集中采购备货模式，那比起单笔邮寄来，还能大大降低商品采购和物流成本，从而有效降低商品价格。

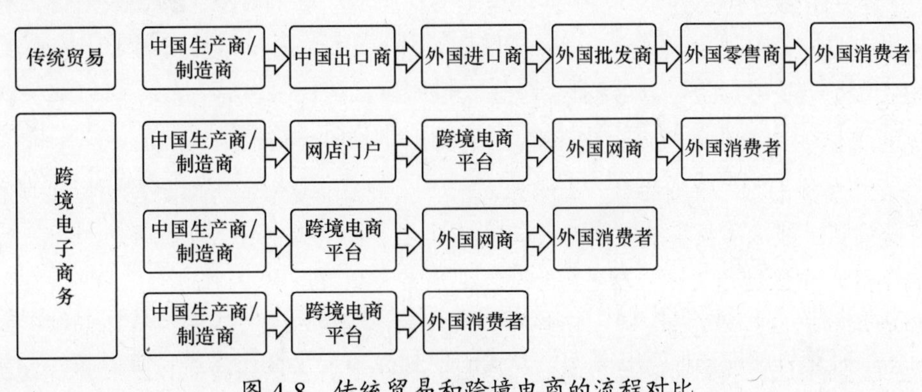

图 4-8　传统贸易和跨境电商的流程对比

4.4.2 跨境电商发展面临的问题

1. 物流仍然是主要瓶颈

电子商务一般要解决信息流、资金流和物流三个问题，跨境电商也不例外。由于信息流和资金流从本质上说还是在网上流动的信息，不涉及实体的问题，只要措施得力，相对物流来说还是比较容易实现的。在跨境电子商务的带动下，近年来我国跨境包裹数量持续快速增长，但仍然不能适应跨境电商的物流需要。联邦快递（FedEx）、联合包裹（UPS）、敦豪速递（DHL）、天地快运（TNT）等国际物流快递公司是跨境包裹的主要承运商。除快递公司外，还有马士基等国际海运公司可供选择。中国邮政也在积极开展跨境物流快递业务，为中国大陆 eBay 卖家量身定制了国际 e 邮宝业务。顺丰速运已经上线“海购丰运”，进入海淘转运市场。

从目前我国跨境电商的发展现状看，物流配送这一块依旧发展较慢。尽管中国邮政、顺丰速运等国内企业都有跨境物流快递的服务项目，但在国际覆盖范围、物流配送效率、物流信息采集等方面与国际物流快递公司相比还存在较大差距，难以有效满足跨境电商企业的需求。物流仍是我国发展跨境电子商务面对的主要瓶颈。

2. 网络安全和信用保障是关键问题

跨境电商是在计算机网络环境下实现的。由于网络的开放性，带来了跨境电子商务的安全性问题。市场主体的信用意识是跨境电子商务信用体系的基础。信用是跨境电子商务得以持续开展的保障。跨境电子商务的网络安全和信用保障问题不仅涉及外贸企业和消费者的利益，更重要的是国家的经济安全和形象。电商商务的网络安全一直是一个复杂的问题，既涉及安全技术、商品与服务、支付方式和资金安全，也涉及国家的政策法规，如何建设跨境电子商务安全体系，需要进行更加深入的研究和探讨。跨境电商的信用保障体系建立也需要政府给予积极的政策引导，在税收政策、电子支付系统、统一商务法规、智慧财产权保护、信息安全等方面制定框架性文件，为跨境电子商务信用体系的良好发展创造条件。

3. 支付便利和安全还需改善

目前，在跨境电子商务领域，银行转账、信用卡、第三方支付等多种支付方式并存。其中，B2B 模式下支付方式主要是信用卡、银行转账；而 B2C 模式下，第三方支付工具得到广泛应用。美国的第三方支付系统贝宝（PayPal）是全球使用最广泛的跨境交易在线支付工具。我国第三方支付工具的前三强分别是支付宝、财付通和银联电子支付，共占据了国内市场份额的 78.5%。这些第三方支付企业已陆续进军跨境支付领域。2013 年，支付宝、财付通、银联电子支付、汇付天下、通融通等 17 家国内第三方支付企业获得了跨境支付业务试点资格，它们可以通过银行为小额电子商务交易双方提供跨境互联网支付所涉及的外汇资金集中收付及相关结售汇服务。

电子支付涉及的当事人有：买方、卖方、各方银行、认证机构等。所涉及的当事人很多，且都占有重要的地位。在跨境电商中，若某一环节出现问题，由于其数据具有不可跟踪性，责任主体的认证将难以解决。跨境电商支付方式的便利性和安全性还需进一步提高，从而为我国跨境电子商务企业扩大国际市场提供有利条件。

4. 通关效率有待提高

货物的自由流动受到国界的限制，进出口货物需要通关，这是一个国家框架下的行为准则，是跨境电子商务不可逾越的关卡和壁垒。即便是小额跨境电子商务，也有可能因为进出口货物超过海关规定数量而被要求进行申报。其间一系列烦琐的手续及费用的支出常常成为消费者和网上卖家严重的经济负担。此外，因申报不合格而使商品滞留在海关，导致消费者无法收到的现象也时有发生。

跨境电商商品的通关，主要涉及三个方面的问题：第一是海关等部门的查验工作；第二是关税政策；第三是规范和国际合作问题。不同的国家和地区在通关流程上有着不同的规定。跨境电子商务与国内电子商务相比，必然会涉及海关通关监管与征税。一方面，大量的货物通过快件渠道和邮递渠道进境，给海关传统的货物监管与征税带来了挑战（对于各国海关而言，如何建立健全的小额进口税制，并在一个国际性的框架下，真正实现小额跨境电子商务中贸易商与消费者的便捷交易与购物，是小额跨境外贸电子商务发展中一个亟须解决的问题）。另一方面，企业和社会要求海关要进一步提高通关效率，特别是解决一些电商企业的跨境贸易出现的难以快速通关、难以规范结汇以及难以出口退税等问题。同时，针对跨境邮递货物、物品的退换货问题，现行的海关监管模式也存在不小的困难。

5. 复合型人才缺口较大

目前，中国跨境电商的复合型人才缺口较大。与国内电商不同，跨境电商面对的是来自世界各地的顾客，这些顾客有着不同的语言、文化、宗教信仰和生活习俗；与传统对外贸易不同，电子商务本身涉及到的在线支付、物流、计算机网络、信息安全等多方面知识。这些都使得跨境电子商务变得复杂很多。一个优秀的跨境电商从业者需要了解并掌握的知识技能是相当繁杂的。而目前国内这种复合型人才实属不多，要培养一批这样的人才也需要一个相当长的过程。

4.4.3 中国跨境电商的发展趋势

1. 继续高速发展，并将成为国家扩大外向型经济的重要手段

近年来，相较我国传统外贸的发展速度，跨境电子商务一直保持着快速增长的态势。随着我国交易平台服务、物流配送、电子支付等电子商务服务业的不断完善，将进一步支撑和促进我国跨境电子商务的发展。习近平总书记在 2014 年 9 月和 10 月分别提出建设“新丝绸之路经济带”和“21 世纪海上丝绸之路”的战略构想，强调相关各国要打造互利共赢的“利益共同体”和共同发展繁荣的“命运共同体”。“一带一路”战略构想的推进和落实必将为中国跨境电子商务的进一步发展带来重大机遇。中国跨境电子商务具有巨大的发展潜力，在未来 10 年内将延续高速发展的趋势，成为我国外贸的重要增长点和国家扩大外向型经济的重要手段。

2. 商品种类和销售市场更加多元化

随着跨境电商规模的不断扩大和产业链的不断延伸，未来跨境电商交易的商品种类和销售市场将更加多元化。从商品种类来看，跨境电商企业销售的商品涵盖数码电子、食品饮料、服装、箱包、家具、珠宝、汽配等。由于电子商务对人们日常生活的不断渗透和网购对人们消费行为影响的不断加深，以及跨境电商综合服务水平的不断提升和模式创新，跨境电商交易所覆盖的商品种类将继续扩充。从销售市场来看，美国、英国、德国、澳大利亚等国家和地区因其海外网购观念较为普及、消费习惯较为成熟、物流等配套设施较为完善，一直是跨境电商的成熟市场，并且在将来仍会是中国跨境电商的主要销售目标市场。而俄罗斯、巴西、印度等新兴市场因其消费需求旺盛，尽管当地的跨境电商企业并不发达，但中国制造在这些市场具有巨大的优势；同时，在东南亚、中欧、东欧、南美洲及非洲等地区电子商务的渗透率还较低，这些市场都有望在未来取得更多突破，成为中国跨境电商的目标市场。

3. B2C 比重逐渐提升，B2B 与 B2C 协同发展

跨境电商主要是帮助消费者购买在自己国家内买不到的东西。跨境电商平台让全球同类产品同台亮相，消费者拥有更多的选择和更大的自由。跨境电商使商品从生产者到消费者的通路越来越直接和多元。近年来，跨境电商 B2C 模式以其利润空间大、市场广阔、易于树立品牌形象和把握市场需求等特点逐渐受到企业重视，出现了快速增长，B2C 跨境电商的比重将进一步提升。但是 B2C 模式也存在订单量小且不稳定的特点，无法满足企业规模化生产的要求，因此 B2B 模式作为全球跨境贸易的主流，未来仍将会是中国企业进行对外贸易的最重要模式。B2B 和 B2C 作为目前中国跨境电商的主要模式，二者既有区别又有联系，应当充分发挥各自优势，实现优势互补、协同发展，共同成为中国企业开拓海外市场的利器。

4. 产业链上下游深度整合，行业生态建设更加完善

跨境电商涵盖物流、信息流、资金流、单证流等，跨境电商的发展不仅仅需要一个跨境电商平台。跨境电商的产业链上下游多属现代服务业，上游需要先进的网络和信息技术引领，下游需要高效的物流和仓储支撑。随着跨境电商的不断发展，物流配送、电子支付、电子认证、IT 服务、网络营销服务、代运营服务、金融保险服务等都将围绕跨境电商企业进行聚集，产业链上下游将会出现深度的整合，整个行业的生态建设也将越来越完善，配套服务更加健全，分工更加清晰，逐渐呈现出生态化的特征，实现跨境电商的迅速增长。

5. 跨境电商企业更加强化自身品牌建设

对中国传统外贸企业来讲，品牌化经营是转型升级的必经之路，跨境电商企业也是如此。中国的跨境电商企业需要从自身做起，摆脱模仿和同质化的问题，大力创新，以诚信的态度和优质的服务来获取国外消费者的认可，积极提升产品的质量并强调差异化，追求产品的丰富性，进而打造自己的品牌。不仅是跨境电商企业，传统外贸企业也应当积极利用跨境电商平台的流量优势，整合自身供应链，依托政府的利好政策，建立高质量的跨境营销渠道，强化客户关系，进一步强化自身品牌建设。另外，在进行跨境电子商务的时候，企业还应注重自身产品质量问题，用物美价廉的货物、优质的服务和诚信来获取消费者的好评，赢得信誉和口碑，从而提升自己在国际市场的营业额和市场占有率。

4.5 兰亭集势 B2C 跨境电商案例

兰亭集势（www.lightinthebox.com）是目前国内排名第一的 B2C 外贸网站（网站 Logo 如图 4-9 所示），由 Google 中国前首席战略官、原卓越网首席运营官郭去疾于 2007 年创立。兰亭集势控股有限责任公司（Light In The Box Holding Co.,Ltd.）于香港成立，注册资金为 300 万美元，公司总部设在北京。

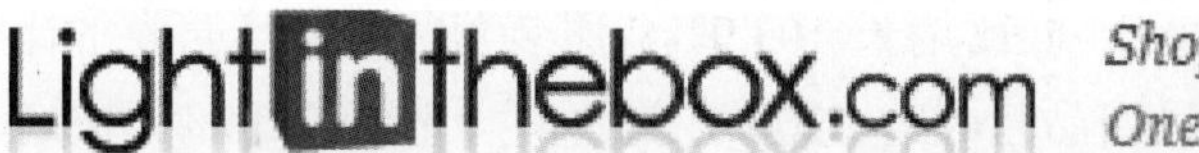

图 4-9 兰亭集势网站 Logo

目前，兰亭集势在北京、上海、深圳共有 1000 多名员工，并通过旗下网站 www.lightinthebox.com 和 www.miniinthebox.com 为全球消费者服务，参与全球跨境电子商务。网站已经拥有来自世界各地的注册客户数百万人，累计发货目的地国家多达 160 个，遍布北美洲、亚洲、西欧、中东、南美洲和非洲。兰亭集势发展历程如图 4-10 所示。

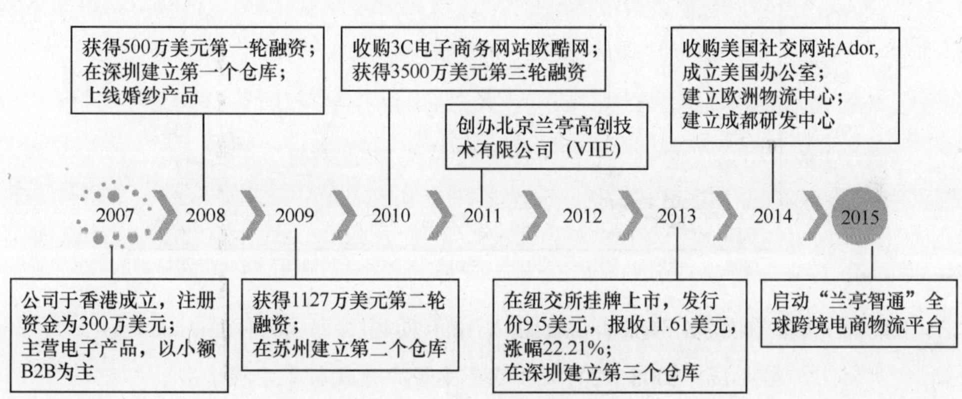

图 4-10 兰亭集势发展历程

兰亭集势最开始以国内的 3C 产品为主（中国制造业在世界上的优势不言而喻，尤其是 3C 产品，中国的“山寨”货以其低廉的价格在国外十分受欢迎）。近年来，随着兰亭集势的不断发展以及中国制造业受到的一些金融危机的冲击，兰亭集势紧紧跟随市场动态，不断丰富和扩大了产品品类。

现在，兰亭集势网站上的产品超过 10 万种，涵盖了包括服装、婚纱、电子产品、玩具、饰品、家居用品、体育用品等 14 大类。产品种类排名前三位的分别是服装（尤其是婚纱）、电子产品和家居用品 。公司年销售额超过 2 亿元人民币。基于“长尾式采购”的模式，经过几年的发展，兰亭集势的采购遍及中国各地，在广东、上海、浙江、江苏、福建、山东和北京等省市均有大量供货商，并积累了良好的声誉。许多品牌，包括纽曼、爱国者、方正科技、亚都、神舟电脑等也加入兰亭集势销售平台，成为其合作伙伴或者供货商。

4.5.1 经营现状

2014 年 11 月中旬，兰亭集势（NYSE:LITB）发布了截至 2014 年 9 月 30 日的 2014 财年第三季度财报，净营收为 9900 万美元，同比增长 45.3%。

营收同比增长主要得益于服装业务的强劲表现，重复用户和新用户贡献的加大，以及移动商务贡献的提升。订单总量为 250 万份，同比增长 57.1%；购物用户数量为 190 万，同比增长 53.9%；服装营收为 3700 万美元，同比增长 103.9%；服装营收占总净营收的比例为 37.4%，而 2013 年同期占 26%；其他日用品营收为 6200 万美元，同比增长 24%。按地域划分，欧洲仍旧是兰亭集势的最大市场，来自于该市场的营收为 5910 万美元，同比增长 47.6%，占总营收的 59.7%；来自北美的营收为 2040 万美元，同比增长 57.1%，占总营收的 20.6%；来自其他国家（地区）的营收为 1950 万美元，同比增长 28.9%，占总营收的 19.7%。2008—2014Q3 兰亭集势净营收与净亏损情况如图 4-11 所示。

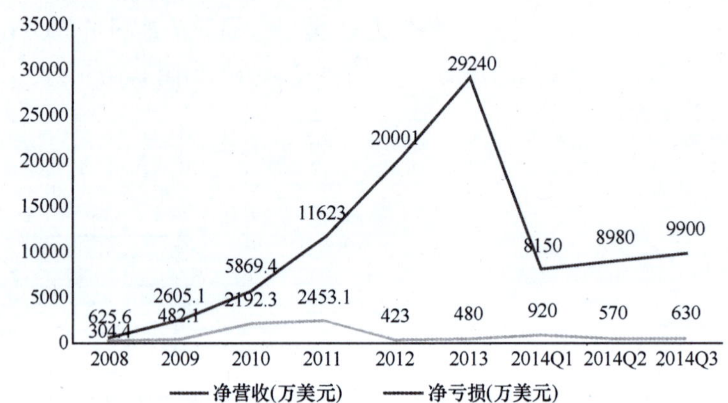

数据来源：根据兰亭集势各年财报和网络数据整理（图中 2014Q1 即 2014 年第一季度，余类推）

图 4-11 2008—2014Q3 兰亭集势净营收与净亏损情况

根据 Alexa[1]统计，2014 年 9～11 月，兰亭集势在全球网站中综合排名第 633 名，来自不同 IP 的计算机访问数量的日均访问 IP 为 5178000，用户查看浏览的网页页面数量（Pageview），即日均 PV 为 20712000。兰亭集势网站 2014 年 6 月中旬至 12 月中旬的排名走势如图 4-12 所示。可以看到，11 月中旬，由于受到“11·11”网购热潮的影响，兰亭集势网站排名迅速上升。

兰亭集势网站的访问者至少来自全球 28 个国家和地区。从网站的国家/地区排名来看，排名前三的国家/地区分别是巴西、瑞典和葡萄牙，排名分别为 82 名、101 名和 104 名；从网站的访问比例来看，排名前三的国家/地区分别是法国、巴西和美国，网站访问比例分别为 9.6%、

1 Alexa 是一家专门发布网站世界排名的网站。其于 1996 年 4 月在美国创建，现属于亚马逊旗下。Alexa 每天在网上搜集超过 1000GB 的信息，不仅给出多达几十亿的网址链接，而且为其中的每一个网站进行了排名。可以说，Alexa 是当前拥有 URL 数量最庞大，排名信息发布最详尽的网站。

8.7%和 8.4%；从网站的页面浏览比例来看，排名前三的国家/地区分别是巴西、法国和俄罗斯，页面浏览比例分别为 24.8%、10.9%和 7.9%（见表 4-3）。由于美国信息产业发达，网站数量较多，因此兰亭集势在美国的网站排名较低。整体来看，兰亭集势在巴西、瑞典、葡萄牙、法国、俄罗斯和美国有较好的访问情况和知名度，符合其“为全世界中小零售商提供一个基于互联网的全球整合供应链”的公司使命。

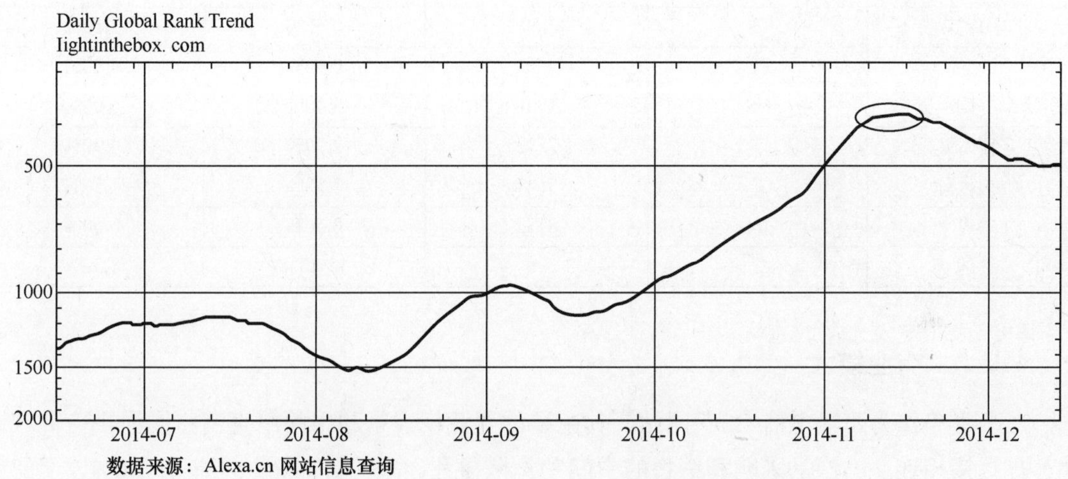

数据来源：Alexa.cn 网站信息查询

图 4-12　2014 年 7～12 月兰亭集势平均排名曲线

表 4-3　　Lightinthebox 国家/地区排名、访问比例列表

国家/地区名称	国家/地区代码	国家/地区排名	网站访问比例	页面浏览比例
巴西	BR	82	8.70%	24.80%
瑞典	SE	101	2.80%	2.30%
葡萄牙	PT	104	1.30%	2.20%
意大利	IT	135	8.10%	7.40%
法国	FR	139	9.60%	10.90%
比利时	BE	177	1.40%	1.50%
荷兰	NL	182	2.80%	2.60%
西班牙	ES	185	5.60%	5.10%
丹麦	DK	209	0.50%	1.00%
挪威	NO	224	1.80%	0.70%
墨西哥	MX	227	3.70%	3.10%
瑞士	CH	237	0.60%	0.80%
爱尔兰	IE	247	0.40%	0.70%
奥地利	AT	326	0.60%	0.70%
俄罗斯	RU	328	4.90%	7.90%
中国香港	HK	328	2.30%	0.60%
英国	GB	471	3.60%	2.80%

续表

国家/地区名称	国家/地区代码	国家/地区排名	网站访问比例	页面浏览比例
德国	DE	550	4.00%	3.00%
加拿大	CA	570	1.90%	1.60%
希腊	GR	630	1.50%	0.50%
澳大利亚	AU	646	1.70%	0.90%
土耳其	TR	959	0.60%	1.10%
波兰	PL	986	0.60%	0.90%
美国	US	1720	8.40%	6.00%
日本	JP	2113	2.20%	0.90%
中国内地	CN	3567	1.50%	1.30%
印度	IN	8132	0.50%	0.60%
其他	O	—	18.40%	8.30%

4.5.2 商业模式

兰亭集势作为跨境电商 B2C 网站，其主要的商业模式是利用网络直销将国内供应商和国外客户直接相连，靠产品采购和销售的中间差价来盈利。采购方面，兰亭集势 70%以上的商品直接从工厂进货，节约进货成本；销售方面，直接以海外市场的定价标准将商品卖给消费者，从而获得丰厚的毛利。

在兰亭集势自营模式的价值网络中，涉及的利益相关者主要包括供应商、合作伙伴、物流配送中心、第三方物流和客户，其价值网络如图 4-13 所示。电子商务涉及三个流：信息流、资金流和物流。阿里巴巴为广大企业解决了信息流和资金流，兰亭集势却是“三流”通吃。资金流凭借与 PayPal、Visa 等合作，满足了国外网购用户的支付需求，解决了资金流问题；物流则通过自建系统、自建配送中心、与第三方物流合作来解决；信息流则通过人性化的网站布局和精准的网络营销直接传递给消费者。

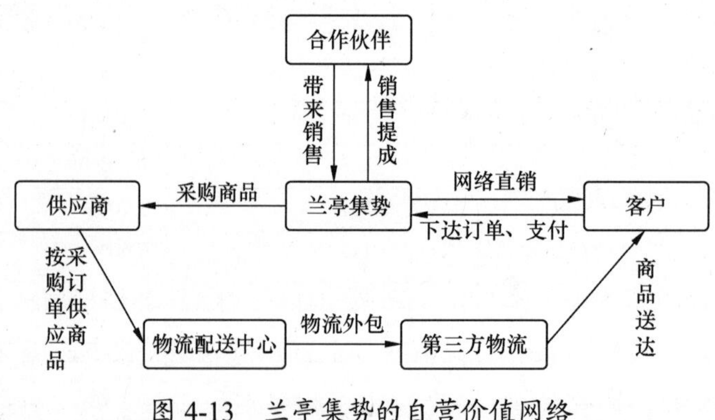

图 4-13 兰亭集势的自营价值网络

另外，2014 年 5 月兰亭集势发布全球时尚开放平台战略，吸引国内线下传统品牌、互联网品牌和外贸工厂入驻网站平台，进行服装品类的跨境电商，未来平台成熟后可能会开放更多的商品品类。兰亭集势对入驻商家不收取年费，而是收取商家销售额的15%作为分成。

4.5.3 特点分析

1. 较短的供应链和较高的库存周转速度

兰亭集势极大地缩短了外贸 B2C 的供应链，直接从制造商进货并直接面向消费者销售，向上，目前有超过 70%的商品直接从工厂进货，绕过了层层中间贸易环节，达到了节约进货成本的目的；向下，直接将这些价格低廉的中国制造品以海外市场的定价标准卖到顾客手中，极大地减少了供应链环节，实现了从工厂到网站再到消费者的最短销售链条，能获得较高的毛利润。

在供应链的广度上，兰亭集势也在寻求和吸引越来越多的供应商合作，不断增加提供商品的品类，从而提高了网站商品的丰富度；在供应链合作深度上，其鼓励供应商主动更新产品，提升了整个网站的商品更新速度。

独特的供应链模式使得兰亭集势的库存周转速度高出普通电商许多。目前，兰亭集势的存货周转率大约为 21.7，而亚马逊的存货周转率在 9.3 左右。

2. 定制类商品，满足消费者个性化需求

兰亭集势的定制商品主要是婚纱礼服类，顾客可以根据自己的身材和喜欢的颜色进行个性化定制。对于服装类的定制商品，兰亭集势通常在接到订单后，每日向供应商更新订单，供应商按需定做。通过培训供应商流程化生产协调能力，供应商通常能够按需定做，在接到订单后的 10～14 天内完成生产并将商品送至兰亭集势的仓库；对于定制的标准化商品，供应商通常能够在 2 天内将商品送至仓库。此外，兰亭集势还成立了婚纱设计中心，旨在加强商品的设计能力。

兰亭集势定制化的生产流程，不仅更好地满足了不同消费者的个性化需求，而且能够帮助供应商减少浪费，相应地也增强了供应商与兰亭集势合作的意愿。这种采购体系，也使兰亭集势保持了较低的库存水平。同时，由于每日及时向供应商更新订单信息，也使得兰亭集势能够保持较高的订单履约率。

3. 标准化商品仓库提前备货，提高订单处理效率

从 2011 年第四季度开始，兰亭集势要求部分供应商提前备货，备货需存放至兰亭集势自己的仓库，而且这部分备货不计入兰亭集势的库存，只有当用户下单后，这部分资产的所有权才转至兰亭集势，计入兰亭集势的营收和成本。

很明显，通过供应商“提前备货”，兰亭集势提高了订单处理的效率，同时有效避免了库存风险。不仅如此，兰亭集势还可以根据商品受欢迎程度，要求供应商加大特定商品的备货，或是随时要求供应商将销量不佳的商品库存拿走，以及在 90 天内将商品剩余库存拿走。整个备货过程中，兰亭集势只负责提供仓库空间以及支付供应商将剩余库存运走时的物流开支。

4. 精准的网络营销转化为快速的品牌建立

跨境电子商务最重要的网络推广手段就是搜索引擎优化以及关键词竞价排名。在兰亭集势的早期发展过程中，其快速成长很大程度上就是得益于 CEO 郭去疾（原谷歌中国四大创始人之一）在 Google 等搜索引擎优化以及关键词竞价排名上的强大优势。另外，兰亭集势非常注重 SNS、BBS 等社会化营销工具的运用，其中最具核心竞争力的便是社会化网络社区营销。兰亭集势的产品信息会直接出现在 Facebook、Twitter、LinkedIn、YouTube 等社会化媒体上，这些“软广告”不同于传统的“硬广告”，互动更多、效果更佳且成本更低。通过精准的网络营销，兰亭集势迅速建立并强化了公司在当地市场的品牌知名度与美誉度。

第5章　流量经营

随着传统语音、短彩信业务逐渐没落，流量已经成为运营商最具价值的经营要素，而流量经营也被视为用户规模、收入增长的关键。以中国联通为例，其发布的 2014 年 12 月运营数据显示，中国联通移动用户累计达到 2.99 亿，当月净增 79.7 万户。其中，移动宽带用户（含 3G 和 4G）累计达 1.49 亿，当月新增 115.3 万；固网宽带用户达到 6879 万，当月净增 1.5 万户，而本地电话用户累计达 8205.6 万户，当月减少 68.7 万户。

过去的一年当中，人们甚至把网络接入需求或者手机上网流量需求纳入到“马斯洛层次需求模型”的最底层，称为“移动互联网时代的马斯洛层次需求模型”。不得不承认上网流量在移动互联网时代已然成为大众刚需。爱立信预计，2014—2020 年，移动数据流量有望以 40%的复合年增长率增长；到 2020 年，移动数据流量将较 2014 年增长 8 倍。也正是在这种发展趋势下，包括运营商、虚拟运营商在内的相关利益体，开创了“流量经营”创新的元年。

5.1　流量经营成为一种趋势

微信、微博是人们现在常用的社交软件，这些软件的正常使用，全部都要消耗移动数据流量，没有流量就无法随时随地使用移动设备上网。根据中国联通手机使用流量计算器的数据，如果每天看网页、聊 QQ、看股票、看视频和听音乐各半小时，加上发一封邮件，每个月需要 2308.5MB 流量；去掉每天半小时视频，每个月也需要 508.5MB 流量。在移动互联网飞速发展的时代，互联网企业的即时通信工具取代了电话短信，话音时代已经远去，流量经营时代到来。

5.1.1　流量经营的界定

流量经营是以智能管道（物理网络）和聚合平台（商业网络）为基础，以扩大流量规模、提升流量层次、丰富流量内涵为经营方向，以释放流量价值为目的的一系列理念、策略和行动的集合。流量经营的最终目的是顺应移动互联网的发展，转变运营商的收入结构，达到利润最大化。

从中国移动近两年的业绩报告来看，运营商语音业务和短彩信业务使用规模与利润收入都陷入增长停滞，而数据流量使用规模稳步上升，数据流量收入逐渐成为运营商收入增长的主要驱动力，流量经营时不可待。不同于话务经营和宽带经营，流量经营是通信运营商向信息运营商的转型，是在全业务和移动互联网新形势下的全新命题，是顺应移动互联网发展规律，把握移动互联网发展机遇，改变互联网时代“管道工”角色的关键。

5.1.2 流量经营的模式

不同于直接向用户收取流量费的前向经营模式，随着互联网企业纷纷将手机上网流量作为营销资源的方式进行推广，这些流量由企业付费买单，这就是所说的流量后向经营模式。在传统基础业务面临 OTT 挤压的情况下，围绕手机流量经营入口并切换到互联网应用入口的后向经营模式，将是运营商电信业务创新的“新常态”。

1. 流量前向经营

所谓流量前向经营，是指由个人用户按照运营商设计的各种话音加流量套餐，或者单独的流量套餐包进行付费的模式。在这种模式下，流量包越来越大，而套餐价格会越来越低，流量的 ARPU 值在未来时间内会持续走低。因此前向模式下，运营商收入的增长，主要通过用户使用规模上升的幅度高于单价下降的幅度，或是用户叠加更多的流量包来实现。价格战会是流量前向经营的常态化方式。而价格战就是一场无休止的竞争方式，除非有外力干预或者参与者无力再打下去，从而达到一个相对平衡的状态。三家运营商过往的竞争就是一场以价格为主的竞争。

2. 流量后向经营

流量后向经营，就是用户下载使用应用所产生的流量费用，由应用提供商向运营商付费的模式。例如 2014 年的世界杯期间，包括搜狐、腾讯等在内的视频服务企业也都推出了手机免流量看世界杯的专区，与三大运营商合作，由企业付费或者运营商贴补流量资源。

进入 2014 年，首先是中国电信设立了综合平台开发运营中心，将流量后向经营作为该专业机构的关键业务。之后，该中心整合了各省级电信的渠道力量，以天翼流量 800 微信公众号作为突破口，先后与包括 UC、高德、网易、搜狐等各互联网细分应用市场的企业以及传统快消品企业合作，在流量后向经营业务上取得了快速的突破。而中国移动和中国联通方面，也都同步推出了类似的流量后向经营产品。2014 年虚拟运营商开闸，到目前为止，用户规模刚刚过 100 万，但在移动转售业务的心态上，都将基于后向经营的模式作为差异化的主要方向加以对待，并推出了相应的服务。

流量后向经营模式从体量上还远不如前向模式，但就发展趋势而言，一方面运营商已经把这种模式作为基础业务创新的新常态来对待，在业务模式上贯穿全年；另一方面，内容流量后向一体化发展战略已经得到运营商高层的认可。此外，2014 年，无论是参与流量后向经营业务模式的主体还是具体业务形式（定向流量、非定向流量、流量包、流量池等），都十分丰富。

5.1.3 流量经营的趋势

在手机上网流量从前向模式转为后向模式的过程中，运营商们还在 2014 年将流量货币化及流量可交易的问题提了出来，并使之产品化，例如流量宝、流量银行和流量钱包。流量货币化及流量可交易代表了运营商流量经营创新的趋势。

在流量货币化及流量可交易方面，三个标志性的行业事件如下。

事件一：中国电信推出流量宝

中国电信综合平台开发运营中心发布流量宝产品。该产品当时提出了流量三网流通、可转赠、索取交易。但是由于产品成熟度和体验的问题，以及产品宣传推广的策略问题，并没有为业内所重视。经过近一年打磨，在2014年11月21日广东互联网大会上，中国电信召开了流量宝3.0产品发布大会，再次明确提出了流量可交易和流量货币化的概念，此后在极客公园组织的大会上，又积极进行了推广。

事件二：中国联通推出流量银行

紧接着在2014年11月25日的北京移动互联网流量创新大会上，中国联通发布了流量银行业务规划。从流量银行产品的体验来看，由于产品准备上欠缺，用户体验并不如流量宝。但是，联通明确把流量和银行挂钩，把流量货币化的概念更加显性化，从而把流量货币化推向了更加广为关注的状态。

事件三：运营商与互联网企业合作推出流量钱包

阿里巴巴在2014年12月1日宣布与运营商合作推出流量钱包。流量钱包定义为阿里为商家和用户推出的一项营销服务，用户可以通过淘宝、天猫购物或者参与商家的营销活动获得流量，这些流量可以储存在手机流量钱包中，获得的流量可以通过流量钱包提取到手机号码或者转赠给他人使用，从而实现了三网流量的流通。后续是否能够直接按照流量价值进行相应支付暂未提及。

流量货币化将是网络社会流量资源的一种重要的商业模式。将流量直接作为网络社会虚拟资源的货币，有助于界定互联网虚拟资源的真实价值。所有的虚拟产品，在网络社会的大潮中，由于使用功能的不同，以及使用范围的局限性，其真实的使用价值不能被衡量。数据流量则具有天然衡量这些虚拟资源价值的优势：用户在某一类应用/资源上所耗费的流量就是这种应用/资源的真实价值。

基于流量的定价方式，有助于促进不同类型的虚拟资源之间自由交换。互联网虚拟资源与实体经济中的商品类似，种类繁多而功用不同，只有采用统一等价物才能确定其真实价值，才能为自由流通和互相交换创造货币基础。基于以上背景，“流量银行”与“流量交易平台”的概念应运而生，并将随着网络社会的深入发展而逐渐成为促进互联网虚拟资源自由流动，以及整合互联网虚拟资源的重要手段。流量将成为网络社会衡量互联网虚拟资源的天然货币。

5.2　流量经营的发展

5.2.1　流量经营的发展历程

过去，流量经营的目标主要是培育并普及流量应用，不断提升户平均流量及流量收入。根据不同的细分用户运营商有着不同的营销目标，如表5-1所示。

表 5-1　　营销目标表

细分用户	定义	营销目标	宣传渠道
不敢用	对手机上网资费不了解，害怕消费陷阱	普及上网知识	网上营业厅、掌上营业厅、实体营业厅同时宣传
用不完	会使用但不常使用，每月都有剩余流量	提升户均使用流量	
不够用	每月流量都不够使用	推荐流量包，提升收入	

运营商相应的流量经营举措主要包括不断优化流量资费、提升流量服务能力等。

在优化流量资费上，运营商采取诸如逐步加大合约套餐中流量份额、纯流量套餐包持续降价，以及当月可多次订购的叠加流量包等措施。为了满足客户超出套餐包后的流量需求，可叠加的流量包（如 1 元或 2 元 5MB）应运而生，并在实践中快速发展。

在提升流量服务能力上，系统默认开通手机上网功能，但根据相关要求，对客户首次上网时要进行资费提醒。当客户都习惯频繁手机上网后，首次资费提醒基本失去作用。当客户对流量的使用进度掌控需求越来越强烈时，每月定时提醒、实时查看流量进程、流量助手等各类服务措施或服务产品纷纷涌现，其中流量助手成为运营商连接并服务客户的一个良好的纽带。

此外，通过自有或第三方内容来不断培育客户形成手机上网习惯。如原中国移动视频、游戏、阅读、冲浪助手等自有业务免流量费使用，如联通与微信合作推出的微信流量包等。

普及智能终端也是非常重要的举措。智能终端数据流量与非智能终端差异巨大，即便同属智能终端，不同操作系统不同品牌也有明显差异。从当前数据来看，苹果手机平均流量是诺基亚的 6 倍。在 3G 时代，运营商的补贴对智能终端的发展起到重大的促进作用。

随着 3G 的快速发展，尤其是 4G 正式商用，大量 OTT 应用拉动流量需求，普及了手机流量应用。同时运营商传统的短彩信、话音收入因被替代而开始下降，流量收入成为运营商收入增长的最主要来源，流量在某种程度上就意味着全业务，流量经营进入了新的时代。对运营商而言，虽然提升用户流量、稳定或提高用户 ARPU 是最终目的，但从具体举措上看，流量经营目标应是满足更高程度的客户需求、经营流量入口以及实现流量价值增值。

在关注客户需求方面，不仅要关注个人客户需求，同时也应该关注移动互联网企业用户需求；不仅要关注客户的数量，还要关注客户的使用体验。当客户由个人客户演变为移动互联网企业客户，那么单纯的前向通用流量已经不能满足需求。除此之外还要关注后向流量、定向流量、流量分销等需求。其中最早的例子就是 AT&T 针对 Amazon Kindle 提供 Toll Free Data、当客户在 Amazon Kindle 下载一本书，AT&T 提供网络连接，下载书的流量批发给 Amazon（由它支付）。2013 年年底广东移动与阿里巴巴合作，广东客户手机访问阿里网站，对客户免费，产生的流量统一由阿里按照批发价格支付给移动公司，与 Kindle 的方式相同。

流量入口方面，主要是显性化流量入口。既然所有移动互联网业务都需要运营商的流量作承载，运营商事实上成为最大的流量入口。流量币以及流量交易中心某种程度上就是显性化的流量入口。流量货币化与有价卡、Q 币的经营核心并无太大区别。能够货币化的前提是具有使用价值（以国家权威发布的纸币除外）：因为有使用价值，所以具有交换价值，可交换到所需要的商品和服务；因为具有交换价值所以具有储存价值，将当前交换的权利延伸到未来。

既然数据流量是移动互联网开展业务的最重要承载，流量更有理由成为货币。有货币就应该有购买、转让及交易平台，运营商能够发行流量币，就得提供这样的平台场所，以便企业及个人购买、赠送、交易和转让。如果个人及企业客户登录该交易平台，有的发布任务（营销手段），有的领取任务赚取流量，有的进行交易（交易的登记或兑换充值），这就创造了通过虚拟币平台与更多服务提供商合作的契机。如果说前面措施是满足客户需求，那么经营流量入口就是创造需求。

价值增值方面，流量大数据是价值增值的唯一出路，也是最能体现价值的出路。部分省公司利用综合网关开展的基于手机网页的“流量提醒或引导”，因为使用的是流量劫持技术，只能成为服务客户的一个渠道，并不能成为增值的出路。运营商所拥有的客户信息，包括号码身份特征、消费特征、非流量业务（具有一定规模业务）行为特征、位置轨迹、流量行为记录等数据，均能用来分析客户偏好和更好地了解客户需求，具有广泛商业价值。其中，流量数据的商业价值尤甚，并且这种价值也只有在大数据技术下才能体现。

5.2.2 流量经营存在的问题

从 2G、3G 时代到 4G 时代，不同时期流量经营的主要目标也在不断发生变化。流量经营不断在发展，然而，用户使用过程中依然存在许多问题。

1. 资费套餐种类繁多

目前市场上资费套餐种类繁多（据一些业内人士估计有数千种），而其中一些套餐用户数仅为个位数。繁多的资费套餐中，既有运营商们多年经营保留下来的种类，也有各地方为了在激烈的新环境下抢夺客户不断推出的新套餐。这与工信部对通信资费的价格管控逐渐放开、运营商定价完全自主化有关。放开通信资费的政策除了会导致资费不断下降外，套餐种类也会越来越多。

各地方积累数千种套餐的结果，是导致消费者选择的困难。运营商的客服人员只了解当下主推的几种套餐内容细节，如果消费者咨询一些较偏的资费优惠，或者与已有的老套餐内容对比等深入问题，客服的专业水准也会备受质疑。

此外，为了体现创新，运营商不断创造出新的套餐种类。

2. 资费套餐标准不统一

以手机流量为例，几年间每 MB 流量的费率已经从 2G 时代的 10 元降到 3G 时的 1 元，再到当下的几毛钱，差距已达数十倍。并且，运营商倾向于推荐用户签订长期合约，导致差异巨大的新老资费标准长期并存，不满和投诉也由此产生。例如，与运营商签订 iPhone 等长期合约机套餐的用户，只能面对套餐资费逐日下降却无法参与，从而引起消费者的不满。

套餐用户对运营商而言收益率更高，用户与运营商签约在法律上而言相当于订立了合同，在享受当时补贴的优惠之余，按要求履行合同符合合同法的法律精神。

3. 服务计费不透明

从使用者的角度来说，使用者不可能精确记录每一次上网的流量归属，不能精确分析本次流量属于省内流量或是省外流量，2G 流量或是 3G、4G 流量，算入定向流量或归入闲时流量。部分运营商现在会每日发送流量账单给用户，本意是提醒用户留意套餐使用量，防止超量使用导致巨额费用的产生，但这些账单根本就没有为用户很好地列明各类流量的使用情况，流量记录并不完全透明。

消费者即使收到流量账单也并不清楚自己套餐内流量和每个流量包的详细使用情况，无法自行核对和控制，也不知道实时余量。此外，用户的计算结果和运营商的大相径庭。这表明运营商在流量计费透明度和消费者提醒上，还有待进步。

4. 运营商消极部署免费 WiFi 热点

由于运营商担心用户流量过多使用 WiFi 会直接冲击移动网络数据收入，因此对建设 WLAN 热点并不积极，或任之废弃不闻不问，或从免费转收费。而事实上，WiFi 网络是一种短程无线传输技术，这种技术的局限性使它很难达到 3G、4G 网络那样的高覆盖性。对此，运营商应该认识到，无论以何种方式接入网络——3G、有线宽带、无线 WiFi 等，只要用户对网络布局产生心理依赖，终将为企业带来盈利。另外，运营商对用户需求的选择性失明，并不能阻止其他企业越发重视这一移动互联网重要入口。

5.3 国内流量经营主体

目前已经参与到流量经营创新的利益相关体有：三大电信运营商、虚拟运营商、互联网企业（有些企业兼具虚拟运营商身份）等。从一些主体的诉求点来看，有的是借手机流量推广产品获得移动端用户数，有的是获得更加真实有效的手机号码等资源（获取流量需要提供手机号），有的是以此构建更高的行业进入壁垒，提升新进竞争对手的行业进入门槛，有的是获取新的商业模式突破，等等。总之，流量经营参与的利益相关体多，产业联动效应初显，围绕手机上网流量，产业的发展空间进一步打开。传输速度、运营能力和产品体验将是未来流量主体之间竞争的关键点。

5.3.1 基础运营商

截至 2014 年年底，中国移动的移动电话用户数为 8.07 亿，净增用户 3900 万；中国联通用户数为 2.99 亿，净增用户 1800 万；中国电信用户为 1.86 亿，净减用户 4 万；中国市场移动用户总计 12.9 亿，净增 5800 万。

战略上，2014 年 1 月 9 日，中国联通召开工作年会，把全面实施“移动宽带领先与一体化创新”战略放在首位。不久后，中国电信在广东举行关于设立综合平台开发运营中心的启动仪式，推进中国电信成为智能管道主导者、综合平台提供者以及内容和应用参与者“新三者”战略的实施。在 4G 网络建设上占据有利地位的中国移动，在工作年会上明确提出“大力推动由语音经营为主向流量经营为主转变”的工作要求，和“全力 4G、全面流量经营”的工作目标。

实践中，运营商们的流量免赠活动也不断出现。北京、广东两地移动客户通过优酷客户端看视频，享受手机流量全免费；江西电信用户在 360 手机助手免流量专区下载任何软件享受免流量。除了与互联网企业合作，广东联通上线新版 WO+分享平台个人中心，参加活动用户可免费获得数额不等的流量。一系列流量免赠活动是运营商关于流量经营的探索，这一切源于 2013 年中国信息通信业发生的巨大变化。

2013 年，中国信息通信业话音收入 5381 亿元，比 2012 年减少 60 亿元；非话业务收入占比达到 54%，首次超过话音收入，比 2012 年提高 4.6 个百分点。移动数据收入增长贡献率达 67.5%，成为第一增长引擎。随着互联网和移动互联网的发展，运营商遭受了 OTT 所带来的巨大冲击，语音、短信等传统业务急剧下滑，创新和转型需求日趋迫切。4G 等新技术的到来为 OTT 业务的发展提供了更广阔的空间，也使得运营商被管道化的风险日益严峻。面对产业边界日益模糊和大信息产业所带来的挑战，流量经营成为运营商向互联网转型和经营创新的抓手。

1. 中国电信

作为老牌运营商，中国电信在流量经营方面做了全新的尝试。“流量宝”是中国电信流量经营互联网化思路的产物，凭借电信集团流量业务优势及预装资源，以流量币为基础，搭建线上应用分发及营销平台，并结合预装及渠道资源搭建线下预装业务体系。用户通过平台下载使用 APP 并获得流量币，积累一定的流量币就可以兑换成流量。

此前，中国电信也曾做过类似的尝试，推出过掌拍、翼起玩等应用，用户参与活动获得积分并兑换话费、流量等，但这些应用彼此独立，不能形成持续的流量拉动。随着“流量宝”的推出，中国电信将“流量宝”定位成移动互联网流量的归集账户，电信的流量赠送都逐步通过这个账户来完成。

其实，“流量宝”是中国电信流量后向经营产品“流量 800”的一个补充。“流量 800”是运营商流量后向经营的代表。中国电信综合平台的“流量 800”是类似 60MB、100MB 等较大规格流量包的运营模式，而市场对 1MB 等小额流量的赠送、流量用户间可流通及流量随时兑换也有迫切需求。因此，结合 Q 币、比特币和流量宝的产品名称，最终提出了流量币的概念。

流量币是流量的虚拟货币化，一个流量币等于 1MB 流量或者 15min WiFi 时长。流量币分为两种，一种是通用的流量币，没有使用时间限制，可以积累、购买、兑换、共享、小额赠送等；另一种是合作伙伴定制的流量券，可以定制有效期、赠送范围、兑换产品等限制，是定制的流量币。

“流量 800”是基于传统业务的后向创新，“流量宝”则是面向移动互联网的前向思考，通过两者的有机结合，中国电信完成了在流量经营方面的整体布局。

此外，作为向互联网转型的前沿阵地，中国电信发布了综合平台。而“流量 800”和“流量宝”就是综合平台进行流量后向经营和 APP 整合营销的对外品牌。加上“天翼账号”的统一账号经营，三大业务构成了综合平台流量经营的完整体系。

统一账号经营是希望建立一套统一的账号体系，实现传统业务经营向账号经营的转变，充分挖掘电信自有的用户资源，同时吸纳其他运营商和互联网的用户，形成类似于QQ、微信、支付宝等覆盖整个互联网用户群的通用账号，把中国电信和合作伙伴的能力延伸出去，为更多用户提供服务。

传统运营商的业务是“烟囱式”的，每一个业务有一个自己的账号，每个账号之间是孤立的。运营商经营的是业务，号码只是业务的一个属性。统一账号改变了原来各产品间账号分散、产品与支付账号分散、产品与通信能力之间账号分散的情况，以天翼账号为核心实现了分散账号的统一管理，用户只需一个账号即可实现产品认证、通信认证和支付认证。统一账号也改变原有中国电信分散在各省、各业务单元的各种智能管道资源，以集约化运营机制为核心，实现流量后向业务、预装业务的体系建立，面向合作伙伴采用单点接入、一站式管理的方式开展快速、便捷、自助化的合作模式。

事实上，在产业“大一统”的洪流中，中国电信的目的是构建个人用户和企业客户相结合、前向收费与后向收费相结合、传统网络与互联网化相结合的“三个维度，两个方面”的立体平台，并通过这个平台逐渐接入联通和移动的平台和能力，形成横跨三大网络的市场全覆盖的平台，为用户和合作伙伴提供一站式的“全面、完美”的流量经营服务。

2. 中国移动

据工信部的数据显示，2014年春节假期，全国短信发送量累计达到182.1亿条，同比下滑超过40%，除夕当日发送量110.4亿条，比2013年除夕下降了8%。同时，移动电话去话通话总时长416.8亿分钟，只有平时通话量的3/4，也低于2013年春节假期总时长。另外，流量增长显著，从除夕到正月初七的8天里，全国平均每个手机用户使用46.6MB流量，比2013年平均每日增长了63%。

中国移动在基础电信服务方面有很大的发展优势，中国移动涉足互联网背后是其短信业务和通信业务下降，流量成倍增长，但增量不增收。2014年，中国移动把主要的精力都集中在了4G业务上，而且也的确在4G业务上取得了先人一步的优势。但是，4G业务最直接的结果就是把流量资费降到了一个新低。在同样面临OTT的难题下，如何提高用户的流量消耗水平，使得流量消耗的增长幅度高于流量资费价格下降的幅度，这是获得流量收入增长的基本数学逻辑。因此，在其他两大运营商以及虚拟运营商都在不遗余力地进行创新的过程中，中国移动也要积极跟进。尽管其在2014年也有一些流量后向的产品出现，但在流量货币化的业务探索上，中国移动还处在密切关注但尚未开展的状态。

3. 中国联通

目前消费者对手机流量的需求水涨船高，流量经营在运营商业务中的比重也越来越大。几乎与中国电信的“流量宝”和中国移动的“流量不清零、还有话费送”等一系列运营商主动推出的流量新举措同步，中国联通在2014移动互联网流量创新峰会上宣布推出“流量银行”。

在联通的规划中，该产品不仅仅是一个针对3G、4G用户的流量管理与交易平台，同时也是一个为企业用户提供精准、高效营销服务的推广平台。该“流量银行”还打破了传统的运营商界限，所有运营商的用户都可以参与其中，真正实现了无障碍的跨平台运营。用户只要下载

APP 或登录网页版（http://bank.wo.cn）使用流量银行，就可以随时查询、存取和购买流量等，富余流量还可以转赠他人。其中 60 流量币可购买 50MB 流量。但是，目前该流量充值功能仅支持联通用户。此外，用户还可以参与流量平台上企业的推广活动，随时随地免费赚取流量。未来，用户甚至还可以将第三方积分（如信用卡积分、超市会员积分等）与流量相互兑换，用流量来行购物结算，真正实现流量的货币化功能。

在产业合作上，联通还探索了一套全新的“联合运营”合作模式，采取“流量+应用+分成”的方式，加大流量产品折扣优惠力度，并以此为资源参与合作方经营分成，帮助合作方找到更广泛领域的黏性用户，实现收入和用户数的双提升。

具体到应用联盟如何实现合作，联通人士解释，联通在联合运营模式上主要推出了流量批发、流量聚类产品包、应用联盟资源互换等方式。其中，联通在流量批发上做了灵活设置（即智能条件触发式流量批发），利用平台的流量赠送功能，可依据互联网企业的流量或者其他数据条件的需求，有条件地向目标用户赠送流量。

在聚类产品包方面，以联通手机流量为基础，将同类应用聚类，打包将流量免费提供给终端用户，由加盟企业承担流量成本，而且联通可以通过广告资源置换给予价格优惠，或加盟企业盈利直接分成获得收益。

在资源互换上，则由互联网公司付出广告、专区、特权、礼包等资源置换流量，联通通过这些资源协助销售联通产品。

在流量经营的合作上，联通已同多家互联网企业实施了定向流量合作等模式。以游戏行业为例，2014 年 7 月，北京联通就与一家互联网企业合作推出了“免流量玩游戏”活动，北京联通用户进入该游戏中心的免流量专区，即可免费下载和使用多种热门手机游戏，产生的流量费用由游戏公司支付，合作一年，带来的定向流量费用预计 40 万元。这种合作模式可以帮助消耗流量较大的行业吸引众多对流量费用敏感的用户，提高用户黏性。不可否认，对于依靠用户长期在线转化付费的游戏类公司，免流量已经成为发展用户的强有力手段和大趋势。

在上述定向流量合作中，联通还在进一步挖掘与相关企业的深层合作，通过激活游戏赠送流量、玩游戏掉落流量包、流量包作为道具植入游戏内部销售等手段，来刺激用户数量的高速增长。这一切也都预示着，运营商真正实施流量经营，将流量运营转型为商业化模式的时代，已经正式开启了。

5.3.2 虚拟运营商

虚拟运营商，是指从传统运营商处购买通信服务后，重新包装品牌，增加服务，再销售给用户的企业，其本身不提供网络设施。2013 年 12 月 26 日，工信部正式发放虚拟运营商牌照，包括京东、迪信通等在内的 11 家企业成为首批虚拟运营商。随后，工信部又陆续发放了第二到第五批虚拟运营商牌照，共计 40 多家民营企业获牌，进军电信业。移动、电信和联通三大基础运营商，无论在体量还是市场份额上均占据着市场主导地位，但整个价值万亿的市场上仍存在基础通信之上的衍生需求无法得到满足，市场需要新的力量形成有益的补充。作为融入电信业的全新的血液，民营企业灵活创新，在流量经营上推出了更多类型的应用，成为流量经营创新主体中不可或缺的力量。

1. 案例一：天音通信主打流量共享

国内首批获得虚拟运营商牌照的天音通信正式发布了虚拟运营品牌“天音移动”，并同期推出产品“170 一起来”套餐和 170.com 业务服务网站。天音移动的主推产品名为一起来套餐，套餐名取自 170 谐音，主打家庭或朋友圈资源共享的功能。套餐设 5 挡（17、70、170、270 和 370），分别对应最多 1、2、3、4、5 个人的亲友圈实现语音、流量共享服务。此外，一起来套餐内的语音、流量资源还可按一定比例互相转换使用，可个性化调整套餐内的语音、流量的数量，并且拥有流量两年不清零的“特权”。在未来，一起来套餐还将不断迭代创新，在不远的将来逐步推出定向流量减免、用户安全定位、国际漫游资费优惠等新服务。

在推出全新虚拟运营品牌和流量共享计划的同时，天音移动还上线了转售企业号码同名网站 170.com。未来，个人用户、合作伙伴均可以通过该网站获得咨询、入网、查询、交费、办理等全方位服务。2014 年年初，天音移动已经开始在内部友好用户测试商用放号的行动，正式商用放号则在 2014 年 6 月中旬开始，首批包括北京、上海、广州、深圳 4 个城市；7 月以后陆续开放了其他 30 多个国内城市。

2. 案例二：阿里“流量包打一切”

和天音通信相比，阿里集团旗下阿里通信近期出台的 170 号资费方案则更显得“激进”：上网、语音和短信均以流量计费，通话 1 分钟=0.75MB，1 条短信=0.5MB；流量 0.125～0.2 元/MB，单价随使用量递减；流量费每满 1 元跳 1 挡，用多少收多少，账单不足 1 元的零头直接抹掉。

另外，阿里通信的 170 号将不设任何强制性费用，无服务费、无月租、无来电显示费、无漫游费，全国免费接听。用户入网首月，可以从 0 元起步，按照 1 元加油包自动叠加收费：0～37 元，每使用 5MB 流量计费 1 元；37～77 元，每 6MB 计费 1 元；77～127 元，每 7MB 计费 1 元；127 元以上，每 8MB 计费 1 元。语音流量之间的兑换、计费升挡和不足 1 元抹零，这些均由阿里通信后台自动完成，无需用户选择、设置。

未来，根据该公司和传统运营商协商的流量批发价格的变化情况，阿里通信还有可能进一步下调流量资费的标准。此外，借助阿里集团在电商平台方面的优势，阿里通信也将在其 170 用户的相关淘宝、天猫及支付宝账户中提供一些“互动性”的增值服务。不仅如此，出身于互联网服务领域的阿里还试图将融合通信的概念引入 170 用户的经营上来，计划在不久后推出基于 170 号码的免费 WiFi 通话功能，将 VoIP、KiK 等基于 IP 技术的即时信息服务和传统的语音、短信服务进行更加深度的融合，让打电话、发短信提前进入“免费”时代。

3. 案例三：苏宁、京东纷纷试水流量“特权”

正如前文所提到的，在这一波虚拟运营商大潮中，除了传统通信企业积极参与之外，也有一些跨界而来的厂商。在目前纷纷出台的各大虚拟运营商的 170 资费方案中，除了一些在流量或者资费上有所不同的方案之外，还有一些方案将流量经营和这些跨界厂商原本的特色服务相结合。

以苏宁互联为例，其 170 卡号除了有流量分享、赠送、不清零等标配功能外，还将整合集团资源，打造围绕通信、购物、娱乐、体育、金融、售后等维度的苏宁互联用户服务。如苏宁互联用户可享受存零钱宝送手机，存款、话费双增值，PPTV 蓝光影片观影、无广告、VIP 节目观看、缓存加速等权利；所有苏宁会员在苏宁门店、苏宁易购购物满一定额度即可获赠苏宁互联流量和语音；苏宁互联卡用户在苏宁旗下产业也同样拥有购物专属优惠。

另一家电商出身的虚拟运营商京东通信也充分利用了电商资源，为 170 用户提供了不少“特权”。自 2014 年 5 月 28 日到 12 月 31 日，凡京东银牌及以上用户，每在京东消费 2 元钱，就可为自己的 170 号码增加 1 分钟通话时间和 1MB 流量，每月最高可赠送 500 分钟通话时间和 500MB 流量。这意味着选择京东 170 的用户在每月网购支出的同时，也在给自己的号码“自动充值”。此外，京东通信在 5～6 月期间还推出了“入网即赠”的用户激励活动，凡京东钻石、金牌、银牌会员入网就送“500 分钟通话时间＋500M 流量”礼包。不仅如此，京东通信 170 号码关联京东账户，就能以优惠价格在京东平台上购买到多种“特权”商品，还将享受自营商品全场配送免费的优惠等。未来，京东 170 号段的“特权”还将延伸至音乐、电子书、社交、游戏及金融等业务。

它们是各自行业里的领军者，通过整合自身优势业务资源和移动转售业务，将通信和更多领域打通。转售的角色在套餐价格上并无优势，但它们已经在套餐设计上掀起了不清零、可转售及可分享的革命。更重要地，通过将通信能力融入更多领域，打造出了前所未有的创新服务，在细分领域绽放异彩。

5.4　流量经营的未来

移动互联网时代，运营商都将流量经营作为未来业务发展的重点，当成新利润增长点的核心。流量经营成为运营商现在和未来重中之重的工作。

5.4.1　流量经营策略分析

在流量经营策略上，首先，要提高网络平台本身的能力。只有建设好本地网络、保证网络资源的统一调度，才能解决本地网络的差异化问题，从而满足市场灵活多样的需求。其次，在经营模式上，不仅要做管道，也要做基于管道的内容增值、垂直服务，实现流量经营模式的创新。最后，流量经营要回归消费者。因为无论是流量产品的营销还是流量产品本身，打分的都是消费者，重视消费者的需求和体验才是赢得用户的根本。

流量经营绝不是“卖流量”。刺激大规模的用户使用流量，只是流量经营的基础，关键在于如何将流量转化为价值，真正为运营商带来利润，而不是让大量的流量冲击网络，将运营商置于流量猛增、收入却不涨或涨幅不对称的尴尬境地。那么，如何在做好流量规模的同时提升流量质量和价值，做到市场规模与价值的同步增长？

流量经营时代，表面上，用户消费的是流量，实质上，他们消费的是各种各样的业务和应用。换个角度说，运营商销售的不是流量本身，而是流量所承载的各种应用。只有应用程序足够丰富，足够有吸引力，才会有越来越多的人使用，与此同时，不仅流量的规模增长了，流量的价值也获得了更高的提升。

1. 可智能管控的宽带网络是基础

首先是移动宽带网络，只有在移动宽带网络条件下，智能管控才有实际意义。各运营商（尤其是中国移动）大力开展4G网络建设也是如此。

其次是基于CDN的分发疏导能力。视频等大流量自有业务，是通过CDN进行分发疏导、提升访问体验的。对于大流量第三方业务，可以通过IDC内容运营疏导，优化分布，提升客户感知以及网络效率。

再次是基于DPI的感知能力。运营商经营流量必须了解流量的去处。考虑到网页的流量占比逐渐被APP应用所取代，因此，基于DPI来感知用户、感知业务和感知终端非常有必要，这是流量大数据应用的基础。

最后是基于PCC的差异化服务保障能力。虽然运营商坚持倾向差异化服务质量保障，但实际运营过程中还将面临诸多问题。

2. 量费分离的计费模式是保障

无论是“流量宝”还是“流量银行”，客户在交易流量币、兑换流量时均存在三种形态，即现金（或实际付款人的付费）、流量币（虚拟币）和流量（真实可用流量）。在此之前，客户购买并消费流量是一体的，也就是不能购买流量后给他人使用。而现在个人购买的流量可以转赠他人，其基础就是“量费分离”。原有计费系统BOSS仅实现第一部分（或通过接口将结果同步到BOSS），客户通过话费/现金/支付宝等购买流量币，其余应交给单独的平台（假定为流量交易平台）来实现。

对于后向流量/定向流量的计费功能，也可以交由流量交易平台来实现。传统的做法是在GGSN/PGW上直接配置后向流量数据，当配置完成后，客户访问指定的IP/URL对应的应用时，GGSN/PGW根据局数据配置，对来自SGSN流量原始话单进行标记，比如标记为免费，BOSS汇总该话单后不对用户计费，当然也可以标记成某个定向的费率。只是这样的操作存在局限，通常一个互联网应用可能存在数十或上百个IP/URL（在不同区域部署服务器），而GGSN局数据配置是有限的，且需要各省分别配置，配置过多还会影响GGSN协议转换与路由效率。

如果将流量话单的计费标记由GGSN后移到流量交易平台，将会是长远解决后向、定向流量计费问题的重要举措。

3. 经营流量入口汇聚流量价值

前期不少运营商省公司通过流量助手（短信、网页和客户端）等方式实现流量的实时提醒服务，并对客户套餐使用情况进行监控，当然也有套餐包、叠加包的推荐。部分公司还通过封装相关接口，将客户流量使用信息的查询、套餐包订购等服务向各类移动互联网应用门户开放。这些均为流量1.0时代的典型经营举措，以往并没有提到经营流量入口的高度，仅当作一种客户服务方式在各省公司分别实施。

当下的入口经营更应该集中统一。经营流量币及交易平台实际上就是经营流量入口。而入口的成效主要来自用户规模、合作伙伴规模和影响力。这些只有在全网集中统一运营的前提下才能实现。这也是电信、联通均通过集中统一机构运作的原因。

流量交易平台同样可以将能力封装，在表现形式上可以通过其他互联网应用实现。比如用户购买流量红包，通过红包生成链接，将链接分享到微信群或朋友圈，点击链接抢夺领取红包。实质上，所有的操作均通过交易平台完成，但仅将部分操作通过交易平台体现。

4. 开展大数据合作实现价值增值

电信与媒体市场调研公司 InformaTelecoms&Media 的调查结果显示，全球 120 家运营商中约有 48%正在实施大数据业务。大数据业务成本平均占到运营商总 IT 预算的 10%，并将在未来 5 年内升至 23%，成为运营商一项战略性优势。2014 年随着 4G 的建设商用，国内运营商采集数据投资明显扩大。文章提到中国联通 3G 时代三期采集投资规模约 9 亿元，移动 LTE 一期采集投资规模约 20 亿元。

价值变现是运营商目前面临的普遍问题（或许还没有把目光放到数据价值变现上）。巨额的投资把数据采集完成后，如果仅仅用于内部的精准营销，很难实现大数据价值。由于大数据本身并不是一个技术上的概念，更应该成为业务或价值概念，也就是先有什么样的需求，后有什么样的数据采集及应用。例如，Google 对鸟类的分类高达 9000 种，但是对于专业宽带流量大数据应用公司来说，公司更侧重于电商产品的细分，因为最终应用价值决定数据的采集、算法及应用。

单靠运营商自身无法低成本高效益的变现大数据价值，在大数据方面的开放合作是实现数据价值的唯一出路。

5. 设计出高品质的应用

运营商必须充分利用智能管道的优势，利用产品服务、营销模式、客户管理及产业协作模式方面的创新，在充分发挥自身管道控制的优势的同时调动产业链资源，在提升流量规摸的同时促进流量价值的提升。

5.4.2 服务产品创新

从移动的角度审视互联网业务，把握移动互联网特色，丰富产品体系。在移动互联网时代，电信运营商要学会从移动的角度审视互联网业务，从中寻找突破口，思考哪些业务是移动互联网应该重点关注的，并有针对性地发展业务。

移动互联网受限于移动终端的屏幕尺寸以及耗电，其业务形态和内容与传统互联网存在区别。电信运营商要研究移动用户使用互联网的习惯，以及在移动状态下对互联网业务的需求，并基于手机移动性、位置性等特点，开发出满足用户深度需求的内容和应用。在移动互联网业务的创新中，电信运营商应突出手机应用的特点，把真实世界和虚拟世界相结合，构建新的信息服务平台、电子商务平台、传媒平台以及公共娱乐平台等，极大地丰富移动互联网产品和业务种类。

优质的内容和应用是吸引消费者使用移动互联网业务的前提，移动互联网时代仍然遵行“应用为王”的准则。电信运营商要将应用与设备、平台充分融合，整合上下游资源，创造出更多符合用户需求的优质内容，优化移动互联网用户的访问体验。对此，电信运营商可以从以下 5 个方面进行改进。

（1）加强与第三方合作，通过引入外力开发更加丰富的应用服务，促进移动互联网业务的发展，达到合作双方共赢的效果。

（2）推行 UGC（用户生产内容）模式。庞大的手机用户基数是移动互联网内容的最大源泉，运营商可采用 UGC 模式，通过移动互联网络、激励体系和内容管理平台，整合数亿用户的创意和生产力，打造一个庞大的内容生产系统。UGC 有利于电信运营商更深入地挖掘客户的需求，使内容更加客户化，既能满足手机用户多样化、个性化和快速变化的需求，又能降低运营商内容生产的成本、周期与风险。

（3）通过免费的无线网络社区打造开放的移动搜索平台。电信运营商应通过 WAP 资费优惠策略扩大移动互联网业务受众，及时准确地送上客户需要的广告，这将有助于持续增强移动互联网用户的使用黏性，培养手机用户随时随地进行手机搜索的习惯。

（4）创新移动互联网商业应用模式。要通过特色创新的产品和服务赢得用户的认可，例如建立电信运营商自己的手机应用商店等，以创新的商业模式发展移动互联网。

（5）开拓电子商务，致力于中小企业信息化。中国的中小企业占全国企业的绝大多数，但这些中小企业的信息化水平却很低，亟须开拓电子商务。电信运营商可设计针对中小企业的信息化服务包，内容包括集团虚拟网、视频会议、企信通、企业邮箱和集团彩铃等，满足中小企业信息沟通、内部办公、生产管理和服务营销等领域的信息化需求。

一方面，运营商需要意识到，高流量价值的应用必然是符合移动互联网规律的，而作为后进入这一领域的传统电信运营商，并不具备太多的优势，因此，要开发出更多受欢迎的移动互联网应用，必须要培养互联网思维，拥有开放的心态，形成创新的产品开发思维，开发新型产品系列，转变自身的机制体制，与应用提供商、广告商、终端制造商等展开紧密合作；另一方面，移动互联网应用具备明显的“长尾”特性，随着使用流量的用户不断增加，会不断有新的应用产生，运营商需要有一个好的平台，让这些长尾应用持续地呈现到用户面前。我们看到，电信运营商也已经在这方面展开了尝试，中国移动的 MM、中国电信的天翼空间和中国联通的沃商店，都是电信运营商通过合作、开放打造的一个又一个应用平台，这些平台上的应用，才是将流量转化为收入的真正“利器”。

5.4.3 营销模式创新

运营商在 3G 的推广上不遗余力，在 3G 终端补贴的投入上也是屡创历年之最。不仅语音资费下调了不少，以往饱受争议的漫游费、双向收费也逐渐淡出了人们的视线，再加上现在推出的许多存话费、保底消费送手机的活动，为消费者提供了很大实惠。但是依靠这种 2G 时代的话费价格竞争、补贴终端的方式，不仅未从根本上刺激消费者对 3G 的需求，反而造成了行业运营商的恶性竞争，导致盈利能力的不断下滑。事实上，电信运营商的这种比拼价格、终端补贴的营销方式已经让各大运营商尝到了苦果，联通 2014 年第四季度出现的亏损就是一个明显的例证。

随着通信需求向信息需求的转移，信息消费诉求的多样性必然导致电信行业本质由规模经济向范围经济的转移。规模经济与流量同质性对应，范围经济与流量异质性对应。因此，必须建立精细化流量经营的营销思维，形成个性化的营销方案，从而保障消费者个性化的需求特点，赢得最大的市场规模，为流量经营的价值提升创造条件。

从目前现状来看，运营商对流量经营还没有形成成熟的经营理念，普遍存在注重营销而忽略服务的问题。具体表现在未从解决客户使用障碍、满足客户需求出发，营销与服务没有有效结合，效率偏低，服务满意度不高。运营商需要进一步转变思路，围绕服务开展流量经营，细分客户，深度把握客户需求，开展差异化产品推广。

首先，必须继续坚持“卖产品不如卖服务”的理念。移动互联网时代，用户的体验是关键，而用户体验所对应的就是企业的服务。为了以更好的服务提升用户体验，很多互联网巨头对用户的意见和反馈给予了高度重视，并及时将这些需求融入到产品的更新和设计中。由此可见，对电信运营商而言，要想在移动互联网市场占据有利地位，做服务、卖服务，是必不可缺的。

面对用户越来越旺盛的数据业务需求，为了让用户的消费体验更加完美，三家运营商多次调整套餐中流量的配置，针对不同的用户需求推出相应的套餐方案，同时还提供及时的流量提醒服务，让用户的消费更加明白、可控。除了这些基础性的常规服务，电信运营商还在新技术所带来的新型服务上展开了探索。目前，依托自身的网络资源，三大电信运营商都计划和正在推动各自的“云服务”，为顺利打开信息化市场，为向综合信息服务提供商的顺利转型奠定基础。

其次，必须深化手机终端的定制化策略。随着移动互联网的发展，移动搜索、视频点播、移动社区、在线游戏、网上购物、手机支付、移动博客等业务让手机市场潜力不断放大，手机正在向多功能化、开放化和个性化方向发展。明星智能终端的吸引力和号召力毋庸置疑。中国联通正式引入 iPhone 后，受到了客户的追捧，并且集中在高端用户领域，对 ARPU 值的贡献非常大。中低价位智能终端也是运营商吸引客户的重要切入点。智能终端虽然发展迅速，但是较高的价格是一道门槛，挡住了大多数的普通用户。因此，运营商通过资金和政策补贴，大力发展中低价位的终端，使得广大普通用户都能享受到移动互联网的服务。例如日前，中国电信的某款低价位智能终端，被称作“最短时间销量超百万智能手机”，还入选了上海大世界吉尼斯世界纪录。与大力扶持智能终端发展同步，运营商在定制上更加深入。在手机系统层面上，运营商植入了各种业务和服务，以期增强对用户的黏性。可以说，在移动互联网时代，运营商对终端更加重视。发展适应用户需求的终端，是运营商努力的重点之一。

众多的用户既是电信运营商的优势，又与终端息息相关，因此通过与终端厂商联盟合作，进一步加强手机定制的力度，大力开发定制终端，掌控互联网终端渠道接入资源，对于运营商控制用户有着积极的意义。

（1）提升定制程度。现在市场上很多定制手机都只是简单的软件内置再贴上运营商的Logo，没有实现真正意义上的定制，未能融合更多的电信运营商元素，未能实现终端的差异化。电信运营商拥有庞大的用户数据库，能够通过分析用户行为了解用户需求。运营商应当将这种优势体现到手机终端的定制上，协助手机厂商设计出更加符合用户需求、融入更多运营商元素的定制手机。

（2）定制手机定价要低。移动运营商销售定制手机不应该着眼于单纯获得手机利润，而应该着眼于将定制机打造为布局移动互联网的工具和渠道。因为控制了终端，就等于控制了移动互联网的入口。

（3）丰富定制机的种类，提高定制机的品质。目前各电信运营商3G定制手机的数量和款式都比较少，手机的设计、制造与国外厂商相比尚有很大的不足，终端手机的品质与3G用户定位存在较大差距。

（4）拓展手机以外的终端。移动互联网的终端载体不仅仅是手机，电信运营商应当适时推出面向MP4、掌上电脑、汽车等移动终端的移动互联网服务，抢占市场先机。

2014年5月13日，中国电信首次推出“流量宝”，流量宝是以流量币为核心的互联网流量经营平台。流量宝以任务和牛币来架设用户与合作伙伴之间的桥梁，探索一种流量合作新模式。在这种模式下，商家可以向运营商购买流量，随后通过活动的方式让用户完成任务以获得流量。而用户通过完成任务获得流量后，可以在流量宝的平台上将流量转换成牛币，通过牛币可以实现话费充值等优惠政策，或者将流量用于自己使用或赠送他人。

2014年11月25日，中国联通在人民大学组织的移动互联网流量创新峰会上，正式发布了“wo+流量银行”。流量银行在本质上与“流量宝”相类似，用户可以在流量银行平台上，进行存取、管理、交易流量等行为以获得更好的体验和乐趣。流量银行的推出不仅是对联通跨步走出管道商定位的重要产品推动，同时也是构建虚拟币平台与更多服务提供商合作的有利契机。发布会上，联通提到流量2.0时代的概念，随着流量经营从1.0向2.0时代跨越，联通期望通过流量银行开启流量与营销的大时代。

全流量下，OTT业务的快速发展将给运营商带来极大挑战。对于运营商来说，互联网基础设施是其业务发展的独特优势，这些优势建立在四个支柱的基础上：客户关系和客户维护基础设施，记账周期以及运营商与客户之间建立的信任，从呼叫和位置数据中获得的使用量数据分析结果，以及将用户与运营商绑定的唯一识别号。无论是中国移动尝试的“后向统付”，还是“流量宝”“流量银行”以及中国移动未来可能跟进的产品，均是一种全新的流量经营模式。

5.4.4 流量经营展望

在流量经营时代，运营商仅仅依靠短信和语音通话，已经不能满足经营需要。运营商拥有的最有价值的资源是流量。尤其是随着4G时代的到来，消费者对于流量的使用将成数倍于以往的数量。运营商只有优化流量经营才能在市场上占领先机。

2014 年，中国电信的流量宝走在了最前面，中国联通更多还是停留在概念阶段，产品运营方面还有很多问题要解决。而阿里的流量钱包更多侧重于流量交易，离货币化还有距离。京东的流量货币化产品要在 2015 年 1 月 1 日后正式上线。其他各家也还是主要以流量可交易为主。流量货币化至少面临支付与金融监管、财会处理和交易平台三大问题，这些问题对于运营商而言是最大的障碍。尽管中国电信取得了先动优势，但阿里和京东的跟进也不容小觑。尤其在业务流程的打通、产品迭代更新的速度和持续运营的深度上，受制于运营商的现行管理体制机制和决策流程效率，这些问题还需时间来解决。

从行业热点的转载来看，关于流量货币化的报道和分析，金融界、和讯网、中金网等与证券有关的资讯网站和微博、博客的转载较多，同时有些相关的上市公司也在关注。从这些动向来看，资本市场对流量货币化的敏锐性要比运营商更高。从中国联通流量银行发布后的情况来看，联通的股价也受到了一定的影响。此外，包括资金公司等在内的投资人士也在对这个领域积极跟进。总的来说，资本市场对于流量货币化表现出了积极的关注度。2015 年，资本市场有望对流量货币化产生积极的推动：一方面，中国电信在 2014 年明确提出了加大混合所有制的推进力度，这是运营商以流量货币化为契机进行新的混合所有制操作的首次尝试；另一方面，一些围绕着流量交易和货币化的第三方交易平台可能会出现并获得风险投资基金的投资。

总之，流量经营创新是运营商互联网化过程中的一个关键业务落脚点，对于运营商的组织架构、业务流程和 IT 系统能力都将产生全方位的影响。因此，围绕流量后向经营和流量货币化两大方向的运营会在 2015 年持续加强。接下来，针对铁塔公司运营带来的调整影响，流量经营方面还将有许多问题有待解决。

第6章　移动虚拟运营商

2013 年 12 月 26 日，工信部发放了首批虚拟运营商牌照，这意味着民营企业首次进入电信领域。2014 年，工信部又陆续发放了四批牌照，截至 2014 年年底，已经有 42 家企业获得虚拟运营商牌照，使得 2014 年成为虚拟运营商的发展元年。

6.1　移动虚拟运营商的基本含义

6.1.1　概念界定

移动虚拟运营商（Mobile Virtual Network Operator，MVNO）是指获得移动转售业务牌照的各类企业。所谓移动转售业务，是指从拥有移动网络的基础电信业务经营者手中购买移动通信服务，重新包装成自有品牌并销售给最终用户的移动通信服务。移动通信转售业务不包括卫星移动通信业务的转售。

移动虚拟运营商没有自身的物理网络，通过从移动、联通、电信三大基础运营商那里租用一部分通信网络，然后建立自己的计费系统、客服号、营销和管理体系，给消费者提供运营商服务。

6.1.2　虚拟运营商的类型

虚拟运营商可以从不同角度进行分类。

1. 从价值链角度分类

根据电信服务价值链的涉入深度，可将移动虚拟运营商分为三类：Reseller（分销商）、Service Operator（服务提供商）、Full MVNO（完整虚拟运营商）。如图 6-1 所示。

（1）Reseller。参与程度最浅的一种 MVNO。虚拟运营商可以采用自己的计费系统和用户管理系统提供业务，也可以直接依赖传统运营商为自己提供用户计费管理，从而将自己的经营重心全部集中在客户管理和市场营销上，这种类型的虚拟运营商的收入主要由与基础运营商签订销售协议的收入分成和佣金组成。Reseller 适用于能够利用自己现存的强大的分销渠道销售移动业务，但是对内容创新较小的虚拟运营商。

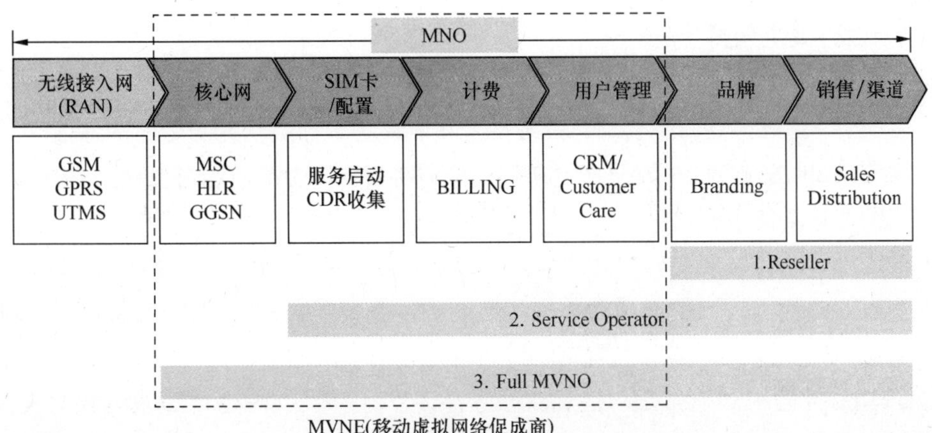

图 6-1　虚拟运营商的分类（从价值链角度）

（2）Service Operator。参与程度适中，不仅拥有自己的计费系统和用户管理系统，也可以拥有服务配置的能力，会控制与客户有关的市场营销、渠道销售、客户服务和业务打包定价等环节，并会部分参与 SIM 卡号管理、计费和 CRM 等环节。这种类型的虚拟运营商通过对移动基础业务的深加工，重新打包业务后使其具有灵活的客户关系管理能力，自由的业务定价和业务组合也能够吸引特定细分市场的用户，其收入是除去批发成本的呼出收入。相比分销商（Reseller）模式，它具有更大的自由定价空间。

（3）Full MVNO。参与程度最深，除了由 MNO 提供无线网络和部分核心网络外，其他部分都是 MVNO 自己运营，既拥有交换网络、服务平台、SIM 卡及编号空间，还有互联互通权利，涉及到更多的基础设施。凭借自己与传统的移动运营商所签订的网间互联结算合同，可以取得一定的呼入收入。与传统的移动运营商相比，其虽没有无线网络，但拥有自己的用户和客户品牌。这种类型的虚拟运营商的收入不光包含呼出部分，也包含除去成本的呼入收入。

2. 从企业的优势特征角度分类

成为电信虚拟运营商的企业必须具有自身独特的优势，据此可以划分为以下类型。

（1）用户资源型。进入虚拟运营领域前已拥有大规模的用户，在进入虚拟运营领域后结合已有业务提供捆绑的电信业务。如西班牙 ONO。

（2）用户资源型。常见的是零售连锁企业利用现有的零售渠道和服务体系，借助其网点覆盖优势进入虚拟运营领域。如 WAL-MART、Tesco。

（3）品牌能力型。一些虚拟运营商企业拥有较强的品牌号召力，利用客户对品牌的认知拓展移动业务。如 Disney 和 Virgin。

（4）运营能力型。一些虚拟运营商企业的运营能力很强，尤其在拓展另一国家或地区的移动业务时，利用其运营能力与合作伙伴合作进入另一个国家或地区的市场。如 SKT 进入美国、联通进入中国香港时均为此类。

（5）内容能力型。这些虚拟运营商拥有较多的内容资源，通过虚拟运营进入电信运营领域。如 Universal 和 Espn 等。

3. 从运营方式上分类

按照运营模式，国外虚拟运营商主要分为以下 4 种。

（1）客户型。通过与运营商合作，批发话音和流量为客户提供相对低价的通信产品。典型代表是英国的 Lebara，通过对外籍人士和移民群体等特定目标客户群的拓展，Lebara 已经成为欧洲移民细分市场的第一品牌。

（2）渠道型。合作模式与客户型类似，也是通过批发话音和流量提供给客户，不同的是，这类移动转售商是通过自身的渠道优势来拓展业务。典型代表是英国的 Tesco，拥有近 8000 家门店的Tesco针对会员提供基础通信业务，目前已发展200万用户，约占O2所有用户的10%。

（3）品牌型。合作模式通常是与运营商创办合资公司，树立特有的品牌抢占特定目标市场。典型代表是美国的 Virgin，通过与 Sprint 合资创办公司，针对 15～30 岁的年轻客户群创造了强大的品牌优势，整合各种集团资源，为用户提供会员制服务。目前 Virgin 已经拥有 510 万用户，约占 Sprint 所有用户的 10%。

（4）内容型。通过与运营商在特定内容方面的合作，为用户提供内容服务。典型代表是法国的 M6，M6 运营了 8 个电视频道，依托其手机电视内容资源推广定制手机，内置了 7 个 TV 频道，目前约有 150 万用户，占 Orange 总用户的 6%。

6.2　国际虚拟运营商的发展

6.2.1　发展历程

早在 1998 年，北欧的 Sense 公司就进行了移动虚拟运营商的经营尝试，虽然最终以失败告终，但却开启了移动虚拟运营商的大门。之后，欧美各国开始发展虚拟运营业务。

根据欧洲和北美 MVNO 的发展规律来看，1998—2003 年是移动虚拟运营的起步期，移动虚拟运营企业开始产生，每年新增的 MVNO 数目在 25 个左右，并逐年提高。2004—2007 年是发展的高峰期，从事相关业务的公司大规模地产生，在 2006 年达到峰值，全球年新增 MVNO 的峰值达到 80 个（见图 6-2）。从 2008 年开始，行业内企业的数量开始萎缩，但行业规模并未出现萎缩，这说明经过起步和发展这两个过程，对移动虚拟运营的热情释放之后，有一部分企业开始被淘汰，剩下的企业都相对比较成功，进入一个“剩者为王”的时代。2006—2010 年全球移动用户的年均复合增长率为 5%，而同期 MVNO 用户的复合增长率达到 24%。至 2010 年，MVNO 在欧洲和北美的用户渗透率已超过 10%。

从全球来看，MVNO 市场呈现出明显的浪潮式发展。西欧、北美处于 MVNO 市场发展的第一波浪潮，目前已经步入寻求新价值增长的成熟期。亚洲市场领衔 MVNO 第二波发展浪潮，已步入市场发展的快车道。

2013 年，全球虚拟运营商总数量达到 1205 个，其中欧洲 786 个，亚太地区 194 个，北美地区 167 个，中东地区 42 个，拉美地区 16 个。欧洲和北美地区的虚拟运营商在全球的数量占比将近 80%，得益于其宽松的准入政策和监管环境。亚太地区虚拟运营商虽然起步较晚，但近些年，随着亚太地区市场的进一步开放，该区域的虚拟运营商快速增长，在全球的数量占比已经达到 16%。如图 6-3 所示。

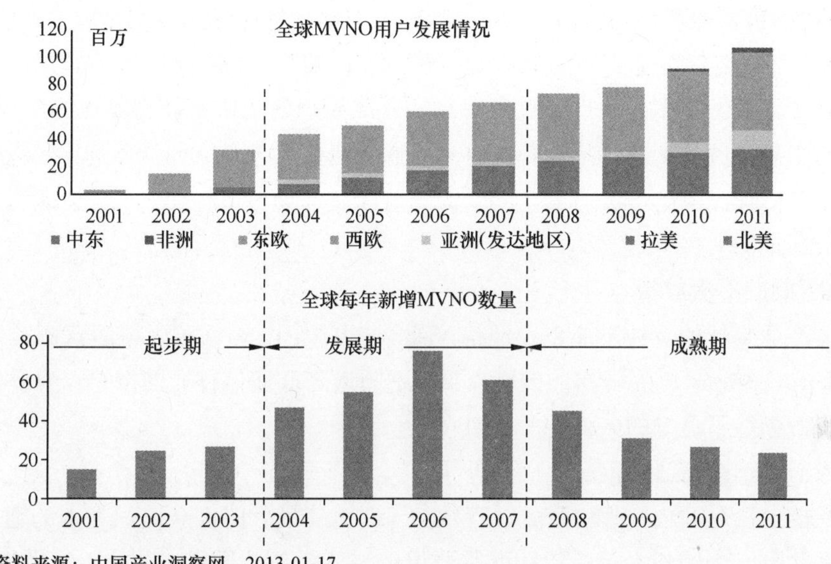

资料来源：中国产业洞察网，2013-01-17

图 6-2　全球 MVNO 用户发展情况及新增 MVNO 数量

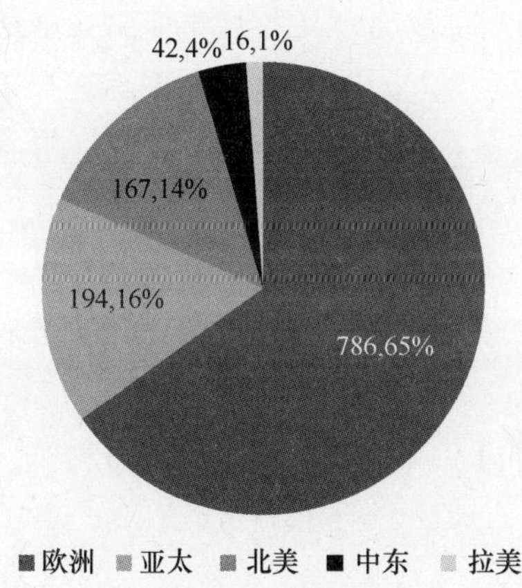

资料来源：艾瑞科技

图 6-3　2013 年全球虚拟运营商区域分布情况

6.2.2　形成环境

1. 技术发展

随着科技的进步，电信行业从早期的语音服务到现在的数据服务，建设运营成本不断下降，普及率不断上升，电信行业作为一项基础性服务已经可以实现更大范围的网络传输服务。计算机仿真技术、多媒体技术、虚拟现实技术和远程教育技术，以及信息载体的发展日益多样化。

同时信息网络为各种思想文化的传播提供了更加便捷的渠道，多媒体技术的应用和交互式界面的采用为文化、艺术、科技的普及开辟了广阔前景。正是这些技术的发展为MVNO个性化的移动通信服务提供了坚实的技术保证和内容保证。

2. 强有力的市场需求

在过去，大多数电信增值业务仍由传统运营商控制和经营，用户只能享受到为数不多的增值服务，并且由于业务繁多和用户群过于庞大，各类用户的需求不能得到很好的理解和满足，降低了他们对信息服务的消费欲望。市场越来越强烈地要求改变这种竞争局面。移动虚拟运营商的出现带来了更加灵活的服务方式，可以很好地满足市场对多样化、个性化服务的需求，给用户带来新的选择。

3. 政策管制的不断放松

为了通信产业整体的良性发展以及通信产业结构的优化，国家对虚拟运营商的管理由原来的严格管制到允许进入，再到现在的鼓励发展，不断地降低通信行业的壁垒，为虚拟运营商进入通信市场竞争创造了良好的条件。

4. 产业链专业化分工的趋势

在相当长的一段时间内，通信服务一直致力于扩大市场，向大众提供基本的通信服务。随着行业渗透率达到一个饱和水平，后续就需要价值链各个环节进行新的分工，发挥各自优势，来满足客户个性需求。在未来与客户接触的手段变得多样化，只拥有与用户直接接触的网络已经不够，还需要对用户特点和用户需求有一定程度的掌握，这是传统运营商的劣势。而很多现有的服务企业掌握着大量的客户资源，同时能够不断跟踪客户需求，特别是那些有完善的客户数据库的企业。非电信行业的企业具有一些电信公司所没有的特殊资源，如品牌、客户资源、营销渠道等，通过与移动通信技术的结合，能够实现传统资源的重新利用，提高公司的核心竞争力和运营效率。

6.2.3 来源

从来源来看，虚拟运营商可以分为3种类型：电信运营商、内容（服务）提供商和其他知名品牌企业。

1. 电信运营商

电信运营商拥有丰富的电信行业运营经验，发展虚拟运营业务具有先天的优势。虚拟运营商中既有固网运营商，也有移动运营商。固网运营商一方面希望为既有用户更好地提供全业务（如英国电信），另一方面又希望进入国外的移动通信市场（如德国电信和法国电信）。移动运营商发展虚拟运营业务，主要是为了拓展在其他国家的移动业务，更好地实施全球化策略，如中国电信在欧洲和美洲开展的MVNO业务。

2. 内容（服务）提供商

内容（服务）提供商加入虚拟运营业务，是为了利用移动网络将自身内容（服务）更好地提供给更多用户。如美国有将近1亿的体育爱好者在收看ESPN，ESPN于2006年推出移动通信服务，向用户提供关于体育赛事的新闻和视频短片。

3. 其他知名品牌企业

虚拟运营商中也有许多非电信行业的知名品牌企业，它们拥有强大的品牌优势和完善的分销渠道，能够以更低的成本发展用户，包括大型超市（如家乐福、乐购）、电信渠道商（如 Debitel）等零售企业以及 Virgin、Disney 等其他品牌企业。

6.2.4 关键要素

成功的虚拟运营商往往具备以下几大关键因素。

（1）品牌。具有较强的品牌影响力，并且能将其运用到新的市场。较高的品牌知名度能够降低营销成本，Virgin 的成功就是一个典型例证。当然，单纯依靠品牌并不能赢得用户，还要为用户提供切实的价值。

（2）分销渠道。拥有广泛的分销网络，能够以较低的成本接触到用户。家乐福、乐购等大型零售商就是典型的例子。

（3）客户基础。拥有一定的忠实客户，通过虚拟运营能够为其提供更好的融合服务。进入移动虚拟运营的固网运营商（如 BT）、有线电视运营商及移动运营商（如聚焦海外华人的中国电信）就是典型代表。

（4）客户导向。能够为细分市场目标用户提供更好的服务。Friendi 就是一个代表，为阿曼的外籍人士提供多种语言的客户服务，满足其与国内通话的需求。

（5）运营商关系。运营商拥有较强的议价能力，良好的合作关系是虚拟运营商成功的关键。E-Plus 就是一个代表，它合资成立了 Base、ay yidiz、vybemobile、simyo 等虚拟运营品牌，发展较好。

（6）资金实力。雄厚的资金实力使得虚拟运营商能够在市场开拓前期进行大力的投入，不会因后续资金不足而失败。

6.3 国际虚拟运营商典型案例[1]

1. Virgin Mobile

Virgin 由理查德·布兰森创立于 1970 年，是英国最大的私有企业，在全球拥有 400 多家公司，涉足航空、饮料、铁路、金融、唱片、旅游、婚纱等行业。1999 年 8 月，Virgin 与德国电信下属的英国子公司 ONE2ONE 各出资一半成立了 Virgin Mobile，于当年 11 月正式开通服务，定位于 35 岁以下的年轻人。

Virgin Mobile 不拥有网络，ONE2ONE 让其使用核心网络资源，包括频率、HLR、VLR、与计费系统的连接等。但是 Virgin Mobile 拥有自己的品牌、计费结构和结算系统：客户的开

---

1 施华. 移动虚拟运营商国际发展经验借鉴. 移动通信，2014，No.21，65～70.

机屏幕 Logo、账单显示的都是 Virgin Mobile；Virgin Mobile 的计费结构比 ONE2ONE 更简单，前 5 分钟每分钟 0.15 英镑，之后的每分钟 0.05 英镑。2000 年 10 月，Virgin Mobile 用户突破 50 万。吸收同样的用户数，BT 用了 5 年，Vodafone 用了 4 年，ONE2ONE 用了 3 年，Orange 用了 2 年。运营的第 3 年，即 2002 年 Virgin Mobil e 开始盈利，EBITDA 为正。2001 年 4 月，Virgin Mobile 被英国权威杂志 Mobile Choice 评为“2000 年最佳网络运营商”。

2. E-Plus

E-Plus 成立于 1993 年，是荷兰第一大电信公司——荷兰皇家 KPN 电信集团在德国的子公司，德国第三大移动运营商，仅次于 T-Mobile 和 Vodafone。

2005 年，德国移动通信市场趋近饱和，E-Plus 同时面临主导运营商（T-Mobile 和 Vodafone）和后起运营商 O2 的双重挤压，E-Plus 的息税折旧摊销前利润率（EBITDA Margin）在 2002—2005 年从 32%下降到 24%。在这种背景下，公司改变战略，决定依赖虚拟运营来发展市场，通过合资成立虚拟运营商、合作等方式，满足不同细分客户群体的需求。截至 2009 年，E-Plus 累计成立、合作了 34 个 MVNO。在新的战略下，E-Plus 收入稳定增长，市场份额不断扩大，是德国市场 2007—2008 年唯一收入增长的运营商；与 2005 年年初相比，截至 2008 年年底，E-Plus 用户获取成本下降了 3/4，息税折旧摊销前利润率高达 40%；新增用户主要来源于 MVNO 品牌，占 64%（2008 年）。

3. Friendi Mobile

Friendi Group 成立于 2006 年，总部位于迪拜，曾获得 ePlanet Ventures（Skype 和 Baidu 的投资者之一）和 Millennium Private Equity 的投资。2009 年 4 月底，Friendi Mobile 在阿曼开通服务，成为中东的第一个虚拟运营企业。Friendi 主要是为在阿曼的外来人员和有国际长途通话需求的本国居民提供廉价的预付费服务。

在阿曼，外来人员占人口总数的比例超过 20%，在首都更是超过了 40%，这是一个巨大的目标市场。为了更好地满足客户需求，Friendi 的客服中心及网站同时支持 6 种语言（阿拉伯语、英语、北印度语、乌尔都语、马拉雅拉姆语和孟加拉语），并声称提供阿曼最便宜的国际长途通话服务。Friendi 选择的合作对象是阿曼的移动运营商 Omantel。2009 年，阿曼移动普及率高达 121%，趋近饱和。Omantel 作为阿曼的两大移动运营商之一，在主要竞争对手 Nawras 的挑战下，市场份额从 2007 年第一季度的约 66%下降到了 2009 年第一季度的 52%，它也希望通过与 MVNO 的合作来阻止业务的进一步下滑。Friendi 采用的是“简单 MVNO”的模式，基站及交换设备等从 Omantel 租用，拥有自己的号码、呼叫中心、定价权、品牌、市场策略和客户。Friendi 与 Omantel 采用的是收入分成模式，各种服务按不同的比例进行分成，达到一定业务量也会有折扣。Friendi 发展迅速，第 1 年用户数就超过了 16 万，截至 2011 年年底在阿曼的用户数达到 30 万。2012 年 4 月，Friendi 与 Virgin 结为战略性合作伙伴，并在 9 月改名为 Virgin Mobile Middle East & Africa（VMMEA）。对 Omantel 而言，通过与 Friendi 合作，用户市场份额从 2009 年第二季度起停止下滑并逐渐回升，并于 2011 年第二季度上升到 55%；竞争对手 Nawras 停止了持续高速增长的势头，市场份额从 2009 年第一季度约 48%下降到第二季度的47%，2011年第二季度为45%。

6.4　中国的移动虚拟运营商

6.4.1　中国移动虚拟运营商的发展进程

1. 产生

国内虚拟运营市场的最早尝试可追溯至20世纪90年代中后期。1990年润迅通信（香港）有限公司成立；2001年11月29日，香港电讯管理局正式向润迅颁发公共非专利电讯服务牌照；2002年1月润迅与爱立信签订了合作备忘录以开展香港的虚拟网络业务；2005年左右随着销售代理合同的到期以及运营商政策改变，润迅核心业务转型为呼叫中心外包。

1992年深圳润迅成立，主打寻呼业务，并逐渐发展成为全国性的通信服务公司；1999年深圳润迅在广东“代理”了部分移动电话业务；2002年深圳润迅创建了自己的移动通信品牌“联通方程100”。

2. 发展阶段

在中国，虚拟运营商是随着通信业的发展、技术条件和市场条件的逐步成熟，以及政策的进一步放宽而产生的，主要经历了以下几个阶段。

第一阶段，政策环境的形成阶段。2010年5月7日，国务院发布《关于鼓励和引导民间投资健康发展的若干意见》。该《意见》进一步拓宽了民间投资的领域和范围，鼓励和引导民间资本进入基础产业和基础设施领域，从而扫除了民间投资进入基础产业的障碍。2012年6月27日，工业和信息化部发布了《关于鼓励和引导民间资本进一步进入电信业的实施意见》，进一步明确了民间资本进入电信领域的可行性和必要性，从而为虚拟运营商的产生奠定了政策基础。

第二阶段，规范和准备阶段。2013年1月8日，工业和信息化部网站公布了《移动通信转售业务试点方案》并公开征求意见。2013年5月17日，工信部公布了《移动通信转售业务试点方案》，这标志着虚拟运营时代开始到来。该《方案》提出了开展移动通信转售业务试点的目标，对移动通信转售业务进行了定义，明确了试点业务的审批条件和程序。该《方案》的公布使人们看到虚拟运营商呼之欲出。

第三阶段，形成阶段。2013年12月26日，工信部颁发首批移动通信转售业务运营试点资格虚拟运营商牌照。2014年5月26日，工信部在其网站发布《关于加强移动通信转售企业电信资费网上公示管理工作的通知》，要求各移动通信转售业务试点企业重视电信资费网上公示工作，于2014年7月31日前完成网上电信资费专区的建设和当前资费信息的上线工作，同时将网上资费专区的建设运行情况及链接及时上报。

6.4.2　对虚拟运营商的要求

工信部2013年5月17日发布的《移动通信转售业务试点方案》，对移动虚拟运营商的基本要求如下。

1. 资本要求

《试点方案》规定，申请者必须为民企，其民间资本占公司资本比例不低于50%，且单一最大股东是民间资本的公司（不含外商及台港澳商投资，境内民营企业境外上市的，其外资股权比例应低于10%且单一最大股东为中方投资者）。

2. 企业管理方面要求

《试点方案》要求，企业技术负责人应当有8年以上信息技术和通信行业工作经验，并具有信息技术和通信及相关专业高级技术职称或同等专业水平；企业管理人员中至少有5人应具有5年以上信息技术和通信行业的工作经验等具体细化要求。

3. 业务范围要求

工信部表示，获得试点批文的转售企业可以从基础电信业务经营者处购买移动通信服务，重新包装服务内容，以自有品牌开展包括移动话音业务、短信/彩信业务、移动数据业务等在内的移动通信业务。

4. 服务能力的要求

申请者必须设有专门的客户服务部门和客服人员，建立服务质量管理体系，公布监督电话，受理用户投诉，有服务保证措施和市场退出善后处理方案。

6.4.3 目前虚拟运营商基本情况

1. 工信部已经颁发了五批虚拟运营商牌照

截至2014年年底，工信部已经颁发了五批虚拟运营商牌照。

第一批（2013年12月26日）11家，分别是天音通信、浙江连连科技、乐语、华翔联信、京东、北纬通信、万网志成、迪信通、分享在线网络技术、话机世界数码连锁集团和巴士在线控股有限公司。

第二批（2014年1月29日）8家，分别是苏宁云商、国美电器、深圳爱施德、厦门三五互联、苏州蜗牛数字、中期集团、长江时代通信和远特通信技术有限公司。

第三批（2014年8月25日）6家，分别是朗玛信息、中兴视通、用友、中邮世纪、世纪互联和银盛电子。

第四批（2014年11月20日）8家，分别是红豆集团有限公司、深圳星美圣典文化传媒集团有限公司、合一信息技术（北京）有限公司、青岛日日顺网络科技有限公司、北京青牛科技有限公司、小米科技有限责任公司、郑州市讯捷贸易有限公司和二六三网络通信股份有限公司。

第五批（2014年12月18日）8家，分别是海南海航、北京联想调频、广东恒大和通信科技、青岛丰信通信、凤凰资产管理、深圳平安通信科技、民生电子商务和鹏博士电信传媒集团。

2. 所属领域

五批虚拟运营商所属领域如表6-1所示。

表 6-1 五批虚拟运营商所属领域

行业应用（9 家）	华翔联信、分享在线、远特通信、朗玛信息、中兴视通、用友、青牛、联想调频、平安通信
终端（8 家）	乐语、迪信通、话机世界、中邮世纪、小米科技、讯捷贸易、恒大和、丰信通信
电子商务（4 家）	京东、苏宁云商、国美电器、民生电子商务
传媒（4 家）	北纬通信、巴士在线、苏州蜗牛、星美圣典
基础服务（4 家）	世纪互联、合一信息、二六三网络、鹏博士传媒
渠道（2 家）	天音通信、爱施德
第三方支付（2 家）	连连科技、银盛电子
云计算（2 家）	万网、三五互联
其他（6 家）	物流：长江时代通信； 期货：中期集团； 纺织：红豆集团； 电器：日日顺； 运输：海南海航； 金融：凤凰资产

资料来源：根据公开资料整理

3. 与运营商的合作关系

截至 2014 年年底，已有 42 家民营企业（含浙江、广东省内各批复 1 家）获得移动通信转售业务牌照。从与基础运营商的合作情况看，与中国电信签约企业 26 家，与中国联通签约企业 15 家，与中国移动签约企业 18 家（有些企业与多家基础运营商签约）。在已经签约的虚拟运营商中，已合作且正式运营的转售企业如表 6-2 所示。

表 6-2 虚拟运营商与三家基础运营商的合作情况

	中国联通（15 家）	中国移动（18 家）	中国电信（26 家）
虚拟运营商	天音通信、京东、万网、苏宁云商、国美电器、迪信通、爱施德、乐语、话机世界、华翔联信、分享在线、巴士在线、苏州蜗牛、中期集团、远特通信	天音通信、京东、万网、苏宁云商、国美电器、迪信通、爱施德、华翔联信、分享在线、巴士在线、北纬通信、三五互联、朗玛信息、中兴视通、中邮世纪、世纪互联、银盛电子、鹏博士	天音通信、京东、万网、苏宁云商、国美电器、迪信通、爱施德、乐语、话机世界、北纬通信、三五互联、连连科技、长江时代、用友、分享在线、朗玛、海航、富士康、联想、海信、平安、民生、星美、凤凰、海尔、小米

资料来源：根据公开资料整理

4. 运营状况

2014 年年底，42 家转售企业中有 21 家发布了移动通信转售品牌（见表 6-3）。其中，7 家推出了新品牌，14 家推出了延伸品牌。在 21 家企业中，19 家推出自有特色资费套餐，3 家开始预约放号，16 家开始正式放号（见表 6-4）。从用户发展情况来看，移动转售用户超过 190 万。截至 2015 年 2 月，用户已达到 300 万左右。

表 6-3　　21 家企业发布的移动通信转售品牌

新品牌（7 家）	信时空（远特通信）、妙 more（乐语）、蜂巢互联（北纬通信）、极信通信（国美）、中麦通信（巴士在线）、迪加（d .mobile）（迪信通）、U.友（爱施德）
延伸品牌（14 家）	红豆电信（红豆集团）、中期通信（中期集团）、用友通信（用友）、朗玛移动（朗玛信息）、三五互联（三五互联）、苏宁互联（苏宁云商）、天音移动（天音通信）、京东通信（京东）、分享通信（分享在线）、蜗牛移动（蜗牛数字）、华翔联信（华翔联信）、阿里通信（万网志成）、长江时代（长江时代）、话机通信（话机世界）

资料来源：根据公开资料整理

表 6-4　　推出自有特色资费套餐的虚拟运营商（19 家）

正式放号（16 家）	乐语、北纬通信、国美、巴士在线、迪信通、爱施德、三五互联、苏宁云商、天音通信、京东、蜗牛数字、分享在线、华翔联信、万网志成、长江时代、话机世界
预约放号（3 家）	远特通信、用友、朗玛信息

资料来源：根据公开资料整理

6.4.4　发展中的关注点

1. 把握好与传统电信运营商的关系

移动虚拟运营商与各网络运营商之间，不是竞争的关系，而是一个产业价值链上下游合作的相互依存、互利互惠的关系。纯粹竞争对于虚拟运营商来讲是非常不利的，传统运营商的规模、资源、管理和运作经验都不是虚拟运营商所能比拟的，因而虚拟运营商与传统运营商之间的关系主要体现为合作关系。移动虚拟运营商与传统运营商的合作可使网络商专注于网络建设，加快网络建设速度，扩大网络规模，提高网络质量，从而在提高网络使用率中增加利润；而虚拟运营商则可以利用其强大的市场营销、推广力度，提供更优质的专业化、个性化服务。两者协同配合才能推动电信市场的发展。

2. 注重客户体验，做好客户服务

做好客户服务工作是虚拟运营商增加市场份额的重中之重。目前，各虚拟运营商的用户数量正在逐步增加，用户所带来的收益也在不断上升，要想留住客户必须比以往更加直接地面对消费者，以用户为中心，以消费者为本，注重用户体验。企业应围绕用户的实际出发，提供丰富的产品线，不断地优化用户体验，以自身的特点和优势来获取更多的用户。

3. 信息安全

依据《移动通信转售业务试点方案》中“移动通信转售企业不自建无线网、核心网、传输网等移动通信网络基础设施，可依据需要建立业务管理平台以及计费、营账等业务支撑系统”相关规定，移动通信企业在实施违法信息发现处置、违法信息投诉受理处置、信息安全重大事件应急处置、用户日志留存、用户个人信息保护等信息安全管理工作环节时，需要借助基础运营商协同配合才能实现。

《移动通信转售业务试点方案》要求移动转售企业“必须建立客服系统”，但由于各个虚拟运营商客服系统的相关功能和技术标准不统一、不规范，有可能存在用户信息泄露的安全隐患。

另外，由于虚拟运营商对于用户信息的保护观念意识和技术力量参差不齐，在转售业务运营过程中，可能会出现用户个人信息泄露问题。因此，虚拟运营商在未来的发展中，一方面要提升自身的管理水平和技术创新能力，为用户提供健康网络环境；另一方面要加强与基础运营商在信息安全的监督和处置上的密切合作，尽最大可能严防信息安全隐患。

4. 构建企业核心竞争力，良性运营

在42家获得虚拟运营牌照企业中，已经有20多家公开放号，但也有多家企业还在客服号码选取和运营上止步不前。众所周知，目前给42家试点企业发放的虚拟运营商牌照并非正式牌照，工信部将在2015年12月31日审核42家虚拟运营商的实际发展情况，并最终决定是否颁发正式牌照。因此，2015年是虚拟运营商发展的关键期，如果在试点期内试点企业一无所为，白白占用两年牌照，试点期结束后将难免被淘汰。因此，试点期内的虚拟运营商必须构建自身的核心竞争力，结合企业自身在原先市场领域的优势，在移动互联领域进行创新，并应尽快进行运营，在提供服务的过程中找准符合自身优势的领域作为出发点，积极大胆尝试。

第三篇　分　析　篇

——本篇进一步对信息服务业的细分行业结构与区域结构进行了分析，并对信息服务业区域发展态势进行了比较分析与评价。

产业年度报告》的资料显示，2013 年，互联网期刊收入达 12.15 亿元，电子书（含网络原创出版物）达 38 亿元，数字报纸（不含手机报）达 11.6 亿元，博客达 15 亿元，在线音乐达 43.6 亿元，网络动漫达 22 亿元，手机出版（含手机彩铃、铃音、手机游戏等）达 579.6 亿元，网络游戏达 718.4 亿元，互联网广告达 1100 亿元。

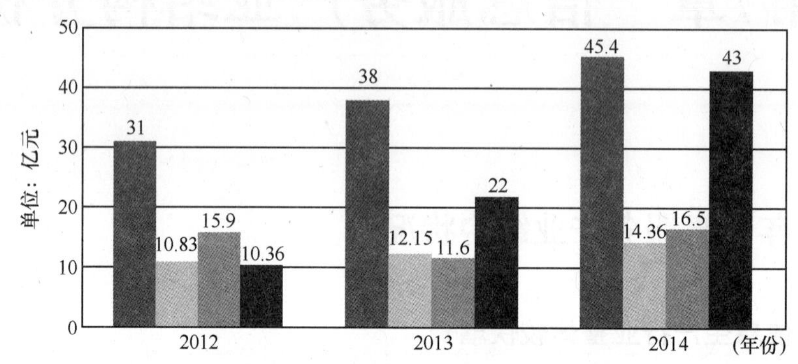

数据来源：《2013—2014 中国数字出版产业年度报告》及公开信息

图 7-2　2012—2014 年其他数字出版产品收入状况

1. 新型网络阅读方式占主要比例

与传统的阅读方式相比，手机阅读拥有得天独厚的优势，不但满足了人们随时随地阅读的需求，而且可以提供多媒体的图书浏览，同时提高阅读效率、节省读者时间。其存储高容量性和个性化可以使人们建立自己的“私人图书馆”。另外手机阅读订阅方便便宜，更加方便了人们的阅读。中国新闻出版研究院公布的“第十次全国国民阅读调查”数据中，对各类数字化阅读载体的接触情况进行分析发现，2013 年，我国成年国民的网络在线阅读、手机阅读和电子阅读器阅读均有所上升，光盘阅读和 PDA/MP4/MP5 阅读接触率则均有所下降；电子书和电子报阅读率有所提升，电子期刊的阅读率略有下降。具体来看，2013 年有 44.4%的成年国民进行过网络在线阅读，较 2012 年的 32.6%上升了 11.8 个百分点；41.9%的国民进行过手机阅读，较 2012 年的 31.2%上升了 10.7 个百分点；5.8%的国民在电子阅读器上阅读，较 2012 年的 4.6%上升了 1.2 个百分点；0.9%的国民用光盘阅读，比 2012 年的 1.6%下降了 0.7 个百分点；有 2.2%的国民使用 PDA/MP4/MP5 等进行数字化阅读，比 2012 年的 2.6%下降了 0.4 个百分点。

对现有资料的整理预测得到，2014 年各种数字阅读方式的接触率为：手机阅读 36.40%，网络在线阅读为 43.60%，电子阅读器阅读为 5.30%，光盘读取为 1.76%，PDA/MP4/MP5 为 2.83%。如图 7-3 所示。

2. 网络游戏规模进一步增长

网络游戏是信息生产行业的主要组成部分之一。中国网络游戏自 1996 年发展至今，无论是产品数量、质量还是用户规模方面，都获得了巨大的提升（见图 7-4）。

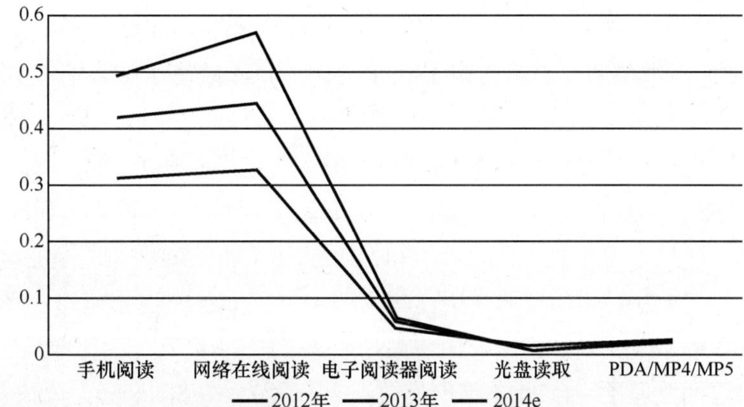

数据来源：第十一次全国国民阅读调查

图 7-3 各类阅读方式的接触率

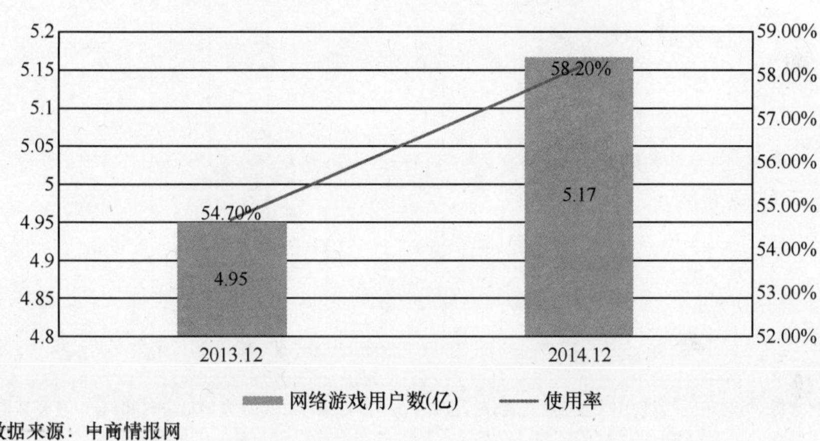

数据来源：中商情报网

图 7-4 2013 年 12 月—2014 年 12 月网络游戏用户数及使用率

艾瑞咨询认为，中国网络游戏保持了较为快速的增长，主要得益于三个方面：首先，从构成来看，组成网络游戏市场的客户端游戏、网页游戏和移动游戏三者都保持较快增长；其次，从海内外市场来看，中国网络游戏企业积极开拓海外市场，同时积极维护国内新兴用户市场；最后，从企业经营来看，创新型的商业模式与运营模式也带动了行业，带来更多渠道。根据艾瑞咨询预测，至 2015 年，中国网络游戏市场规模能达到 1468 亿元。

7.1.2 信息传输业保持增长

信息传输业承担着信息的传递活动，是整个信息服务业产业链的中间环节，在信息经济活动中起着必要的桥梁作用。

1. 基础电信业务为主，电信非语音类业务与广播电视类业务持续增长

在信息传输服务业中，基础电信业是其主要构成部分，而互联网传输服务业和广播电视传输服务业所占比例还比较低。根据工信部发布的《2013 年通信运营业统计公报》显示，2013

年电信业务收入实现 11689.1 亿元，同比增长 8.7%，比 2012 年回落 0.2 个百分点，连续 3 年高于同期 GDP 增速；电信业务总量实现 13954 亿元，同比增长 7.5%，比 2012 年回落 3.2 个百分点。2013 年，行业发展对话音业务的依赖持续减弱，非话音业务收入达到 6218.6 亿元，占比首次过半，达 53.2%；语音业务收入达到 5470.4 亿元，占比 46.8%。

《中国广播电影电视发展报告（2014)》的数据显示，2013 年全国广播电视行业总收入达到 3734.88 亿元，广播电视广告收入达到 1387.01 亿元，收入的增长速度放缓，增速比 2012 年下降 3.93 个百分点。2013 年全国电视剧总投资 103.7 亿元。2013 年电影生产总量达 824 部，院线上映国产电影增加至 326 部；全年电影票房收入 217.69 亿元，同比增长 27.51%。

对现有数据进行整理预测，2014 年电信业话音收入为 6775.1 亿元，电信业非话音收入为 8970.6 亿元，广播电视总收入为 4380.9 亿元。如图 7-5 所示。

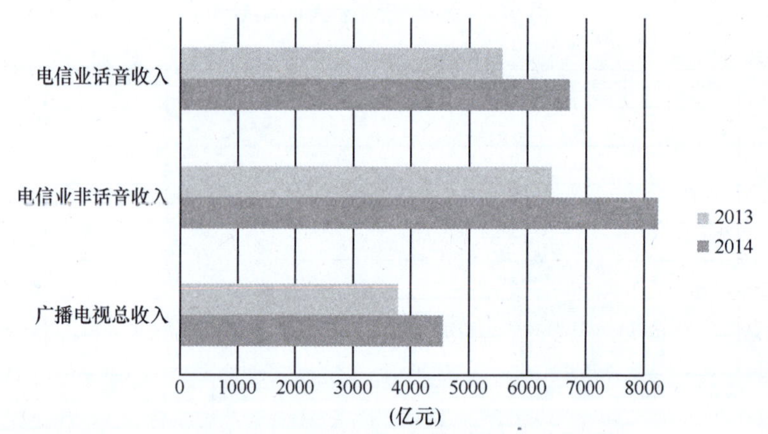

数据来源：《2013—2014 中国通信业发展分析报告》《中国广播电影电视发展报告（2014)》及公开资料

图 7-5 2013 年和 2014 年电信业和广电业收入比较

2. 互联网传输

互联网传输业务收入是三大基础电信运营商（中国移动、中国联通和中国电信）业务总收入的重要部分。中国移动 2013 年财务报告显示，中国移动 2013 年营业收入为 6302 亿元，同比增长 8.3%。中国联通 2013 年财报显示，中国联通实现营业收入 3037.3 亿元，同比增长 18.5%；其中，固网宽带服务收入全年同比增长 10.6%，达到 475.8 亿元，占固网业务服务收入的比重达到 53.2%。中国电信 2013 年年报显示，中国电信全年实现营业收入 3215.84 亿元；其中，互联网接入业务收入为 993.94 亿元，较 2012 年的 876.62 亿元增长 13.4%，占经营收入的比重为 30.9%。

2013 年，三大运营商的业务总收入为 12555.14 亿元。其中，互联网宽带业务收入（主要指中国联通的固网宽带服务收入和中国电信的互联网接入收入）为 1469.74 亿元，占业务总收入的 11.7%。

中国移动 2014 年上半年财报显示，截至 2014 年 6 月 30 日，中国移动营业收入 3247 亿元，同比增长 7.1%；中国联通 2014 年上半年财报显示，2014 年上半年中国联通实现营业收入 1534.6

亿元，同比增长 3.3%，宽带服务收入 256.1 亿元，比 2013 年同期增长 9.6%；中国电信 2014 年上半年财报显示，2014 年上半年中国电信营业收入为 1659.73 亿元，同比增长 5.3%，有线宽带业务收入达到 364 亿元，同比增长 3.4%。信息传输服务业业务结构规模如表 7-1 所示。

表 7-1　　信息传输服务业业务结构规模

业务结构	2013 年		2014 年上半年	
	规模（亿元）	占总收入的比例（%）	规模（亿元）	占总收入的比例（%）
运营商业务总收入	12555.14		6441.33	
互联网宽带业务收入	1469.74	11.70	620.1	9.63
包括：联通固网宽带服务收入	475.8	3.79	256.1	3.98
电信互联网接入业务收入	993.94	7.92	364	5.65

数据来源：三大运营商 2013 年财报；2014 年上半年财务报告

7.1.3　信息加工业增长势头迅猛

信息加工业是“对信息进行选择、处理、再塑造”的行业，是信息应用的前提和基础，在信息服务业的产业链中起着“生成、转换有用信息”的作用。

1. 信息增值业务增长迅速

增值服务是信息加工业的重要组成部分，主要是指电信增值服务和互联网增值服务。

近几年来，增值电信业务市场规模持续增长，增值电信企业在电信增值业务市场的份额快速提升。2010—2014 年，整体增值电信业务市场收入（含基础电信企业和增值电信企业）分别为 3059 亿元、3883 亿元、4675 亿元、5646 亿元和 6881 亿元。其中，增值电信企业实现增值业务收入占比分别为 40.01%、46.72%、53.71%、58.75%和 63.39%。

2014 年，基础电信企业增值业务收入增长率为 8.16%；增值电信企业增值业务收入为 4362 亿元，同比增长 31.50%。增值电信企业增值业务收入中，增值电信业务收入为 1241 亿元，同比增长 9.73%；增值电信企业的互联网信息服务收入为 3121 亿元，同比增长 42.77%。如表 7-2 所示。

此外，根据现有数据整理得出，2014 年增值电信业务收入为 6881 亿元。

表 7-2　　增值电信业务收入构成亿元

年份	2010	2011	2012	2013	2014
增值电信业务收入	3059	3883	4675	5646	6881
基础电信企业增值业务收入	1835	2069	2164	2329	2519
增值电信企业增值业务收入	1224	1814	2511	3317	4362
增值电信企业的增值电信业务收入	565	688	946	1131	1241
增值电信企业的互联网信息服务	659	1126	1565	2186	3121

数据来源：根据《2013 年通信统计年度报告》及公开资料整理

2. 互联网业务规模强势增加

根据艾瑞咨询发布的互联网统计数据，自 2006 年以来，中国互联网经济规模持续扩大，每年增长率都超过了 40%，2011 年增长率更是达到了 80.34%；2012 年中国互联网经济整体规模达 3850.4 亿元，同比上升 54.1%；2013 年达到 6004.1 亿元，同比增长 50.9%。根据 2014 年第一季度和第二季度的数据看，中国互联网经济规模已经达到 3805.4 亿元。如图 7-6 所示。

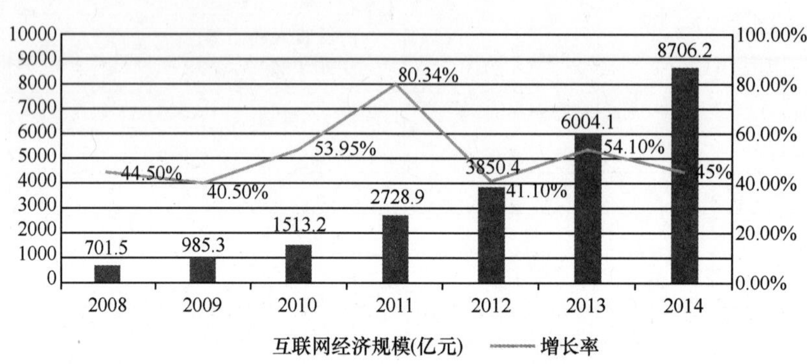

图 7-6 互联网经济规模和增长率

3. 搜索引擎市场持续增长

搜索引擎是指根据一定的策略，运用特定的计算机程序从互联网上搜集信息，在对信息进行组织和处理后，为用户提供检索服务并将用户检索相关的信息展示给用户的系统。根据艾瑞咨询发布的数据，2013 年中国搜索引擎企业收入规模为 393.2 亿元，同比增长 40.1%。就市场份额来看，百度、360、搜狗、谷歌和搜搜占前五位，占有率分别为 72.03%、9.90%、8.07%、5.10%和 3.74%，如图 7-7 所示。

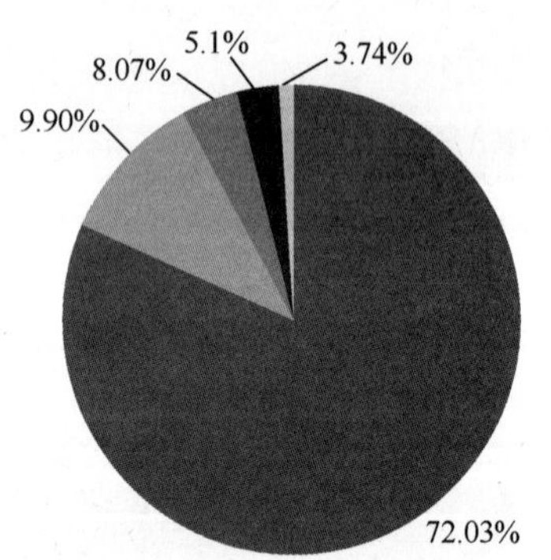

图 7-7 2013 年搜索引擎市场营收份额

根据易观智库 EnfoDesk 产业数据库发布的《2013 年第 2 季度中国搜索引擎市场季度监测》数据显示，2013 年第二季度中国搜索引擎运营商市场规模为 93.8 亿，在未含渠道收入的中国搜索引擎运营商市场收入份额中，百度占到 78.6%，谷歌中国占到 14.2%，搜狗占到 3.6%，搜搜占到 1.4%。

7.1.4 信息使用业持续高速增长

信息使用是信息经济活动的归宿，信息使用业是信息服务产业链的“终端”，是信息经济活动效果的最终体现。

对信息服务业的使用最主要体现在电子商务活动中。根据艾瑞咨询数据显示，2013 年中国电子商务市场交易规模达 9.9 万亿元，同比增长 21.3%；预计 2014 年后几年增速放缓，2017 年电子商务市场规模将达 21.6 万亿元。如图 7-8 所示。

2013 年电子商务市场细分行业结构中，中小企业 B2B 电子商务占比 51.7%，规模以上 B2B 占 26.2%，B2B 电子商务合计占 77.9%；网络购物交易规模市场份额达到 18.6%；在线旅游交易规模占比为 2.3%；O2O 占比 1.2%。如图 7-9 所示。（2014 年第二季度中国电子商务市场细分构成如图 7-10 所示）

《2014 年（上）中国电子商务市场数据监测报告》中的数据显示，2014 年上半年全国电子商务交易额达 5.85 万亿元，与 2013 年同期相比增长 34.5%；B2B 电子商务占比 76.9%，市场交易额达 4.5 万亿元，同比增长 32.4%；B2C 网络零售交易规模市场份额达到 18.5%；网络团购占比 0.5%；其他占 4.1%。预计未来网络零售市场交易规模占比将持续增加。

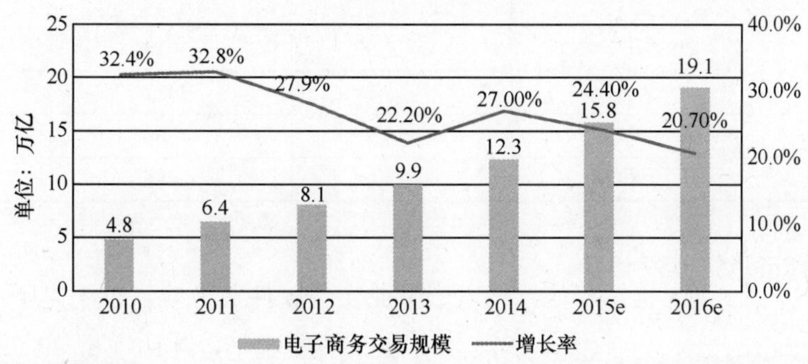

图 7-8　中国电子商务发展状况及预测

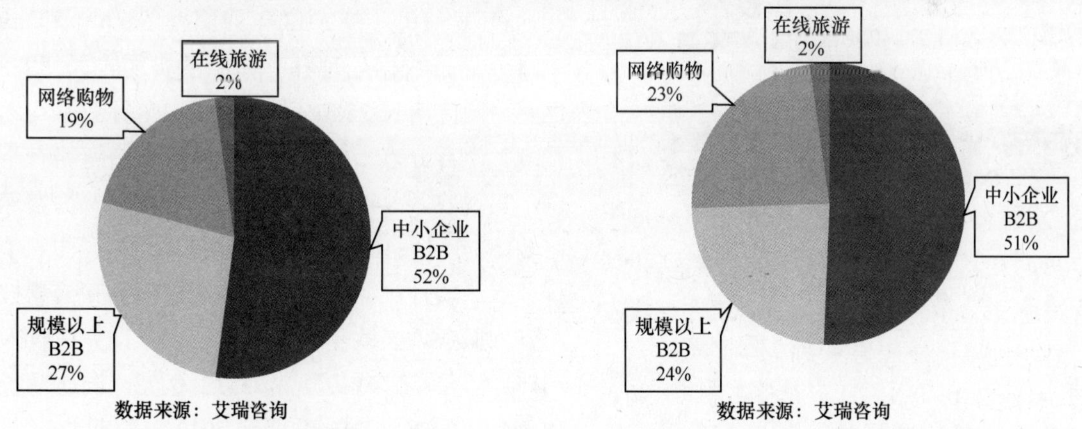

图 7-9　2013 年中国电子商务市场细分构成　　图 7-10　2014 年第二季度中国电子商务市场细分构成

7.1.5　信息技术服务业

信息技术服务业是为国民经济各个行业提供信息技术支持的行业，是整个信息服务业产业链的支撑部分，是信息经济活动的保障体系。

软件业是信息技术服务业的重要组成部分。工业和信息化部数据显示，2013 年，我国软件业实现软件业务收入 30587 亿元，实现了 23.4%的增速。2013 年，随着软件业持续向服务化、网络化及平台化模式发展，数据处理和存储服务收入大幅增加，全年完成 5482 亿元，同比增长 31.9%，增速居全行业首位，占全行业收入的比重为 18%，比 2012 年提高 1.2 个百分点。其他软件业细分行业收入及增速如表 7-3 所示。

表 7-3　软件业细分行业构成

	2012 年		2013 年	
	收入（亿元）	占比（%）	收入（亿元）	占比（%）
软件业务	25058		30587	
软件产品	8094	32.3	9877	32.3
系统集成	5237	20.9	6549	21.4
咨询类服务	2631	10.5	3014	9.9
运营类服务	4285	17.1	5482	17.9
嵌入式系统软件	3973	15.9	4680	15.3
IC 设计开发	802	3.2	986	3.2

数据来源：工业和信息化部网站

2014 年 1～11 月，我国软件和信息技术服务业实现软件业务收入近 3.3 万亿元，超过 2013 年全年规模水平，同比增长 20.1%。其中，嵌入式系统软件改变前几个月增速持续放缓局面，实现收入 5644 亿元，同比增长 18.9%，增速分别比 2014 年 1～10 月和 2013 年同期提高 0.6 个和 0.9 个百分点；数据处理和存储服务实现收入 5988 亿元，同比增长 25.3 %，增速高出全行业平均水平 5.2 个百分点。集成电路设计行业增速略有下调，实现收入 949 亿元，同比增长 19.6%，增速比 2014 年 1～10 月和 2013 年同期均回落 0.6 个百分点；软件产品、信息系统集成服务和信息技术咨询服务增长均不同程度放缓，分别完成收入 10151 亿元、6741 亿元和 3522 亿元，同比增长 18.4%、18.8%和 21%，低于 2013 年同期 8.4 个、7 个和 5.8 个百分点。2014 年 1～11 月软件业务收入构成如图 7-11 所示。

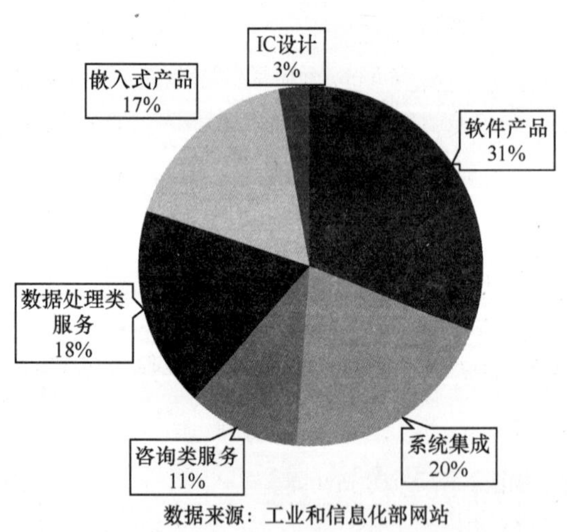

图 7-11　2014 年 1～11 月软件业务收入构成

7.2　信息服务业竞争状况

产业竞争力是指某国或某一地区的某个特定产业相对于他国或地区同一产业在生产效率、

满足市场需求、持续获利等方面所体现的竞争能力。竞争力实质上是一个比较的概念，产业竞争力比较的内容就是产业竞争优势，而产业竞争优势最终体现于产品、企业及产业的市场实现能力。因此，产业竞争力的实质是产业的比较生产力。某产业如果相对于其他产业具有一定的竞争能力，一般可以通过产出增长得到体现。

7.2.1　信息服务业竞争力总体状况存在差异

信息服务业是第三产业的重要组成部分，信息服务业的竞争能力一般可以通过信息服务业与第三产业整体增长状况的比较，或信息服务业与第三产业内部其他细分产业增长状况的比较加以判明。同样，信息服务业各个细分产业的竞争能力也可以通过信息服务业各细分产业增长状况的相互比较加以判明。

1. 信息传输、计算机服务和软件业整体竞争力有待提高

以2006年第三产业整体及第三产业内部各个细分产业的增加值为参照，其他年份第三产业增加值与其相比而形成各个年份第三产业整体及第三产业内部各细分产业的初始化标准值。由此可以明显看出各年第三产业整体及第三产业内部各细分产业的发展状况（见表7-4）。

根据国民经济行业分类，信息服务业中的信息存储行业、信息传输行业、信息加工行业和信息技术服务行业大体与“电信和其他信息传输服务业”“计算机服务业”“软件业”相对应；信息生产行业大体与“新闻出版业”相对应；信息使用行业主要指的是电子商务，属于“批发和零售业”的范畴；互联网广告属于“商业服务业”的范畴。

信息生产行业中的手机出版、网络游戏、电子图书、互联网期刊、数字报纸等不同于传统的出版活动，是一种基于互联网的新型出版活动；电子商务和互联网广告也是基于互联网的商务活动。尽管根据它们的主要活动内容将其划分到了与主体活动内容具有一致性的相应行业中，但其活动的基础平台是互联网，因此，在数字出版、电子商务和互联网广告中包含有互联网传输和互联网信息服务的成分。从这个角度上看，数字出版、电子商务和互联网广告中的互联网传输及互联网信息服务也属于“电信和其他信息传输服务业”的一部分。

依据国民经济行业分类标准，这里以“信息传输、计算机服务和软件业”作为信息服务业的主体。

表7-4　　信息服务业与第三产业各细分产业增加值初始化标准值比较

产业	2008年	2009年	2010年	2011年	2012年	2013年	2014年
第三产业	1.000	1.127	1.322	1.562	1.762	1.996	2.313
交通运输、仓储和邮政业	1.000	1.022	1.169	1.371	1.525	1.667	1.880
信息传输、计算机服务和软件业	1.000	1.039	1.130	1.244	1.415	1.516	1.660
批发和零售业	1.000	1.107	1.365	1.659	1.887	2.126	2.527
住宿和餐饮业	1.000	1.076	1.220	1.386	1.582	1.737	1.960
金融业	1.000	1.195	1.412	1.679	1.932	2.256	2.653
房地产业	1.000	1.266	1.546	1.817	1.968	2.259	2.671

续表

产业	2008 年	2009 年	2010 年	2011 年	2012 年	2013 年	2014 年
租赁和商务服务业	1.000	1.104	1.388	1.677	2.059	2.457	2.974
科学研究、技术服务和地质勘查业	1.000	1.182	1.412	1.744	2.104	2.522	3.049
水利、环境和公共设施管理业	1.000	1.170	1.385	1.612	1.888	2.206	2.584
居民服务和其他服务业	1.000	1.139	1.318	1.573	1.839	2.134	2.495
教育	1.000	1.179	1.355	1.624	1.893	2.214	2.597
卫生、社会保障和社会福利业	1.000	1.098	1.292	1.619	1.950	2.296	2.747
文化、体育和娱乐业	1.000	1.161	1.298	1.564	1.801	2.080	2.414
公共管理和社会组织	1.000	1.100	1.176	1.306	1.416	1.544	1.685

可以看出，在第三产业各细分行业中，信息传输、计算机服务和软件业的发展程度相对平缓，发展势头不强，在第三产业各行业中居于末尾。因此，从总体上看，信息服务业的竞争能力相对于第三产业中的其他行业较为逊色，但其发展潜力很大，具有很强的提升潜力和提升空间。

2. 信息服务业内部各细分行业竞争能力差异显著

对 2014 年信息服务业各细分产业的收入增长率（见表 7-5）比较可以看出，数字报纸、网络动漫、互联网信息服务、搜索引擎及网络购物具有很高增长率，发展势头强劲；网络游戏、电子商务、B2B 和大部分软件业细分行业具有较高增长率，增长势头良好。这些增长率高的细分产业都具有相对较强的竞争能力。

表 7-5　2014 年信息服务业细分产业收入增长率

	产业	增长率（%）
信息生产业	手机出版	19.3
	网络游戏	29.6
	电子图书	19.5
	互联网期刊	18.2
	数字报纸	42.2
	网络动漫	95.5
信息传输业	基础电信	10.3
	广播电视	17.3
	联通固网宽带服务收入	3.7
	电信互联网接入服务收入	22.7
信息加工业	增值电信业务	21.9
	互联网信息服务	42.8
	其中：搜索引擎	46.8
信息使用业	电子商务	28.3
	B2B 交易额	24.1
	网络购物	48.5

续表

	产业	增长率（%）
信息技术服务	软件业	31.6
	其中：软件产品	31.9
	系统集成和支持服务	30.3
	信息技术咨询和管理服务	27.1
	信息技术增值服务	32.8
	嵌入式系统软件	29.7
	设计开发服务	16.7

数据来源：根据前述信息整理

7.2.2 信息服务业竞争绩效

信息服务业竞争绩效是指由信息服务业的竞争力所引发的增长量，以及竞争力对信息服务业增长的影响。

信息服务业的增长包括以下 3 个部分。

份额性增长：信息服务业是国民经济的重要产业部门，信息服务业的增长受国民经济增长的影响。国民经济的增长是信息服务业增长的基础，国民经济增长在信息服务业增长中所体现的那部分增长份额被认为是份额性增长。

结构性增长：在国民经济中，信息服务业结构不断向优化方向发展会不断促进信息服务业的增长。由信息服务业结构所引发的那部分增长份额被认为是结构性增长。

竞争性增长：信息服务业竞争能力的不断加强必然会引发信息服务业的进一步增长。由竞争能力变化所导致的那部分增长份额被认为是竞争性增长。

1. 信息传输、计算机服务和软件业增加值的增长主要取决于结构变化而非竞争力

信息服务业是第三产业的重要子产业，信息服务业的增长是第三产业整体增长过程中重要的影响因素，也与第三产业中各细分产业的增长有密切的联系。信息服务业的结构状况和竞争力状况只有与同类别的第三产业各细分产业相比才更具有意义，因此，这里以第三产业整体作为参照，将信息服务业的增长分解为份额性增长部分、结构性增长部分和竞争性增长部分（见表 7-6）。

信息服务业份额性增长部分，是信息服务业以第三产业在国民经济中比例为标准进行标准化后，按第三产业增长速度所发生的变化。

信息服务业结构性增长部分，是指信息服务业比重与第三产业比重的差异所引起的信息服务业增长与第三产业增长所产生的差异。

信息服务业竞争性增长部分，是指信息服务业增长速度与第三产业增长速度的差异所引起的偏差。

进一步，可以根据结构性增长部分、竞争性增长部分在增长量中的比重比较和分析产业结构和产业竞争力对信息服务业增长的贡献。

表 7-6　　2013—2014 年第三产业各细分行业增加值增量分解

产业增加值	份额性增长（亿元）	结构性增长（亿元）	竞争性增长（亿元）	结构贡献（%）	竞争力贡献（%）
交通运输、仓储和邮政业	2007.97	2321.51	−851.18	66.74	−24.47
信息传输、计算机服务和软件业	853.64	986.94	−794.38	94.34	−75.93
批发和零售业	4097.35	4737.13	1658.23	45.15	15.80
住宿和餐饮业	845.94	978.03	−348.12	66.27	−23.59
金融业	2468.10	2853.48	573.56	48.40	9.73
房地产业	2450.44	2833.06	787.63	46.66	12.97
租赁和商务服务业	1014.21	1172.58	713.61	40.43	24.60
科学研究、技术服务和地质勘查业	741.36	857.12	503.32	40.78	23.95
水利、环境和公共设施管理业	205.45	237.53	35.82	49.61	7.48
居民服务和其他服务业	726.97	840.49	100.84	50.38	6.04
教育	1447.87	1673.95	287.69	49.10	8.44
卫生、社会保障和社会福利业	782.14	904.26	403.90	43.26	19.32
文化、体育和娱乐业	294.36	340.32	7.23	53.02	1.13
公共管理和社会组织	1566.68	1811.31	−1444.48	93.68	−74.71

数据来源：根据 2013 年《中国统计年鉴》数据整理

结构性增长均为正值说明产业结构促进了产业的增长。而竞争性增长正负值都存在，正值说明产业竞争力促进了产业的增长，负值说明产业竞争力阻碍了该产业的增长，或者说该细分产业没有第三产业增长势头好，增长率不高。

从增加值的角度看，在第三产业中，信息传输、计算机服务和软件业的产业结构引发了产业的增长，其产业竞争力也促进了产业增长。其中，结构性增长和竞争性增长在第三产业各细分产业中居于中等水平，结构贡献居于第一，竞争力贡献居于末尾。就信息传输、计算机服务和软件业自身而言，其结构性增长量和结构性贡献明显大于竞争性增长量和竞争力贡献。

总的来看，信息传输、计算机服务和软件业结构性需要提高，竞争力亟须提高。

2. 信息服务业中基础电信服务竞争力不足

仍以第三产业整体作为参照，将信息服务业各细分行业收入的增长分解为份额性增长部分、结构性增长部分和竞争性增长部分。

如表 7-7 所示，从收入角度看，信息服务业各个细分行业的结构性增长量都大于零，说明信息服务业具有一定的结构优势，这种结构优势促进了信息服务业的增长。另外，信息服务业绝大部分细分产业的竞争性增长量也大于零，说明这些细分产业都具有一定的竞争能力，这种竞争力同样也促进了信息服务业的增长。

值得注意的是，基础电信和联通固网宽带服务收入的竞争力贡献为负值，说明其竞争力不足，对经济增长具有一定的抑制作用。这种作用使得信息传输、计算机服务和软件业整体上竞争力不强。

表 7-7　　2013—2014 年信息服务业收入增量分解

	产业	份额性增长（亿元）	结构性增长（亿元）	竞争性增长（亿元）	结构贡献（%）	竞争力贡献（%）
信息生产业	手机出版	42.66	49.32	19.62	44.19	17.58
	网络游戏	52.87	61.13	98.80	28.73	46.43
	电子图书	2.80	3.23	1.37	43.69	18.51
	互联网期刊	0.89	1.03	0.28	46.78	12.76
	数字报纸	0.85	0.99	3.06	20.14	62.43
	网络动漫	1.62	1.87	17.51	8.91	83.38
信息传输业	基础电信	860.30	994.63	−645.13	82.21	−53.32
	广播电视	274.88	317.80	53.34	49.19	8.26
	联通固网宽带服务收入	35.02	40.49	−58.10	232.68	−333.93
	电信互联网接入服务收入	73.15	84.57	67.73	37.51	30.04
信息加工业	增值电信业务	415.54	480.42	339.05	38.90	27.45
	互联网信息服务	160.89	186.01	588.11	19.89	62.90
	其中：搜索引擎	28.94	33.46	121.80	18.16	66.13
信息使用业	电子商务	7286.22	8423.93	12289.84	30.09	43.89
	B2B 交易额	5675.97	6562.24	6358.79	35.29	34.19
	网络购物	1384.38	1600.55	6145.07	17.53	67.31
信息技术服务	软件业	2251.15	2602.65	4815.20	26.92	49.80
	其中：软件产品	726.93	840.44	1580.63	26.70	50.21
	系统集成和支持服务	481.99	557.26	947.75	28.05	47.70
	信息技术咨询和管理服务	221.83	256.46	337.71	31.43	41.39
	信息技术增值服务	403.47	466.46	926.07	25.97	51.56
	嵌入式系统软件	344.44	398.22	648.34	28.63	46.61
	设计开发服务	72.57	83.90	8.53	50.85	5.17

从细分行业横向比较如下。

首先，信息使用行业的结构性增长量最大，结构优势突出；信息生产行业的结构性增长量最低，结构优势不显著。信息传输业、信息加工业和信息技术服务业结构性增长量居于中间水平，结构优势中等，但其中基础电信行业和软件业的结构优势比较明显。经总结可以看出大多数结构贡献基于行业规模大小。

其次，信息使用行业的竞争性增长量最大，竞争力优势显著；信息生产行业的竞争性增长量最小，竞争力优势不显著。信息技术服务业的竞争力优势排在第二，仅次于信息使用行业；信息传输行业和信息加工行业的竞争力优势比信息生产行业突出，但是基础电信和联通固网宽带收入的竞争力增长量为负值，说明其竞争力水平有待提高。

从行业自身的增长状况来看，绝大多数细分行业都在增长过程中，竞争力贡献大于结构性贡献，说明这些行业在生产效率、满足市场需求、持续获利等方面具有一定的优势。

7.3 信息服务业地位分析

信息服务业是国民经济的重要组成部分，具有高附加值、高渗透性、高科技含量等特征，在经济发展中既起着基础作用又起着引领作用，既是国民经济新的增长点又对国民经济各个行业起着整合、软化和提升的作用。信息服务业发展状况决定着国民经济发展方向和增长态势，影响着国民经济的结构和规模。信息服务业的重要性决定了其在国民经济中的地位，这一地位可以通过信息服务业对国民经济的贡献科学地反映出来。

7.3.1 信息服务业对国民经济的直接贡献有所下降

信息服务业直接贡献是指信息服务业增加值占 GDP 的比重，它反映了在国民经济中信息服务业的作用，是信息服务业地位的直观体现。

以信息传输、计算机服务和软件业作为信息服务业的主体，经过计算，第三产业内部各细分产业对国民经济的贡献如表 7-8 所示。

表 7-8 2008—2014 年第三产业各细分行业对国民经济直接贡献 单位：%

产业	2009 年	2010 年	2011 年	2012 年	2013 年	2014 年
交通运输、仓储和邮政业	4.91	4.79	4.75	4.80	4.80	4.70
信息传输、计算机服务和软件业	2.39	2.22	2.07	2.05	2.04	1.93
批发和零售业	8.50	8.94	9.20	9.51	9.79	10.10
住宿和餐饮业	2.09	2.02	1.94	2.01	2.02	1.98
金融业	5.21	5.25	5.29	5.53	5.90	6.02
房地产业	5.47	5.70	5.67	5.58	5.85	6.01
租赁和商务服务业	1.82	1.95	1.99	2.22	2.42	2.55
科学研究、技术服务和地质勘查业	1.39	1.41	1.48	1.62	1.77	1.86
水利、环境和公共设施管理业	0.43	0.44	0.43	0.46	0.49	0.50
居民服务和其他服务业	1.55	1.53	1.54	1.64	1.74	1.76
教育	3.07	3.01	3.06	3.24	3.46	3.52
卫生、社会保障和社会福利业	1.49	1.50	1.59	1.74	1.87	1.94
文化、体育和娱乐业	0.65	0.62	0.64	0.67	0.70	0.71
公共管理和社会组织	4.45	4.06	3.81	3.76	3.74	3.54

数据来源：根据《中国统计年鉴》数据计算

2014 年，信息传输、计算机服务和软件业对 GDP 的贡献为 1.93%，与第三产业其他细分行业相比，其贡献度水平不高。2009 年以来，信息传输、计算机服务和软件业对 GDP 的直接贡献在排序上有所下降，贡献程度从 2009 年的 2.39%降低到 2014 年的 1.93%。总的来看，其对国民经济的直接贡献率变化较平缓。

根据以上分析可知，信息传输、计算机服务和软件业在国民经济中的地位有待进一步提高。

7.3.2 信息服务业对国民经济的间接影响相对不足

1. 信息服务业与其他产业的关系

国民经济的发展源于各个产业相互影响、相互促进的互动关系。一个产业在国民经济体系中与其他产业存在着广泛的联系，这种联系大都体现为产业间的供给和消耗关系，这种供给和消耗关系在各个产业间扩展和延伸从而形成产业间的供给—消耗链条。信息服务业在这一链条上与其他产业的关系表现为两个方面，即供给关系和消耗关系。作为供给者，信息服务业在这一链条上被称为上游产业；作为消耗者，信息服务业在这一链条上被成为下游产业。

在国民经济体现中，信息服务业是同时作为上游产业和下游产业而存在的，其与其他产业的关系如图 7-12 所示。

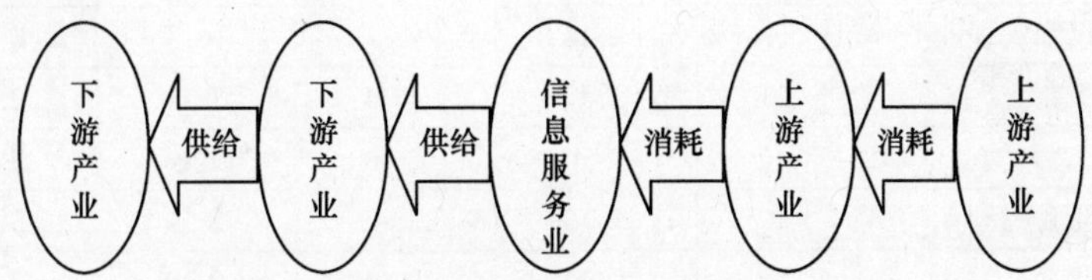

图 7-12 信息服务业与其他产业的关系

如图 7-12 所示，信息服务业在消耗或使用与其相邻的上游产业产品和服务过程中，会使相邻的上游产业形成一定产出规模和增加值。而与信息服务业相邻的上游产业也会消耗或使用其自身相邻的上游产业的产品（服务）。依据产业间的关联性，这种上下游产业间的消耗关系会向各个产业传递，进而波及整个产业体系，引发整个产业体系产出规模和增加值的变化，由此形成对国民经济的带动影响。

与此类似, 信息服务业在给相邻的下游产业提供产品和服务的过程中，会促使相邻的下游产业形成一定产出规模和增加值。其相邻的下游产业也会将这种供给关系向各个产业传递，进而波及整个产业体系，引发整个产业体系产出规模和增加值的变化，由此形成对国民经济的推动影响。

信息服务业的带动影响和推动影响是基于其对上下游产业的消耗和供给关系而产生的，这被认为是信息服务业对国民经济的间接影响。这种间接影响的程度同样是信息服务业地位的重要反映，甚至是主要反映。因此，在考察信息服务业对国民经济的贡献时必须将这种间接影响包含在内。

2. 信息服务业对 GDP 的间接贡献

以信息传输、计算机服务和软件业作为信息服务业的主体，考察其对 GDP 的间接贡献。

2014 年，信息传输、计算机服务和软件业对 GDP 的间接贡献为 1.94%（见表 7-9），在第三产业 14 个细分行业中排名第 12，相比 2013 年，无论是间接贡献额还是间接贡献的排名都有所下降，间接贡献的程度偏低。而 2010 年，信息传输、计算机服务和软件业对 GDP 的间接贡献为 2.29%，在第三产业 14 个细分行业中排名第 10。可以看出，信息传输、计算机服务和软件业对 GDP 的作用和影响在 2010 年以后都有所下降。因此，扩大信息传输、计算机服务和软件业对 GDP 的间接影响，提升其在国民经济中的地位非常紧迫。

表 7-9　　2010—2014 年第三产业各细分行业对国民经济间接贡献　　单位：%

产业	2010 年	2011 年	2012 年	2013 年	2014 年
交通运输、仓储和邮政业	5.94	5.27	4.86	6.33	6.18
信息传输、计算机服务和软件业	2.29	2.08	1.97	2.24	1.94
批发和零售业	8.49	8.20	8.21	9.60	10.03
住宿和餐饮业	2.92	2.73	2.64	2.88	2.85
金融业	5.64	5.71	5.85	6.02	6.41
房地产业	2.41	2.48	2.49	2.51	2.73
租赁和商务服务业	3.33	3.18	3.12	4.47	4.77
科学研究、技术服务和地质勘查业	1.86	1.86	1.87	2.34	2.53
水利、环境和公共设施管理业	0.44	0.43	0.43	0.48	0.51
居民服务和其他服务业	1.79	1.74	1.71	2.00	2.09
教育	2.50	2.48	2.49	2.74	2.89
卫生、社会保障和社会福利业	2.76	2.60	2.51	3.56	3.74
文化、体育和娱乐业	0.90	0.89	0.89	0.95	0.99
公共管理和社会组织	3.72	3.59	3.60	2.96	2.92

资料来源：根据《中国统计年鉴》数据计算

在信息传输、计算机服务和软件业对 GDP 的间接贡献中，推动性贡献明显大于带动性的贡献（见图 7-13）。相比较而言，信息传输、计算机服务和软件业以更多的产品和服务提供给国民经济各个部门，因此，它是典型的服务性行业。

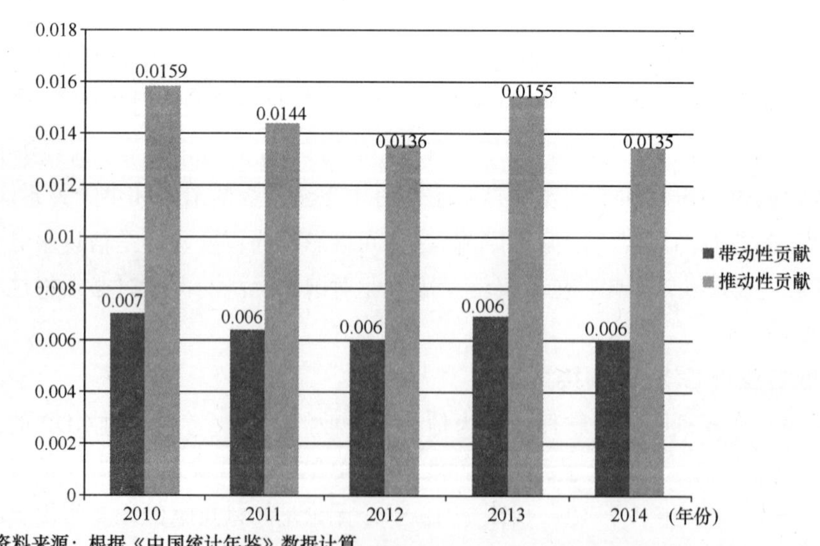

资料来源：根据《中国统计年鉴》数据计算

图 7-13　信息传输、计算机服务和软件业间接贡献构成

2010—2014 年，信息传输、计算机服务和软件业对 GDP 的推动性贡献和带动性贡献都显示出下降的态势，推动性贡献从 2010 年的 1.59%下降到 2014 年的 1.35%，带动性贡献从 2010 年的 0.70%下降到 0.60%，因此，信息传输、计算机服务和软件业对国民经济服务水平有所减弱。未来迫切需要进一步强化信息传输、计算机服务和软件业的服务水平，提升其对国民经济各行业的影响力。

第8章　信息服务业主要细分行业空间分析

信息服务业以一定的区域为发展落脚点。各地区信息服务业的发展状况对信息服务业的整体发展状况有着深远的影响。受限于各地区的经济基础和发展战略，信息服务业的区域发展存在差异。本章节将对信息服务业进行区域分析，主要是对基础电信服务、增值电信服务、互联网信息服务及软件业进行分析。

8.1　产业规模和增长率的区域比较

8.1.1　地域比较

1. 东部地区信息服务业整体发展占绝对优势

在整体收入规模上，东部地区信息服务业依然占绝对优势，其次为西部，中部地区最小。2014 年，东部地区信息传输服务业（以电信服务业为主）和信息技术服务业（以软件业为主）收入合计为 49898 亿元，中部地区为 5309 亿元，西部地区为 6998 亿元。东部地区信息传输服务业和信息技术服务业收入之和远高于中、西部地区，占比为 76%；其次是西部地区，占比 13%；中部地区最小，占比 11%。如图 8-1 所示。

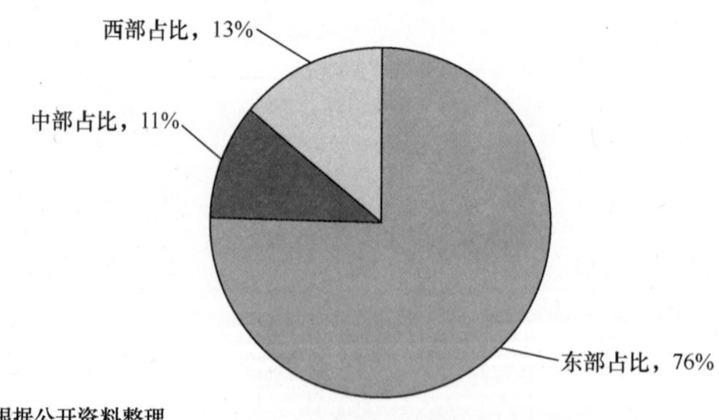

数据来源：根据公开资料整理

图 8-1　2014 年三大地区信息服务业收入占比

在增长率上，三大地区信息服务业收入增长率呈现“倒梯形”态势。西部地区高达为20.75%、中部地区为18.66%，东部地区为17.77%，如图8-2所示。东部地区信息服务业收入虽占绝对优势，但增长率低于中、西部地区。

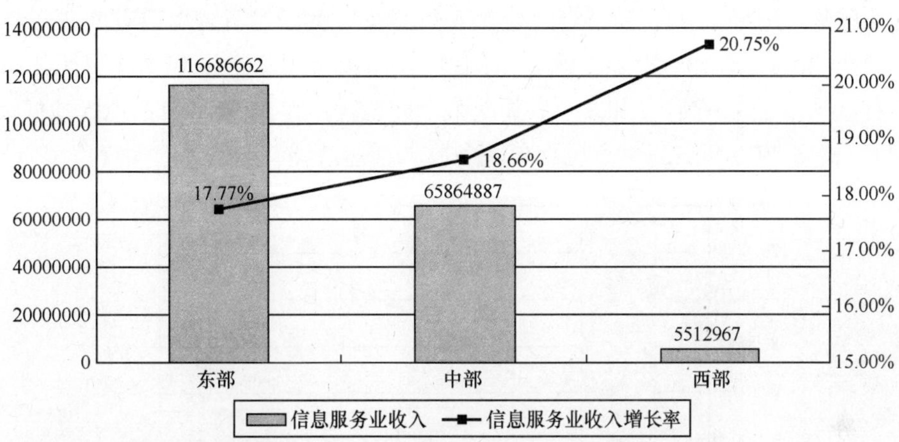

数据来源：根据公开资料整理

图8-2　2014年三大地区信息服务业收入增长率

2. 信息服务业各细分行业地区发展不平衡

基础电信服务业：2014年，东部地区电信业务收入为5788亿元，中部地区为2424亿元，西部地区为2449亿元，东部地区远高于中、西部地区。但是西部地区的电信业务同比增长率最高，为13.47%；其次为中部地区，为11.26%；东部地区的增长率最低，为9.59%。如图8-3所示。

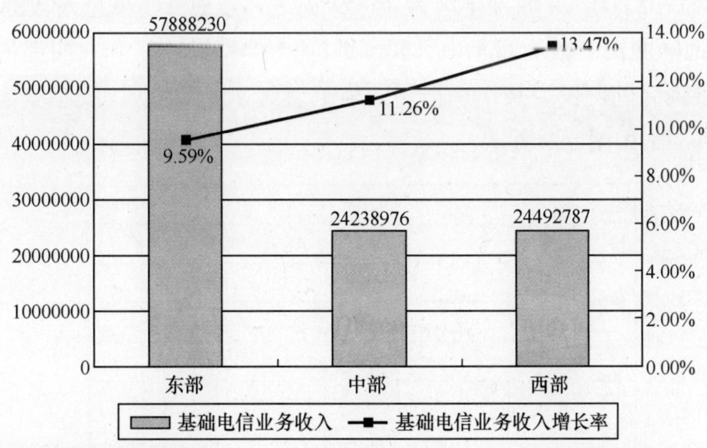

数据来源：工业和信息化部网站

图8-3　2014年三大地区电信业务收入和增长率

增值电信业务：增值电信业务包括基础电信企业的增值业务和增值电信企业的增值业务。这里主要对省内增值电信企业的增值业务发展状况进行区域比较。

2013 年，我国增值电信企业数为 22099 个，其中，省内增值电信企业数量超过 19864 个，同比增长了 5.4%，省内增值电信企业的增值电信业务收入为 2329 亿元。2014 年，增值电信业务收入达到 2414 亿元，其中，东部地区省内增值电信企业增值电信业务收入为 1337.22 亿元，中部地区为 536.68 亿元，西部地区为 528.24 亿元，分别占省内增值电信企业增值电信业务总收入的 55.40%、22.23%和 21.88%，东部地区增值电信业务收入仍高于中西部地区。但从增长率来看，西部地区最高，为 8.07%；其次为中部地区，为 5.75%；东部地区最低，为 2.53%（见图 8-4）。相比 2013 年，三大地区增值业务收入增速放缓，东部地区增速放缓明显。

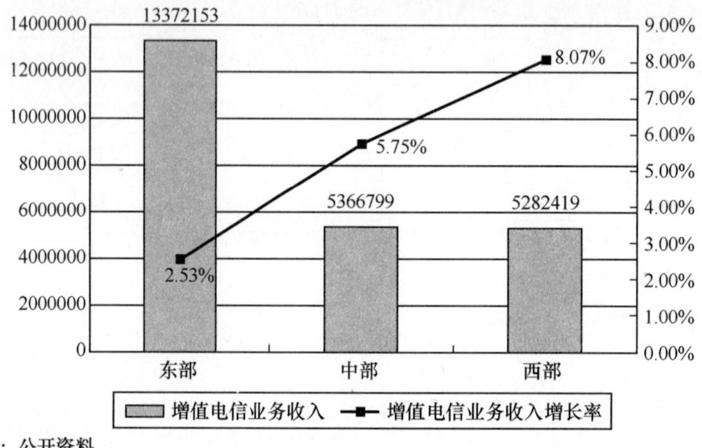

数据来源：公开资料

图 8-4　2014 年三大地区增值电信业务收入占比和增长率

互联网信息服务：以网民人数代表互联网发展水平。2014 年，东部地区网民人数为 34592 万人，中部地区为 18083 万人，西部地区为 15721 万人，分别占网民总人数的 50.58%、26.44%和 22.99%，东部地区网民人数远高于中、西部地区，但相比 2013 年，网民占比下降。从网民增长率来看，西部地区的网民增长率仍最高，为 12.15%；其次为中部地区，为 11.39%；东部地区最低，为 9.79%。如图 8-5 所示。

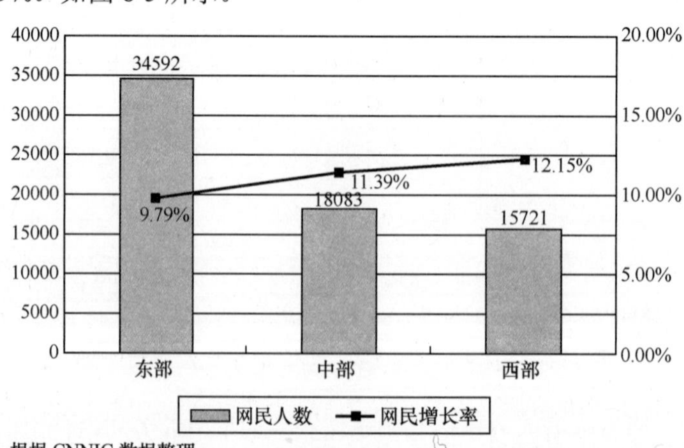

数据来源：根据 CNNIC 数据整理

图 8-5　2014 年三大地区网民人数和增长率

软件业：根据工业和信息化部的统计数据，软件业包括 6 个细分行业，分别是软件产品、系统集成服务、信息技术咨询服务、数据处理和运营服务、嵌入式系统软件和 IC 设计服务。2014 年，这 6 个细分行业的收入分别占软件业务总收入的 30.5%、20.6%、10.8%、18.1%、17.2% 和 2.9%。

2014 年，东部地区软件业务收入为 30840 亿元，中部地区为 2348 亿元，西部地区为 4020 亿元，分别占软件业务总收入的比重的 82.88%、6.31%、10.80%。东部地区是软件业务分布的集中地区。各细分行业的贡献度显示，三大地区软件业的发展主要依赖软件产品和系统集成服务，东部地区的数据处理和运营服务以及嵌入式系统软件业务对该地区软件业务的发展也有很大促进作用，中、西部地区的信息技术咨询服务和数据处理和运营服务也对中西部地区的软件业务有较大影响。而 IC 设计服务对三大地区的软件业务收入的影响都很小。如表 8-1 所示。

表 8-1　　2014 年三大地区软件业务收入占比　　单位：%

行业			东部	中部	西部
软件业务总收入占比			82.88	6.31	10.80
其中	软件产品	占比	81.00	8.03	10.96
		贡献度	29.82	38.83	30.96
	系统集成服务	占比	78.34	7.49	14.16
		贡献度	19.50	24.48	27.04
	信息技术咨询服务	占比	76.80	6.49	16.70
		贡献度	9.97	11.07	16.64
	数据处理和运营服务	占比	85.68	4.77	9.55
		贡献度	18.76	13.70	16.04
	嵌入式系统软件	占比	91.87	4.04	4.09
		贡献度	19.03	10.98	6.49
	IC 设计服务	占比	86.40	2.02	11.58
		贡献度	2.99	0.92	3.07

数据来源：根据工业和信息化部数据整理

从软件业务收入增长率来看，2014 年，东部地区为 12.12%，中部地区为 18.02%，西部地区为 14.94%。中部地区软件业务收入增长率最高，西部次之，东部最低。相比 2013 年，三大地区增长率都在下降，中部地区增长率明显放缓。在细分行业中，中部地区全部细分行业增长率也明显放缓，进入稳步发展阶段。从贡献度来看，软件产品对于软件业务收入贡献度普遍较大，IC 设计服务的贡献度普遍较低。如表 8-2 所示。

表 8-2　　2014 年三大地区软件业务收入增长率　　单位：%

行业			东部	中部	西部
软件业务总收入增长率			12.12	18.02	14.94
其中	软件产品	增长率	11.31	18.10	11.47
		贡献度	28.02	38.98	24.51
	系统集成服务	增长率	13.11	18.90	15.51
		贡献度	20.91	25.50	27.94
	信息技术咨询服务	增长率	11.61	20.31	21.56
		贡献度	9.60	12.24	22.71
	数据处理和运营服务	增长率	12.36	17.12	14.43
		贡献度	19.10	13.12	15.57
	嵌入式系统软件	增长率	12.88	14.57	18.76
		贡献度	20.08	9.15	7.90
	IC 设计服务	增长率	11.66	18.75	15.92
		贡献度	2.88	0.95	3.24

数据来源：根据工业和信息化部数据整理

8.1.2　省域比较

1. 信息服务业整体

2014 年，信息服务业全年收入最高的省（市、自治区）是江苏，为 7492.19 亿元；最低的是西藏，为 40.78 亿元。排名前十位的大部分为东部省市，分别是江苏（7492.19 亿元）、广东（7425.47 亿元）、北京（5200.70 亿元）、山东（3821.72 亿元）、辽宁（3515.70 亿元）、上海（3275.06 亿元）、浙江（3174.43 亿元）、四川（2474.98 亿元）、福建（2173.07 亿元）和湖北（1520.09 亿元）（见图 8-6）。

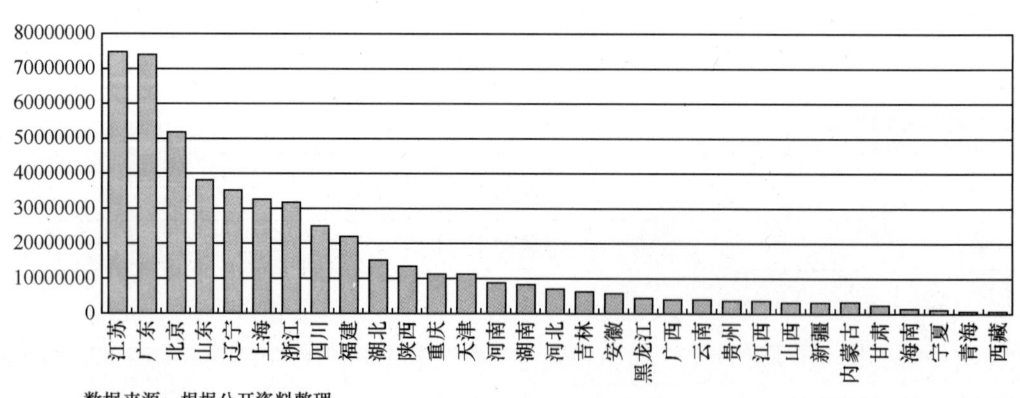

图 8-6　2014 年各省（市、自治区）间信息服务业全年收入比较

2014 年，信息服务业全年收入增长率最高的省份是福建，为 56.12%；增长率最低的省份是江西，为 3.20%。增长率排在前十位的省（市、自治区）分别是福建（56.12%）、重庆（46.12%）、

湖北（34.06%）、山东（33.98%）、陕西（28.93%）、天津（24.31%）、浙江（23.08%）、江苏（22.00%）、河南（19.09%）和贵州（18.57%）（见图 8-7）。重庆、湖北、陕西、河南、贵州等中西部省市信息服务业发展较快。

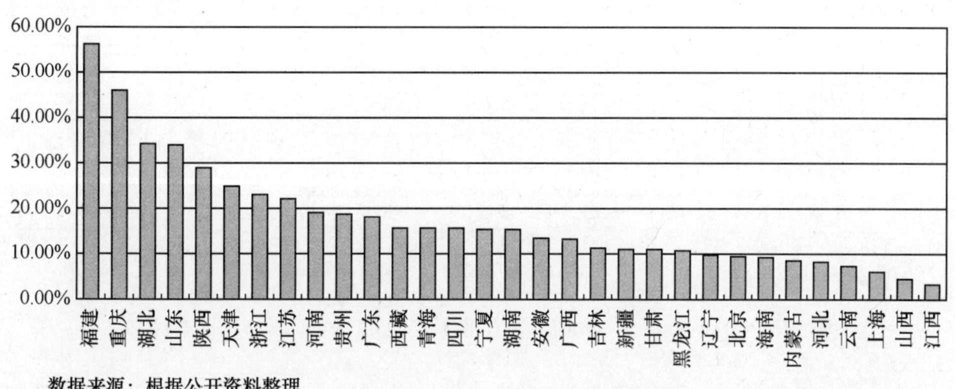

数据来源：根据公开资料整理

图 8-7　2014 年各省（市、自治区）间信息服务业全年收入增长率比较

2. 信息服务业各细分行业

基础电信服务：2014 年基础电信业务收入最高的省（市、自治区）是广东，达到 1394.65 亿元；最低的是西藏，只有 33.79 亿元。排在前十位的省（市、自治区）分别是广东（1394.65 亿元）、江苏（750.37 亿元）、浙江（647.69 亿元）、山东（577.51 亿元）、四川（503.98 亿元）、上海（500.47 亿元）、河南（477.66 亿元）、河北（456.02 亿元）、北京（453.18 亿元）和湖南（424.05 亿元）（见图 8-8）。在这 10 个省市中，东部地区占 7 个，中部地区和西部地区各占 1 个。

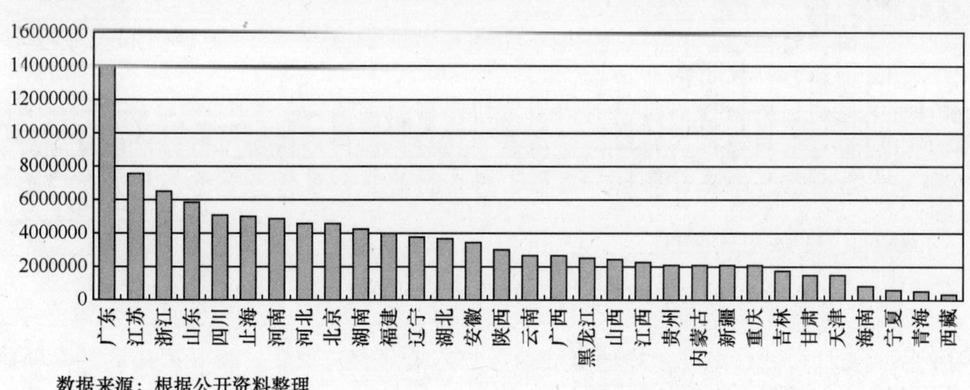

数据来源：根据公开资料整理

图 8-8　2014 年各省（市、自治区）间电信业务收入比较

2014 年基础电信业务收入增长率最高的是湖南，为 30.97%；增长率最低的省份是北京，为 5.73%。排在前十位的省（市、自治区）分别是湖南（30.97%）、青海（16.17%）、宁夏（15.50%）、西藏（15.21%）、新疆（14.74%）、贵州（14.19%）、四川（13.81%）、广西（13.45%）、安徽（13.39%）和云南（13.18%）（见图 8-9）。在这 10 个省份中，中部地区占 2 个，西部地区占 8 个，表明

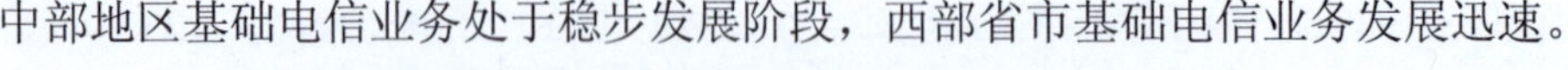
中部地区基础电信业务处于稳步发展阶段，西部省市基础电信业务发展迅速。

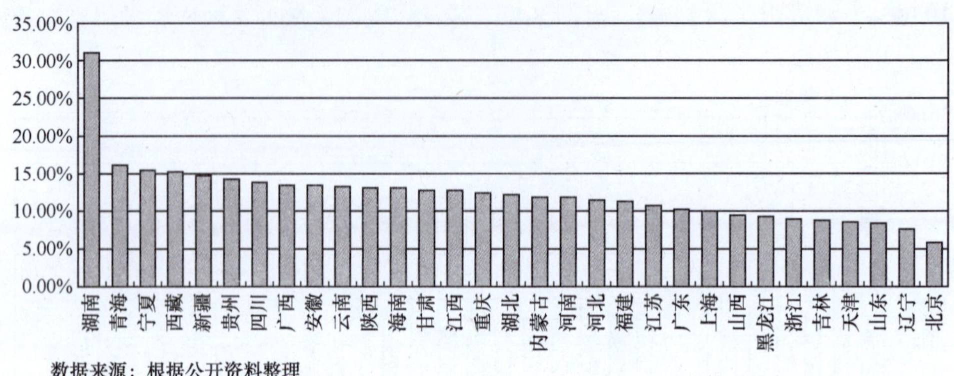

数据来源：根据公开资料整理

图 8-9　2014 年各省（市、自治区）间电信业务收入增长率比较

增值电信企业增值业务：2014 年各省增值电信业务收入最高的是广东，为 276.47 亿元；最低的是西藏，为 6.99 亿元。增值电信业务收入排在前十位的省（市、自治区）分别是广东（276.47 亿元）、江苏（203.32 亿元）、浙江（179.96 亿元）、北京（144.21 亿元）、山东（129.96 亿元）、河南（116.09 亿元）、四川（104.65 亿元）、福建（99.52 亿元）、上海（90.59 亿元）和湖南（89.56 亿元）（见图 8-10）。其中，东部地区的省市有 7 个，中部地区有 2 个，西部地区有 1 个。

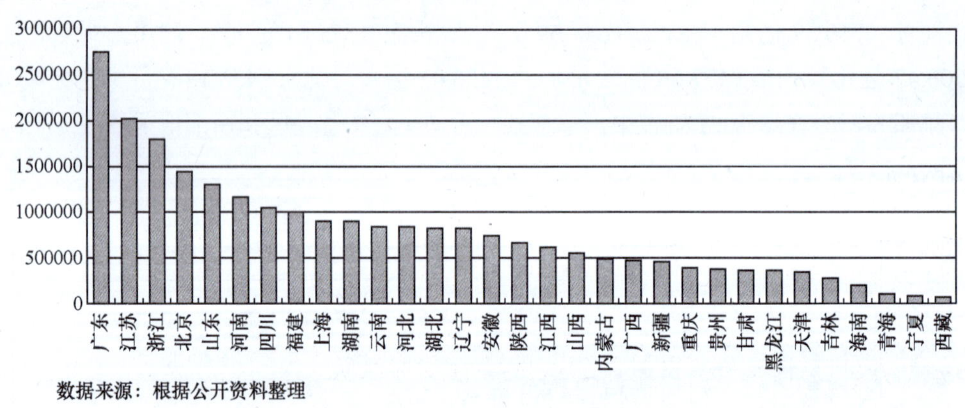

数据来源：根据公开资料整理

图 8-10　2014 年各省（市、自治区）间增值电信业务收入比较

2014 年各省（市、自治区）增值电信业务收入增速整体放缓，增长率最高的是新疆，为 20.87%；最低的是广西，为−6.01%。省（市）内增值电信业务增长率排在前十位的省（市、自治区）分别是新疆（20.87%）、西藏（17.62%）、北京（17.55%）、青海（17.19%）、云南（15.05%）、内蒙古（14.89%）、河南（10.66%）、甘肃（10.24%）、海南（9.78%）和天津（9.62%）（见图 8-11）。在这十个省（市、自治区）中，东部地区有 3 个，中部地区有 1 个，西部地区有 6 个。

值得注意的是，2014 年有 6 个省（市、自治区）增值电信业务收入出现了负增长，分别是宁夏（−0.08%）、黑龙江（−2.03%）、上海（−2.83%）、广东（−3.42%）、吉林（−4.52%）、广西（−6.01%）。

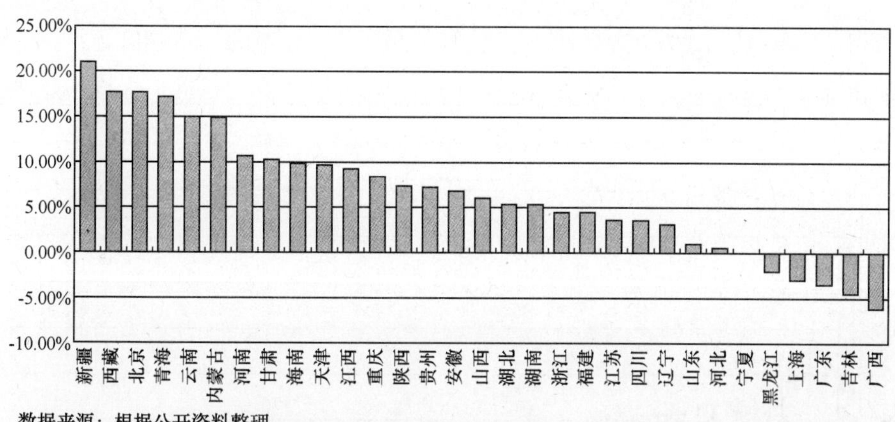

图 8-11　2014 年各省（市、自治区）间增值电信业务收入增长率比较

互联网信息服务：2014 年网民人数最多的省份是广东，为 7725 万人；最低的是西藏，为 129 万人。网民人数排在前十名的省（市、自治区）分别为广东（7725 万）、山东（4671 万）、江苏（4454 万）、河北（3930 万）、河南（3590 万）、浙江（3568 万）、四川（3201 万）、湖北（2734 万）、湖南（2697 万）和福建（2650 万）。在这 10 个省市中，东部地区有 6 个，中部地区有 3 个，西部地区有 1 个。

8.2　基于人口规模的产业区域差异

各地区产业发展规模和人口规模有很大的关系，因此，科学、准确地把握和比较各地区信息服务业发展状况除了要考察各地区产业的总体规模外，还应进一步考察基于人口规模的产业发展水平。

8.2.1　2014 年东部信息服务业产业仍有明显优势

2014 年，东部地区人均信息服务业收入为 6704.78 元，比 2013 年有所下降；中、西部地区均有所上升，其中，中部为 1240.82 元，西部为 1900.52 元（见表 8-3）。东部地区最高，其次为西部地区，中部地区最低。

表 8-3　　2014 年三大地区人均信息服务业收入差异

	人均信息服务业收入（元）	
	2013 年	2014 年
东部	6811.56	6704.78
中部	934.68	1240.82
西部	1799.91	1900.52
东中西之比	7.29∶1∶1.93	5.40∶1∶1.53

数据来源：根据公开数据整理

2014 年，大部分东部省市人均信息服务业收入仍高于中、西部各省（市、自治区），北京人均信息服务业收入最高，为 23950.57 元；江西最低，为 742.70 元（见图 8-12）。但相比 2013 年，部分东部省市变化不大，甚至有所下降，而中西部省（市、自治区）人均信息服务业收入稳步增加。

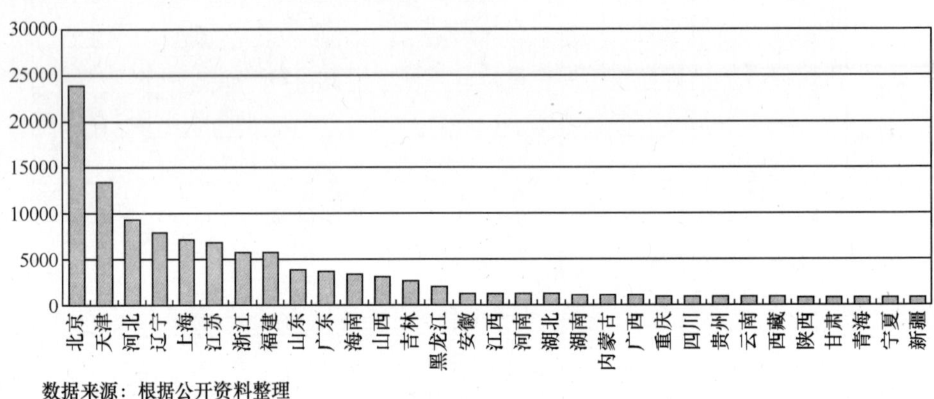

数据来源：根据公开资料整理

图 8-12　2014 年信息服务业人均收入（单位：元）

8.2.2　2014 年东部地区信息服务业优势明显

1. 基础电信服务业

2014 年，三大地区人均基础电信业务收入均有所下降，东部地区为 1022.28 元，中部地区为 566.46 元，西部地区为 665.21 元（见表 8-4）。东部地区下降明显，但仍远高于中、西部地区。与 2013 年相比，2014 年三大地区固定电话普及率均有所下降，东部地区下降明显；移动电话普及率均有明显上升，固定和移动电话普及率的地区分布差异的变化进一步反映出东部和中部、西部和中部人均业务收入之比有缩小的趋势。

表 8-4　　2013—2014 年三大地区人均电信业发展水平的差异

	人均基础电信业务收入（元）		固定电话普及率（部/百人）		移动电话普及率（部/百人）	
	2013 年	2014 年	2013 年	2014 年	2013 年	2014 年
东部	1199.65	1022.28	26.38	24.00	107.54	113.40
中部	601.96	566.46	14.95	14.30	67.67	78.70
西部	722.81	665.21	15.21	14.60	77.92	85.40
东中西之比	1.99:1:1.20	1.82:1:1.17	1.76:1:1.02	1.65:1:0.98	1.59:1:1.15	1.45:1:1.09

数据来源：根据公开资料整理

2014 年，各省（市、自治区）人均基础电信业务收入变化不大，北京、上海和广东仍位于前三名。其中，北京的人均电信业务收入最高，为 2087 元；江西最低，为 486.20 元。由图 8-13～图 8-15 可以进一步看出，人均电信业务收入、固定电话普及率和移动电话普及率排在前十名的省（市、自治区）大部分为东部省市。

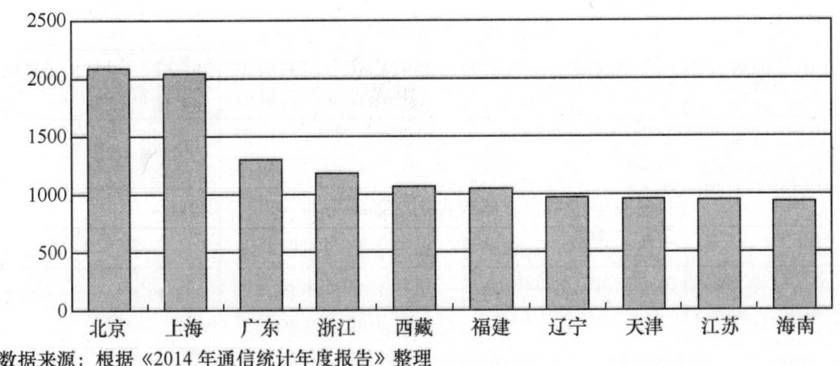

数据来源：根据《2014 年通信统计年度报告》整理

图 8-13　2014 年人均电信业务收入排在前十名的省（市、自治区）（单位：元）

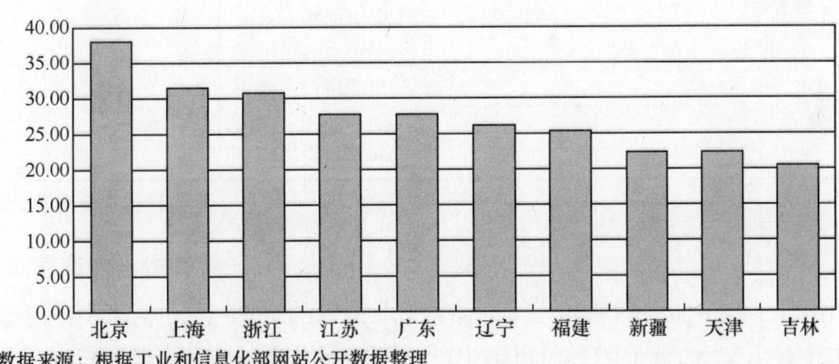

数据来源：根据工业和信息化部网站公开数据整理

图 8-14　2014 年固定电话普及率排在前十名的省（市、自治区）（单位：部/百人）

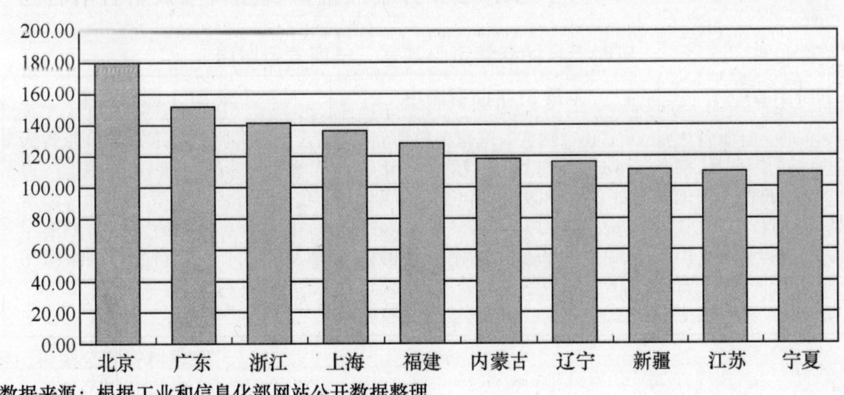

数据来源：根据工业和信息化部网站公开数据整理

图 8-15　2014 年移动电话普及率排在前十名的省（市、自治区）（单位：部/百人）

2. 增值电信业务

2014 年，东部地区增值电信企业人均增值业务收入为 236.15 元，中部为 125.42 元，西部为 143.47 元（见表 8-5）。东部地区高于中、西部地区，中部和西部地区差异不大。和 2013 年相比，2014 年三大地区之间人均增值业务收入差异趋于缩小。

表 8-5　　三大地区人均增值电信业发展水平差异

	人均增值电信业务收入（元）	
	2013 年	2014 年
东部	232.03	236.15
中部	118.94	125.42
西部	133.41	143.47
东中西之比	1.95:1:1.12	1.88:1:1.14

数据来源：根据公开资料整理

2014 年，各省（市、自治区）人均增值电信业务收入都稳步上升，北京人均增值电信业务收入最高，为 664.12 元；黑龙江最低，为 91.39 元（见图 8-16）。相比于 2013 年，各省（市、自治区）间人均增值电信业务收入差异变小。

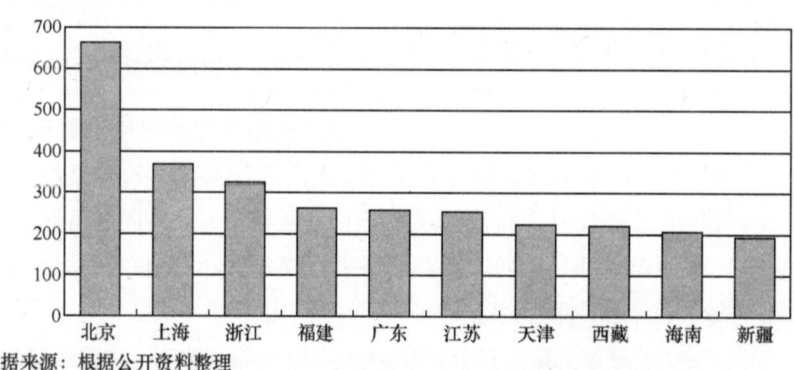

图 8-16　2014 年人均增值电信业务收入排在前十名的省（市、自治区）

3. 互联网业务

2014 年东部地区互联网普及率 61.09%，中部为 42.26%，西部为 42.70%（见表 8-6）。东部地区远高于中、西部地区，中部地区和西部地区差别不大。和 2013 年相比，东、中、西部地区互联网普及率均有所增加，但地区差异缩小。

表 8-6　　三大地区互联网普及率的差异

	互联网普及率（%）	
	2013 年	2014 年
东部	58.16	61.09
中部	35.66	42.26
西部	37.65	42.70
东中西之比	1.63:1:1.06	1.45:1:1.01

数据来源：根据 CNNIC 数据整理

2014 年，各省（市、自治区）互联网普及率都有所上升，其中，北京、上海、广东最高，都超过了 70%（见图 8-17）。互联网普及率排在前十名的省份多为东部省市。

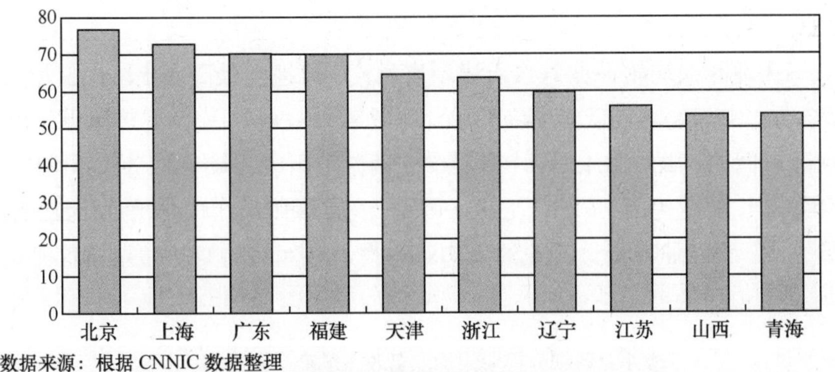

数据来源：根据 CNNIC 数据整理

图 8-17　2014 年互联网普及率排在前十名的省份（单位：%）

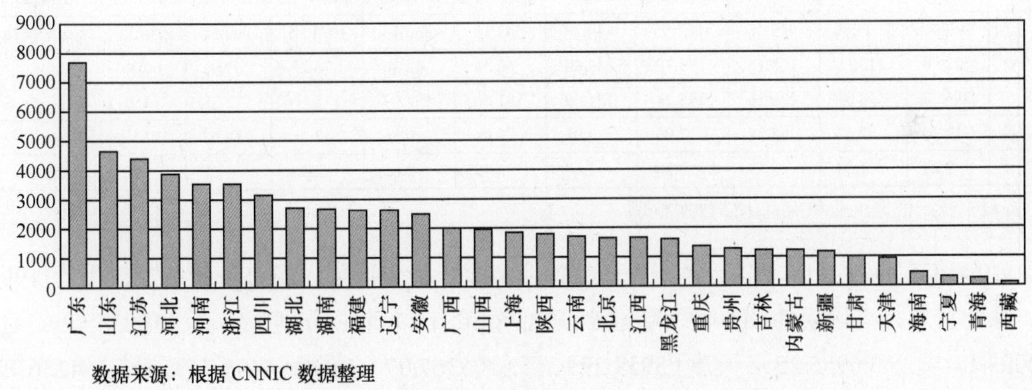

数据来源：根据 CNNIC 数据整理

图 8-18　2014 年各省网民人数比较（万人）

2014 年，网民增长率最显著的省份是宁夏，为 19.62%；增长率最低的是浙江，为 7.15%。增长率排在前 10 名的省市分别是宁夏（19.62%）、河北（15.98%）、安徽（15.64%）、江西（15.31%）、贵州（14.99%）、云南（13.93%）、广西（13.63%）、内蒙古（13.31%）、四川（12.91%）和青海（12.78%）（见图 8-19）。这 10 个省市中，东部地区有 1 个，中部地区有 2 个，西部地区有 7 个。

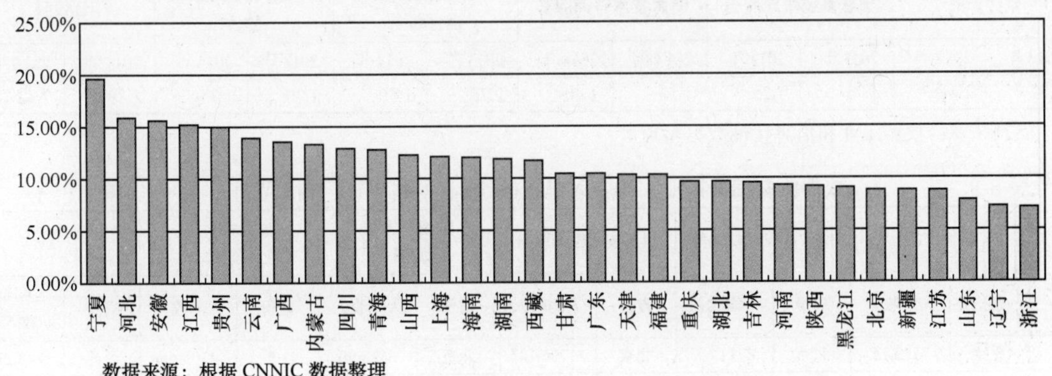

数据来源：根据 CNNIC 数据整理

图 8-19　2014 年各省（市、自治区）网民增长率比较

4. 软件业

2014 年，三大地区人均软件业务收入稳步增加，东部地区最高为 5446.35 元，其次是西部地区为 1091.85 元，中部地区最低为 548.93 元。人均软件业务收入的差异主要表现为东部地区和中、西部地区之间的差异。2013 年，东、中、西部地区人均软件业务收入比为 16.08∶1∶3.29，2014 年这一比例变为 9.92∶1∶1.99，可见，东部和中部以及中部和西部的人均软件业务收入的差异缩小。软件业各细分行业的人均业务收入地区间的变动和差异有类似的表现。如表 8-7 所示。

表 8-7　软件业各细分行业人均业务收入的变化及差异　单位：元

	软件产品收入		信息系统集成服务		信息技术咨询服务		数据运营和处理服务		嵌入式系统软件		IC 设计	
	2013 年	2014 年	2013 年	2014 年	2013 年	2014 年	2013 年	2014 年	2013 年	2014 年	2013 年	2014 年
东部	1499.35	1624.06	915.48	1061.95	474.27	543.18	830.16	1021.75	802.51	1036.32	140.54	162.59
中部	122.90	213.16	103.15	134.39	47.88	60.78	42.40	75.22	57.02	60.30	1.86	5.03
西部	275.38	338.03	226.26	295.26	124.49	181.66	152.97	175.16	72.28	70.91	28.32	33.51
东中之比	12.20	7.62	8.88	7.90	9.91	8.94	19.58	13.58	14.07	17.19	75.56	32.35
西中之比	2.24	1.59	2.19	2.20	2.60	2.99	3.61	2.33	1.27	1.18	15.23	6.67

资料来源：根据工业和信息化部数据整理

2014 年，各省（市、自治区）人均软件业务收入稳步增加，最高的是北京，为 21199.45 元。除北京外，人均软件业务收入超过 2000 的省市有 11 个，分别是上海（10933.59）、江苏（8209.41）、辽宁（6955.25）、天津（5959.39）、广东（5367.07）、福建（4405.74）、浙江（4256.72）、山东（3183.63）、重庆（2914.92）、陕西（2499.45）和四川（2297.70）。各省人均软件业务收入稳步增长的同时，省际间人均软件业务收入差异进一步缩小，变异系数从 1.73 降低到 1.52。软件业务细分行业人均业务收入省际间变异系数如表 8-8 所示，人均收入排在前 10 名的省（市、自治区）如表 8-9 所示。

表 8-8　软件业各细分行业人均业务收入省际间变异系数

软件产品		信息系统集成服务		信息技术咨询服务		数据处理和运营服务		嵌入式系统软件		IC 设计	
2013 年	2014 年	2013 年	2014 年	2013 年	2014 年	2013 年	2014 年	2013 年	2014 年	2013 年	2014 年
1.87	1.41	1.75	1.25	1.52	1.40	2.26	1.50	1.70	1.75	2.39	2.42

资料来源：根据工业和信息化部数据整理

表 8-9　软件业各细分行业人均收入排在前 10 名的省（市、自治区）　单位：元

排名	软件产品		信息系统集成服务		信息技术咨询服务		数据处理和运营服务		嵌入式系统软件		IC 设计	
	省份	人均收入	省份	人均收入	省份	人均收入	省份	人均收入	省份	人均收入	省份	人均收入
1	北京	7512.15	北京	4711.67	北京	1796.14	北京	6628.90	江苏	2703.66	天津	940.17
2	上海	3858.68	福建	1756.03	上海	1425.94	上海	2024.09	广东	1556.01	上海	875.15
3	辽宁	2470.10	江苏	1385.09	辽宁	1040.73	浙江	1529.87	天津	1371.26	江苏	351.64
4	江苏	2279.24	重庆	1063.71	天津	662.86	辽宁	1075.22	浙江	1022.91	福建	167.95

续表

排名	软件产品		信息系统集成服务		信息技术咨询服务		数据处理和运营服务		嵌入式系统软件		IC 设计	
	省份	人均收入	省份	人均收入	省份	人均收入	省份	人均收入	省份	人均收入	省份	人均收入
5	天津	1550.73	陕西	1045.53	陕西	614.29	广东	1014.38	辽宁	697.88	北京	134.81
6	广东	1375.72	广东	1000.86	山东	594.23	江苏	888.51	山东	586.32	陕西	110.96
7	福建	1348.66	山东	936.78	江苏	574.47	天津	726.92	福建	475.76	四川	97.17
8	浙江	1068.34	辽宁	665.05	重庆	525.66	福建	546.65	重庆	469.87	广东	80.07
9	山东	886.31	上海	577.69	福建	481.82	四川	543.27	上海	452.56	辽宁	58.83
10	四川	850.67	贵州	573.36	广东	466.45	山东	426.00	北京	418.23	浙江	53.55

资料来源：根据工业和信息化部数据整理

2014 年，在软件业务细分行业中，软件产品业务分布在全国 30 个省区市（西藏除外）。其中，软件业务收入最高的省份是江苏，为 6538.51 亿元；最低的省份是青海，为 0.62 亿元。软件产品收入排在前十位的省（市、自治区）分别是江苏（6538.51）、广东（5754.34）、北京（4603.31）、山东（3114.25）、辽宁（3058.23）、上海（2684.00）、浙江（2346.78）、四川（1866.34）、福建（1675.05）和湖北（1070.99）。

2014 年，在软件业各细分行业中，IC 设计服务只分布在 23 个省区市（湖南、吉林、广西、安徽、内蒙古、宁夏、青海、西藏除外）。各细分行业收入排在前十名的省（市、自治区）如表 8-10 所示。

表 8-10　　2014 年软件业各细分行业收入排在前十名的省（市、自治区）　　单位：亿元

排名	软件产品		系统集成服务		信息技术咨询服务		数据处理和运营服务		嵌入式系统软件		IC 设计	
	省份	收入	省份	收入	省份	收入	省份	收入	省份	收入	省份	收入
1	江苏	6538.5	江苏	1125.1	山东	581.3	北京	1439.4	江苏	2153.4	江苏	280.1
2	广东	5754.3	北京	1023.1	广东	500.1	广东	1087.6	广东	1668.3	上海	214.8
3	北京	4603.3	广东	942.2	辽宁	457.6	浙江	843.4	山东	573.5	天津	144.3
4	山东	3114.2	辽宁	713.0	江苏	457.5	江苏	707.7	浙江	563.9	广东	85.8
5	辽宁	3058.2	山东	630.1	北京	390.0	上海	496.9	辽宁	306.9	四川	78.9
6	上海	2684.0	上海	565.1	上海	350.0	辽宁	472.8	天津	210.5	福建	63.9
7	浙江	2346.8	福建	526.9	四川	256.2	四川	441.3	福建	180.9	山东	47.0
8	四川	1866.3	四川	386.9	陕西	231.8	山东	416.7	重庆	141.0	陕西	41.9
9	福建	1675.1	浙江	275.7	福建	183.2	福建	207.8	上海	111.1	浙江	29.5
10	湖北	1071.0	陕西	270.9	重庆	157.7	湖北	203.3	湖北	101.8	北京	29.3

数据来源：根据工业和信息化部数据整理

2014 年，软件产品业务收入增长率最高的省份是河南省，为 37.65%，最低的是湖南，为 6.58%。增长率排在前十名的省（市、自治区）分别为河南（37.65%）、重庆（22.96%）、宁夏（22.87%）、海南（22.19%）、吉林（20.85%）、甘肃（20.81%）、内蒙古（18.12%）、安徽（17.76%）、

湖北（17.26%）和新疆（17.17%）。其中，东部地区有 1 个，中部地区 4 个，西部地区有 5 个。各细分行业增长率排在前十名的省（市、自治区）如表 8-11 所示。

表 8-11　　2014 年软件业各细分行业增长率排在前十名的省份　　单位：%

排名	软件产品		信息系统集成服务		信息技术咨询服务		数据处理和运营服务		嵌入式系统软件		IC 设计	
	省份	增长率	省份	增长率	省份	增长率	省份	增长率	省份	增长率	省份	增长率
1	河南	37.65	河南	38.62	河南	37.39	内蒙古	84.34	河南	41.82	河南	35.48
2	重庆	22.96	重庆	31.12	宁夏	29.06	河南	41.04	内蒙古	40.73	重庆	28.87
3	宁夏	22.87	吉林	24.94	四川	27.25	宁夏	40.31	河北	35.47	湖北	26.21
4	海南	22.19	海南	24.92	重庆	23.63	黑龙江	24.87	四川	33.91	山东	25.54
5	吉林	20.85	宁夏	21.33	吉林	21.28	贵州	23.80	宁夏	26.22	贵州	24.76
6	甘肃	20.81	甘肃	20.32	贵州	20.28	山西	21.16	贵州	25.34	河北	18.94
7	内蒙古	18.12	新疆	20.16	湖北	19.95	重庆	20.68	山西	24.36	福建	18.12
8	安徽	17.76	山西	19.82	新疆	19.72%	吉林	18.83	重庆	18.71	四川	18.01
9	湖北	17.26	内蒙古	17.26	内蒙古	17.56%	海南	18.78	吉林	17.51	甘肃	14.59
10	新疆	17.17	安徽	17.00	上海	16.81%	湖北	17.23	江西	16.48	江西	14.29

数据来源：根据工业和信息化部数据整理

8.3　信息服务空间产业集聚分析

区域是产业的承载空间和基础，任何产业发展都是以区域为立脚点。对于信息服务业而言，只有区域信息服务业的发展才能使信息服务业整体得到发展。但由于环境、条件、发展基础、增长潜力等各方面的原因，各地信息服务业的发展必然存在不均衡。信息服务业大都与生产活动、商业活动密切相关，各地生产活动、商业活动的状况必然对信息服务业的发展产生影响。即使是信息服务业中具有公共服务特色的行业，例如信息传输服务业，其发展也与当地消费者的使用状况密切相关，因此，各地信息服务业的发展差异广泛存在。有鉴于此，必须要在各地信息服务业普遍发展并承认信息服务业区域差异的基础上，对某些信息服务业显示出一定发展优势的地区有所侧重。

8.3.1　信息服务业在一些区域成为优势产业

信息服务业的发展必须以一定的区域为发展基础。信息服务业在某区域越集中，则说明信息服务业在该区域越具有发展优势。因此，可以通过考察信息服务业在各个区域的集中化特性来选择适合信息服务业发展的区域。产业的区域集中化特性一般可以通过两类指标加以考察，即区位熵和集中系数。

1. 区位熵

区位熵是衡量某一地区要素的空间分布状况，反映某一产业专业化程度或集中化程度的指标。如果信息服务业在某地区的区位熵大于 1，则信息服务业在该地区具有明显的专业化特色或是较高的集中程度，应该积极促进其发展。

对 2014 年各个省（市、自治区）计算信息服务业主要行业区位熵，结果如表 8-12 所示。

表 8-12　　2014 年信息服务业主要行业区位熵大于 1 的省（市、自治区）

信息服务业整体		基础电信业		增值电信服务		互联网服务		软件业	
区位熵	省份	区位熵	省份	区位熵	省份	区位熵	省份	区位熵	省份
3.329	北京	4.843	广西	8.021	海南	4.436	广西	4.062	北京
2.028	山东	2.882	浙江	4.726	广西	3.787	山东	2.212	山东
1.805	江苏	2.395	西藏	3.240	浙江	2.580	浙江	1.897	江苏
1.712	广东	1.764	辽宁	1.599	湖南	2.016	江苏	1.880	广东
1.361	湖南	1.731	上海	1.579	西藏	1.930	广东	1.609	湖南
1.247	广西	1.652	山东	1.407	北京	1.553	北京	1.295	吉林
1.133	四川	1.634	福建	1.394	江苏	1.500	上海	1.178	四川
1.125	浙江	1.615	江苏	1.300	福建	1.435	辽宁	1.130	重庆
1.050	吉林	1.451	贵州	1.282	云南	1.375	福建	1.083	海南
1.049	重庆	1.444	宁夏	1.214	辽宁	1.239	天津	1.051	天津
		1.391	广东	1.184	山东	1.226	河南		
		1.387	北京	1.033	甘肃	1.060	河北		
		1.354	甘肃			1.055	青海		
		1.323	青海			1.035	新疆		
		1.280	云南			1.019	宁夏		
		1.112	河南						
		1.104	四川						
		1.068	陕西						

资料来源：根据工业和信息化部数据计算

从表 8-12 可以看出，信息服务业总的来看集中于东部地区，中、西部地区发展优势和集中趋势也有所显现。信息服务业细分行业中，中、西部地区软件业发展加快；基础电信服务和互联网服务作为公共基础设施，其区域分布的偏态程度相对较低，在全国一半左右的省区市发展状况相对良好。2014 年软件业各细分行业区位熵大于 1 的省（市、自治区）如表 8-13 所示。

表 8-13　　2014 年软件业各细分行业区位熵大于 1 的省（市、自治区）

软件产品		系统集成服务		信息技术咨询服务		数据处理和运营服务		嵌入式系统软件		IC 设计	
区位熵	省份	区位熵	省份	区位熵	省份	区位熵	省份	区位熵	省份	区位熵	省份
1.606	湖北	3.465	云南	2.284	陕西	1.980	海南	1.919	广东	5.509	天津
1.558	山西	3.311	河北	1.758	浙江	1.723	北京	1.689	湖南	3.417	黑龙江
1.532	辽宁	3.239	广西	1.734	安徽	1.365	内蒙古	1.400	海南	2.795	山东
1.394	河南	2.676	新疆	1.676	重庆	1.303	四川	1.340	天津	1.550	陕西
1.311	贵州	2.625	贵州	1.622	福建	1.046	河南	1.240	浙江	1.496	广东

续表

软件产品		系统集成服务		信息技术咨询服务		数据处理和运营服务		嵌入式系统软件		IC 设计	
区位熵	省份	区位熵	省份	区位熵	省份	区位熵	省份	区位熵	省份	区位熵	省份
1.264	内蒙古	2.476	上海	1.411	新疆	1.041	湖南	1.134	青海	1.477	四川
1.213	四川	2.390	甘肃	1.395	黑龙江	1.020	山东	1.073	安徽	1.331	吉林
1.164	江苏	2.370	青海	1.390	江苏					1.214	山西
1.161	北京	2.094	宁夏	1.275	四川						
1.157	江西	2.034	江西	1.212	山东						
1.157	山东	1.951	黑龙江	1.052	江西						
1.156	上海	1.653	辽宁	1.033	天津						
1.138	福建	1.525	吉林	1.016	吉林						
1.121	宁夏	1.478	重庆								
1.066	甘肃	1.459	山西								
1.003	吉林	1.393	陕西								
		1.321	内蒙古								
		1.277	浙江								
		1.163	湖北								
		1.133	福建								
		1.130	江苏								
		1.077	北京								
		1.021	山东								
		1.005	四川								

资料来源：根据工业和信息化部数据计算

表 8-13 可以看出，中、西部地区在软件业各细分行业上的发展优势有所显现。软件业各细分行业中，系统集成服务在将近 2/3 的省（市、自治区）都具有较好的发展优势；软件产品和信息技术咨询在将近 1/3 的省（市、自治区）都具有较好的发展优势。

2. 集中系数

集中系数是另一个衡量某一地区某一产业发展优势的指标，反映了某一地区某一产业的相对集中程度。它是某地区按人口平均的某部门经济总量与全国该部门相应经济总量的比值。如果信息服务业在某地区的集中系数大于 1，则可以认为该地区是信息服务业的集中发展区域，应该积极促进这一地区进一步发展。如果集中系数很小，则该地区的信息服务业在全国不具规模意义。

计算 2014 年各个省（市、自治区）信息服务业主要行业集中系数，结果如表 8-14 所示。

表 8-14　　2014 年信息服务业主要行业集中系数大于 1 的省（市、自治区）

信息服务业整体		基础电信业		电信增值服务		互联网服务		软件业	
集中系数	省份	集中系数	省份	集中系数	省份	集中系数	省份	集中系数	省份
6.360	北京	3.716	广西	3.940	海南	4.436	广西	7.762	北京
3.669	山东	2.989	浙江	2.688	北京	3.787	山东	4.003	山东
2.737	广东	2.989	山东	2.646	浙江	2.580	浙江	3.006	广东
2.423	江苏	2.651	北京	2.143	山东	2.016	江苏	2.547	江苏
1.896	天津	2.536	上海	2.096	广西	1.930	广东	2.182	天津
1.661	湖南	2.224	广东	1.994	湖南	1.553	北京	1.965	湖南
1.430	海南	2.168	江苏	1.872	江苏	1.499	上海	1.613	吉林
1.309	吉林	1.358	西藏	1.462	上海	1.435	辽宁	1.559	海南
1.167	浙江	1.320	福建	1.405	广东	1.375	福建	1.166	安徽
		1.310	辽宁	1.050	福建	1.239	天津	1.067	重庆
		1.215	天津			1.226	河南		
		1.142	新疆			1.060	河北		
		1.122	宁夏			1.055	青海		
		1.057	青海			1.035	新疆		
		1.042	河南			1.019	宁夏		
		1.016	陕西						

资料来源：根据工业和信息化部数据计算

就集中系数而言,信息服务业整体上看相对集中于东部地区。其中，电信增值服务和软件业区域分布的集中趋势相对明显;基础电信和互联网服务的集中分布区域既有东部地区的省份也有西部地区的省份，相对而言，其分布的集中化程度要小一些。2014 年软件业各细分行业集中系数大于 1 的省（市、自治区）如表 8-15 所示。

表 8-15　　2014 年软件业各细分行业集中系数大于 1 的省（市、自治区）

软件产品		系统集成和支持服务		信息技术咨询和管理		信息技术增值服务		嵌入式系统软件		设计开发	
集中系数	省份	集中系数	省份	集中系数	省份	集中系数	省份	集中系数	省份	集中系数	省份
8.994	北京	8.343	北京	6.096	北京	13.343	北京	5.753	广东	11.992	天津
4.620	山东	4.076	山东	4.840	山东	4.074	山东	3.311	湖南	11.163	山东
2.957	江苏	2.872	江苏	3.532	江苏	3.079	海南	2.918	天津	4.485	广东
2.729	广东	2.501	广东	2.250	天津	2.164	江苏	2.177	海南	2.142	吉林
1.857	天津	2.454	吉林	2.085	陕西	2.042	湖南	1.485	江苏	1.720	北京
1.647	湖南	1.574	重庆	2.017	安徽	1.788	广东	1.248	安徽	1.415	陕西
1.615	吉林	1.556	湖南	1.950	广东	1.463	天津	1.012	吉林	1.239	四川
1.279	海南	1.271	陕西	1.784	重庆	1.100	吉林	1.000	重庆	1.021	湖南
1.061	安徽	1.257	天津	1.635	吉林	1.094	四川				
1.018	四川	1.141	安徽	1.583	湖南						
				1.070	四川						

资料来源：根据工业和信息化部数据计算

从集中系数的角度看，软件业各细分行业在各省的集中状况与区位熵所显示的集中状况类似，即大都集中在东部地区，中、西部地区仅四川、重庆、陕西和湖南在个别的细分行业上显示出一定的优势。

8.3.2 信息服务业区域综合优势

区位熵和集中系数是两个常用指标，但它们都是从某个侧面考察区域内某产业发展的相对优势。区位熵是从产业结构的角度考察区域内某产业所占比重相对于该产业在全国的比重是否具有优势；集中系数是从人均产出的角度考察区域内某产业的人均产出能力相对于全国该产业的人均产出能力是否具有优势。区位熵指标所显示出来的信息服务业分布的优势区域与集中系数所显示出来的信息服务业分布的集中区域有很明显的差异。显然，这两个指标对区域内产业优势的考察只具有相对意义，因此，其参考性还有待于完善。

从更科学的角度看，产业在区域内发展的状况应该从多方面进行考察和研究，既要考察产业发展的相对优势，也要考察产业发展的绝对优势；既要关注产业的整体规模，也要关注人均产出能力；既要了解产业目前的水平状态，也要了解产业的增长潜力；既要分析产业自身的发展，也要分析产业所处的经济环境。

对信息服务业发展在各个地区发展状况的考察应该考虑以下几个方面（见表 8-16）。

（1）信息服务业现有发展水平。这是信息服务业进一步发展的前提，也是某地区信息服务业是否具有绝对优势的反映。一方面，某一地区信息服务业实力强、发展水平高，说明信息服务业在该地区有强烈的需求；另一方面，也说明信息服务业在该地区有进一步发展的土壤和基础。衡量信息服务业发展水平的指标可以采用信息服务业总产出（总收入）和人均产出（人均收入）。

（2）信息服务业增长潜力。增长潜力反映了信息服务业的发展能力和后劲，一般可以用信息服务业总产出（总收入）增长率或人均产出（人均收入）增长率表示。

（3）信息服务业地位和影响。信息服务业的地位表明某地区信息服务业的发展在全国是否具有一定的影响和作用，可以用信息服务业在该地区的相对发展优势来反映，这里采用信息服务业区位熵和集中系数表示。

（4）信息服务业的经济环境。某地区信息服务业的发展与当地经济发展环境密切相关，一是信息服务业必须与该地区的经济结构相适应；二是信息服务业必须与当地的经济发展水平相适应。前者可以采用地区第三产业增加值比重这一指标，后者可以采用地区增加值和人均地区增加值。

表 8-16　　信息服务业区域发展状况综合考察指标

内容	一级指标	二级指标
区域信息服务业发展状况	信息服务业现有发展水平	信息服务业总产出（总收入）
		人均信息服务业产出（收入）
	信息服务业增长潜力	信息服务业总产出（总收入）增值率
	信息服务业的地位和影响	信息服务业区位熵
		信息服务业集中系数

续表

内容	一级指标	二级指标
区域信息服务业发展状况	区域经济环境	地区增加值
		地区人均增加值
		地区第三产业增加值比重

各地区信息服务在现有基础上都需要进一步发展，但鉴于各地区信息服务业发展基础的差异和影响力的不同，以及各地区经济环境的差异，各地区信息服务业的发展不可能并驾齐驱，因此，信息服务业在各个地区的发展存在着一定的轻重缓急和侧重。这里，根据有关专家的意见，采用层次分析法将上述8项指标进行综合，可以把全国31个省区市划分为如下三种类型。

一类地区：信息服务业各项指标综合得分排在前列的地区。这些地区现有信息服务业规模庞大，基础雄厚；信息服务业在全国的地位和作用突出；信息服务业增长潜力明显；信息服务业发展环境优越。这些地区也是未来信息服务业优先发展地区。

二类地区：信息服务业各项指标综合得分排名处于中间位置的地区。这些地区信息服务业无论是在发展规模、影响力和发展潜力上都有一定的基础，发展环境适中，是未来信息服务业积极推进地区。

三类地区：信息服务业各项指标综合得分排名靠后的地区。这些地区信息服务业现有规模、影响力和发展潜力都有待于进一步提升，信息服务业发展环境也有待于进一步改善，是未来信息服务业适度推进地区。

经过对各个地区信息服务业发展指标进行综合，进而确定出的信息服务业的区域发展类型如表8-17～表8-20所示。

表8-17　信息服务业整体区域类型

一类地区	北京、江苏、辽宁、上海、内蒙古、吉林、山西、黑龙江、四川、天津、广东
二类地区	重庆、陕西、湖南、山东、福建、湖北、浙江、海南、河北、河南
三类地区	贵州、江西、广西、新疆、云南、安徽、西藏、宁夏、甘肃、青海

表8-18　基础电信服务区域类型

一类地区	江苏、浙江、吉林、辽宁、上海、内蒙古、北京、广东、山东、福建
二类地区	四川、湖北、河北、山西、湖南、陕西、西藏、新疆、天津、云南
三类地区	河南、重庆、海南、贵州、宁夏、江西、安徽、广西、青海、黑龙江、甘肃

表8-19　互联网服务区域类型

一类地区	广东、江苏、山东、浙江、上海、北京、辽宁、河南、河北、四川、湖北
二类地区	福建、内蒙古、湖南、陕西、安徽、新疆、黑龙江、广西、山西、西藏
三类地区	重庆、贵州、天津、江西、吉林、云南、海南、甘肃、宁夏、青海

表8-20　软件业区域类型

一类地区	北京、辽宁、江苏、上海、内蒙古、山西、吉林、天津、四川、黑龙江、重庆
二类地区	陕西、广东、湖南、福建、浙江、山东、湖北、贵州、江西、河北
三类地区	河南、海南、新疆、广西、安徽、云南、宁夏、甘肃、青海、西藏

2. 互联网经济规模持续增长

根据艾瑞咨询的互联网经济数据，自2006年以来，中国互联网经济规模持续扩大，同比增长率都超过了40%，2011年的增长率更是达到了80.34%。2012年中国互联网经济整体规模达3850.4亿元，同比上升54.1%；2013年达到6004.1亿元，同比增长50.9%。[illegible]2014年第一季度和第二季度的[illegible]，中国互联网经济规模[illegible]达到3805.4亿元，如图7-6所示。

数据来源：艾瑞咨询

图7-6 互联网经济规模和增长率

3. 搜索引擎市场持续增长

搜索引擎是指根据一定的策略、运用特定的计算机程序从互联网上搜集信息，在对信息进行组织和处理后，为用户提供检索服务，将用户检索相关的信息展示给用户的系统。[illegible]

[illegible]百度[illegible]占到63.5%，谷歌中国占到14.2%，搜狗占到[illegible]%，搜搜[illegible]图7-7 2013年搜索引擎市场[illegible]占到1.4%。

7.1.4 信息使用业持续高速增长

信息使用业是指从经济活动的内部，将信息使用业视为信息服务产业链的[illegible]，是信息经济拉动效果的最终体现。

对信息服务业的使用最主要体现在电子商务活动中。根据艾瑞咨询数据显示，2013年中

第四篇　行　业　篇

——本篇主要对信息服务业各细分行业2014年发展状况进行了分析，对于部分企业的发展做了评价，并在此基础上对这些行业2015年的走向和发展趋势进行了预测。

第9章　信息生产行业

9.1　2014年数字出版行业发展回顾与2015年展望

数字出版是指利用数字技术进行内容编辑加工，并通过网络传播数字内容产品的一种新型出版方式，其主要特征为内容生产数字化、管理过程数字化、产品形态数字化和传播渠道网络化。目前数字出版产品形态主要包括电子图书、数字报纸、数字期刊、网络原创文学、网络教育出版物、网络地图、数字音乐、网络动漫、网络游戏、数据库出版物和手机出版物（彩信、彩铃、手机报纸、手机期刊、手机小说和手机游戏）等。2013 年我国数字出版产业收入规模已达 2540.35 亿元，同比增长 31.25%。根据各种渠道信息判断，2014 年我国数字出版产业收入规模将比 2013 年有进一步增长，预计营业收入将达到 3402.4 亿元。

9.1.1　2014年数字出版行业发展回顾

数字出版主要包括两方面的内容，即传统出版业的数字化和新兴的数字出版媒体。相对于传统的纸质出版，数字出版不仅是指传统发行渠道的数字化和出版内容的数字化，还突破了传统的出版盈利模式，深刻改变了出版产业的竞争格局。

1．中国数字出版市场的政策环境进一步优化

为优化我国数字出版业的政策环境，国家制定出台了一系列的法律法规及政策措施。从《关于进一步推动新闻出版产业发展的指导意见》到《关于加快我国数字出版产业发展的若干意见》，从《关于发展电子书产业的意见》到《我国国民经济和社会发展“十二五”规划纲要》，各项政策条例的相继出台，均体现出国家加速数字出版行业健康、有序发展的决心。

2010 年，新闻出版总署出台《关于加快我国数字出版产业发展的若干意见》，提出要把数字出版产业打造成出版业的支柱产业，到“十二五”末，我国数字出版总产值力争达到新闻出版产业总产值 25%。2013 年 8 月，国务院印发《关于促进信息消费扩大内需的若干意见》，明确提出要大力发展数字出版、互动新媒体、移动多媒体等新兴文化产业。2014 年，国家新闻出版广电总局联合财政部，出台了《关于推动新闻出版业数字化转型升级的指导意见》，为传统新闻出版单位在开展数字化转型升级过程中争取财政支持奠定了坚实的基础。2014 年中央财政下拨 2013 年度文化产业发展专项资金 48 亿元（比 2012 年增加 41.18%），重点支持新媒体、网络应用、数字设计、数字出版、动漫游戏等文化和科技融合领域。2014 年 7 月 1 日，CNONIX（中国出版物信息交换）标准正式实施。随之一批实用、简洁的数字出版标准相继面世，数字出版行业更加规范。

这些法规的相继面世，在政府层面上把出版单位数字化转型作为产业政策的重点，为数字出版行业的发展提出了明确的目标，不仅从政策优惠、资金支持等方面鼓励和引导数字出版产业的进一步发展，也从监管层面完善了对数字出版的监督和管理，数字出版标准体系建设也正在逐步完善。

2. 中国数字出版市场规模快速扩张，呈现出巨大的增长潜力

数字出版产业作为新闻出版领域的新兴产业，随着数字技术、信息技术和网络技术的普及，对整个出版业造成了极大冲击。数字出版的市场规模在不断扩大，新的发展理念与发展格局在逐步形成，行业内新技术、新产品不断涌现，盈利模式也不断创新优化，中国数字出版产业的发展初现成效。

（1）数字出版产业规模快速增长

近年来，我国数字出版产业保持快速增长的良好趋势。根据《2013 年新闻出版产业分析报告》的数据，2013 年数字出版实现营业收入 2540.4 亿元，较 2012 年增加 604.9 亿元，增长 31.3%，占全行业营业收入的 13.9%，提高了 2.3 个百分点。预计 2014 年数字出版产业的营业收入将达到 3402.4 亿元（见图 9-1）。与此同时，电子书、互联网期刊与数字报纸营业收入增长速度仅为 7.0%，远远低于数字出版整体增速，说明传统出版物的数字化转型仍需加强。

2013 年，18 家报送数据的国家新闻出版产业基地（园区）共实现营业收入 1026.4 亿元，利润总额 142.2 亿元。其中，10 家国家数字出版基地（园区）共实现营业收入 902.4 亿元，较 2012 年增加 277.7 亿元，增长 44.5%，占数字出版全部营业收入的 35.5%，提高 3.2 个百分点；实现利润总额 137.7 亿元，增加 52.6 亿元，增长 61.8%。数字出版产业基地的示范带动作用增强。

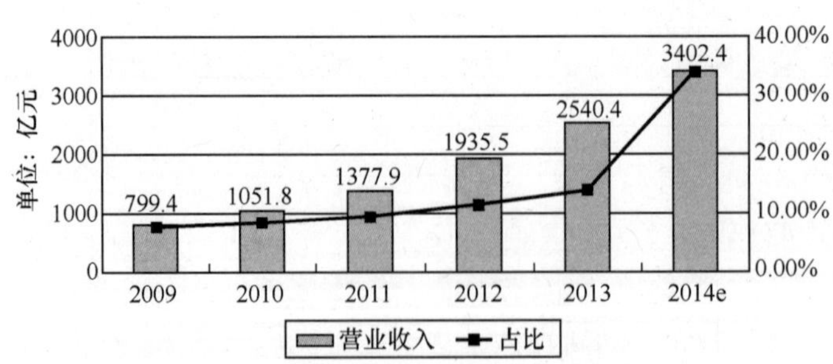

资料来源：《2013 年新闻出版产业分析报告》

图 9-1 数字出版营业收入增长情况

（2）数字阅读的普及率进一步扩大，移动设备成为主要的阅读终端

近年来，我国国民的数字阅读率持续提升。中国新闻出版研究院的调查结果显示，数字化阅读方式的接触率从2008年的24.5%上涨到2013年的50.1%，其中2013年较2012年的40.3%上升了9.8个百分点。我国成年国民每天接触传统纸质媒体的时间有不同程度的减少，在线阅读、手机阅读和电子阅读器阅读的接触时间不断增长。2013年有44.4%的成年国民进行过网络在线阅读，较2012年的32.6%上升了11.8个百分点；41.9%的国民进行过手机阅读，较2012年的31.2%上升了10.7个百分点；5.8%的国民在电子阅读器上阅读，较2012年的4.6%上升了1.2个百分点；2013年我国成年国民人均阅读电子书2.48本，比2012年的2.35本增加了0.13本。

2014年，我国移动阅读的用户规模已达2.42亿，移动阅读的市场规模达到了88.4亿元，较2013年同比增长41.4%。2014年6月中国手机上网的比例首次超过传统PC上网的比例，手机上网在国内的普及造就了手机阅读的普及，移动阅读市场目前进入了高速发展时期。2013年中国数字阅读用户数字终端使用情况如图9-2所示。

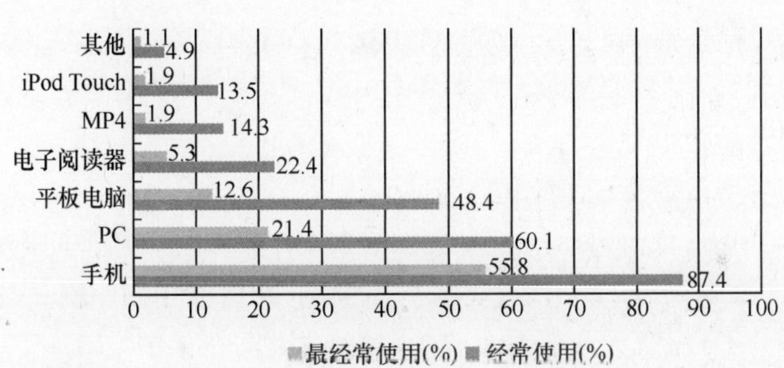

资料来源：艾瑞咨询

图9-2 2013年中国数字阅读用户数字终端使用情况

移动设备之所以能够成为数字阅读的主要终端，主要是因为以下几个方面的原因：一是移动终端具有易操作、易携带的特点，包含的内容更加丰富多样，能够满足用户碎片化阅读的需求；二是移动终端设备技术成熟，更新较快，价格下降，普及率迅速提高（2014年，我国移动智能终端用户规模达10.6亿，较2013年增长231.7%），移动智能设备成为人们日常生活的必需品，因此移动阅读也逐渐常态化。

（3）移动阅读市场竞争加剧

目前，国内数字出版行业的各个环节已经成熟，硬件设备制造商、数字内容提供商以及运营商各环节内部已经形成积极竞争。2014年上半年中国移动阅读应用客户端市场中，三大运营商阅读基地收入占整体市场67.9%的份额，中国移动“和阅读”一家独大，市场份额达到49.1%（见图9-3）。

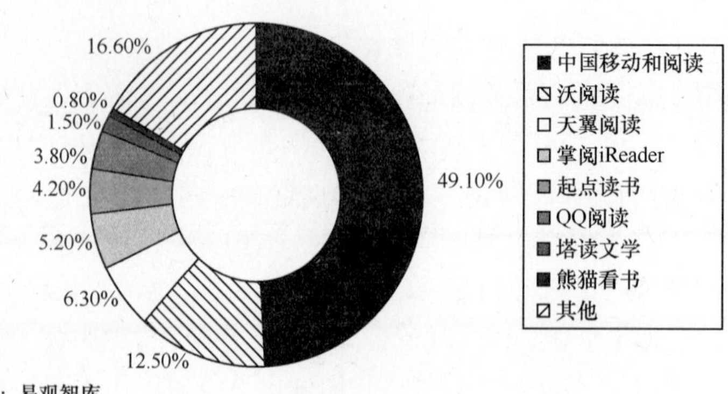

资料来源：易观智库

图 9-3　2014 年上半年中国移动阅读应用营收竞争格局

中国移动作为第一家进军手机阅读的电信运营商，与中文在线合作为其提供核心内容的导入，与卓望和华为合作为其提供运营管理技术，与盛大合作为其提供主要的网络文学内容。除了强大的伙伴联盟之外，中国移动还抢占 4G 手机阅读市场的先机，使"和阅读"在移动阅读市场上占据绝对优势。"沃阅读"注重正版图书资源，目前已拥有达 24 万册图书，拥有过亿的阅读用户和优质的产品体验，使其在移动阅读市场上也占据了重要的位置。其他移动阅读应用商也在不断丰富内容资源，建立完善的付费体系，进一步提升用户体验，在移动阅读市场上不断开发新模式，提升品牌影响力。

（4）电子书市场增长缓慢

根据咨询机构 PricewaterhouseCoopers 提供的数据，美国大众电子书销量占书籍总销量的 30%，而在中国这一数据仅为 2%。以大众电子书为例，2014 年中国印刷书的销量为 42.2 亿美元，电子书的销量为 1.4 亿美元，从 2011 年到 2014 年电子书的销量增加了 1.2 亿美元（见图 9-4）；而在美国，2014 年印刷书的销量为 99.9 亿美元，电子书的销量为 56.9 亿美元，从 2011 年到 2014 年电子书的销量增加了 33.8 亿美元（见图 9-5）。

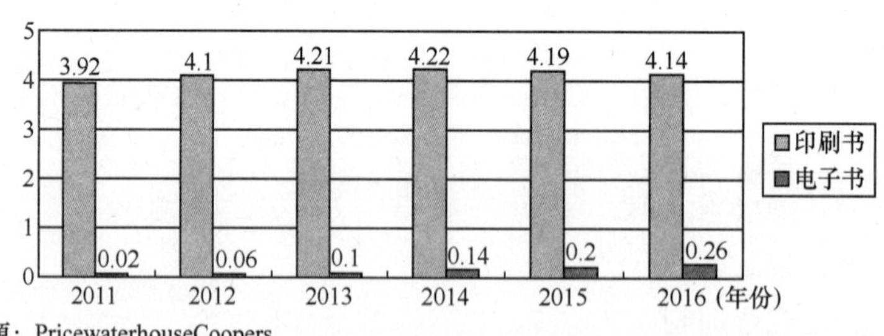

资料来源：PricewaterhouseCoopers

图 9-4　中国大众消费类书籍销量（十亿美元）

中国的电子书市场增长缓慢，其原因主要有三个方面：一是中国的电子书市场起步较晚，中国正版电子书销售从 2012 年才逐渐开始；二是国内消费者习惯于阅读免费书籍，还没有形成购买正版电子书的习惯；三是图书市场上电子书的出版比例还很低。

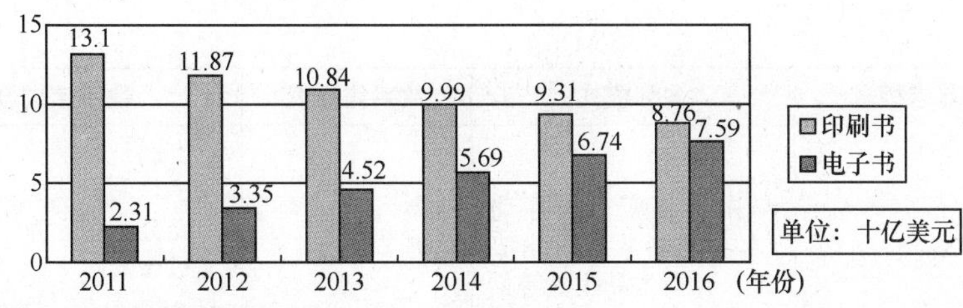

资料来源：PricewaterhouseCoopers

图 9-5 美国大众消费类书籍销量（十亿美元）

9.1.2 2015 年数字出版行业发展展望

2014 年 4G 网络开始大幅推广，移动互联网的发展步入新阶段，数字出版产业链各个环节逐渐发展成熟，在未来几年里，中国数字出版的产业规模有望持续保持快速增长。数字出版新技术、新产品不断涌现，赢利模式不断成熟，新的消费理念在逐渐形成，中国数字出版产业开始步入良性发展阶段，并呈现出下面的特点。

1. 阅读终端进一步智能化

阅读终端的进一步智能化表现在两个方面：一方面，融合型终端将进一步超越如 Kindle 和汉王电子书等代表的专业型终端，成为数字阅读的主要终端设备——专业型终端满足了消费者深度阅读的需求，未来可能成为数字阅读领域的小众市场，而融合型终端（如智能手机、平板电脑等）因其功能多样化，不仅能满足图书的阅读需求，还可用于看报纸/杂志、上网及在线娱乐，进一步优化用户的移动阅读体验；另一方面，在数字化、信息化和网络化全球趋势下，电子书、智能手机、平板电脑、可穿戴设备等智能终端，将进一步关注用户需求，在以用户分析为基础的大数据时代，将会提供更加个性化的内容服务，储备更加丰富的内容资源，提供更加符合用户需求的增值服务。

2. 盈利模式多样化

数字图书的盈利模式有三种。专业数字图书的内容付费模式最为成熟，专业图书的对象明确，且属于必然需求，数字版内容付费模式较为成熟，而且容易实现高定价；大众数字图书的盈利模式更为丰富，大众图书一般属于或然需求，单纯对数字版内容付费较难，所以盈利模式更为多元化，如 Amazon 和盛大文学的微支付模式、google book 的广告营销模式和国外旅游图书厂商的“广告+旅游”结合模式；教育数字图书可以按内容付费，但受政府影响，教育图书的对象非常明确，属于必然需求，容易对内容收费，但是政府干预和垄断较为厉害，定价往往一定程度上受政府影响。三类出版对比如表 9-1 所示。

表 9-1 三类出版对比

名称	需求模式	盈利模式	数字化程度	数字化进度原因分析
专业出版	必然需求	成本—价格—收益（通过规模化定制降低成本、提高收益）	较高	盈利模式较成熟清晰，便于发展

续表

名称	需求模式	盈利模式	数字化程度	数字化进度原因分析
大众出版	或然需求	与内容相应市场互动（如：内容收费、增值收入、衍生品收入等）	一般	一方面，数字化渗透率不断提升，数字化阅读成为发展趋势，需求动力充分；另一方面，相关厂商可以通过微支付（或其他方式）及广告收入等多种方式获利，具备攻击动力
教育出版	必然需求	需求—服务（线上增值服务等）	较低	一方面，相关出版社处于垄断位置，数字化动力不足；另一方面，教育出版在一定程度上受政府管制，对其数字化进程产生了一定影响

资料来源：中金公司研究部

3. 传统出版行业的转型进一步加深

传统出版企业面对数字化转型的压力，积极转变发展策略，投入了大量的人力物力和技术布局数字出版。对于传统企业来说，数字出版的转型成为必然，但是缺乏成熟有效的经验，在实践层面上处于探索阶段，在发展过程中表现出以下趋势。

（1）图书内容数字化程度加深。图书内容数字化是将现有纸质图书通过数字加工制作成数字图书。纸质图书数字化转换技术门槛较低、操作简单，传统出版社以及报纸、期刊等纸质图书数字化已经发展成熟。

（2）数字出版不仅改变了出版流程同样改变了图书的销售模式。在互联网思维的影响下，传统出版企业通过自建或与第三方技术上合作的模式，纷纷打造各种类型的数字平台，在生产内容的同时，也在试图掌握销售渠道，打造一条自己掌握的数字出版产业链。

（3）与运营商合作推广数字阅读。移动运营商拥有大量手机用户，而移动阅读的读者数量庞大，是数字阅读中不可忽视的重要部分，拥有内容资源优势的出版企业与移动运营商合作，可以达到以内容换平台的目的，获取大量读者群体。

传统出版企业平台建设情况如表 9-2 所示。

表 9-2　　传统出版企业平台建设情况

集团名称	自建平台
北方传媒	富媒体数字出版内容集成及分发平台
凤凰传媒	凤凰教育网，凤凰学习网
时代出版	时代商城
长江集团	长江中文网，淘宝旗舰店、自媒体营销、微信书店
中南传媒	Read365 阅读平台（自主开发）、“沃”阅读平台（与中国联通合作开发）
新华传媒	新华 e 店
湖北科技出版社	移动家庭课堂

资料来源：公开资料整理

9.2 2014 年数字动漫行业发展回顾与 2015 年展望

数字动漫是动漫在数字时代的新产物。在国家产业政策的扶持和鼓励下，我国数字动漫产业快速发展，产业规模持续扩大，国产动漫的产出质量越来越高，行业整体呈现出良好的发展趋势。随着移动互联网的推广和移动智能终端的普及，新媒体动漫拥有了更广阔的发展平台，将成为动漫行业的新增长点。

9.2.1 2014 年数字动漫行业发展回顾

1. 动漫产业发展的政策环境进一步优化

动漫是动画和漫画的合称与缩写，随着现代传媒技术的发展，动画和漫画之间的联系日趋紧密，两者常被合称为动漫。数字动漫是动漫在数字时代的新产物，它突破了传统的动漫制作方法和传播渠道，以手机、网络、数字电视等新型平台来进行展示。动漫产业作为文化创意产业的重要组成部分，一直受到国家高度重视，中央和地方政府也接连出台了大量动漫产业扶持优惠政策。

从 2004 年印发的《关于发展我国影视动画产业的若干意见》到 2006 年发布的《关于推动我国动漫产业发展若干意见的通知》，再到 2007 年设立扶持动漫产业专项资金、预留国家动漫奖项目资金；从 2008 年出台《关于扶持我国动漫产业发展的若干意见》到 2009 年发布《文化产业振兴规划》《财政部、国家税务总局关于扶持动漫产业发展有关税收政策问题的通知》，再到 2011 年发布的《关于扶持动漫产业发展增值税营业税政策的通知》、实施“国家动漫精品工程”，为优秀动漫创意和动漫作品提供产业化平台和专项资金扶持和 2012 年发布《“十二五”时期国家动漫产业发展规划》，国家对数字动漫产业的关注程度与扶持力度可谓相当大。

2013 年年初，文化部陆续发布了《手机（移动终端）动漫内容要求》《手机（移动终端）动漫运营服务要求》《手机（移动终端）动漫用户服务规范》和《手机动漫文件格式》4 个行业标准。2014 年 4 月，文化部启动了“手机动漫标准示范应用推广工程”项目，从运营和用户服务平台标准升级改造、内容标准示范推广等方面推动标准在行业中的示范应用，鼓励创作适合手机（移动终端）的优秀原创动漫产品，促进在手机（移动终端）上的动漫消费；并委托北京邮电大学牵头组织编写了手机（移动终端）动漫国家标准，建立手机（移动终端）动漫标准和产业发展的长效机制。《国务院办公厅关于印发文化体制改革中经营性文化事业单位转制为企业和进一步支持文化企业发展两个规定的通知》中表示，将继续实施支持文化企业发展税收优惠政策。

上述政策的制定与出台，为我国动漫产业链各个环节的快速发展提供了重要保障和有效的规范标准，为我国动漫产业的持续健康发展创造了有利环境。

2. 动漫产业平稳发展

近年来，我国的动漫产业发展情况良好，实现了平稳增长，预计 2014 年我国动漫产业总产值将达到 1000 亿元。2011 年我国动漫产业总产值为 621.72 亿元，2012 年为 759.94 亿元，2013

年我国动漫产业发展速度有所减缓，总产值达 870.85 亿元，较 2012 年增长 14.59%（见图 9-6）。根据《动漫蓝皮书：中国动漫产业发展报告（2014）》的数据，国产动画电影也在国内动漫产业呈现良好发展态势的推动下，取得了较快发展：2012 年我国内地上映的国产动画电影为 23 部，总票房为 4.74 亿元；2013 年国产动画电影为 27 部，总票房为 6.4 亿元；到了 2014 年，国产动画电影达到 28 部，总票房为 10.6 亿元。这说明国产动画电影正越来越受到国内观众的认可。

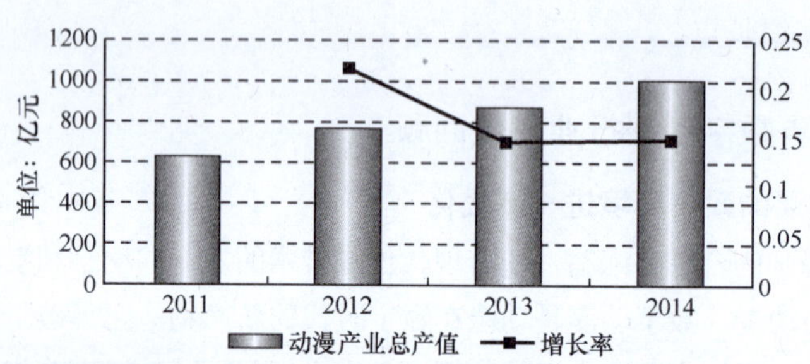

资料来源：根据公开资料整理

图 9-6　我国动漫产业总产值及增长情况

3. 新媒体动漫发展迅猛

在国家政策对动漫产业扶持，行业市场逐步成熟的背景下，2013 年，由中国电信爱动漫产业基地牵头，联合奥飞动漫、炫动传播等 100 多家动漫企业，共同组建了“中国新媒体动漫联盟”，推动国内原创动漫市场化、产业化的发展进程，推动我国动漫数字化升级。新媒体动漫包括系列动画短片、漫画、手机主题、手机动画、表情等，随着 IPTV、数字电视和 3G 技术的推广及应用，以网络动漫和手机动漫为代表的新媒体动漫成为国内动漫产业新的增长点。2011 年中国新媒体动漫产值为 35.34 亿元人民币，仅占中国动漫总产值的 5.7%；2012 年我国新媒体动漫产值达到了 58.36 亿元，比 2011 年增长了 46.7%；2013 年新媒体动漫产值达到了 71.85 亿元，比 2012 年增长了 23.1%；预计 2014 年年底，我国新媒体动漫产值将达到 91.69 亿元（见图 9-7）。

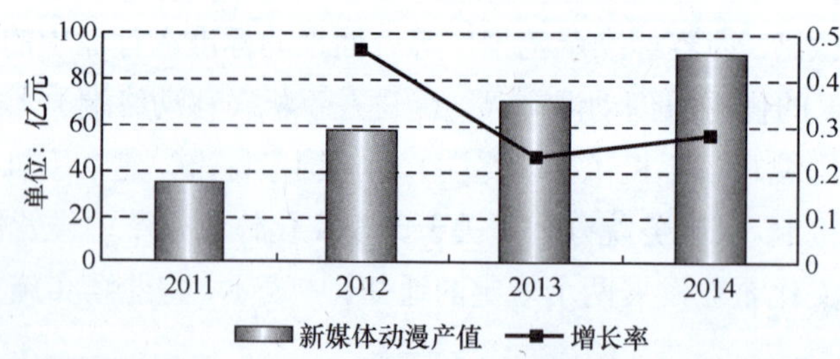

资料来源：公开资料整理

图 9-7　新媒体动漫的产值及增长率

9.2.2　2015 年数字动漫行业发展展望

近年来，在国家强有力的政策推动和行业的积极创新发展下，我国数字动漫蓬勃发展，新媒体动漫的产业规模也将不断扩大。预计 2015 年，我国数字动漫将继续保持快速增长的发展态势，手机动漫和动漫衍生品市场上将展现出巨大的发展空间。

1. 手机动漫继续保持快速发展

手机动漫是伴随着智能手机的兴起而快速发展的一个行业，随着动漫行业的数字化发展，手机动漫已成为动漫行业的重要组成部分。据“动漫产业信息周报”统计，2011 年，我国数字手机动漫产值 17.78 亿元；2012 年，这一数字达到 28.36 亿元；预计 2014 年中国手机动漫市场规模将达到 30.25 亿元。手机动漫市场规模在不断扩大，未来在政策利好、行业数字化程度加深以及产业链逐渐成熟的情况下，手机动漫将继续保持快速增长。

（1）手机动漫将拥有更庞大的受众群体。截至 2014 年 6 月，中国网民规模达 6.32 亿人，其中手机网民规模 5.27 亿人，互联网普及率达到 46.9%。移动互联网快速普及使手机动漫的用户数量不断增加，到 2014 年年底，预计中国手机动漫用户累计规模将达 2.8 亿。伴随着网民规模的扩大和手机动漫用户的累计提升，手机动漫将拥有更庞大的受众群体。

（2）移动网络的普及和终端的改进，将为用户提供更好的服务体验。移动互联网能够实现网络终端多样化，智能手机等多种网络化终端的快速发展是新媒体动漫发展的硬件条件。艾瑞咨询统计数据显示，移动互联网市场规模在 2014 年为 2818.8 亿元，2015 年将达到 4252.7 亿元。巨大的移动互联网市场将为新媒体动漫，特别是为以智能手机为主要终端的手机动漫的发展提供巨大的发展空间。在 4G 网络移动互联网的迅速发展下，移动网络数据传输速度将得到大大提高，这将大幅改善手机动漫用户的体验。智能手机的普及和技术的不断改进，也将不断提高手机的运算速度和屏幕的分辨率，这也将使用户体验进一步获得提高。

2. 动漫衍生品市场前景广阔

动漫产业具有链条较长、涉及产业范围广、附加值较高的特点。动漫衍生品产业属于动漫创意产业的下游产业，是建立在动漫创意内容品牌化的基础上，对动漫品牌价值的深入挖掘。随着我国动漫产业的快速发展，动漫衍生品市场也呈现出较快的发展。从 2009 年到 2014 年，我国动漫衍生品市场规模呈现逐年增加的趋势，2014 年，动漫衍生品市场规模达到 316 亿元，预计 2015 年，中国动漫衍生品市场规模有望达到 380 亿元。如图 9-8 所示。

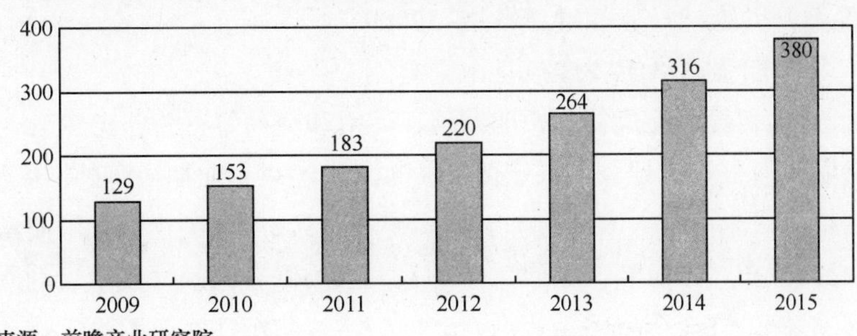

资料来源：前瞻产业研究院

图 9-8　我国动漫衍生品市场规模（单位：亿元）

动漫衍生品主要包括动漫玩具，动漫服装和动漫出版物。其中，动漫玩具的市场份额最大，占据动漫衍生品市场份额的半数以上，成为动漫衍生品市场收益的主要来源。

从世界经验来看，动漫衍生品市场规模往往远远大于动漫内容市场的整体规模。随着我国动漫产业的不断发展，和我国动漫衍生品市场在盈利模式以及经典动漫角色的创作上的积极努力，动漫衍生品行业将成为推动我国动漫产业价值增值的核心动力。

9.3 2014年网络游戏行业发展回顾与2015年展望

2014 年，网络游戏行业继续保持快速发展，市场规模进一步扩大。随着移动互联网的迅速普及和移动客户端数目的迅速增长，移动网络游戏迅速崛起，市场规模迅速扩大，成为网络游戏行业新的增长点。

9.3.1 2014年网络游戏行业发展回顾

网络游戏又称为在线游戏，是指以互联网为传输媒介，以游戏运营商服务器和用户计算机为处理终端，以游戏客户端软件为信息交互窗口的旨在实现娱乐、休闲、交流和取得虚拟成就的具有相当可持续性的个体性多人在线游戏。根据目前中国网络游戏特点以及网络游戏的内容，一般将网络游戏分为客户端游戏和浏览器游戏。客户端游戏包括大型客户端游戏和平台游戏；浏览器游戏包括网页游戏、社交游戏以及小游戏，如图 9-9 所示。

随着我国网络游戏市场政策环境的进一步优化，网络游戏行业呈现出良性发展态势，行业市场规模进一步扩大，行业内厂商基本维持原有的竞争格局。在数字信息化时代，移动网络游戏蓬勃发展，市场规模迅速扩大。

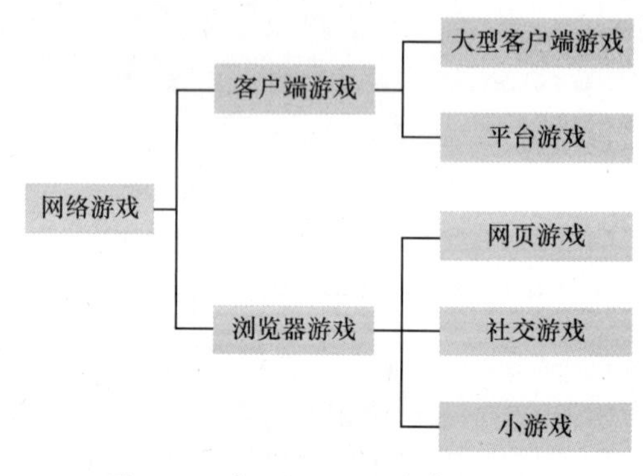

图 9-9 我国网络游戏类别结构

1. 网络游戏产业政策扶优限劣

长期以来，国家对于网络游戏行业都保持高度的关注，陆续出台了一系列针对网络游戏行业的规范性和扶持性政策，以维持行业的健康发展。2009 年，国家发布《关于加强网络游戏虚拟货币管理工作的通知》，从行政的角度规范虚拟货币的发现、使用和交易等行为；2010 年，国家实施“中国民族原创网络游戏海外推广计划”引导有条件的网络游戏企业加快海外推广步伐；2011 年，国家发布了《网络游戏未成年人家长监护工程实施方案》，用以制止或者限制未成年人不当的网络游戏行为；2012 年，国家新闻出版总署等八大部委联合出版《关于启动网络游戏防沉迷实名验证工作的通知》，在全国网络游戏中启动网络游戏防沉迷实名验证工作，以切实履行保护未成年人身心健康的社会责任；2013 年，国家拟实施出版《游戏出版标准体系表》《游戏出版程序规范》《游戏出版格式要求》和《游戏出版内容审读规范》，从游戏出版相关名次、游戏制作、版权登记、报批，以及包装格式和出版内容等方面来规范游戏出版产业链各个环节的发展；2014 年 2 月，《中华人民共和国广告法（修订草案）（送审稿）》禁止在针对未成年人的大众传播媒介、频率、频道、节目以及栏目上发布网络游戏广告；2014 年，国务院出台《国务院对确需保留的行政审批项目设定行政许可的决定》，拟简化移动游戏审核流程，特别是体育竞技类、休闲类国产移动网络游戏的审批程序。

国家针对网络游戏行业的政策措施不仅包括网络游戏内容的审核，也包括加大对于网络游戏违法行为如“私服”和“外挂”的打击力度；不仅包括对于增进产业创新的政策扶持，同时也不断加强对于未成年人沉溺网络等不良现象的制度化约束。国家行业政策的扶持和规范成为整个游戏产业快速发展的优良环境基础，同时也为游戏产业的发展增添了动力。

2. 网络游戏市场继续保持平稳增长

近年来，我国网络游戏市场取得了良好的发展，中国互联网信息中心（CNNIC）发布的《第 35 次中国互联网发展统计报告》的数据显示，截至 2014 年 12 月，中国网络游戏用户数达到 3.66 亿，网民使用率从 2013 年年底的 54.7%升至 56.4%，增长规模达 2782 万。伴随着网络游戏用户数量的增加，网络游戏市场规模也保持着平稳增长，2013 年中国网络游戏市场规模达到 891.6 亿元，到 2014 年上半年中国网络游戏市场规模达到了 518.1 亿元，预计 2014 年年底，中国网络游戏市场规模将突破 1000 亿大关，达到 1149.5 亿元，增长率较 2013 年的 32.9%有所下降，将达到 28.9%。如图 9-10 所示。

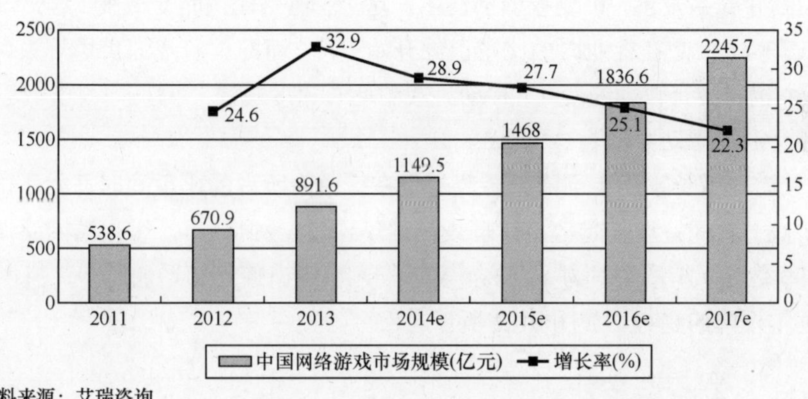

资料来源：艾瑞咨询

图 9-10　2011—2017 年中国网络游戏市场规模

3. 网络游戏行业内厂商的市场竞争格局稳定

根据中国互联网信息中心（CNNIC）发布的《第 35 次中国互联网发展统计报告》的数据，PC 网游中，用户规模排名前 15 位的游戏产品用户规模均在 100 万以上（见图 9-11），且都是客户端游戏。其中，腾讯公司占 8 款，网易公司占 3 款，搜狐畅游、完美世界、世纪天成和盛大网络各占 1 款，腾讯公司占据半数以上的规模。在中国网络游戏上市企业收入规模前 15 的上市企业当中，腾讯公司在 PC 客户端游戏的营业收入达到 270.6 亿元，在移动客户端游戏和 PC 浏览器游戏的营业收入共达到 177.5 亿元，无论是 PC 客户端游戏还是移动客户端游戏和

PC 浏览器游戏，腾讯公司均遥遥领先于其他游戏企业，并且已经连续 2 年保持行业领先地位，网络游戏行业形成了一头独大、多头并进的竞争形态。

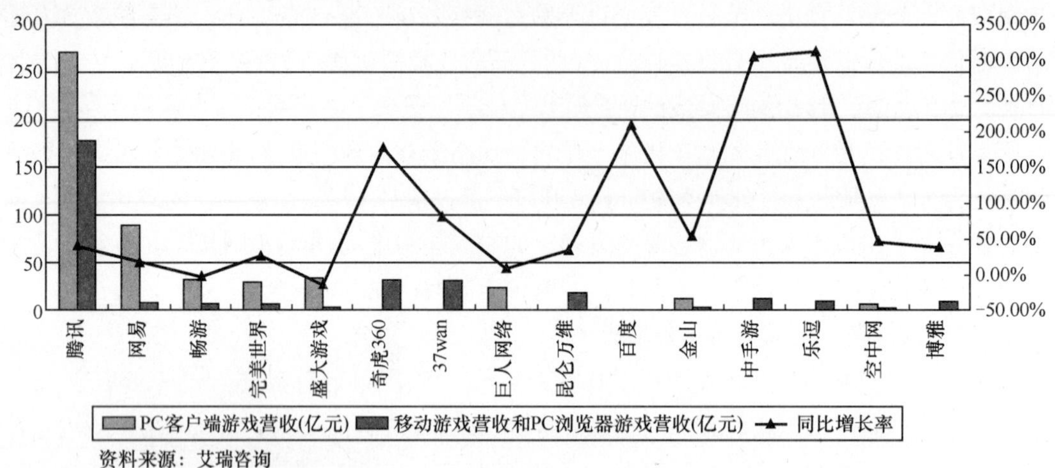

图 9-11　2014 年中国网络游戏上市规模 TOP15

9.3.2　2015 年网络游戏行业发展展望

客户端游戏、网页游戏和移动游戏是网络游戏市场的三个主要结构成分，近年来这些细分游戏市场都取得了长足发展，市场规模都在不断增大，但是比例略有改变：客户端游戏虽然保持较高的增长态势，但是在行业内的比重已经开始下降；而网页游戏的市场规模保持增加的同时，市场占有率也并没有较大的变化；移动游戏的增长速度最快，在行业内的占比也不断增加，成为网络游戏行业的带动力量。

1. 客户端游戏增长率逐年下降，游戏规模在行业内所占的比重同时开始下降

客户端游戏一直保持增长趋势，市场规模逐年递增。2014 年，客户端网络游戏的实际销售收入为 608.9 亿元，年增长率为 13.5%，实际收入呈现出逐年递增的趋势，但增长率自 2011 年起呈现出逐年下降的趋势。如图 9-12 所示。

图 9-12　2008—2014 年客户端网络游戏市场实际销售收入

客户端游戏占据着中国游戏市场最主要的份额，虽然行业规模仍将保持增长，但在行业内的比重呈现出逐年下降的趋势，2013 年网络游戏市场上客户端游戏所占的市场比例为 65.5%，

到 2014 年年底，这一比例预计为 61.1%，如图 9-13 所示。造成这种现象的主要原因：一是移动网络游戏的快速发展对客户端游戏产生了较大的冲击，客户端游戏厂商在智能终端的普及下也纷纷投入移动设备领域的开发研制，从而削减了对客户端游戏的注意力；二是客户端游戏拥有较高的准入门槛和较长的资金回收期，且新产品的成功率较低，使得很难有更多厂商进入市场，由于新产品的产出速度较慢，经典产品的老化不可避免，客户端游戏市场缺乏新鲜资源；三是客户端游戏的主要群体是 20～30 岁的青年，人口红利逐渐消失，游戏玩家数趋于饱和，在缺乏创新产品的状况下行业增长乏力。

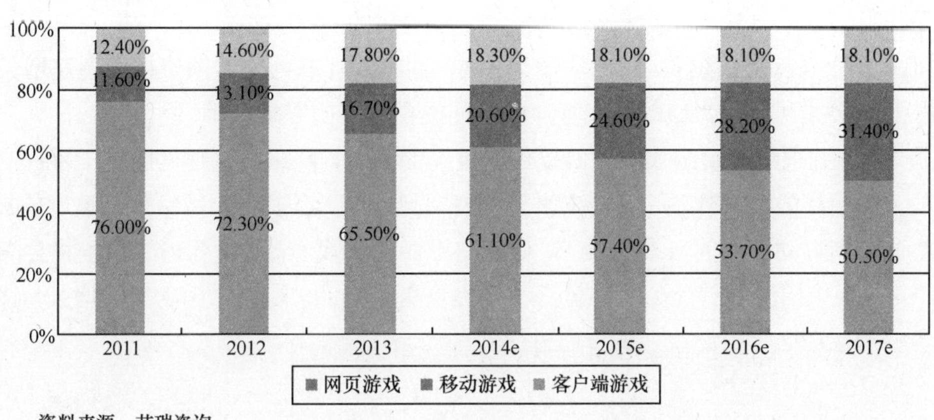

资料来源：艾瑞咨询

图 9-13 2011—2017 年中国网络游戏行业市场规模结构

2. 移动游戏成为行业发展新的增长点

随着移动终端设备的进一步普及和优化，以移动设备为基础的移动游戏行业增长尤为迅速。2013 年，中国移动游戏行业市场规模达到 148.5 亿元，增长率为 69.3%，移动游戏领域取得了突飞猛进的增长，预计 2014 年年底，移动游戏行业市场规模将达到 236.4 亿元，增长率为 59.1%，依然保持迅猛的增长速度。如图 9-14 所示。

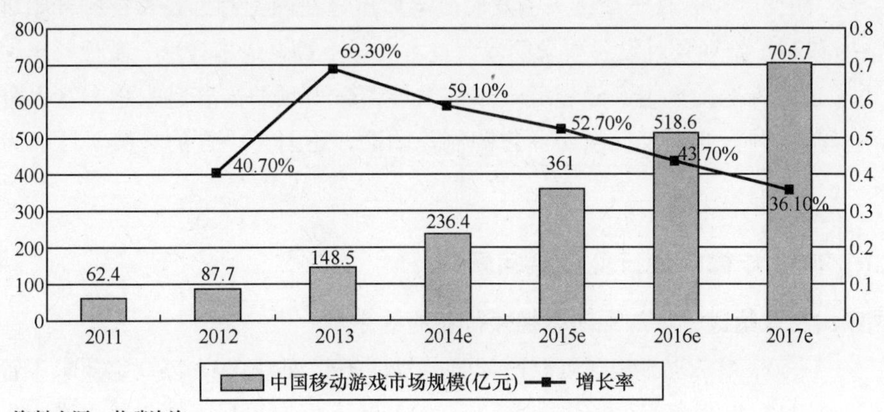

资料来源：艾瑞咨询

图 9-14 2011—2017 年中国移动游戏行业市场规模

预计 2015 年，移动游戏领域仍将保持快速的发展，原因有以下几个方面。

一是移动游戏用户的规模快速增加，将大大促进行业的发展。《2014 年中国游戏产业报告》指出，2014 年，移动游戏用户数量约为 3.58 亿人，同比增长 15.1%，这意味着移动游戏有着越来越庞大的客户群体。根据中国互联网信息中心（CNNIC）发布的《第 35 次中国互联网发展统计报告》的数据表明，手机网络游戏用户规模为 2.48 亿，使用率从 2013 年年底的 43.1% 提升至 44.6%，增长规模达 3288 万，智能手机的作为移动终端的最重要的组成部分，手机游戏用户的增长也意味着电脑端网络游戏用户向移动终端的进一步转化。

二是信息消费的迅速增长为移动游戏行业的发展提供了良好的外部环境。2014 年，中国智能手机出货量达到 3.9 亿台，同比增长 21.9%，同时，互联网流量消费持续高速增长，智能终端带来的人口红利，将为移动游戏行业的发展提供重要的终端保障。

三是 4G 的到来给移动游戏的发展提供了更大的空间，网络传输速度的进一步提高，能够使用户的获得更好的游戏体验。随着未来移动终端处理能力的提升，网络传输速度的加快，各大游戏厂商转向移动游戏的研发和推广，催生出更多的游戏产品，行业内的竞争将会淘汰大部分劣质产品，为中国游戏行业庞大的蓝海市场提供更多精品。随着平台功能的增强，移动游戏也将从“轻游戏”向“重游戏”的方向过渡。

9.4 2014 年微视频行业的发展回顾与 2015 年展望

微视频是指播放时间很短的网络视频，一般具有完整的剧情，长度在几十秒到几十分钟不等，它包括微电影、网络剧、纪录短片、地铁剧、DV 短片、视频剪辑、广告短片、公益短片等类型，可以通过 PC、手机、平板电脑、摄像头、DV、DC、MP4 等多重视频终端拍摄和播放，大众参与性强，随时随地分享是微视频最大的特点。微视频的出现源于草根人群对于 DV 拍摄和视频传播与共享的需求。

2006 年，胡戈制作的《一个馒头引发的血案》迅速在网上蹿红，微视频开始进入大众视野。由于拍摄和制作微视频对设备要求简单，技术含量不高，成本较低，微视频迅速成为大众通过视频语言自我表达的渠道。经过近十年的发展，微视频的内容越来越丰富、覆盖的人群也越来越多。微视频行业不仅拥有专业化的制作团队，还因为广告的易植入性成为新广告的投放地。

9.4.1 2014 年微视频行业发展回顾

1. 国家出台政策进一步加强对微视频行业的约束

2008 年，国家广电总局推出《互联网视听节目服务管理规定》，该规定要求主管部门对视频网站等试听节目播出平台实行拍照准入制；2012 年，广电总局下发《关于进一步加强网络剧、微电影等网络视听节目管理的通知》，要求互联网视听节目单位按照“谁办网谁负责”的原则，对网络剧、微电影等先审后播，提高对网络视听节目的内容审核标准，此外，还要求开办网络剧微电影的视频节目服务机构须持有“信息网络传播视听节目许可证”“节目制作许可证”以及“第二类互联网视听节目服务许可证”。这项通知对于管控视频内容的生产起到了一定的规范作用。2014 年，广电总局印发了《关于进一步完善网络剧、微电影等网络视听节目管理的补充通知》，进一步要求个人制作并上传的网络剧、微电影等网络视听节目由转发单位负责，要求各地新闻出版广电行政部门要加强广播电视节目制作经营机构的管理，还规定，网络剧、微电影等网络视听节目上网播出前应完成节目信息备案。

国家出台的这一系列法律措施，体现了对微视频内容和视频节目传播平台行为的进一步约束。一方面，对节目内容的约束，能够避免低俗、暴力等不良场面的传播，依法保护青少年的身心健康，防止不良节目占据内容优质、制作精良的优秀作品的播放空间；另一方面，进一步约束视频传播平台的行为，促使其履行开办主体的职责，承担大众传媒的社会责任，防止出现盲目追逐经济利益，而忽视传播节目内容的行为。这些法律措施的出台既保护了以网络剧微电影等网络视听节目为代表的新型网络文化产业的发展，也为新媒体视频行业的发展提供了良好的外部环境。

2. 微电影行业蓬勃发展

随着新媒体时代的到来，以互联网和移动终端为代表的新的传播平台成为时代发展的新趋势，微电影行业在新媒体时代也取得了良好的发展成果，新的电影形式不断涌现，如品牌微电影、旅游微电影、城市微电影、公益微电影、廉政微电影、禁毒微电影等。微电影行业出现了很多新的电影形式，不仅如此，传统电视台也开始涉足微电影行业的发展，如陕西卫视在 2012 年推出的《华夏微电影》，成为首个涉足微电影的传统电视台，此后许多电视台开辟微电影栏目，如北京电视台、中央电视台。此外，微电影还呈现出社交化、分享化的特征，根据新生代市场监测机构数据，98.2%的网民有社交化视频行为，63.9%的用户观看的视频内容受到社交网站上热点话题、关注好友的影响，微电影已经成为社交平台上信息传递的重要工具。

2013 年，国内的微电影产量已经超过 10000 部，2014 年，受到国家行业法规的限制，产量略有下降。但微电影行业规模在迅速扩大，2014 年，中国微电影市场规模已经突破 100 亿元，较 2010 年相比，增长约 2 倍，这说明微电影这个行业正在蓬勃发展。

3. 网络剧的观众规模不断扩大

2014 年，各大视频网站纷纷发力网络剧的创作，出现了如《匆匆那年》《暗黑者》《探灵档案》等一批播放量巨大的网络剧。以搜狐视频为例，搜狐视频的 5 部网络剧 2014 年播放总量超过 22 亿人次，单集播放量近 500 万人次，在 PC 端，网络剧的覆盖人数也迅速增加，根据艾瑞网调查结果，网络剧在 PC 端的覆盖人数由 2013 年 1 月的 1314.4 万人增长到 2014 年 10 月的 5171.3 万人，增长幅度达到 293.4%，从年龄层上看，19～35 岁的年轻观众比例达到 68.9%，成为网络剧的主要受众。另外，网络剧的制作量也将进一步扩大，2014 年，网剧制作规模达到 1700 余集，根据艺恩咨询的调查，2015 年网络剧制作规模预计将达到 3000 集。如图 9-15 所示。

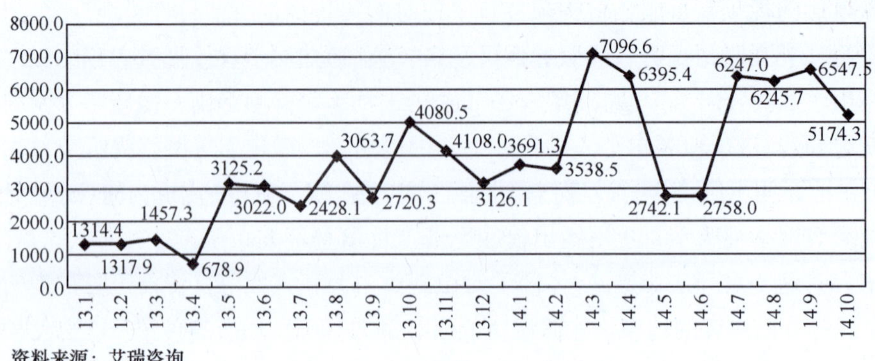

资料来源：艾瑞咨询

图 9-15　2013 年 1 月 ~2014 年 10 月中国网络视频 PC 端播放覆盖人数（单位：万人）

4. 微视频行业的盈利主要来自于广告收入，但也表现出多元化趋势

目前，微视频行业的盈利主要来自于广告收入，但收入模式呈现多元化发展趋势。除了广告收入之外，视频点播、移动运营商平台收入、版权收入、衍生品收入等也成为重要的收入来源。在微视频行业当中，视频制作者的收入来源主要是植入广告和版权销售，而视频网站的盈利主要来自于片头或片尾植入广告。广告微电影在微电影市场份额中占据较大的份额，与传统广告相比，微电影更加人性化，得益于良好的剧情设置能够与受众群体产生很大的共鸣。2014 年第二季度，中国网络视频市场广告收入就达 41 亿元人民币，同比增长 42.6%。根据艺恩咨询的调查结果，预计未来 3～5 年微电影的广告收入将达到 1000 亿元。

9.4.2　2015 年微视频行业发展展望

近年来，以微电影、网络剧为代表的视频行业成为视频网站大力投入开发的热门行业。虽然微电影、网络剧行业在发展过程中存在着商业化元素过浓、艺术性不够的问题，但不可否认，微电影、网络剧仍然是各视频网站发展的重点。随着产业链各个环节逐渐专业化，以及对视频内容的着力整改，在各大视频网站大力投资发展微视频行业的趋势下，微视频行业将会有更好的发展前景。

1. 专业化仍然是微视频发展的趋势

微视频的发展起源是用户不满足于仅仅分享文字、图片等信息，而期待通过视频的方式来表达个人观点。发展至今，微视频的概念已经不单单局限于此，更成为影视制作单位开拓的新的市场空间，在微电影、网络剧、微纪录片和商业广告片的制作当中涌入了大批专业化团队，在整个产业链当中，包括编剧、拍摄、技术处理、视频制作、营销推广、平台传播等各个环节都有专业化团队的介入，如商业微电影中，品牌商与影视公司合作制定品牌营销策划方案；在微纪录片推广过程中，影视公司或与视频网站、移动媒体合作；在公益微电影的传播中制作单位与地铁、公交等公共传播媒介合作；在网络剧的传播中，传统电视台也成为网络剧的播出载体。

2. 移动视频成为主要的发展方向

随着智能手机等移动终端的普及，手机网络视频成为各个视频网站新的发力点，目前针对智能移动终端的微视频应用，如微视、Movie360、拍客等能够为用户提供上传分享服务，满足用户随时随地分享信息的需求。

国内门户、视频网站如搜狐、优酷土豆、乐视、腾讯、爱奇艺 PPS 等不断推出移动客户端版本，成为门户、视频网站在移动终端上的据点。智能手机的屏幕不断变大、4G 网络和无线网络的普及和覆盖为用户提供了更好的视频体验。微视频的“短”时间、趣味性和娱乐性在快餐文化环境下能够充分满足用户消耗“碎片化”的时间的需求，获取更大的发展动力。

3. 各大视频网站将扩大自制剧的制作规模

视频网站单独购买独播剧所带来的用户点击量、流量并不足以支持其投资回报，各大视频网站开始投入网络自制剧的制作当中。如表 9-3 所示。视频网站大力投入自制剧的生产原因有两点：一是自制剧的投资回报率高，自制剧的单集投入低于传统剧单集投入，而收益比例远高于购买独播剧所带来的收入；二是自制剧充分发挥了原创性作用，突出网站的特点，是视频网站之间开展差异化竞争的重要渠道。

表 9-3　　2015 年主流视频网站自制投入计划

	优酷	爱奇艺	搜狐视频	腾讯视频
自制战略	大自制	自制品质元年	可传播、可回归、可衍生	精品内容
规模	出品大电影 8 部以上； 互联网电影 9 部以上	30 部自制剧，剧集总数 500 以上	设立定制周播剧场，生产超过 200 集定制聚集	联合顶级制作公司打造内容，尤其是电影和综艺
投入资金变化	2014 年投入 3 亿元； 2015 年计划 6 亿元	2014 年投入 3 亿元； 2015 年上不封顶	2015 年自制剧投入是 2014 年的两倍	未披露

资料来源：根据公开资料整理

4. 微视频的内容越来越丰富，制作更加精良

微视频因其庞大的受众群体成为视频行业新的发展点，微视频已经不仅仅局限于大众拍摄传播，更多的专业化视频制作团队开始从事微视频的制作，微视频从单集发展到系列剧，从单部剧发展到连载剧，从真人视频发展到动画视频，微视频内容越来越丰富。随着国家对网络视听类节目内容的限制，以及社会公众对于良好网络环境的期待，微视频的内容只有逐渐摆脱盲目追求广告效益、制作粗糙的尴尬局面，进一步完善编剧内容，优化视频制作技术，提供更多优秀的网络视频作品，才能满足观众的审美需要。

第10章　信息存储服务

随着国内信息服务业的不断发展，信息存储服务已经形成了全新的商业模式，不仅改变了信息消费用户的消费习惯，而且为国内信息服务产业发展提供了坚强支撑。当前，信息存储服务产业正迎来更多、更大的发展机遇。

10.1　信息存储服务概述

云存储实际上是一种服务，而不是传统意义上的存储。作为一种新型的模式，它有着广泛的应用前景。

10.1.1　云存储的概念界定

信息存储是将获得的或加工后的信息保存起来，以备将来应用。信息储存不是一个孤立的环节，它始终贯穿于信息处理工作的全过程。

软件定义存储的概念最早是由 VMware 提出，是指数据中心的服务器、存储、网络以及安全等资源可以通过软件进行定义，并且自动分配这些资源。其可以理解为对现有操作系统和管理软件的结合，从而实现对存储系统的部署、管理、监控等多个要求。目前，软件定义存储还没有统一的概念，但是其核心思想，即抛弃硬件设备的限制，采用开放的存储架构，提供存储的可管理性，已经得到普遍认可。

简单来说，软件定义存储就是，在任何存储上运行的应用都能够在用户定义的策略的驱动下自动工作。软件定义存储将存储服务从存储系统中抽象出来，且可同时向机械硬盘及固态硬盘提供存储服务。

云存储提供的是一种综合服务，云存储服务基本分为两类，一类是提供平台级的云端存储空间租赁服务，另一类是基于平台级的存储空间提供上层应用级别的文件上传、下载及多终端同步的网盘服务。前者为后者提供分布式数据存储平台，保障数据存储业务安全可靠，后者则为前者提供更好的存储应用体验和用户使用体验，一般后者直接面向个人用户，而前者大多面向企业用户和应用开发者。

目前，国内外的个人云存储服务普遍采用免费空间加扩容收费的模式，面向个人用户收取网盘空间扩容费用是主流网盘的典型盈利方式。用户一旦对网盘的使用产生依赖，转移的成本较高，同时使用多个免费网盘又会造成数据存放多处的不便，如此一来，用户也愿意支付一定的费用来购买额外空间。此外，云存储还能提供一些移动硬盘所望尘莫及的服务，如文件恢复、文件备份、云端分享等，这些服务可以单个收费也可以打包收费。

相比个人云存储服务的盈利模式和定价，主流平台级云存储服务以面向企业和第三方开发者提供空间租用的方式为主要盈利模式。所以针对企业用户，云存储服务商主要提供企业空间租赁服务和企业级远程数据备份和容灾。

10.1.2　云存储的分类

从不同的角度可以将云存储分为不同的类别，通常我们将其分为公共云存储、内部云存储和混合云存储三类。

1. 公共云存储

公共云存储又称公有云存储，像亚马逊公司的 Simple Storage Service（S3）和 Nirvanix 公司提供的存储服务一样，它们可以提供大量低成本的文件存储。供应商可以保持每个客户的存储、应用都是独立的、私有的。公共云存储是云技术发展较为突出的代表，覆盖范围较广的如金山快盘、OATOS 企业网盘以及 cStor 云存储，服务较专业的如云创存储希望管理平台，都具有一定代表性。

公有云存储一般通过单一类型的存储服务满足不同客户需求，比如，用的最多的对象存储服务或表服务，难点在利用分布式技术构建一个 Scale-out 的多租户存储系统；而私有云需要通过多种类型的存储服务满足内部不同应用系统的需求，因此在架构设计上会包括块存储、文件存储等多种存储系统。难点在管理系统平台的建设上。

公共云存储可以划出一部分用作私有云存储。一个公司可以拥有或控制基础架构，以及应用的部署，私有云存储可以部署在企业数据中心或相同地点的设施上。私有云可以由公司自己的 IT 部门管理，也可以由服务供应商管理。

2. 内部云存储

又称私有云存储，私有云存储是建立在私有云上面，客户独立拥有其存储设施。这种云存储和私有云存储比较类似，唯一的不同点是，它仍然位于企业防火墙内部。至 2014 年，可以提供私有云的平台有 Eucalyptus、3A Cloud、minicloud 安全办公私有云、联想网盘和 OATOS 企业网盘等。

3. 混合云存储

这种云存储把公共云和私有云/内部云结合在一起，主要用于按客户要求的访问，特别是需要临时配置容量的时候。从公共云上划出一部分容量配置一种私有或内部云可以帮助公司面对迅速增长的负载波动或高峰时很有帮助。尽管如此，混合云存储带来了跨公共云和私有云分配应用的复杂性。

10.1.3　云存储与传统网盘的比较

近年来，云存储受到广泛关注和热捧，总体来看，其与传统网盘的区别主要体现在用户需求、产品功能、技术手段和产品市场等方面。

1. 用户需求差异化：多屏时代的个人数据需求

传统网盘最初是对邮箱和即时通信这两款产品提供补充出现的，以满足用户的个性化需求。随着Web2.0的兴起，传统网盘从附属产品独立出来形成完整的产品线，以满足用户多样的网络存储需求，用户对传统网盘的更多需求还是在于存储和资源共享。

但是，随着公共信息下载的便捷性提升、视频网站越加发达，公共资源的共享需求呈现平缓下降的趋势，反而使个人数据在移动互联网时代的来临后越来越受到用户的重视。随着移动终端产品种类的增加和功能的快速进步，用户对其存储个人信息方面的需求越来越高。但不同电子产品的存储卡相对独立，不便打通，又为用户在电子产品之间交互带来了麻烦。随之而来的是，用户希望有一个解决方案，可以完美地解决这些数据的交互问题，告别呆板的移动存储设备转移和单纯的网站数据下载行为。

2. 产品功能差异：同步是最大亮点

用户需求的变化必然导致产品功能差异化。传统网盘首先实现的是基础的存储功能，继而是共享功能；个人云存储产品则是在吸收前者功能的基础上，推出了同步功能以应对用户数据迁移与管理的需求。所谓的同步是指能够实现个人数据在联网的情况下实现手机、PC、平板电脑，甚至互联网电视之间的同步存储和更新。目前，金山快盘通过与康佳智能电视产品的合作，让用户能够实现数据贯通个人所有智能终端平台。

除此以外，个人云存储产品提供了更多的附加功能，比如，金山快盘提供的MSN聊天记录备份、同步IE收藏夹与备份照片功能，再如，酷盘Android版本提供的通讯录备份功能。从这些功能可以看出，个人云存储厂商不满足于仅保存用户的文档，已开始深挖用户需求，力争做到用户个人数据的全备份。

3. 产品技术手段：让“云”落地

个人云存储产品与传统网盘在技术实现上也有很多差异。如个人云存储产品往往在内容存储形态、安全功能设计上较传统网盘产品体现出很大的优势。不同于很多打着“云”字眼的互联网产品，个人云存储产品真正实现了分布式数据存储、多服务器冗余部署等特点。而传统网盘由于存储了海量的大容量公共内容，如果使用多服务器冗余部署、分布式存储都会带来沉重的带宽和存储成本，因此，往往仅在单服务器上存储用户文件，这种情况下，一旦数据出现丢失，绝无找回数据的可能。

此外，个人云存储产品的安全功能设计也很出色，通过对用户存储的内容进行加密，即使服务器存储单元出现丢失，用户的信息也绝无泄露的可能，同时用户可通过冗余备份服务器找回自己的数据。目前个人云存储产品中，金山快盘在安全设计上做的较为出色，将用户的文件分段分割并进行加密，存储于多地的不同服务器存储单元中，最大程度保障了用户的数据和隐私安全。据了解，金山快盘使用了AES-256高强度的密钥算法进行加密，数据的破解几乎不可能。另外，个人云存储产品也强调保障用户上传数据的通道安全，采用SSL协议将个人用户与远程云端服务器相连，可以保证用户的操作不受第三方的非法监听。

4. 市场商圈：个人数据带来用户黏度

在2010年前，一个人的计算机上同时装有几个网盘，这是因为传统网盘产品存储的内容往往是公有资源，用户分享的大量公有资源更偏向娱乐化。由于这些资源与用户的需求并不存在刚性的关联性。因此，这类内容即便丢失，一般也不会对用户产生影响。同时，这类内容往往容量较大，动辄数GB的资源很容易就超过存储空间限额，让很多用户不得不同时使用多个传统网盘产品，由此便带来了用户黏度本身偏弱的负面影响。

个人云存储产品与传统网盘存储的内容不同，往往是用户的个人数据、私有信息，如用户的个人文档、个人相册、个人音乐和个人视频等，这些内容与用户息息相关。用户一旦选定个人云存储产品，便不会轻易换用或是放弃，其用户黏度将高于传统网盘。同时，用户对个人云存储中的内容分享，也将吸引周围的关系人群使用。

10.2　云存储产业发展政策环境良好

云计算是全球不可逆转的一个趋势，是新一代信息技术的重要发展方向，被视为中国新一代信息技术实现创新突破、跨越式发展的战略机遇，盘点2010年至今中国支持云计算的政策可以看出国家对于云计算的重视，具体如下。

（1）2010年10月，国务院发布《国务院关于加快培育和发展战略性新兴产业的决定》，将云计算列为战略性新兴产业之一。

（2）2012年5月，工业和信息化部发布《通信业“十二五”发展规划》，将云计算定位为构建国家级信息基础设施、实现融合创新、促进节能减排的关键技术和重点发展方向。

（3）2012年5月，工业和信息化部发布《互联网行业“十二五”发展规划》，提出推动云计算服务商业化发展，构建公共云计算服务平台，并专门设立云计算应用示范工程。

（4）2012年5月，工业和信息化部发布《软件和信息技术服务业“十二五”发展规划》，将“云计算创新发展工程”列为八个重大工程之一，强调以加快中国云计算服务产业化为主线，坚持以服务创新拉动技术创新，以示范应用带动能力提升，推动云计算服务模式发展。

（5）2012年7月，国务院发布了《“十二五”国家战略性新兴产业发展规划》，将云计算作为新一代信息技术产业的重要发展方向和新兴业态加以扶持，并将物联网和云计算工程作为中国“十二五”发展的二十项重点工程之一。

（6）2012年9月，科技部发布《中国云科技发展“十二五”专项规划》，这是中国首个部级云计算专项规划，对于加快云计算技术创新和产业发展具有重要意义。

（7）2013年8月，国务院印发了《关于促进信息消费扩大内需的若干意见》，积极推动云计算服务商业化运营，并要求各级政府要将数据中心、云计算等信息基础设施纳入城乡建设和土地利用规划，同时给予必要的政策资金支持，从而拉动数个“万亿级”消费目标的快速实现。

（8）2014年，“宽带中国”专项行动的部署，将云计算作为战略性新兴产业发展的一个重点领域，进一步加强了国家级的战略引导，推动我国宽带基础设施快速健康发展，将宽带接入速率大幅提升，并延伸辐射到行政村，这就为行业云的广泛应用奠定了基础，为云计算的规模效应带来好处，也为大数据的实施拓展了数据收集范围，让更全面的数据应用产生更好的效益。这些为云计算服务的普及和大数据的应用奠定了发展基础。

10.3 云存储服务丰富多样

云存储市场风起云涌，国际国内都不乏好产品的诞生。由于市场定位的不同，衍生出来的云存储产品和服务也不同，但恰恰是不同的产品和服务扩大了个人用户和企业用户的选择空间，给生活和生产带来了诸多便利。

10.3.1 个人云存储服务

可以说，云计算技术的成熟、4G 的发展、智能终端的普及，带来了个人云存储业务的繁荣。随着巨头的争相入局，未来几年，我们将看到云服务行业重新洗牌。据市场研究机构 Gartner 预测，到 2015 年，个人云服务将被广泛使用，其发展空间仍旧非常巨大。国内代表性的个人云存储产品与服务如表 10-1 所示。

表 10-1　中国个人云存储市场的产品与服务

	以下载工具为主导	以门户网站巨头为主导	以云化的应用为主导	以垄断 IM 工具为主导	以免费工具主导	以搜索引擎为主导
代表产品	迅雷随身盘	新浪微盘	金山快盘	腾讯微盘	360 云盘	百度云
主要功能	（1）安全性脱离，拥有加密技术； （2）文档修改，自动备份； （3）拖动文件即可同步； （4）开通迅雷会员即能有高速通道，高清下载等特权	（1）分享各类文件，自动把数据备份到云端服务器，安全无忧； （2）支持网页、PC、手机等多终端访问，随时随地查看文件； （3）热门资料推荐：推荐新鲜优质资料、方便用户下载	（1）支持虚拟磁盘加密，数据多重加密备份； （2）自动同步文件到 PC、手机、Web； （3）好友间轻松共享文件、工作中协同合作	（1）QQ 中转站：超大文件存储可单次上存 2GB 文件； （2）随时通过 QQ 邮箱发送存储的超大文件，最长 30 天文件保存期限，可离线传输； （3）QQ 网盘：主流同步，分享等功能	（1）支持上传的单个大小为 5GB 以内的文件； （2）实时同步备份功能； （3）支持上传的单个大小为 5GB 以内的文件； （4）有外链分享功能	（1）推广加空间，目前在不断改版完善中； （2）有同步盘； （3）有外链，加密共享等，外链不受限制； （4）在线查看文档，听音频，播放视频
2012 年资费情况	（1）注册即有免费 5GB 盘； （2）开通迅雷会员	（1）免费使用，注册即有 2GB 免费用量； （2）可通过邀请好友等免费升级到最高 8GB 容量	免费使用，注册有 5GB 的免费容量，通过完成任务可升级到 15GB 的免费容量	（1）QQ 中转站全免费使用； （2）QQ 网盘仅面向 QQ 会员开放；512MB 网络硬盘超级用户 20 元/月，16MB 网盘免费	每天通过抽奖活动可扩大空间，最多达到 36GB	免费使用，注册有 15GB 的免费容量
2012 年用户数						1000 万

续表

	以下载工具为主导	以门户网站巨头为主导	以云化的应用为主导	以垄断 IM 工具为主导	以免费工具主导	以搜索引擎为主导
代表产品	迅雷随身盘	新浪微盘	金山快盘	腾讯微盘	360 云盘	百度云
2014年资费情况	迅雷随身盘下线，收购金山快盘	在 2012 年的基础上增加了用手机和平板登录可分别获取 50GB 永久空间。共计 100GB 永久免费空间	1TB 空间永久免费	10TB 永久免费空间	36TB 免费空间	（1）1TB 永久免费空间； （2）加 1 元：1TB 永久免费空间，共计 2TB 永久免费空间
2014年用户数（万）		1331.03	649.89	12364.91	1680.97	13422.78

资料来源：各云盘主页和《2014 年 3 月中国个人云存储市场用户数（网页版）》

10.3.2　企业云存储服务

企业日益增长的虚拟数据与文件存储服务需求，助推了云存储市场的快速发展。随着国内个人云存储服务逐渐获得用户认可，针对企业级云存储服务的市场也在不断拓展，很多专注于企业级云存储的创业公司迎来了快速发展。一些早先提供网盘服务的企业也都在转型为企业打造"漫步云端"式的办公而不断改进升级。对企业来说，云存储在提升工作效率和加强企业管理方面的优势已经越来越明显。国内企业云存储市场价格如表 10-2 所示。

表 10-2　　中国企业云存储市场价格

代表产品	联想企业网盘	七牛云存储	51idc	搜狐网盘	华为云服务	又拍云存储
2014年产品价格	1）团队协作版 10/20/50GB，4999/6999/9999 元/年，用户数 5/10/15 2）企业管理版 100GB，16999 元/年，用户数 100	计费方式="存储空间+流量+数据请求"三者费用之和 0 GB～50 TB，0.165 /GB/月	容量型 10GB 约合 3.02 元/月	300 元/10GB/年	线性云硬盘 0.78（元/GB）包月	日单价（0.0043 元/GB/天

资料来源：各云盘主页和《2014 年 3 月中国个人云存储市场用户数（网页版）》

2014 年 3 月 21 日，eNet 硅谷动力网站发布的中国企业云存储服务排行前 20 位，如表 10-3 所示，企业排名根据产品美誉度、市场影响力和服务三个主要指标综合得出，其中，阿里云、edoc2 企业云盘分列第一、第二位，又拍云存储和坚果云则并列排在第三位。

表 10-3　　中国企业云存储服务排行 Top20

排名	产品	产品美誉度	市场影响力	服务	综合
		45%	25%	30%	
1	阿里云	9.5	9.7	9.5	9.6
2	edoc2 企业云盘	9.3	9.4	9	9.2
3	又拍云存储	8.9	8.3	8.7	8.7
4	坚果云	8.8	8.6	8.5	8.7

续表

排名	产品	产品美誉度	市场影响力	服务	综合
		45%	25%	30%	
5	七牛云存储	8.8	8.3	8.1	8.5
6	天锐云存储	8.5	8	8	8.2
7	OATOS 企业网盘	8.5	8	7.9	8.2
8	和信云存储	8.1	7.9	7.7	7.9
9	百度云	8.6	7.5	7.3	7.9
10	腾讯云	8.2	7.4	7.2	7.7
11	联想企业网盘	7.9	7.9	7.3	7.7
12	金山企业快盘	7.5	7.5	7.1	7.4
13	115 网盘商务云	7.6	7.5	7.4	7.5
14	搜狐企业网盘	7.4	7.3	7	7.3
15	同步盘	7.5	7.1	6.9	7.2
16	够快企业网盘	7	7	6.9	7
17	Gleasy（格子云）	6.5	6.3	6	6.3
18	天翼云	6.6	5.2	6.2	6.1
19	联通沃云	6.6	4.8	6	6
20	华为对象存储服务	5.8	4.8	6.1	5.6

资料来源：eNet 硅谷动力

目前，国内提供云存储的各大服务商，一般都是采用完全免费、部分免费的形式，但是，在国内，因为对于单个文件大小的限制，使得很多用户抱怨，免费用户受到了严格的限制，即使是付费用户，因为网速的原因同步文件的速度也并不快。再加上上传和下载等待时间太长，很多个人云存储用户体验并不好。近两年，随着个人云存储在技术和投入不断提升和加大的情况下，用户体验也在逐步提高。

10.4 “数据地产”——数据容灾备份中心发展迅速

随着信息技术的不断发展，信息安全的重要性日趋明显，数据的备份和恢复是保证信息安全的重要方法，众多数据容灾备份中心应运而生，形成了所谓的“数据地产”。

10.4.1 数据容灾备份的概念界定

灾难备份中心是为了确保重要信息系统的数据安全和关键业务可以持续服务，提高抵御灾难的能力，减少灾难造成的损失而建设的数据备份系统。容灾备份系统简称“灾备系统”，又称为灾难恢复系统或灾难备份系统。灾难备份系统是整个信息系统的有机组成部分，而不是游离于生产系统之外的一个独立系统，更不是一个可有可无的东西，它是数据中心保护数据的最后手段，其建设是一项系统工程，不但涉及数据中心的服务器、存储、网络，而且涉及组织架构、业务流程、规章制度、外部协作关系、资金投人等各个方面。灾难系统需要对可能遭受的风险进行风险分析和业务影响分析，并结合数据中心的现状进行设计，同时筹备所需的各种资源，制订详细的任务进度计划，通过严格的项目管理措施，才能保证项目的质量和进度要求。灾备系统建设完成后，还必须经过演练加以改进和完善，以便灾备系统在需要时起到备份和恢复的作用。

其主要行业应用是：在政府或企业的信息数据中心遭遇自然灾难或人为侵害时，启用同城或异地建立的备份数据中心提供不间断的数据信息服务，从而保证政府或企业的业务连续性。在政府、金融、电信、交通、能源、公共服务业及大型制造、零售业等信息化依存程度高的行业，灾难备援应用极其广泛。特别是在震惊世界的美国“9・11”恐怖事件发生以后，“灾难备援”成为全球性的信息化课题。

目前灾难备份中心的建设模式有以下 3 种：①自建灾难备份中心模式；②共建灾难备份中心模式；③服务外包模式。

10.4.2　数据容灾备份意义重大

随着计算机的普及和信息技术的进步，特别是计算机网络的飞速发展，信息安全的重要性日趋明显。但是作为信息安全的一个重要内容，数据备份的重要性却往往被人们所忽视。只要发生数据传输、数据存储和数据交换，就有可能产生系统失效、数据丢失或遭到破坏。如果没有采取数据备份和数据恢复手段与措施，就会导致数据丢失或损毁，给数据中心造成的损失是无法弥补与估量的。

造成数据故障的原因是多种多样的。通常，数据故障的原因可划分为系统故障、事务故障和介质故障三大类。从信息安全的角度出发，实际上第三方或敌方的信息攻击，也会产生不同程度的数据故障，例如，计算机病毒型、特洛伊木马型、黑客入侵型、逻辑炸弹型等攻击。这些因素将会造成的后果有数据丢失、数据被修改、增加无用数据及系统瘫痪等。数据中心就是要千方百计地维护系统和数据的完整性与准确性。通常所采取的措施有安装防火墙，防止黑客人侵；安装防病毒软件，采取存取控制措施；选用高可靠性的软件产品；增强计算机网络的安全性等。但是，世界上没有万无一失的信息安全措施，信息世界的攻击和反攻击也永无止境。对信息的攻击和防护好似矛与盾的关系，螺旋式地向前发展。

因此，数据备份与数据恢复是保护数据的最后手段，也是防止主动型信息攻击的最后一道防线。以“9・11”事件和日本大地震为例，日本灾难范围和波及强度远高于美国“9・11”事件，但是日本的大型企业的业务活动没有受到直接打击，原因就是日本企业在美国“9・11”的惨痛教训中总结了经验，对业务灾备进行了更为严格的要求，保证了灾难事件之后备份数据立刻启用，恢复企业的正常运转。

在实际经营中，一般企业不能够承受自建灾备数据中心的巨额支出，针对这个问题，灾备解决方案针对不同的企业有不同的业务模式。

针对中小企业需要采取自主定制型的灾备管理服务模式，使得中小企业可以按需采购和按需付费，选择网络安全公司自主运营的数据中心作为系统数据灾备节点，将系统数据库和程序文件均进行数据同步备份，以降低成本。针对大型企业采用多点容灾方案，在多个地域部署容灾系统，通过广域负载均衡技术将系统设置为一主多备的模式，在主节点发送灾难或故障时，系统直接将业务切换至备用数据中心，在最短时间恢复业务。

10.4.3 国内数据容灾备份发展潜力巨大

中国的数据灾难备份建设在经历几年的探讨后，正逐步进入实践阶段。促成中国数据灾备市场快速发展的原因主要源于两个方面：一方面是国内信息化建设的不断完善和普及，政府、行业和企业的关键业务系统已经全部信息化，而保持业务运行的连续性和信息的安全已成为它们首要考虑的因素；另一方面，则是近年来政府对国家重要行业灾备建设的推动。

目前，随着对灾备需求的增大、灾备技术的成熟以及相关法规的不断完善，数据灾备外包正成为一个趋势。业内人士表示，自建数据灾备中心对于企业的资金和技术的要求高，一次性投资巨大，资金投入涉及建筑工程、机房配套工程、IT 系统投入以及通信网络设备投入，而这笔投入是为小概率的事件准备的，平时都处于闲置状态，导致总体投入成本（TCO）和投资回报率（ROI）不对称，数据灾备中心资源利用率低。因此，自建灾备中心并不是每个企业都愿意或者有能力去承担的。

随着企业对数据灾难备份需求的增加，灾备市场的巨大潜力也逐渐展现出来。在国内，除四大国有银行和电信运营商具有自建灾备服务中心的实力外，大部分行业和政府机关部门所需要的灾难备份服务，多采用外包模式。这为相关企业提供了绝佳的商机。

10.5 云存储市场发展趋势

1. 个人云存储使得企业在针对个体消费研究方面加大投资规模

目前很多对消费者的研究还停留在静态的方式上，比如，通过问卷调查和对原始数据进行分析。更多的企业会在个性化定制服务方面加大投入。这些企业往往会通过社交网络，大数据技术的应用以及直接的接触（电子邮件和社交媒体）来了解客户的需要。通过掌握消费者的购买动机、生活方式以及内心需求这样的细节来把握客户需求。

2. 企业云存储服务的个性化需求显著

企业云存储服务与个人云存储服务有很大的不同，企业用户不但对于存储容量和云空间的大小有很高的要求，而且对服务商的云存储产品的个性化服务也成为考察重点。除了对安全性、延迟性、价格方面等基本需求外，企业希望服务商的产品能更加契合企业业务特点。比如，又拍云主要提供非结构化数据的云端存储、处理和分发，产品特点是提供比较完善的图片存储方案，从而赢得了捕鱼达人、蘑菇街、百姓网等对图形图像数据处理有较高要求的企业的青睐；edoc2 致力于提供云端文档应用服务，并面向商务需求和企业客户，从而成为京东方、航天科工、大公国际、首钢、东方雨虹、中视传媒等众多大型企业的云存储服务商；OATOS 是基于服务器端，对在线预览和编辑、即时通讯、云视频会议等提供了较好的解决方案，成为了中集集团、三一集团、真彩文具、人民日报、银华基金、网宿科技等众多大型企业的合作伙伴。

可以看出，企业级市场对于存储需求有大量潜力可挖，而且围绕着图片、视频、文档等细分领域可以进一步细化市场，满足企业用户的不同需要。

3. 提供行业化定制服务是云存储市场的发展趋势

医疗卫生行业，制造业以及零售业将会开发出更多适用其领域的应用程序。这样做面临的挑战之一就是要承担起客户更深层次、更复杂的体验工作。但在开发新的功能时，企业在特定领域 SaaS 所具有的用户基础会使企业抢得先机。行业化定制的趋势不容小觑的原因是，用户对特定领域相关应用的需求日益增长。在任何一个领域，通用的应用软件都会避免变得过于复杂，否则，会因为提供给用户不切实际的服务而与用户脱节。

在 2015 年 2 月，北京电视台智慧媒体服务项目——云存储建设立项的招标内容中，项目预算达到 1500 万元人民币，且该项目不接受进口产品，这不仅体现出电视媒体对于云存储建设的重视，也给国内企业云存储服务提供商带来了新的发展思路。

4. 云存储服务价格将更加大众化

在过去的一年中，云存储市场的竞争激烈。众多服务商都倾向于采用开源架构，不仅将自主研发和自主知识产权作为宣传重点，在云基础设施、云数据中心上也投入了巨资，价格战的趋势越来越明显。

随着微软 Windows Azure 和亚马逊 AWS 储存服务的降价竞争，阿里云也宣布的价格下调。云存储服务价格呈走低趋势成为必然。原因有以下两方面：一方面，云存储服务商通过自身技术能力提升、用户规模提升可以降低服务成本；另一方面，进入云存储服务领域的门槛的降低也在加剧着云存储服务市场的竞争。

第11章　信息传输行业

11.1　2014年电信业发展回顾

11.1.1　电信业的含义

从统计分类的角度看，电信业主要是指通过电缆、光缆、无线电波等提供通信服务的行业。或者说，利用有线、无线的电磁系统或者光电系统，传送、发射或者接收语音、文字、数据、图像以及其他形式的信息传输活动。主要包括以下内容。

（1）固定电信服务。指固定电话等电信服务活动，其中包含固定网本地电话服务，国内、国际、港澳台长途电话服务等，以及固定电话网呼叫中心、语音信箱、可视电话会议服务等业务。

（2）移动电信服务。指移动通信等电信服务活动。移动通信服务包含模拟移动通信业务、数字集群通信业务、第二代数字蜂窝移动通信业务、第三代数字蜂窝移动通信服务等。

（3）其他移动电信服务是指其他电信服务活动，包含互联网管理服务、数据、图像传送服务、其他未列明的电信服务。

电信业的生产运营需要各个企业及国民经济各个产业部门的相互协调和配合，这些产业部门（企业）与电信业构成了一条完整的产业链。电信产业链可以理解为以提供电信服务为核心的由前向、后向具有关联关系的产业部门组成的链条式结构。一般，电信产业链上具有关联关系的产业部门主要包括设备制造商、电信运营商、内容（服务）提供商、系统集成（软件）提供商、专业平台提供（应用）商、终端设备提供商、渠道合作伙伴以及用户等。如图11-1所示，这根链条上的每一个构成要素紧密联系、互相作用，创造出比单一企业更大的协同效应。电信业链结构不是固定的，随着通信技术、市场竞争情况以及用户需求的变化，电信业链处在一个动态变化

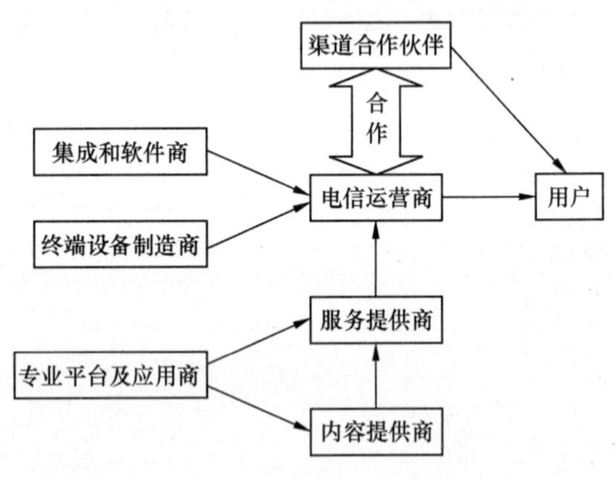

图 11-1　电信业产业链结构

的过程中。

11.1.2 2014 年电信业发展回顾

1. 发展现状

2014 年，我国通信运营业认真贯彻落实中央稳增长、促改革、调结构、惠民生、防风险等政策措施，深入推进“宽带中国”战略，提升 4G 网络和宽带基础设施水平，积极发展移动互联网、IPTV 等新型消费，全面服务国民经济和社会发展，全行业保持健康发展。

（1）行业运行平稳，业务总量与收入增速差距拉大

经初步核算，2014 年电信业务收入完成 11541.1 亿元，按可比口径测算同比增长 3.6%，比 2013 年回落 5.1 个百分点。电信业务总量完成 18149.5 亿元，同比增长 16.1%，比 2013 年提高 0.7 个百分点。电信业务总量与电信业务收入增长的“剪刀差”由 2012 年的 1.8 个百分点持续拉大至 12.5 个百分点。电信综合价格指数同比下降 10.8%。如图 11-2 所示。

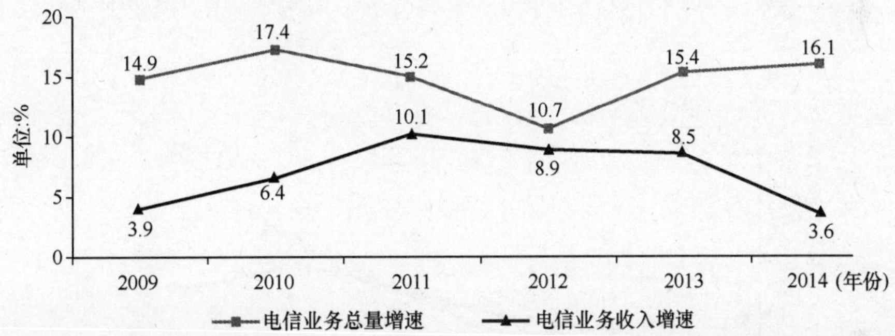

资料来源:工业和信息化部网站

图 11-2 2009—2014 年电信业务总量与业务收入增长情况

（2）行业转型步伐加快，用户结构和业务增长日趋优化

2014 年，行业发展对话音业务的依赖大幅减弱，非话音业务收入占比由上年的 53.2%提高至 58.2%；移动数据及互联网业务收入对收入增长的贡献率突破 100%，占电信业务收入的比重从上年的 17%提高至 23.5%。移动宽带（3G/4G）用户加快发展，高速率宽带用户占比提升明显。移动宽带用户在移动用户中的渗透率达到 45.3%，比上年提高了 12.6%；8M 以上宽带用户占比达 40.9%，光纤接入（FTTH/0）用户占宽带用户的比重突破 1/3。融合业务发展渐成规模，截至 12 月末，IPTV 用户达 3363.6 万户。如图 11-3 所示。

（3）移动电话普及率稳步提升，10 省区市突破 100 部/百人

2014 年，全国电话用户净增 3942.6 万户，总数达到 15.36 亿户，增长 2.6%，比上年回落 5 个百分点。其中，移动电话用户净增 5698 万户，总数达 12.86 亿户，移动电话用户普及率达 94.5 部/百人，比 2013 年提高 3.7 部/百人。全国共有 10 省区市的移动电话普及率超过 100 部/百人，分别为北京、辽宁、上海、江苏、浙江、福建、广东、海南、内蒙古和宁夏，其中海南、宁夏首次突破 100 部/百人。固定电话用户总数 2.49 亿户，比 2013 年减少 1755.5 万户，普及

率下降至 18.3 部/百人。如图 11-4 和图 11-5 所示。

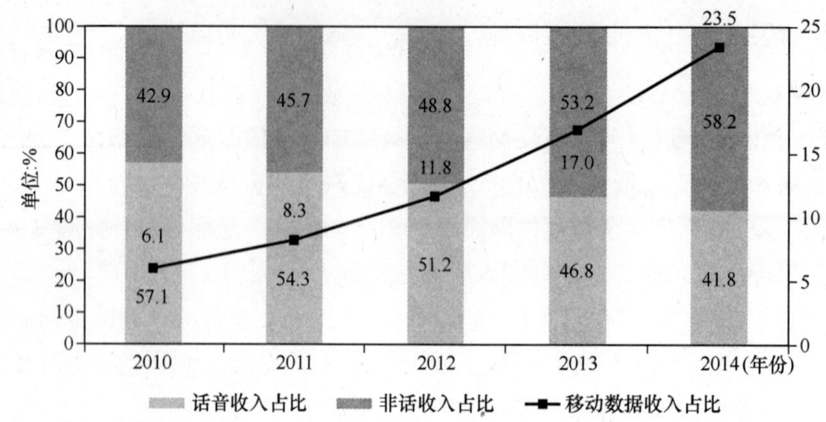

资料来源:工业和信息化部网站

图 11-3　2009—2014 年话音业务和非话音业务收入占比变化情况

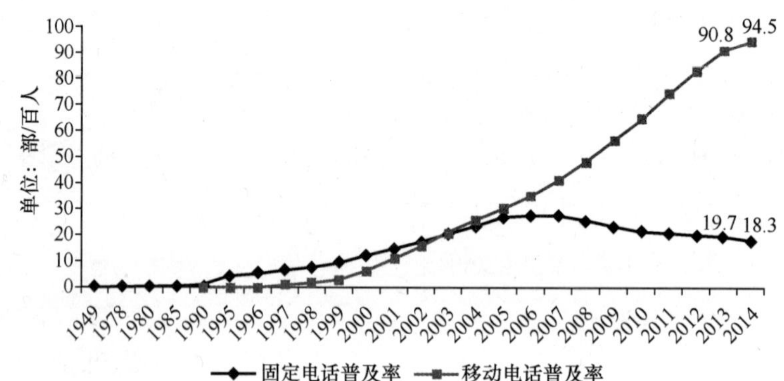

资料来源：根据公开资料整理

图 11-4　1949—2014 年固定电话、移动电话用户发展情况

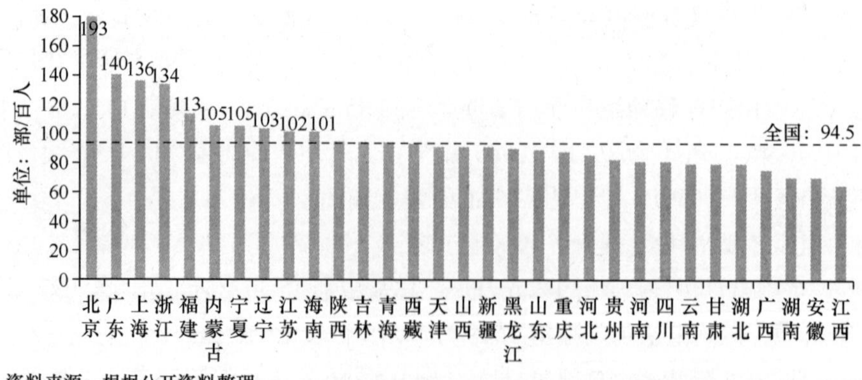

资料来源：根据公开资料整理

图 11-5　2014 年移动电话普及率各省区市发展情况

（4）移动用户结构加速优化，4G 移动电话用户发展迅速

2014 年，2G 移动电话用户减少 1.24 亿户，是 2013 年净减数的 2.4 倍，移动电话用户的比重由上年的 67.3%下降至 54.7%。4G 用户发展速度超过 3G 用户，新增 4G 和 3G 移动电话用户分别为 9728.4 和 8364.4 万户，总数分别达到 9728.4 和 48525.5 万户，在移动电话用户中的渗透率达到 7.6%和 37.7%。其中，TD-SCDMA 和 TD-LTE 用户总净增达到 1.43 亿户，比 2013 年净增数多 4000 万户，在用户增量和总量中的份额达到 79.1%和 57.4%。如图 11-6 和图 11-7 所示。

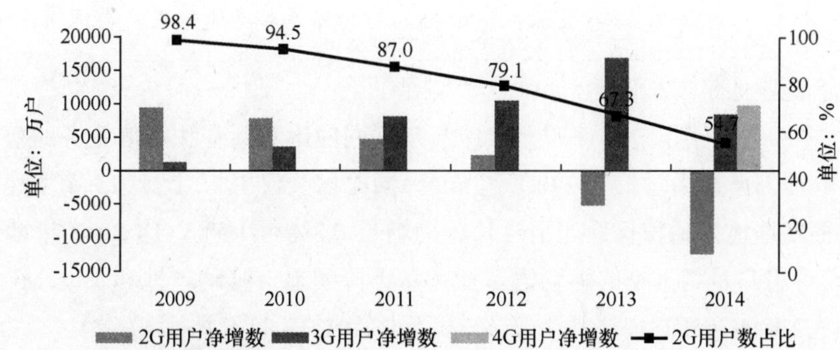

资料来源：根据公开资料整理

图 11-6　2009—2014 年各制式移动电话用户发展情况

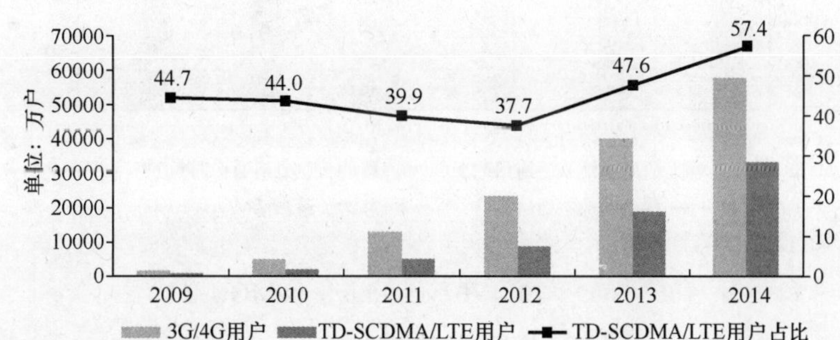

资料来源：根据公开资料整理

图 11-7　2009—2014 年 3G/4G 用户和 TD 用户发展情况

（5）光纤接入用户和高速率宽带用户占比提升明显

2014 年，三家基础电信企业固定互联网宽带接入用户净增 1157.5 万户，比 2013 年净增减少 748.1 万户，总数突破 2 亿户。宽带城市建设继续推动光纤接入的普及，光纤接入（FTTH/0）用户净增 2749.3 万户，总数达 6831.6 万户，占宽带用户总数的比重比上年提高 12.5%，达到 34.1%。8M 以上、20M 以上宽带用户总数占宽带用户总数的比重分别达 40.9%、10.4%，比 2013 年提高 18.3 个、5.9 个百分点。城乡宽带用户发展差距依然较大，城市宽带用户净增 1021 万户，是农村宽带用户净增数的 7.5 倍。如图 11-8 所示。

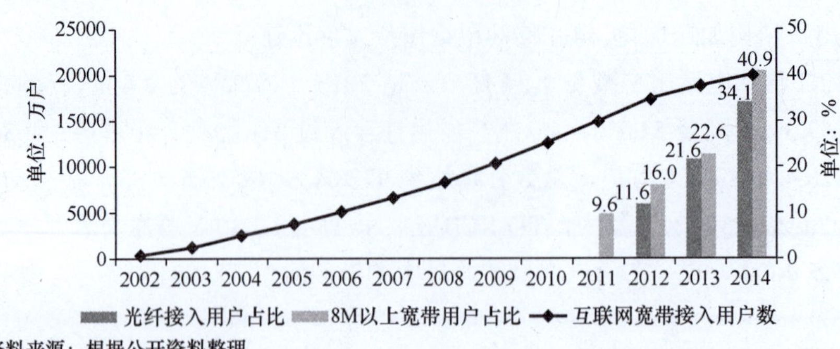

资料来源：根据公开资料整理

图 11-8　2002—2014 年互联网宽带接入用户发展和高速率用户占比情况

（6）移动话音业务量增长低迷，MOU 值明显下降

2014 年，在移动电话用户增速明显放缓和互联网应用对话音和短信业务的替代双重影响下，全国移动电话去话通话时长 29270.1 亿 min，同比增长仅 1%，比 2013 年增速下降 4 个百分点。其中，移动本地去话和长途通话时长分别增长 0.8%和 1.5%，比 2013 年增速下降 4 和 4.3 个百分点。每用户月均贡献的移动语音业务量下降明显，移动本地和长途 MOU 值（min/月・户）分别达 148.4 和 45.3，同比下降 6%和 5.4%。如图 11-9 所示。

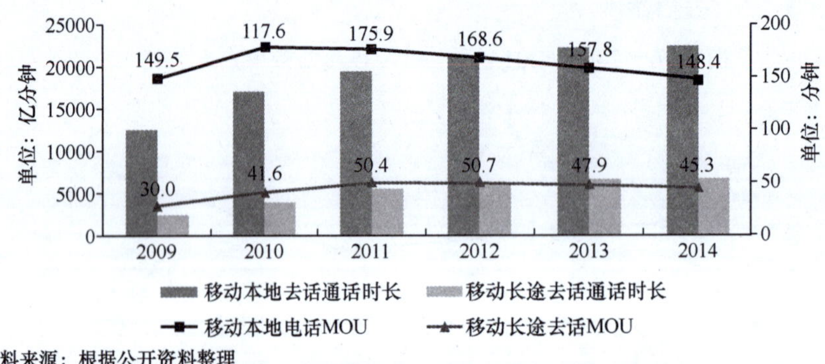

资料来源：根据公开资料整理

图 11-9　2009—2014 年移动通话量和 MOU 值比较

（7）移动通信业务收入增长放缓，占比小幅提升

2014 年，移动通信业务实现收入 8599.4 亿元，按可比口径测算同比增长 3.3%，比 2013 年同期下降 6.6 个百分点。移动通信业务收入占电信业务收入的比重达到 74.5%，比 2013 年提高 0.1 个百分点。其中，话音业务收入在移动通信业务收入中占比达到 50.7%，比 2013 年下降 5.9 个百分点。固定通信业务实现收入 2941.7 亿元，按可比口径测算同比增长 4.3%，其中固定话音业务收入在固定通信业务收入中占比达到 16%，比 2013 年下降 3.2 个百分点。如图 11-10 所示。

（8）数据业务收入增长整体放缓，移动数据业务增长贡献突出

2014 年，固定数据及互联网业务收入完成 1524.7 亿元，按可比口径测算同比增长 5.5%，比 2013 年下降 3.5 个百分点。受增值电信企业大力发展宽带接入业务带来的市场竞争，以及

用户基数不断扩大的影响，三家基础电信企业宽带接入用户增长乏力，导致互联网宽带接入业务收入增长趋缓。移动数据及互联网业务收入完成 2707.2 亿元，按可比口径测算同比增长 41.8%，比 2013 年下降 13.7 个百分点。移动数据及互联网业务收入在电信业务收入中占比达到 23.5%，比 2013 年提高 6.5 个百分点，拉动电信业务收入增长 7.2 个百分点，有效弥补了话音业务收入的增速下滑。如图 11-11 所示。

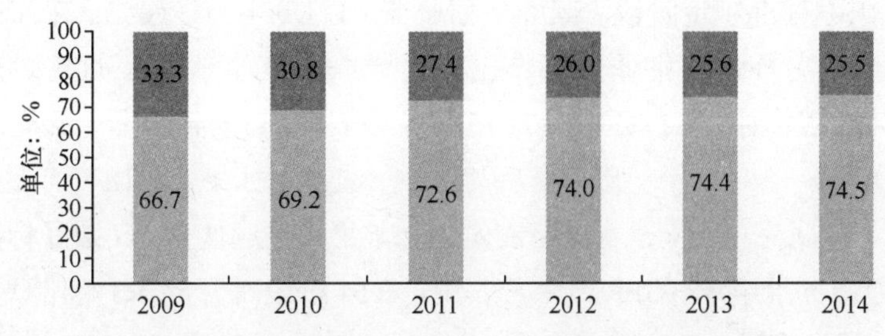

资料来源：根据公开资料整理

图 11-10 2009—2014 年电信收入结构（固定和移动）情况

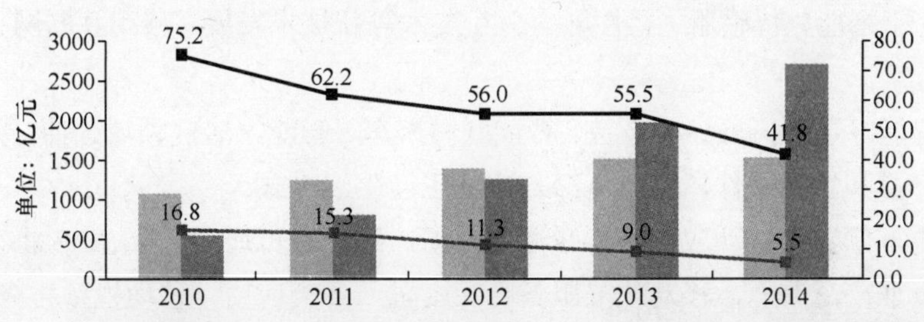

资料来源：根据公开资料整理

图 11-11 2009—2014 年固定与移动数据业务收入发展情况

2. 政策环境

（1）电信业“营改增”

财政部和国家税务总局于 2014 年 4 月 29 日联合下发《关于将电信业纳入营业税改征增值税试点的通知》（财税〔2014〕43 号）文件，根据通知规定，在我国境内提供电信业服务的单位和个人，为增值税纳税人，自 6 月 1 日起按相关规定缴纳增值税，不再缴纳营业税。

（2）加强电信和互联网行业网络安全工作

2014 年 8 月 28 日，工信部发布《工业和信息化部关于加强电信和互联网行业网络安全工作的指导意见》，旨在有效应对日益严峻复杂的网络安全威胁和挑战，切实加强和改进网络安全工作，进一步提高电信和互联网行业网络安全保障能力和水平。

3. 关注焦点

（1）4G 迈向全球第一，5G 加快布局

我国将成为 4G 全球最大市场及创新核心。预计 2015 年，我国 LTE 基站数量将达约 160

万，网络规模将长期大幅领先其他国家，4G 用户市场预计 2015 年上半年即可跃居全球第一，年底可望突破 3 亿规模。我国 4G 市场的崛起将改变移动通信乃至 ICT 产业的世界格局，作为拥有全球一半 4G 基站数量的国家和最大的 4G 手机市场，我国对 LTE-A、VoLTE、TD/FDD 融合组网等 4G 增强技术的试验和商用将吸引全球 4G 研发资源，在 4G 多模多频芯片、智能终端等领域也将成为创新和研发最活跃的地区。

5G 即将进入国际标准制定阶段。国际电信联盟（ITU）在 5G 愿景、未来技术趋势和频谱等 5G 国际标准化等方面的前期研究工作已接近尾声，全球对 5G 的共识初步形成。根据“IMT-2020”（即 5G）工作计划，ITU 将在 2015 年年中启动 5G 标准背景、流程、技术性能需求、评估准则与方法等研究，2017 年年底，将启动 5G 候选技术征集，2018 年年底启动 5G 技术评估，并将于 2020 年年底完成 5G 技术规范制定。全球业界普遍认为 5G 国际标准的主体技术内容将在主流移动通信标准组织 3GPP 产生，其中，R14 阶段是开展 5G 标准研究项目（SI）的最佳时机，R15 阶段可启动 5G 标准工作项目（WI），R16 及以后将对 5G 标准进行完善增强。

（2）孕育中的移动互联网新一轮创新与变革

移动互联网仍将是信息通信业中最具活力、创新最快和规模最大的领域。伴随着 Web 技术、大数据、人工智能、传感器、柔性屏、交互技术等新技术发展，移动互联网正孕育新一轮的创新与变革。

新产品：智能终端将向可穿戴设备、智能联网汽车、智能家居等领域延伸，并形成更泛在化的智能计算产品和智能硬件，进一步深入改变生产生活方式。

新应用：更多颠覆性移动应用将不断涌现，如，移动支付通过各类 APP 将在公共交通、零售、餐饮等行业广泛普及，移动位置服务将深度融入各类应用，移动视频将成为主流应用，移动教育、移动医疗等将全面兴起。

新业态：移动互联与物联网融合、移动互联网与传统产业融合，将会形成新的业态和市场，APP 经济将从互联网向传统产业加速延伸；新模式：云和端整合仍将是移动互联网的主导模式，移动互联与传感、交互、精准定位等技术相结合，将开启更多 O2O 及其他跨界的模式创新。

新生态：谷歌、苹果、微软两大一小的垂直一体化全球产业格局仍将延续，通过超级 APP 以及 HTML5 技术，在操作系统之上构建轻型水平化生态的探索将取得新进展。

新产业：全球移动互联网相关产业规模已超过 1.6 万亿美元，未来发展将打造规模更大的万亿级产业。

（3）从智能终端到智能硬件到机器智能：开启智能化时代

智能化浪潮正由智能终端向智能硬件和机器智能发展，一个智能化新时代即将开启。智能手机的爆发式增长已经过去，将逐步迈入结构调整期。而同时，可穿戴设备等泛智能终端正改变人机协同方式，成为下一个爆发点，预计 2015 年，全球市场出货量将突破亿级。此外，开源智能硬件兴起，充分利用互联网集体智慧，并与 3D 打印等结合，大幅减低了设计成本，提高了硬件兼容性和可扩展性，将无限创意空间，未来，智能硬件在新工业革命的大背景下，将加速向制造业等传统领域扩展，并将推动基础智能工业机器的发展。

（4）云计算和大数据：向新技术新平台的演进

在未来的2～3年中，云计算、大数据可能突破现有技术体系，在架构、性能和应用方面跨上新的台阶。

云计算方面，虚拟化技术正发生重要变革，其中，容器管理技术Docker是其中的突出代表。与传统虚拟机技术相比，Docker的容器效率大大提高，用户云实例规模可以从几十GB级别下降到几十MB级别；同时，还具有跨平台的特点，可以大大降低开发与迁移难度。随着谷歌、IBM、VMware、微软等巨头的加入，Dockcr可能成为新的云计算基础性平台。大数据分析方面，内存计算平台Spark异军突起，将突破大数据分析领域Hadoop一统天下的局面。Spark一方面为大数据应用提供了一个统一的平台，整合了批处理、交互式、流处理等多种数据处理模型，并能够很好地与现在主流的Hadoop、Mesos等大数据平台集成；另一方面通过将数据分析中间数据存放在内存中，与Hadoop硬盘I/O相比，计算速度提升了30～100倍。数据中心方面，国内企业主导的微模块数据中心、天蝎整机柜服务器等新的产品形态体现了“快速部署、定制优化、软硬整合、成本控制”的发展趋势，正迅速被市场所接受，预计2015年部署量将达5000个。

11.2　2014年互联网传输业发展回顾

11.2.1　互联网概述

互联网信息传输是指电信运营企业和网络公司所进行的，基于互联网的信息传递活动。在国民经济行业分类中，互联网信息传输服务是“互联网和相关服务”的重要组成部分，它主要包括互联网接入及相关服务以及包含电子邮件、电子公告、文件传输等服务在内的互联网信息服务。

互联网是当今社会经济活动的亮点，它是联系各个行业的重要桥梁和纽带，是引领国民经济的新的增长点，是引发经济活动方式和人们生活方式变革的重要因素。互联网的发展已成为经济活动各个领域和社会生活各个方面关注的焦点。

互联网传输业的产业链是由设备制造商、互联网运营商、内容（服务）提供商、系统集成（软件）提供商、专业平台提供/应用商、终端设备提供商以及用户等市场利益主体构成的一个链状网络。其结构如图11-12所示。

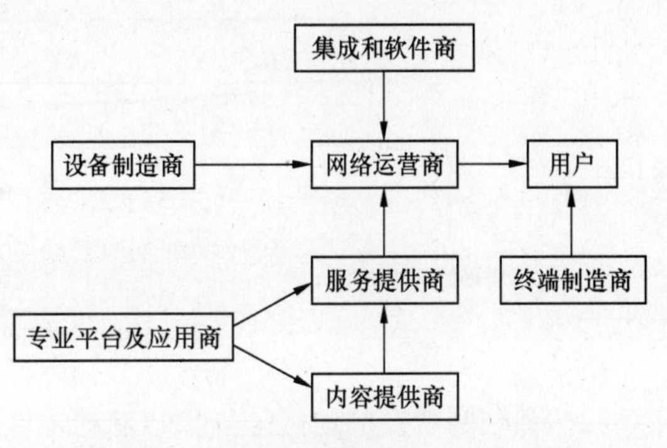

图11-12　互联网传输业产业链结构

在这条产业链中，互联网运营商处在核心位置上，在产业链发挥主导作用。随着宽带网和下一代互联网NGN的逐步推广和成熟，运营商将不断与技术及标准提供者进行业务协同，对系统集成及软件提供商和设备提供商提出更新的产品和服务的要求，提升网络带宽、拓宽服务内涵、提高服务质量。而随着网络基础的完善和网络服务市场的饱和，运营商本身也正由单纯的基础网络运营商向综合信息服务商转型。

11.2.2 2014 年互联网传输业发展回顾

1. 发展现状

（1）中国网民规模增幅持续收窄

2014 年，我国新增网民 3117 万人，如图 11-13 所示。增幅明显收窄。非网民的上网意愿持续下降，表示未来会上网的比例从 2011 年的 16.3%下降到 2014 年的 11.1%，网民规模的增速将继续减缓。如图 11-14 所示。非网民不上网的原因主要是不懂电脑/网络，比例为 61.3%，互联网知识与应用技能的缺乏是造成网民与非网民之间互联网使用鸿沟的重要原因。

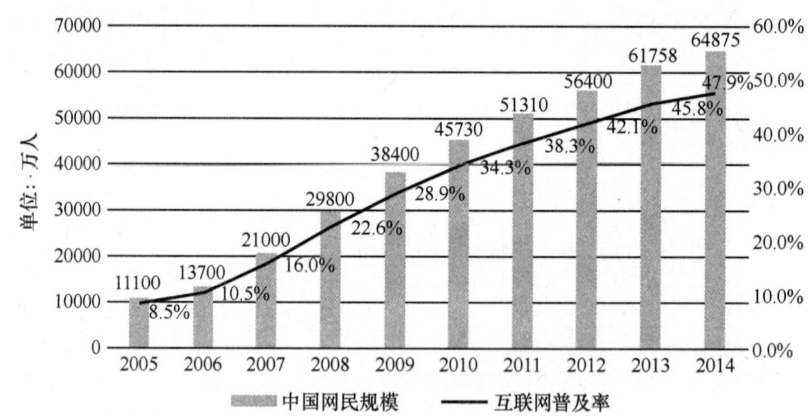

资料来源：CNNIC

图 11-13　中国网民规模和互联网普及率

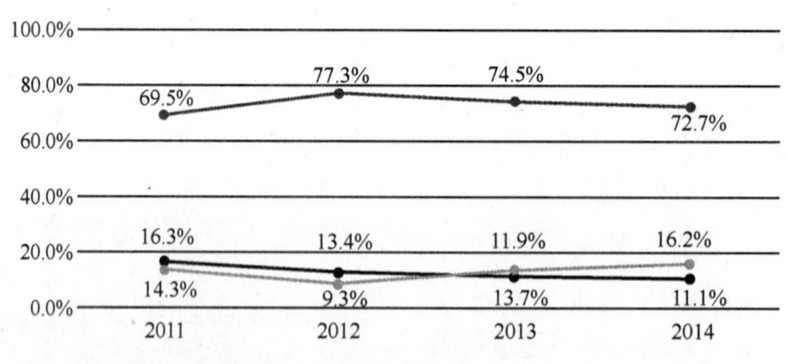

资料来源：CNNIC

图 11-14　非网民未来上网意向

（2）互联网普及的地区差异大，农村地区亟须重视

我国在推进互联网全面普及的工作上取得显著成效，互联网普及率的省间差异从 1997 年的

3.37%下降到 2014 年的 0.24%，但发达省份与欠发达省份间差异仍较明显，进一步推动欠发达省份的互联网建设工作将成为一项长期工程。与此同时，尽管农村地区网民规模、普及率不断增长，但是城乡互联网普及率差异仍有扩大趋势，截至 2014 年 12 月，城乡普及率差异达 34 个百分点，部分原因在于城镇化进程在一定程度上掩盖了农村互联网普及推进工作的成果，根本原因则是地区经济发展不平衡，妥善解决城乡数字鸿沟的方法仍然需要进一步探索。如图 11-15 所示。

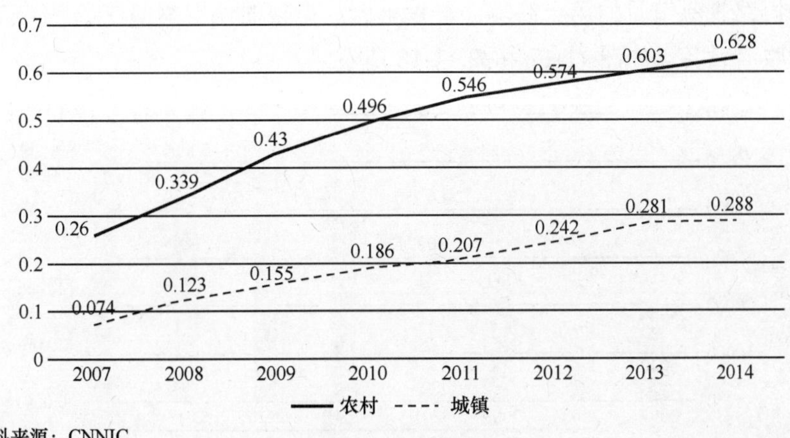

资料来源：CNNIC

图 11-15　互联网普及率

（3）即时通信的基础地位进一步稳固

即时通信作为第一大上网应用，在网民中的使用率继续上升，达到 90.6%。2014 年，手机端即时通信使用也一直保持着稳步增长的趋势。截至 2014 年 12 月，手机即时通信使用率为 91.2%，较 2013 年年底提升了 5.1 个百分点。如图 11-16 所示。手机即时通信由于其随身、随时、拥有社交属性和可以提供用户位置的特点，自身定位逐渐从以前单一的通信工具演变成支付、游戏、O2O 等高附加值业务的用户入口，以其庞大的用户基数为其他服务提供了巨大的潜在商业价值。

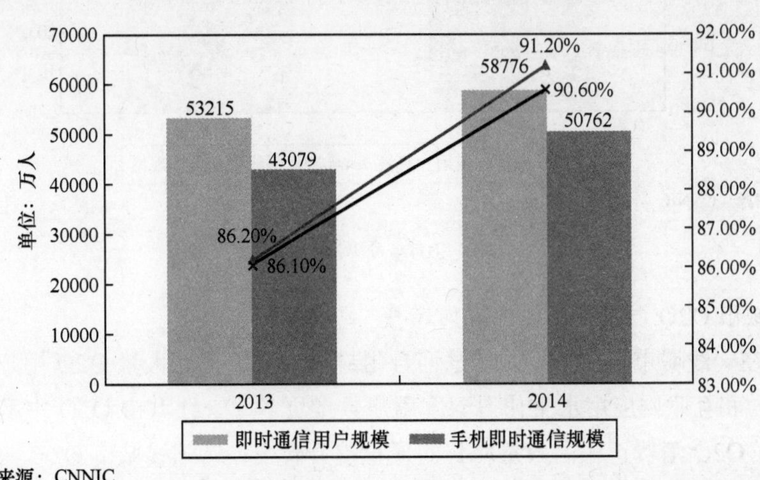

资料来源：CNNIC

图 11-16　2014 年即时通信使用情况

（4）手机超越 PC，成为收看网络视频节目的第一终端

2014 年，网络视频用户整体规模仍在增长，但使用率略有下降，手机视频的用户规模和使用率仍然保持增长态势，但增速已明显放缓，网络视频行业步入平稳发展期。近两年，用户在 PC 端收看视频节目的比例在持续下降，而手机端的比例则在持续上升。截至 2014 年 12 月，71.9%的视频用户选择用手机收看视频，其次是台式计算机、笔记本计算机，使用率为 71.2%，手机成为收看网络视频节目的第一终端。平板电脑、电视的使用率都在 23%左右，是网络视频节目的重要收看设备。如图 11-17 和图 11-18 所示。

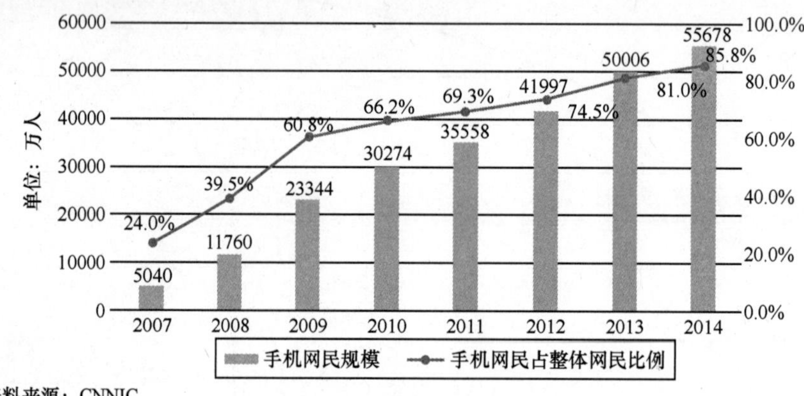

资料来源：CNNIC

图 11-17　2014 年手机网民情况

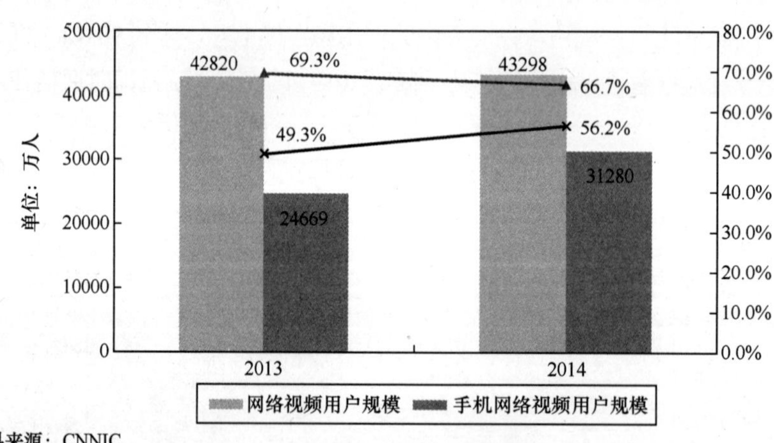

资料来源：CNNIC

图 11-18　2014 年网络视频发展

（5）一线城市 O2O 发展由增量向提质转变

O2O 企业在一线城市率先布局，通过迎合用户需求迅速集聚大量 O2O 用户的同时，用户较高的消费能力和互联网应用水平使得深度用户数量更多，一线城市 O2O 中度和重度用户占比共 39.2%，其 O2O 消费正在由数量增长向质量提升转变；二三线城市 O2O 业务布局正在逐步展开，巨大的消费潜力将使 O2O 市场进入增量增长阶段。餐饮、休闲伴随团购市场发展起

步较早，O2O 市场模式趋向于成熟，正在向服务精细化发展。与此同时，医疗和家政 O2O 的发展刚刚起步，用户需求较为强烈，未来将具有较大的发展潜力。

2. 关注焦点

（1）互联网 O2O 商业模式兴起，传统企业触网成必然趋势

2014 年，互联网 O2O 商业模式发展迅速，作为线下商品与服务的直接供给方，传统企业在这一模式中起着至关重要的作用，一方面是传统企业主动利用互联网开展商业活动，另一方面是由大型互联网企业主导，为拓展其业务范围、增强 O2O 实力而连结传统企业的被动触网。在这一发展趋势下，传统企业在内部运营、市场推广与服务和产品销售方面，将会越来越多地与互联网深度融合。目前，互联网 O2O 商业模式仍处在形成与摸索阶段，传统企业的 O2O 转型仍未出现实质上的成功案例，且涉及的行业集中度显著，批零住餐和生活服务企业占比较高，尚未广泛惠及各行业的中小微企业。随着互联网与经济活动的全面结合、对传统商业模式的影响和改革程度将进一步扩大，传统企业与互联网企业的分界将越来越模糊，互联网将成为企业日常经营中不可分割的部分。

（2）电视游戏成为新的市场热点

从用户规模、在线时长以及游戏收入等方面来看，PC 网游吸引了最具价值的深度用户，仍然是游戏市场的中坚。但网民增长的整体放缓，人口结构导致的低龄网民的比例下降，以及 PC 网游用户随着年龄增长的自然流失，都是导致 PC 网游增长放缓的原因。另外，PC 网游也在不断探索着适合于自己的新商业模式。比如，将线上游戏与线下活动，甚至电视节目相结合，竞技游戏与竞技体育相融合，逐步形成成熟的商业化运作模式，有望成为 PC 网游新的发展方向。手机游戏的爆发式增长在 2014 年上半年达到最高峰，下半年开始逐渐进入洗牌期，并表现出稳中有降的趋势，而预计 2015 年，在延续这一趋势的同时，手机网游的份额将进一步扩大。2014 年，游戏主机的解禁政策使得电视游戏成为新的市场焦点。但从目前电视游戏市场的发展态势来看，未来 1 年内将迅速占领市场的不是游戏主机，而是互联网电视、盒子。互联网电视、盒子在用户规模、用户增长率、市场推广等方面都要快于游戏主机，而面对成本、渠道、政策等诸多因素，游戏主机厂商仍持谨慎的观望态度，并没有急于推进。因此，预计 2015 年，电视游戏市场将先由互联网电视/盒子引爆，而游戏主机还有较长的路要走。

（3）互联网电视将成为未来客厅娱乐生态的中心

网络视频发展初期，PC 是人们收看视频节目的主要渠道，在移动互联网时代，人们使用 PC 看视频的比例逐渐下降，对手机、平板电脑等移动端产品的使用比例在逐渐上升。自 2013 年起，众多互联网公司陆续推出自己的互联网电视、盒子产品，加速布局客厅生态。经过互联网模式改造后的客厅，电视这一大屏幕会在其中发挥重要的作用。

下沉至硬件，平台+内容+终端的方式会成为未来视频行业的主流。此前的视频行业中，大家争抢的主要是内容，靠内容来吸引用户，而未来，软硬件结合的布局才是视频巨头拼抢的关键。2014 年上半年，视频行业的智能硬件市场异常活跃，这同样是一场入口之争，与互联网流量入口有着同样重要的作用。

11.3 2014 年广播电视传输业发展回顾

11.3.1 广电业的含义

广电业指的是广播电视传输服务业，它是广播电视企事业单位以电缆、光缆、无线电波、光波等为载体，通过广播和电视两大传播手段向社会大众提供各种信息的活动。按信号传输方式，广播电视传输分为地面无线传输、有线传输和卫星传输。

广播电视传输业的产业链主要由设备制造商、广电运营商、内容/服务提供商、终端设备提供商以及用户等组成。如图 11-19 所示。

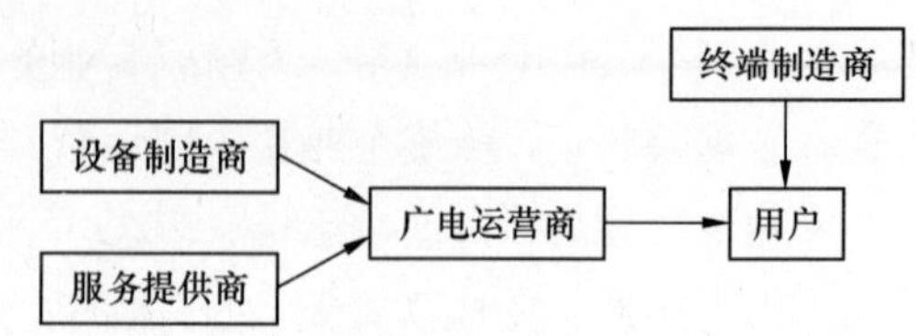

图 11-19 广播电视传输业产业链结构

广电运营商处于主导地位，是产业链核心环节。运营商通过发达的广电网络和播放渠道，将电视、电影、新闻、娱乐节目等内容制作商提供的内容资源对消费者进行播送，主要获取广告收入和收视费。数字电视的普及和 IPTV 的发展，使广播电视传输服务产业链的规模和利润空间将越来越大，并日益完善。随着“三网融合”政策的实施，在 IPTV 业务上，广电运营商与互联网运营商之间将出现价值链融合和产业链整合趋势。

11.3.2 2014 年广播电视传输业发展回顾

1. 发展现状

（1）全国广播电视总收入保持稳定增长

2014 年，全国广播电视总收入（含财政补助收入）约为 4113 亿元，比 2013 年的 3628 亿元增加 485 亿元，名义增幅为 13.4%，相比于 2013 年 4.3%的名义增幅有明显上升。其中，全年有线网络方面收入约为 873 亿元，比 2013 年的 755 亿元增加 118 亿元，名义增幅约为 16%，相比 2013 年略有增长。2014 年，有限网络电视收入占比约为 21.2%，相比 2013 年的 20.8%有微弱增长。总体来看，2014 年广电业务有进一步发展，有线网络在三网融合的趋势下，业务增值已经有所显现。

2010—2014 年广播电视收入和有线网络收入如表 11-1 所示。

表 11-1 2010—2014 年广播电视收入

	2010 年	2011 年	2012 年	2013 年	2014 年
广播电视收入（亿元）	2301.87	2894.79	3476.93	3628	4113
其中，有线网络收入（亿元）	560.28	563.78	660.98	755	873
有限网络收入占比（%）	24.3	19.5	19	20.8	21.2

资料来源：国家广电总局

（2）有线电视数字化程度进一步提升

《2014 年国民经济和社会发展统计公报》显示，至 2014 年年末，中国有线电视网络用户达到 2.31 亿户，相比 2013 年（2.24 亿户）增长了 3.1%；增幅略有下降；有线数字电视用户达到 1.87 亿户，相比 2013 年（1.69 亿户）增长了 10.7%。有线数字电视用户的增长速度明显快于有线电视用户的增长速度。如图 11-20 所示。

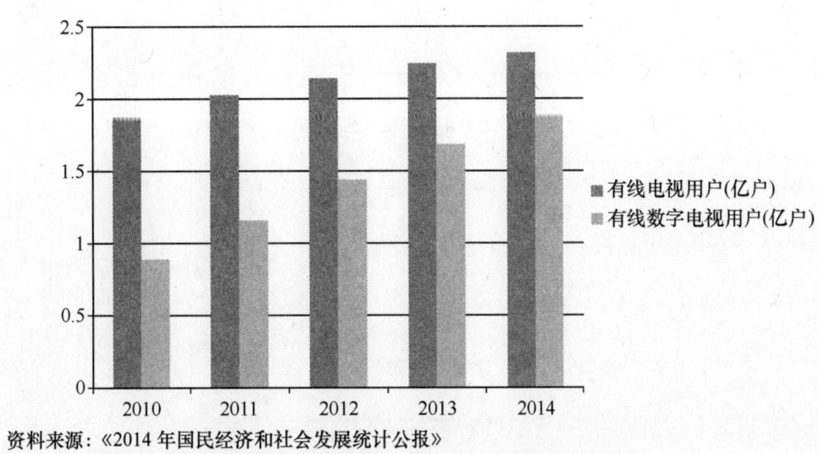

资料来源：《2014 年国民经济和社会发展统计公报》

图 11-20　2010—2014 年有线电视用户数

据研究公司格兰研究统计：截至 2014 年 10 月底，我国有线数字化程度约为 80.02%，有线数字化整体转换已步入中后期。在我国 31 个省级行政区中，已有宁夏、新疆、贵州、福建、河北等 16 家省级行政区的有线数字化程度超过全国平均水平。当前数字化整改区域已从城区向郊区和农村扩散，资金、政策和执行力等方面问题将加大有线电视数字化整改的困难。

（3）三网融合形势下传统电视媒体进一步受到冲击

2014 年，三网融合进入第二阶段尾声，互联网新媒体强势侵入，互联网趋势已不容抵挡，极大冲击了传统电视媒体。数据显示，有线电视用户增长率从 2013 年的 18.2%下降到 2014 年的 10.7%，有线数字电视用户增长率从 2013 年的 4.7%下降到 2014 年的 3.1%。如图 11-21 所示。《2014 中国机顶盒白皮书》显示，2014 年 1～9 月，OTTTV 机顶盒市场出货占机顶盒新增市场的三成，相比 2013 年（18.4%），市场占比提升了 11 个百分点，市场地位得到明显提升。OTTTV 机顶盒占据高清机顶盒新增市场的 48.9%，市场占比相比 2013 年（40.5%），提升了 8.4 个百分点；有线高清机顶盒新增市场占比首次低于 OTTTV 机顶盒。

2. 发展重点

2014 年，广电业的重点还是在资源整合，尽快三网融合，寻求新契机，提高内部竞争力，推动中国广播电视网络公司加快组建，推进电信网和广播电视网基础设施共建共享。而国网挂牌、虚拟运营商入局，又使广电面临行业新的变化与挑战。从已经获得牌照和即将可能获得牌照的虚拟运营商企业情况来看，每一家都是在行业领域具备相当竞争实力的，他们的加入，一方面补充了通信服务业进一步提升所需要的资金，另一方面也将促进通信服务专业化分工，为用户提供更具性价比的服务。国网公司的成立让三网融合更进一步，有望成为电信三大运营商之后的第四大运营商。“宽带中国 2014 专项行动”提出了十项重点三个要求，加快推进实施“宽带中国”战略、实现网络强国目标。传统广电媒体与视听新媒体加速全面融合，视听传媒新格局即将形成，推进全面转型，现代视听传媒产业将持续高速增长。多屏互动已经成为一种发展趋势，广电将自身优势和智能手机的应用进行结合，形成新的业务优势，在互联网市场中有良好的竞争优势，使广电十二五规划取得突破性进展。

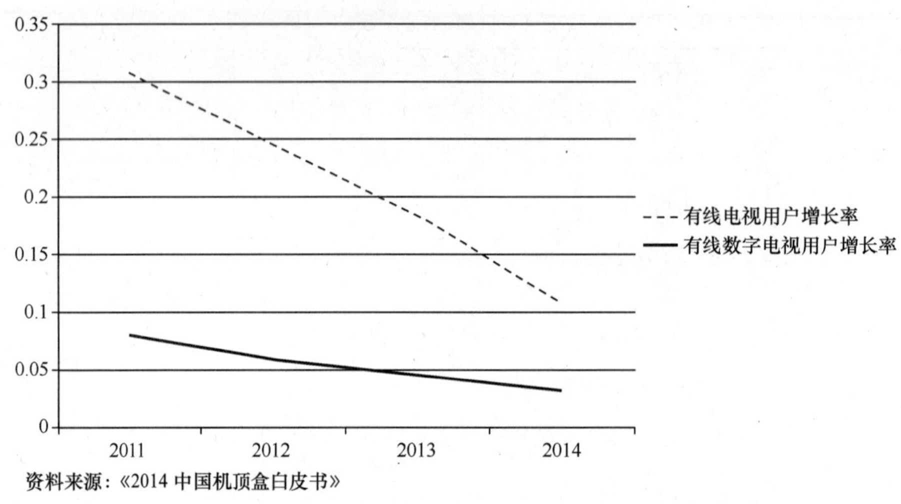

资料来源：《2014 中国机顶盒白皮书》

图 11-21　有线电视用户、有线数字电视用户增长率

（1）数字化整合

广电网络资源的整合，是实现全国广播电视有线网络规模化、产业化发展的基础。2014 年，广电网络的数字化整合进一步加强，但距离实现一省一网的目标仍有距离。国家新闻出版广电总局提出，到 2015 年年底，全国县级和县级以上城市有线电视网络将全部实现数字化，其中 80%具备双向接入功能，并具备互联网接入服务，以及 IPTV、付费电视、互动娱乐游戏、在线支付、IP 电话等其他网络服务功能。

（2）第四大运营商国网公司挂牌成立

2014 年 5 月 28 日，中国广播电视网络有限公司在北京正式挂牌成立。在广电系力量看来，一旦中国广电完成广电网络资源整合，成为统一的市场主体后，再获取到宽带网络运营等电信业务资质，就将成为继中国移动、中国电信以及中国联通之后，具有重大影响力的“第四运营商”。广电网络虽然政策上允许开展宽带接入、IP 电话等业务，但在网间结算、宽带出口等方面却一直因为政策承接的主体缺失而无法解决。在全国网络整合之前，也只有宽带数据业务具备全国跨域运营的可能性。

（3）虚拟运营商牌照

2013 年 12 月 26 日，工信部颁发首批 11 张虚拟运营商牌照；到 2014 年年底，已颁发了五批牌照。这种新型的“虚拟运营”模式，一方面可作为基础运营商探索新型业务模式的“探路石”和“敲门砖”；另一方面，也为基础电信运营商开展流量经营，开发新型双向的商业模式，创造了机会。随着新型智能终端设备的不断涌现，移动互联网信息消费模式的不断发展，以及线上和线下业务的不断融合，各类新型移动虚拟运营商有望获得更多的业务整合机会，为其用户提供融合的、一站式的服务体验，促进信息消费的发展。同时，这为广电参与电信运营带来机会和挑战。

（4）宽带中国

2014 年 3 月 21 日，工业和信息化部组织召开“宽带中国 2014 专项行动动员部署电视电话会议”，以加快推进实施“宽带中国”战略、实现网络强国目标。

会议明确了“宽带中国 2014 专项行动”的主要引导目标。这些目标包括：一是宽带网络能力持续增强，新增 FTTH 覆盖家庭 3000 万户，建设完成 TD-LTE 基站 30 万个，新增 1.38 万个行政村通宽带；二是惠民普及规模不断扩大，新增固定宽带接入用户 2500 万户，发展 TD-LTE 用户 3000 万户；三是宽带接入水平稳步提升，使用 8MB 及以上接入速率的固定宽带用户占比达到 30%，其中东部地区力争达到 40%，鼓励有条件的地区推广 50MB、100MB 等高带宽接入服务；四是创建示范效果初步显现，推动创建 20 个以上“宽带中国”示范城市（城市群），充分发挥对全国的示范引领作用。

加快推进“宽带中国”战略，将进一步加速“三网融合”的实施，为广电的互联网化提供良好的发展机遇。

（5）广电传统媒体与新媒体融合

近年来，随着众对融合服务需求越来越旺盛，广电传统媒体积极适应新的传播环境和受众需求，不断加快与新媒体的融合，而这一进程不是简单的物理连接与组合，正在以“化学反应”的方式加速深度融合。

首先，传统媒体与新媒体的依存渗透日趋紧密。二者此消彼长的“替代效应”在减弱，此长彼长的“融合效应”在增强。新媒体依靠传统媒体获取权威、可信和丰富的内容资源；传统媒体借助新媒体提升传播能力，更好地满足了大众化、个性化需求。传统媒体与新媒体动态聚合特征更加明显，竞合共生关系越发凸显，催生出兼容并蓄、融合共进的服务新形式。

其次，传统媒体与新媒体的业态交织日趋广泛。传统媒体与新媒体的界限趋于模糊，呈现“泛视听化”趋势，传统单一的电视接收终端转变为集电视节目接收、娱乐、通信、购物等多功能于一体的视听媒体服务中心。据有关预测数据显示，到 2015 年，全球近 2/3 的智能手机用户将利用手机观看视频；86%的平板电脑用户将通过平板电脑观看视频。传统媒体与新媒体都在向兼容多渠道、适配多终端的全业务方向发展。

最后，传统媒体与新媒体的用户服务日趋智能。传统媒体与新媒体都致力于改善用户体验，加快推进智能化，提升用户服务水平。一是服务内容定制化。运用大数据技术，深度挖掘预测用户需求，实施“受众为本”的内容创作，将数据分析融入节目内容，提升吸引力、感染力。对于媒体而言，拥有什么样的“信息关系网络”，就拥有什么样的传播力、影响力和竞争力。借助群组化渠道，开展交互性、分享性、渗透性的社交化服务，是传统媒体与新媒体融合发展的一个重要方向。这种社交化服务可实现用户规模裂变式增长、服务内容裂变式传导，同时增加用户黏度，提升用户体验，激发用户创作热情。

（6）多屏互动技术

“三网融合”“传统媒体与新媒体融合”推动了多屏互动技术的发展。广电网络通过“一云多屏”的技术，将手机屏和电视屏连接起来，用手机选择视频网站的节目，再“投屏”到高清电视大屏幕播放。目前，广电网络的多屏互动，已经可以支持将优酷、搜狐视频、土豆等主流视频网络的手机客户端内容投屏到电视机大屏幕。

多屏互动技术改变了视听生活方式。高清互动电视最大的特点是社交功能，可以让用户在看电视时随时和其他人分享。看到好看的节目，通过“分享”，好友就能收到即时的提醒信息，并且能从收到的信息中直接跳转到你推荐的节目中。

3. 关注焦点

（1）互联网监管力度加大

2014 年，互联网的监管力度进一步强化，未来这种力度将逐步在更加明确的法律法规落实下成为常态。特别是对大视频领域的监管，未来必然更多采取跨部门联合监管的方式，甚至可能向融合监管形态发展。在这种情况下，视频行业擦边球业务的政策风险加大。

（2）OTT 进入“阵地战”阶段

2014 年，OTTTV 的发展引人注目。2014 年 2 月，广电总局《持有互联网电视牌照机构运营管理要求》出台，集成牌照商在 OTT TV 产业链中的地位得以确认。随着各个主流视频网站与相关集成牌照商达成利益合作机制，视频网站与相关集成牌照商的联盟已经形成，从而进入 OTT TV 发展的关键时期。

（3）DVB+OTT 模式将加快推进

2014 年，广电行业热议 DVB+OTT 模式，众多系统、设备企业都在期望通过 DVB+OTT 撬动一个新的市场。面对 OTT 的冲击，广电界必须从自身的角度推进三网融合，利用原有的 DVB 技术与 OTT 进行叠加和深度融合。有线行业可以发挥自身的媒体信息入口优势，并基于智能终端逐渐融合互联网，走向平台化运营。以 DVB 用户资源为基础，与各种社会资源及资本展开广泛合作，寻求为用户提供更多、更好的信息媒体和文化服务，从而实现更高的整体价值。

第12章 信息加工业

12.1 2014年增值服务发展回顾与2015年展望

12.1.1 概念界定

根据《中华人民共和国电信条例》的相关规定，调整后的《电信业务分类目录》把电信业务划分为基础电信业务和增值电信业务，其中，增值电信业务是指利用公共网络基础设施提供的电信与信息服务的业务，具体分为两大类业务。第一类增值电信业务包括在线数据处理与交易处理、国内多方通信服务、国内因特网虚拟专用网和因特网数据中心业务等；第二类增值电信业务包括存储转发类业务、呼叫中心业务、因特网接入服务和信息服务业务等。

本报告以《电信业务分类目录》为基础，参考联合国《全部经济活动的国际标准产业分类》第3.1版、经济合作与发展组织（OECD）“信息和通信技术标准”（ICT）分类标准和国家统计局《统计上划分信息相关产业暂行规定》，并结合增值服务行业相关主要活动和过程，遵循标准与实践相结合的原则，将《国民经济行业分类》中属于增值服务的行业纳入研究范围，并对行业小类进行了重新组合（见表12-1）。

表12-1 增值服务业研究范畴

类别名称	国民经济行业代码
1．电信增值服务 其他电信服务	6019
2．互联网信息服务	6020
3．其他信息内容服务	8000

为了研究方便，本文采用狭义的增值服务业的研究范畴，主要是指通过信息采集、开发、处理和信息平台的建设，通过固定网、移动网或因特网等公众通信网络直接向终端用户提供语音信息服务（声讯服务）或在线信息和数据检索等信息服务的业务。具体来讲，增值服务的类型主要包括内容服务、娱乐、游戏、商业信息和定位信息等服务。增值服务业务面向的用户可以是固定通信网络用户、移动通信网络用户、因特网用户或其他数据传送网络的用户。目前，各类基础电信服务企业和增值服务企业共同构成了增值服务产业完整的产业链（见图12-1）。

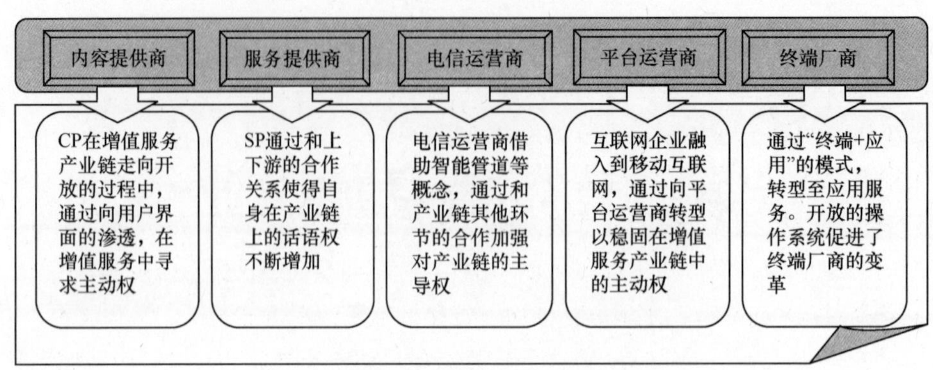

图 12-1　增值服务产业链

增值服务主要包括 IDC、呼叫中心、ISP、ICP、移动信息服务等；具体包括语音增值服务、短信服务、彩信服务、IVR 服务、移动 IM、移动支付、移动搜索、手机邮箱、手机证券、手机视频、手机电视等。

12.1.2　发展环境

当前，传统电信产业市场趋于饱和，电信运营商面临行业内外考验。2014 年，随着 4G 网络的全面建成和智能手机的逐步普及，OTT 厂商迅猛发展，运营商的语音和增值业务受到巨大冲击，增值服务业务也面临管道化风险。

在这一背景下，运营商将加大对 4G 的投资力度，拓宽网络带宽，加快依托数据业务的增值服务的开发和推广，加强终端配套等相关工作，控制流量入口、提升网络价值，而这也给配合运营商进行增值服务运营、增值服务配套软件系统和终端以及器件开发的厂商带来巨大的发展机遇。

1. 政策环境

国家发展规划强调全面深化信息服务应用，培育壮大新兴服务业态。在“十二五”期间，突破移动智能终端和应用平台等关键环节，打造基础设施—应用平台—智能终端的价值链生态体系，满足用户的多种移动应用模式需求，推进新型信息服务。国家积极推动跨界融合，大力发展移动支付等跨行业业务，加快网络文化创意和数字内容应用的创新，大力发展手机视频、手机阅读、手机动漫及网络音乐等数字文化业务。

2013 年 12 月 17 日，为促进信息消费，激发市场竞争活力，推动电信发展成果更多惠及广大用户，工信部颁布《工业和信息化部调整公用电信网网间结算标准》，宣布三大运营商之间短信结算标准由每条人民币 0.03 元调减至每条人民币 0.01 元，彩信结算标准由每条人民币 0.10 元调减至每条人民币 0.05 元。由此，中国移动的利润减少，中国联通和中国电信的利润增加。

2014 年 1 月 8 日，为加快提升城市宽带发展水平，推动我国城镇化和信息化同步发展，促进经济转型和信息消费，工信部和国家发改委联合颁布《创建“宽带中国”示范城市（城市群）工作管理办法》，同年10月，两部委在参与申报的77个城市（城市群）中选定了39个“宽带基础良好、工作机制健全、创建目标明确、发展思路清晰、政策保障有力”的城市（城市群）作为首批2014年度“宽带中国”示范城市（城市群）。

2014年5月5日，为贯彻落实党的十八届三中全会关于全面深化改革、完善主要由市场决定价格的机制精神，工信部和国家发改委联合颁布《关于电信业务资费实行市场调节价的通告》，宣布所有电信业务资费均实行市场调节价，电信企业可以根据市场情况和用户需求制定电信业务资费方案，自主确定具体资费结构、资费标准及计费方式。

2014年8月28日，为有效应对日益严峻复杂的网络安全威胁和挑战，切实加强和改进网络安全工作，进一步提高电信和互联网行业网络安全保障能力和水平，工信部颁布了《关于加强电信和互联网行业网络安全工作的指导意见》。其中，移动应用商店和应用程序安全管理第一次作为重点被提出。工信部要求应用商店应建立健全移动应用程序开发者真实身份信息验证、应用程序安全检测、恶意程序下架、恶意程序黑名单和用户监督举报等制度。此项政策提高了我国的网络安全保障能力。

2014年12月25日，为充分发挥民间资本灵活、创新的优势，鼓励民间资本以多种模式进入宽带接入市场，促进宽带网络基础设施发展和业务服务水平提升，工信部颁布了《关于向民间资本开放宽带接入市场的通告》。其中提出：鼓励民营企业建设宽带接入网业务所需的基础设施，并以自有品牌为用户提供宽带上网服务；鼓励民营企业以资本合作、业务代理、网络代维等多种形式和基础企业开展合作，分享收益；鼓励拥有因特网接入服务业务（ISP）经营许可证的民营企业，从基础电信企业租用接入网络资源，以自有品牌为用户提供宽带上网服务。此举将进一步扩大信息消费，促进基础设施建设和服务水平提升。

2. 经济环境

2014年，面对错综复杂的国际形势，我国经济保持了平稳较快的运行态势，“新常态”成为了我国经济发展的热词。社会各界纷纷预测，我国的经济发展将从高速增长转为中高速增长，增长动力将更为多元。在此环境下，尽管受OTT侵蚀，近几年通信业的话音业务持续萎缩，收入增速不断走低，但在中央的宏观调控下，2014年，通信业深入推进“宽带中国”战略，全面建设4G网络和宽带基础设施，积极发展移动互联网和IPTV等新型业态。信息消费战略地位的提出和物联网的迅猛发展，为产业的发展提供了新的机遇，通信业增长的主要驱动力将从投资转向创新和消费。通过发展混合所有制，基础电信运营商将引入民间资本，吸收闲置资金，以提高资金使用效率和抗风险能力。

3. 社会环境

根据工信部的统计数据。2014年，我国电信业务收入完成11541.1亿元，按可比口径测算同比增长3.6%，比2013年回落5.1个百分点。电信业务总量完成18149.5亿元，同比增长16.1%，比2013年提高0.7个百分点。2G移动电话用户减少1.24亿户，是2013年净减数的2.4倍，占移动电话用户的比重由2013年的67.3%下降至54.7%。4G用户发展速度超过3G用户，新增4G和3G移动电话用户分别为9728.4万户和8364.4万户，总数分别达到9728.4万户和

48525.5 万户，在移动电话用户中的渗透率达到 7.6%和 37.7%。其中 TD-SCDMA 和 TD-LTE 用户总净增达到 1.43 亿户，比 2013 年净增数多 4000 万户，在用户增量、总量中的份额达到 79.1%和 57.4%。

随着 4G 的进一步普及，移动通信已成为我国人民生活的重要组成部分，而且，随着生活水平的进一步提高，人们对移动增值服务的认知度不断提升，这使得移动用户从认知转化为消费行为的时间段进一步缩短，用户增值服务的消费习惯得到进一步培育和加强。在此基础之上，得益于电信产业总体健康快速地发展，移动增值服务的用户数开始激增，移动增值业务发展迅速。据统计，2014 年，移动数据及互联网业务收入完成 2707.2 亿元，按可比口径测算同比增长 41.8%，比 2013 年下降 13.7 个百分点。移动数据及互联网业务收入在电信业务收入中占比达到 23.5%，比 2013 年提高 6.5 个百分点，拉动电信业务收入增长 7.2 个百分点，有效弥补了话音业务收入的增速下滑。

4. 技术环境

4G 网络覆盖为增值服务提供了良好基础。4G 相对于 3G，最大的优势就是能够通过强大的网络带宽承载更大的数据量，进而提供更加多样化的增值服务，给用户带来更好的视觉、听觉和感官体验。4G 时代的竞争，重点将在无线数据业务，即无线增值服务上。根据工信部的统计数据，2014 年，随着 4G 业务的发展，基础电信企业加快了移动网络建设，新增移动通信基站 98.8 万个，是 2013 年同期净增数的 2.9 倍，总数达 339.7 万个。其中，3G 基站新增 19.1 万个，总数达到 128.4 万个，移动网络服务质量和覆盖范围继续提升。WLAN 网络热点覆盖继续推进，新增 WLAN 公共运营接入点（AP）30.9 万个，总数达到 604.5 万个，WLAN 用户达到 1641.6 万户。而在 4G 移动电话用户大幅增长、套餐中流量资费持续下降等影响下，2014 年，移动互联网接入流量消费达 20.62 亿 G，同比增长 62.9%，比 2013 年提高 18.8 个百分点。月户均移动互联网接入流量突破 200MB，达到 205MB，同比增长 47.1%。手机上网流量达到 17.91 亿 GB，同比增长 95.1%，在移动互联网总流量中的比重达到 86.8%，成为推动移动互联网流量高速增长的主要因素。

此外，智能终端为增值服务提供了有效载体。移动互联网给用户带来了全新的体验，给移动智能终端带来了全新的要求。移动智能终端操作系统作为管理软硬件和承载应用的关键平台，在移动互联网领域扮演着十分重要的角色，已经成为移动互联网领域 IT 企业竞争的重点环节。目前，全球市场主要被苹果 iOS、谷歌 Android、微软 Windows Phone 等占据，国内企业也在积极布局，加快研发和市场推广，取得了许多创新成果。

12.1.3 电信增值服务发展现状

1. 增值电信业务收入

（1）总体情况

增值业务收入增长趋缓，与电信业务收入增速差距拉大。据工信部统计数据，2014 年 1～9 月，基础电信企业增值电信业务收入规模达 1733.5 亿元，按可比口径测算同比增长 3.4%，低于电信业务收入增速 2.2 个百分点。占电信业务收入的比重达 19.6%。移动增值业务收入按可比口径增长 1.9%，规模达到 1490.8 亿元。固定增值业务收入按可比口径增长 13.9%，规模达到 242.7 亿元，占增值业务收入的比重达到 14%。

（2）基础电信企业增值业务发展情况

2014 年，电信增值业务收入增长趋缓，与电信业务收入增速差距拉大。据工信部统计数据。1～9 月，基础电信企业增值电信业务收入规模达 1733.5 亿元，按可比口径测算同比增长 3.4%，低于电信业务收入增速 2.2 个百分点。占电信主营业务收入的比重达 19.6%。移动增值业务收入按可比口径增长 1.9%，规模达到 1490.8 亿元（见图 12-2）。固定增值业务收入按可比口径增长 13.9%，规模达到 242.7 亿元，占增值业务收入的比重达到 14%。

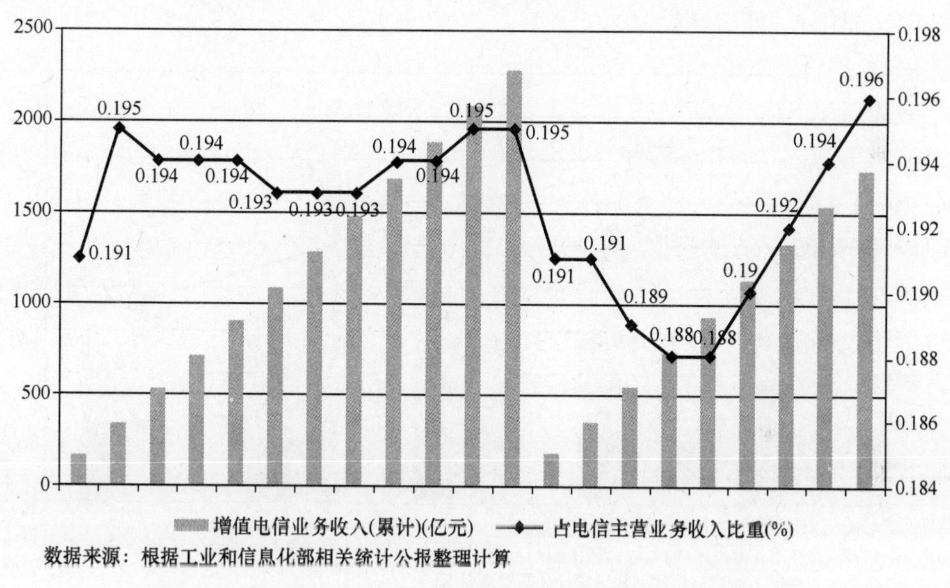

图 12-2　2013—2104 年各月增值电信业务收入发展情况

（3）增值企业增值业务发展情况

增值业务的发展空间是在现有用户规模的基础上，对用户价值更加深入的再开发。实现增值业务利益最大化的过程中，仅靠运营商一己之力显然是不能办到的。增值业务的核心就是信息资源，能够吸引用户长时间接受各种增值业务是通过网络接入获得信息的价值。运营商搭台，扩展增值业务产业链，吸引跨行业的企业加入产业链，增加增值业务的内容。这样，才能为用户提供个性化的解决方案，从而提升增值业务产业化的效益。

根据工信部的统计数据，截至 2014 年 12 月 31 日，工信部共批准通过 2900 家从事电信业务的基础电信企业和增值电信企业。2014 年上半年，我国信息消费规模达到 13450 亿元，同比增长 20%；基础电信业务完成收入增长 5.6%；增值电信企业收入增长 23.6%。

2. SMS 市场

由于 3G 加速向 4G 转换以及智能终端的日益普及，市场为流量业务提供了良好的发展环境，同时也造成短信业务收入增长的放缓。短信业务已经逐步进入了市场成熟期，发展速度趋于平稳。从统计结果看，微博、微信等新型移动信息服务对短信的替代作用非常显著，一方面降低了用户使用短信的频次；另一方面，微博微信的信息发布功能促使用户不再订购短信类信息服务。综合来看，由于互联网应用的突发增大，使得短信业务量呈现继续下滑的趋势。

据工信部的统计数据，2014 年，我国移动短信业务量和收入降幅均超过 10%。2014 年，我国移动短信业务量 7630.5 亿条，同比下降 14.4%，降幅同比扩大了 13.8 个百分点。其中，由移动用户主动发起的点对点短信量同比下降 18.9%，占移动短信业务量比重由上年的 48.3%降至 45.8%。月户均点对点短信量连续五年持续下降，只有 36.8 条/月/户。如图 12-3 所示。微信等新型即时消息类应用对彩信业务替代作用进一步加强，移动短信业务收入同比下降 14.7%，收入规模同比减少 91.1 亿元。

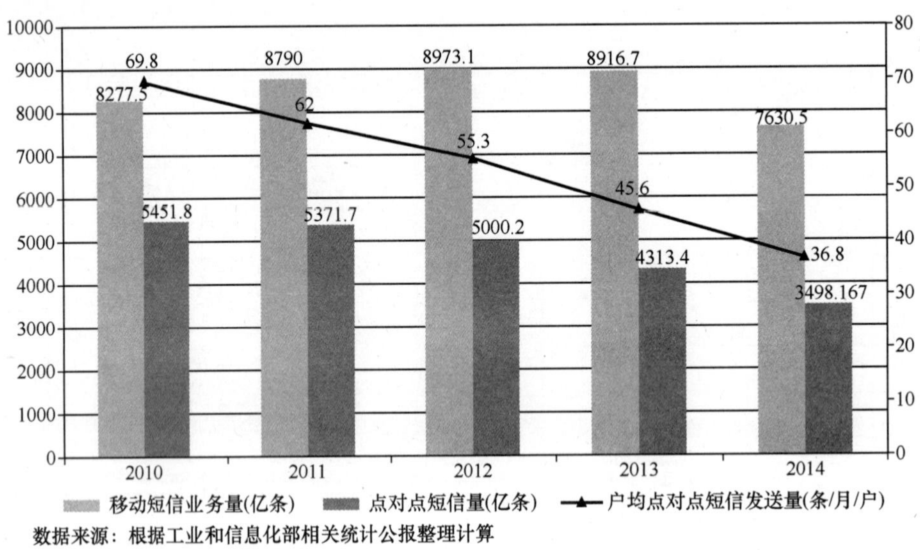

数据来源：根据工业和信息化部相关统计公报整理计算

图 12-3　2010—2014 年移动短信量和点对点短信量各年比较

3. MMS 市场

MMS 被认为是 4G 市场启动与发展的关键推动力。自从中国移动 2002 年 10 月正式推出 MMS 业务以来，我国的彩信市场已经走过了 10 个年头。虽然彩信业务未能复制短信业务的巨大成功，但是也经历了一个不断发展的过程，成为移动增值业务的一个增长支点。自从 4G 建网以来，得益于日益快速的网络，QQ、微信等即时通信工具发展迅速，抢占了短信、彩信的市场，微博等社区化的沟通方式也给了人们更多的选择。2014 年，彩信业务量只有 647.4 亿条，由 2013 年的同比增长 23%变成同比下降 24.4%。

然而，短彩信发展虽然处于低迷状态，但并不能被完全取代。短彩信会在多种通信工具信息不易保存、安全、便捷等缺点中寻求契机，重新找到自己的位置，向电子商务服务、位置服务等方向扩展，在产业链中发挥其独特的功能。未来，随着各种智能终端拍照功能的进一步普及，运营商可在此基础上开发多种增值业务，与移动内部业务交叉融合，形成产业链，实现业务同步增长。如手机报即利用彩信服务，提升了彩信流量。另外，手机邮箱、手机订阅、飞信等业务的交叉内嵌，无不是在短彩信业务的基础上，为用户提供不同的服务体验等。手机账单、话费提醒等业务的逐渐完善也是短彩信的进化（见图 12-4）。

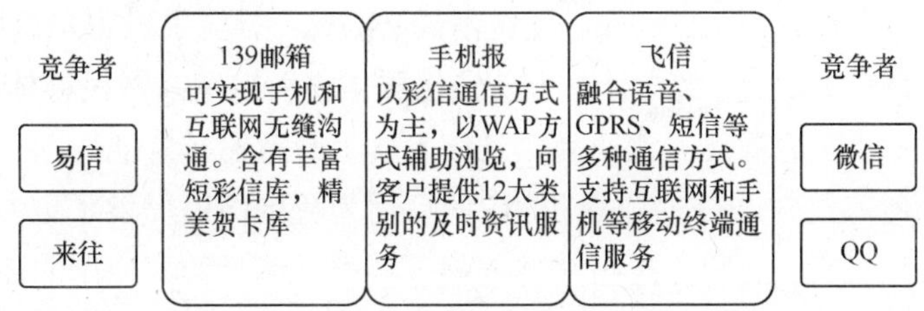

图 12-4　中国移动基于短信和彩信的增值服务

4. 手机上网

得益于 4G 的普及、无线网络发展（包括公用和私有 WiFi 的发展）和手机应用的创新。手机上网成为互联网发展的新动力：一方面，手机上网为受网络、终端等限制而无法接入的人群和地区提供了接入互联网的平台，推动了我国互联网的普及；另一方面，得益于手机上网的蓬勃发展，基于移动互联网的应用创新热潮为互联网经济提供了新的商业模式和发展空间，如打车应用、电商实时物流、微博商业化等均被视为互联网应用的创新典范。根据《第 34 次中国互联网络发展状况统计报告》，截至 2014 年 6 月，我国网民规模达 6.32 亿，半年共计新增网民 1442 万人。手机网民规模达 5.27 亿，较 2013 年年底增加 2699 万人，网民中使用手机上网的人群占比进一步提升，由 2013 年的 81.0%提升至 83.4%，手机网民规模首次超越传统 PC 网民规模（见图 12-5）。

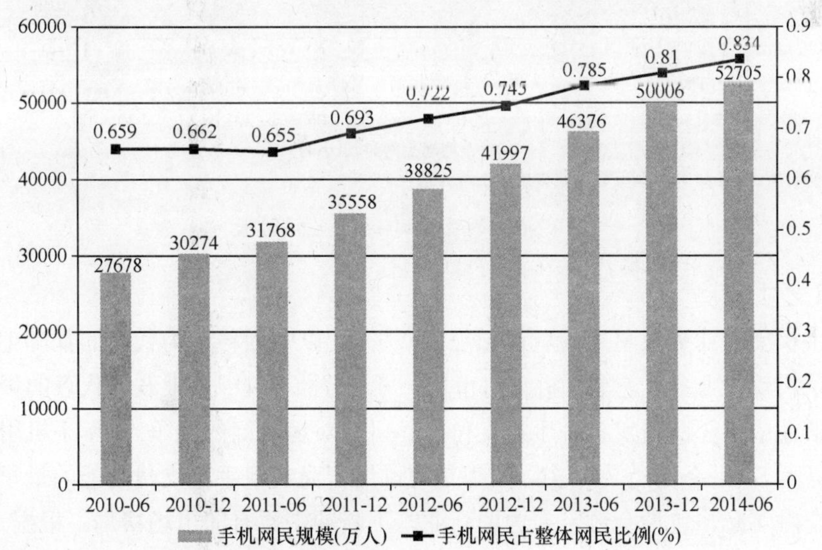

数据来源：《第 34 次中国互联网络发展状况统计报告》

图 12-5　中国手机网民规模及其占网民比例

然而，随着智能手机对功能手机替代的基本完成，智能手机对网民普及率增长的拉动效果减弱。根据工信部《中国手机行业运行状况》报告显示，2011 年、2012 年我国智能终端出货量分别为 1.18 亿、2.24 亿部，2013 年前 11 个月我国智能手机出货量为 3.48 亿部，2014 年第一季度我国智能手机出货量为 1.0 亿部，同比下降 24.7%。智能手机用户市场已趋于饱和，手机上网的网民增速呈减缓趋势；此外，由于易转化群体逐渐被纳入网民群体，互联网渗透难度加大，非网民群体中低学历群体占比很高，且该人群上网意愿非常低。

2014 年，WiFi 覆盖提升、3G 的成熟和 4G 的启用为我国网民提供了更为优质的上网环境，更多用户越来越依赖于手机上网，也越来越依赖于各类大流量数据应用的使用。2014 年，移动互联网接入流量消费达 20.62 亿 GB，同比增长 62.9%，比 2013 年提高 18.8 个百分点。月户均移动互联网接入流量突破 200MB，达到 205MB，同比增长 47.1%。手机上网流量达到 17.91 亿 GB，同比增长 95.1%，在移动互联网总流量中的比重达到 86.8%，成为推动移动互联网流量高速增长的主要因素。2014 年上半年，中国网民的人均周上网时长达 25.9h，相比 2013 年下半年增加了 0.9h（见图 12-6）。

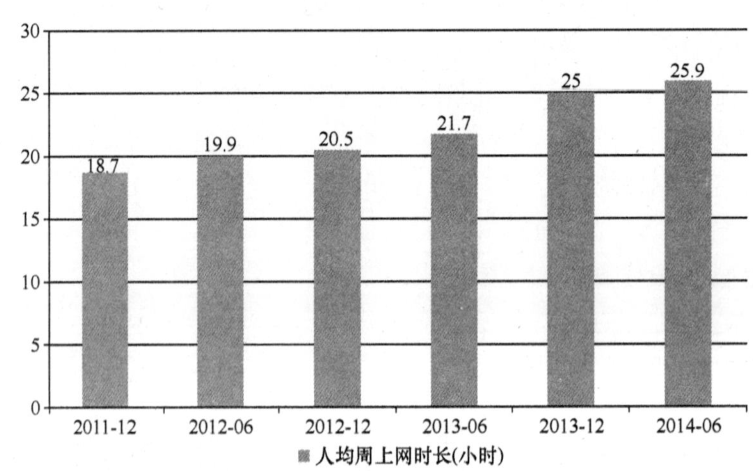

数据来源：《第 34 次中国互联网络发展状况统计报告》

图 12-6　网民平均每周上网时长

5. 手机支付

国内的手机支付业务很早之前就已出现。一方面，以中国移动为代表的基础电信运营商大力发展移动手机支付业务，进军手机支付市场；另一方面，以中国银联为代表的银行业巨头也不断联合通信业中小厂商研发各种手机支付产品以应对运营商的竞争。早年手机用户透过话费购买彩铃、订购 SP 业务等行为，实际上都是透过运营商实现手机支付功能的最早形式。近些年，互联网金融崛起，包括余额宝在内的新业态不断冲击原有的市场格局。根据《第 34 次中国互联网络发展状况统计报告》显示，截至 2014 年 6 月，我国使用网上支付的用户规模达到 2.92 亿，较 2013 年年底增加 3208 万人，半年度增长率为 12.3%。手机支付用户规模达到 2.05 亿，半年度增长率为 63.4%（见图 12-7）。

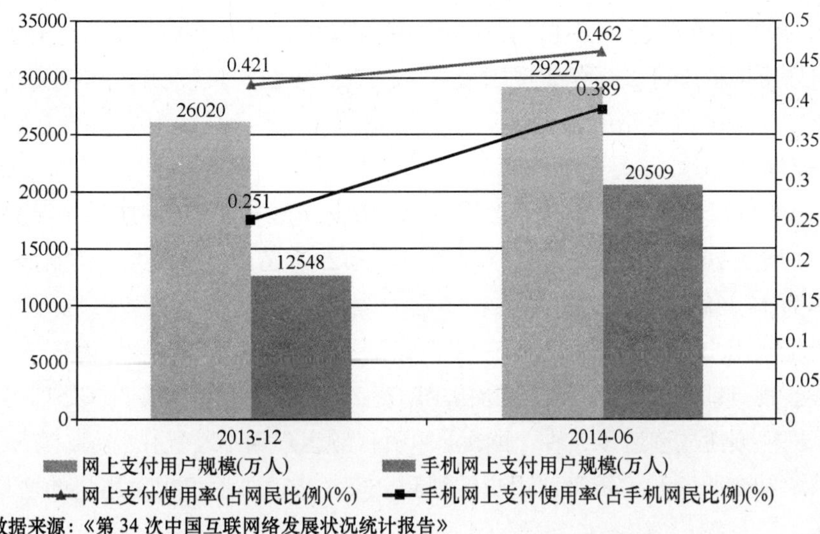

图 12-7　网上支付/手机网上支付用户规模及使用率

手机支付近几年之所以迅猛发展，一方面来源于 O2O 模式的成熟，大量企业采取“现金补贴”“折扣优惠”“高收益率”等方式刺激用户采用手机支付。如打车软件“滴滴打车”、生活类缴费、基于支付工具应用的大众理财产品“余额宝”等，都大大刺激了手机支付用户的增长；另一方面，移动端技术的进步使得支付工具的安全性能进一步提升，可以为用户提供更完善的消费体验。

目前，主要运营商都已经开展了相关的手机支付业务。具体情况如下。

（1）中国移动

2011 年 6 月，中国移动组建了中移电子商务有限公司，推出由过去的手机钱包和远程支付整合而成的手机支付品牌“和包”。目的在于，利用可信服务管理平台，构建集终端、卡商、经营行业、政企客户、生活服务商和运营提供商于一体的、开放的生态体系。目前，“和包”已实现将客户的银行卡、会员卡、计分卡、门禁卡、公交地铁卡、医保社保卡等所有的卡通过智能技术，集成到手机的 SIM 卡中，为客户提供包括掌上购物，手机理财，生活交费，预订、活动优惠等在内的服务。

（2）中国联通

早在 2010 年 11 月，中国联通就和招商银行进行手机业务合作，联合发布了招商银行 iPhone 版手机银行。2012 年 11 月，联通与招行再次合作，推出了“手机钱包”——“联通招行手机钱包”。这是国内首款基于 SWP-SIM 卡模式的手机支付产品，2014 年 6 月，中国联通与招商银行共同注资成立深圳联招信息科技公司。这是国内首个“银行+运营商”股权结构的信息科技（IT）公司，主攻互联网金融创新。不久，联通推出“话费宝”，通过将沉淀的话费购买货币基金，方便用户理财。随后，联通与百度、富国基金联合推出“沃百富”理财产品，将“话费宝”涵盖进来。

（3）中国电信

“翼支付”是目前中国电信主推的手机支付业务，它利用 RFID 近场射频通信技术，实现了手机刷卡、手机乘车等支付功能。目前，不少城市的中国电信用户均可通过一张特殊的射频手机 UIM 卡，将中国电信的 3G 移动通信功能和市政交通一卡通刷卡功能有机融合在这张手机卡上，只需携带手机就可以轻松实现刷卡乘坐公交、地铁，实现商家刷卡消费、网点电子钱包充值、手机空中电子钱包充值等服务。

6. 手机视频

当前，我国手机视频用户规模不断增长。截至 2014 年 6 月，我国网络视频用户规模达 4.39 亿，较去年年底增加 1057 万人，手机视频用户规模为 2.94 亿，与 2013 年年底相比增长了 4709 万人，增长率为 19.1%（见图 12-8）。

促使手机视频用户增加的原因主要有以下几个原因。首先，随着移动互联网技术的发展，通过手机在线看视频的网速限制已经得到初步解决；其次，配备双核或四核处理器的智能机不断普及，为手机视频播放创造了条件；再次，手机视频客户端不断优化完善，有效改善了用户的体验；最后，社交网站和手机微博用户的视频分享，带动了手机视频用户的增长。

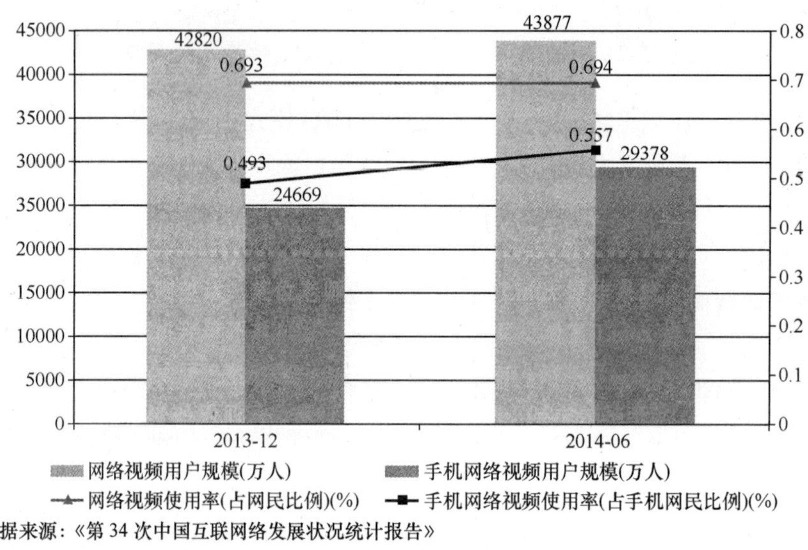

数据来源：《第 34 次中国互联网络发展状况统计报告》

图 12-8 网络视频/手机网络视频用户规模及使用率

12.1.4 产业发展趋势分析

由工信部提供的"增值业务收入累计值"和国家统计局提供的季度"国民生产总值累计值"、"第一产业增加值累计值"、"第二产业增加值累计值"、"第三产业增加值累计值"、"城镇居民人均可支配收入累计值"和"城镇居民人均现金消费累计值"，可计算 2013 年 1 季度～2014 年 3 季度各因素与增值业务收入的相关性。各因素与增值业务收入之间的相关系数均大于 0.99，即均可由各因素推测增值业务收入的增长情况如表 12-2 所示。

表 12-2 2013 年 1 季度～2014 年 3 季度增值业务收入与关联因素相关性分析结果

	GDP	一产 GDP	二产 GDP	三产 GDP	人均可支配收入	人均现金消费
相关系数	0.998	0.992	0.999	0.996	0.998	0.998

以国民生产总值为例，近几年，我国国民生产总值增长呈逐渐放缓趋势。2014 年减少到 7.4%，预计未来我国经济增长将从高速增长转为中高速增长。与国民生产总值对应，我国电信产业增值服务收入也将由高速增长转为中高速增长。

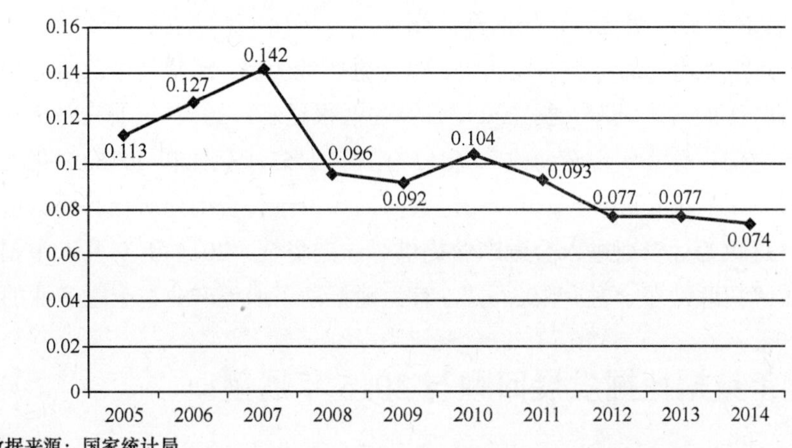

数据来源：国家统计局

图 12-9　2005—2014 年我国国民生产总值增长率

预计未来几年电信增值服务业将呈现以下趋势。

1. 短彩信业务遭受 OTT 冲击，营业收入逐年下降

近年来，随着技术的发展，智能手机终端从单纯的通信工具演变成集通信、娱乐、社交功能于一体的综合体验平台。这一改变不仅从整体上提升了移动互联网的用户活跃度，还对运营商的传统业务领域造成了巨大的冲击。2012 年以来，微信、易信、来往等一大批 OTT 业务产品诞生并快速发展，对基础电信运营商短彩信业务的替代效应日益明显。据腾讯 2014 年中期报告，截至 2014 年 6 月 30 日，微信的月活跃用户数已达 4.38 亿。与之伴随的是运营商短彩信收入的下滑（据工信部的统计数据，2014 年，我国移动短信业务量和收入降幅均超过 10%）。未来，随着更快、更便宜的网络传输技术的进一步成熟，比如，4G 网络的陆续投入使用，运营商将遭致 OTT 厂商更为严重地冲击，可能面临管道化的风险。

2. 短彩信业务与移动互联网结合更深

尽管遭受冲击，但在较长远的时间内，受各种资源的限制，短彩信业务还是具备一定的优势，其信任度和用户体验仍无可取代。因此，未来运营商的短彩信业务形态将会朝多样化发展，比如，在法律政策规定的范围内免费发送和商家对接等。未来，运营商的短彩信业务将与移动互联网继续结合，运营商将开放入口优势，做管道建设和业务平台，接入游戏、阅读等自有业务及互联网服务，完善收费和结算能力等，更加适应移动互联网的发展需要。

3. 流量精细化运营渐成主流

随着 4G 网络的不断成熟，移动互联网的用户数攀至高峰，传统的电信市场已趋于饱和，运营商的语音、短信等业务的增长空间被极度压缩，甚至出现收紧态势。在此语境下，无论是基础电信运营商，还是虚拟运营商，流量精细化运营已是大势所趋，且成为各家构建生态系统的关键。2014

年年中，虚拟运营商蜗牛移动和阿里通信都推出了流量语音互换套餐。2014 年 11 月，中国电信和中国联通分别推出了“流量宝”和“流量银行”。各大运营商在确立自己的差异化流量经营特色的同时，也在实现商业模式的新突破。预计未来一段时间，如智慧医疗和智慧家居等新模式将不断涌现。

4. 跨界运营趋势日益明显，市场前景广阔

目前，运营商跨界运营的趋势日益明显。以金融行业为例，运营商进入金融领域存在两大优势。首先，运营商的资本雄厚。据三家运营商的财报显示，2014 年前三季度，中国移动、中国联通和中国电信，分别实现营业收入 4812 亿元、2153.4 亿元和 2436.08 亿元。预计三家全年营业收入合计 1.2 万亿元以上。其次，运营商的大量预付费用户所预存的话费也构成其可以支配的资金，这也为运营商进入金融产业提供了一定资金。2014 年 9 月，中国联通与招商银行共同组建了“招联消费金融有限公司”，有力地推动了通信产业与金融产业的跨界融合。

12.2 2014 年数据挖掘发展回顾与 2015 年展望

数据挖掘又称数据库中的知识发现，是目前人工智能和数据库领域研究的热点问题，所谓数据挖掘是指，从数据库的大量数据中揭示出隐含的、先前未知的并有潜在价值的信息的非平凡过程，而处理问题的这一过程所需要的新工具、框架、硬件、软件和服务都存在巨大的市场机会。

12.2.1 数据挖掘的发展现状

1. 发展概述

最近，Wikibon 发布的报告《大数据厂商收入与市场预测 2013—2017》中的数据显示，2014 年，大数据全球市场份额预计达到 168 亿美元，中国市场份额预计将达到 7.57 亿美元，占比为 4.5%。目前，大数据市场仅仅处于起步阶段，具有较大的发展空间。

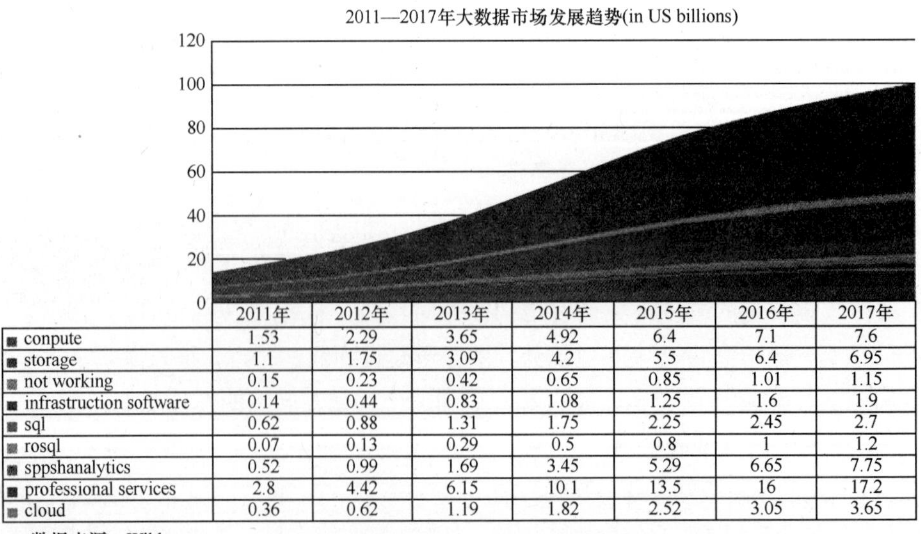

	2011年	2012年	2013年	2014年	2015年	2016年	2017年
conpute	1.53	2.29	3.65	4.92	6.4	7.1	7.6
storage	1.1	1.75	3.09	4.2	5.5	6.4	6.95
not working	0.15	0.23	0.42	0.65	0.85	1.01	1.15
infrastruction software	0.14	0.44	0.83	1.08	1.25	1.6	1.9
sql	0.62	0.88	1.31	1.75	2.25	2.45	2.7
rosql	0.07	0.13	0.29	0.5	0.8	1	1.2
sppshanalytics	0.52	0.99	1.69	3.45	5.29	6.65	7.75
professional services	2.8	4.42	6.15	10.1	13.5	16	17.2
cloud	0.36	0.62	1.19	1.82	2.52	3.05	3.65

数据来源：Wikbon

图 12-10　2011—2017 年大数据市场发展趋势

数据来源：ICTreaserch

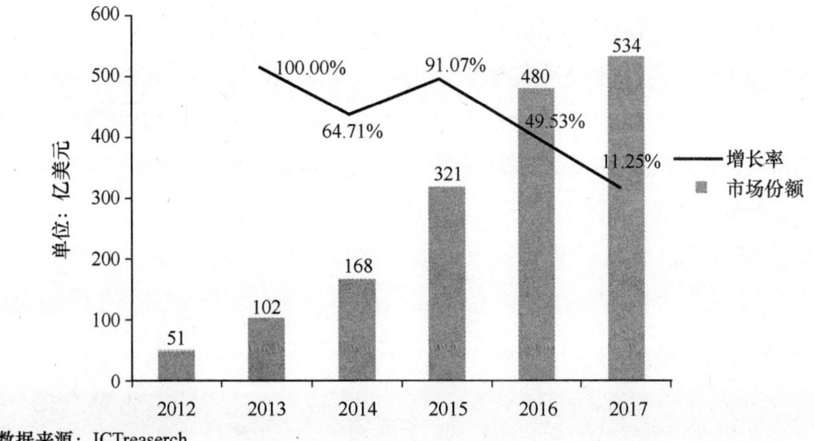

图 12-11　2012—2017 年全球大数据产业总体规模发展趋势

数据来源：ICTreaserch

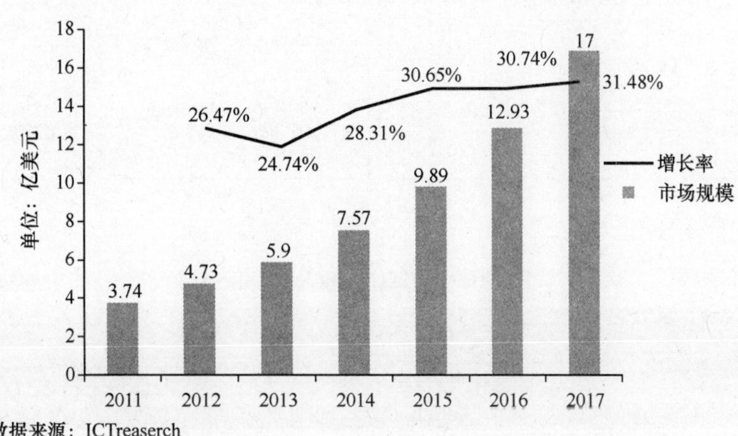

图 12-12　2011—2017 年中国大数据市场总体发展趋势

如图 12-13 所示，产业链基本由数据源，存储平台，数据分析与挖掘及应用层四部分构成，随着海量数据的生成与存储，大数据产业的核心将聚焦于数据挖掘和分析层面，进而为数据的商业应用提供更多的决策支撑。

数据源层	数据存储平台	数据分析和挖掘层	大数据应用层
·互联网 百度，腾讯，阿里 ·移动互联网 手机，平板，可穿戴设备 ·运营商 中国移动，中国联通， 中国电信 ·科学研究 地理、气象，水利，卫星	·云服务平台 IBM 亚马逊 阿里云等 ·云存储设备商 思科 EMC 联想	·综合服务商 IBM 惠普 Drade ·专业服务商 Teradata Datameter Splunk	·互联网 ·金融 ·零售 ·电信 ·政府 ·健康 ·体育 ·教育

图 12-13　大数据市场产业链结构

在数据挖掘领域，行业企业基本可以分为 IT 企业、互联网企业、运营商及行业企业四类。如图 12-14 所示。相较而言，国外的数据类企业处于技术水平较为前沿的阶段，包括 IBM、Teradata、SAS，Accenture、Ernest & Young、Deloitte、KXEN 等，其中 KXEN 一直以来有着广泛的合作群体，Teradata 的完整数据解决方案是 Teradata 跟 KXEN 的完美结合；埃森哲（Accenture）作为全球著名的咨询公司，一直使用 KXEN 作为其客户洞察的有力武器；Business Object 的商务智能平台，也集成了 KXEN，作为其数据挖掘的有力实现。另外，基于云计算的大数据分析服务已经成为大数据产业中产值的主要组成部分，为数据挖掘技术的深入提供了巨大的市场驱动力。

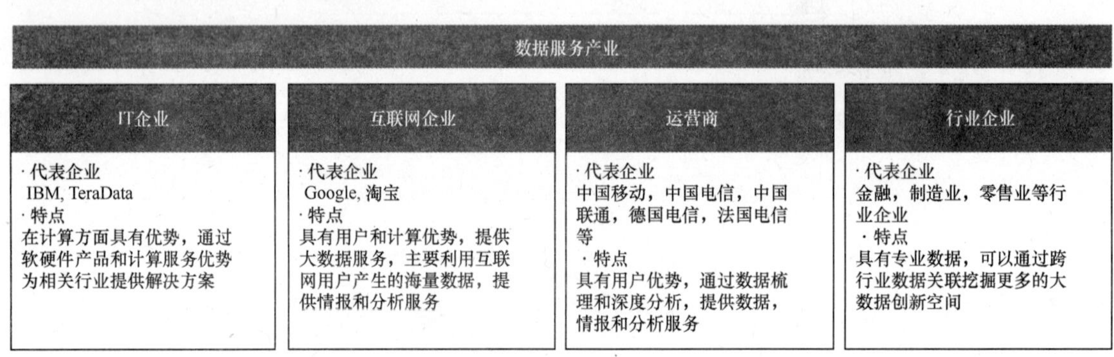

图 12-14　数据服务产业

2013年大数据企业收入（billions）

	大数据收入	总收入	大数据收入占比	大数据硬件收入占比	大数据软件收入占比	大数据服务收入占比
IBM	1.368	99.751	1%	31%	27%	42%
TeraData	0.518	2.665	19%	36%	30%	34%
SAS	0.48	3.02	16%	0%	68%	32%
Oracle	0.491	37.552	1%	28%	37%	36%
Accenture	0.415	30.606	1%	0%	0%	100%
Deloitte	0.305	33.05	1%	0%	0%	100%
Amazon	0.275	70	1%	0%	0%	100%
Google	0.175	59.767	1%	0%	0%	100%

数据来源：Wikibon

图 12-15　2013 年大数据企业收入（单位：十亿）

对于中国市场而言，2011 年中国数据挖掘软件市场规模达接近 2 亿元，2014 年仍处于快速增长阶段，但依旧以初步应用为重点。以 BAT 为代表的互联网企业主要基于自己的搜索，电商，社交数据进行进一步挖掘，以形成符合市场需求的产品；聚焦于数据行业的上市公司如东方国信、拓尔思等企业，主要提供外包的数据服务，包括商业 BI 等业务；此外，包括华为、亚信在内的 ICT 服务商主要提供基于数据挖掘的分析咨询服务，本身并不具备数据挖掘技术。

2. 市场需求

从技术与应用角度看，根据 CSDN《2014 中国大数据行业大调查》报告，行业对于大数据平台提出的主要需求有：36.5%是进行海量数据的离线处理，比如大数据 BI；23.2%是为了大量数据的实时处理，比如在线交互式分析；40.3%的公司的大数据平台则同时负责这两种业务。如图 12-16 所示。

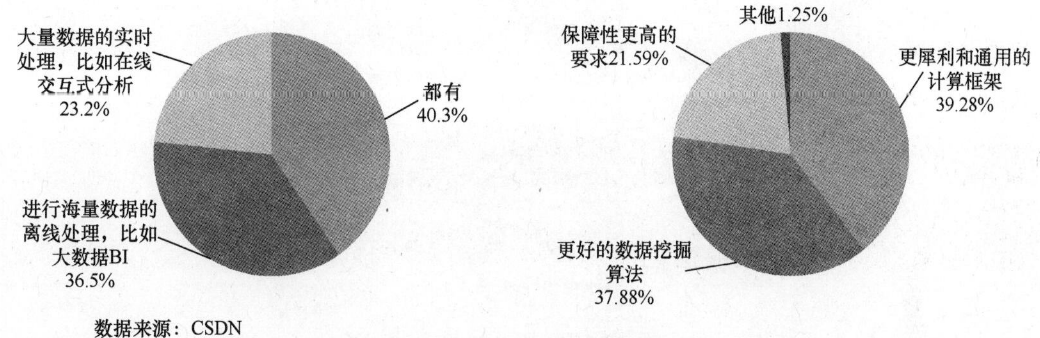

图 12-16　大数据平台的主要需求

针对以上需求，39.28%的人希望拥有更犀利和通用的计算框架；37.88%的人希望能拥有更好的数据挖掘算法；21.59%的人则对安全与保障性具有更高的要求。由此可以看到，数据挖掘算法的发展将进一步决定大数据行业的发展阶段。

从人力资源需求角度看，根据 LinkedIn 对全球超过 3.3 亿用户的工作经历和技能进行的分析，2014 年最受雇主喜欢、最炙手可热的 25 项技能中，位列榜首的是统计分析和数据挖掘。此外，根据麦肯锡研究预测，到 2018 年，美国将面临数据挖掘和分析人才短缺，将有 14 万到 19 万个工作岗位等着“有深入分析能力的人才”，同时，还急需 150 万“懂得运用大数据分析结果作出有效决策的管理人员”。

3. 技术水平

目前，我国的大数据行业仍以初级应用为主，采用传统的分析流程和工具，只是扩大了数据的来源，增加了数据量，但大量数据极易丢失，数据质量较低，同时，难以通过数据挖掘技术进行跨行业跨领域的综合数据分析与预测。

在算法方面，根据国际权威的学术组织 IEEE International Conference on Data Mining（ICDM）评定，C4.5、k-Means、SVM、Apriori、EM、PageRank、AdaBoost、kNN、Naive Bayes，和 CART 成为数据挖掘领域主流的十大算法。应用方面，利用数据挖掘进行数据分析常用的方法主要有分类、回归分析、聚类、关联规则、特征、变化和偏差分析、Web 页挖掘等，它们可以分别从不同的角度对数据进行挖掘。如图 12-17 所示。

随着网络化时代信息的高速发展，如何准确、高效地从海量的数据中筛选出对经营决策有用的信息，已经成为企业和机构迫切需要解决的问题。针对于此，海量数据挖掘技术应运而生，并显示出强大的解决能力。Gartner 的报告指出，数据挖掘会成为未来 10 年内重要的技术之一，而其关键则主要包括海量数据存储、云计算、并行数据挖掘技术、面向数据挖掘的隐私保护技术和数据挖掘集成技术。

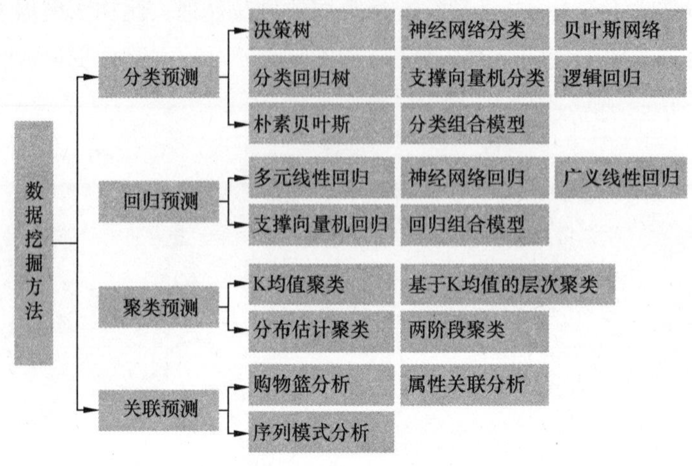

图 12-17　数据挖掘方法

（1）海量数据存储

海量存储系统的关键技术包括并行存储体系架构、高性能对象存储技术、并行 I/O 访问技术、海量存储系统高可用技术、嵌入式 64 位存储操作系统、数据保护与安全体系、绿色存储等。

海量数据存储系统为云计算、物联网等新一代高新技术产业提供核心的存储基础设施；为我国的一系列重大工程，如平安工程等起到了核心支撑和保障作用；海量存储系统已经使用到石油、气象、金融、电信等国家重要行业与部门。发展具有自主知识产权、达到国际先进水平的海量数据存储系统不仅能够填补国内在高端数据存储系统领域的空白，而且可以满足国内许多重大行业快速增长的海量数据存储需要，并创造巨大的经济效益。

（2）云计算

目前，云计算的相关应用主要有云物联、云安全和云存储。云存储是在云计算（cloud computing）概念上延伸和发展出来的新概念，是指通过集群应用、网格技术或分布式文件系统等功能，将网络中大量各种不同类型的存储设备通过应用软件集合起来协同工作，共同对外提供数据存储和业务访问功能的一个系统。

当云计算系统运算和处理的核心是大量数据的存储和管理时，云计算系统中就需要配置大量的存储设备，那么，云计算系统就转变成为一个云存储系统，所以云存储是一个以数据存储和管理为核心的云计算系统。

（3）并行数据挖掘技术

高效率的数据挖掘是人们所期望的，但当数据挖掘的对象是一个庞大的数据集或是许多广泛分布的数据源时，效率就成为数据挖掘的瓶颈。随着并行处理技术的快速发展，用并行处理的方法来提高数据挖掘效率的需求越来越大。

并行数据挖掘涉及一系列体系结构和算法方面的技术，如硬件平台的选择（共享内存的或者分布式的）、并行的策略（任务并行、数据并行或者任务并行与数据并行结合）、负载平衡的策略（静态负载平衡或者动态负载平衡）、数据划分的方式（横向的或者纵向的）等。处理并行数据挖掘的策略主要涉及三种算法：并行关联规则挖掘算法、并行聚类算法和并行分类算法。

（4）面向数据挖掘的隐私保护技术

数据挖掘在产生财富的同时，也造成了隐私泄露的问题。如何在防止隐私泄露的前提下进行数据挖掘，是信息化时代各行业迫切的现实需求。

基于隐私保护的数据挖掘是指采用数据扰乱、数据重构、密码学等技术手段，能够在保证足够精度和准确度的前提下，使数据挖掘者在不触及实际隐私数据的同时，仍能进行有效的挖掘工作。

受数据挖掘技术多样性的影响，隐私保护的数据挖掘方法呈现多样性。基于隐私保护的数据挖掘技术可从 4 个层面进行分类：从数据的分布情况，可以分为原始数据集中式和分布式两大类隐私保护技术；从原始数据的隐藏情况，可以分为对原始数据进行扰动、替换和匿名隐藏等隐私保护技术；从数据挖掘技术层面，可以分为针对分类挖掘、聚类挖掘、关联规则挖掘等隐私保护技术；从隐藏内容层面，可以分为原始数据隐藏、模式隐藏。

（5）数据挖掘集成技术

数据挖掘体系框架由三部分组成：数据准备体系、建模与挖掘体系、结果解释与评价体系。其中最为核心的部分是建模与挖掘体系，它主要是根据挖掘主题和目标，通过挖掘算法和相关技术（如统计学、人工智能、数据库、相关软件技术等），对数据进行分析，挖掘出数据之间内在的联系和潜在的规律。大体上，数据挖掘应用集成可分为几类：数据挖掘算法的集成、数据挖掘与数据库的集成、数据挖掘与数据仓库的集成、数据挖掘与相关软件技术的集成、数据挖掘与人工智能技术的集成等。

4. 政策现状

（1）国外宏观政策环境

自 2012 年以来，大数据行业逐渐得到各国政府的高度重视，提升数据的开放程度与数据分析质量，通过数据共享推动政府及公共部门的改革成为国家战略层面上的重要议题，国家不断通过资本与政策推动的方式，加大对于行业技术研发与应用的投入，由数据存储向数据挖掘与应用领域深入。国外大数据行业政策环境如表 12-3 所示。

表 12-3 国外大数据行业政策环境

	基本政策
美国	2012 年，美国联邦政府在全球率先推出“大数据行动计划（Big data initiative）”，重点在基础技术研究和公共部门应用上加大投入，并相继开放约 37 万个数据集和 1209 个数据工具
英国	2013 年 1 月，英国政府向大数据技术领域注资 1.89 亿英镑的资金，并进一步促进政府和公共领域的大数据应用
日本	2012 年 7 月，日本推出了新的综合战略“活力 ICT 日本”，将重点关注大数据应用，并将其作为 2013 年六个主要任务之一，聚焦大数据应用所需的智能技术开发

（2）国内宏观政策环境

借鉴国外的政策体制，同时结合我国的实际发展情况，中国政府在美国提出《大数据研究和发展计划》的 2012 年也批复了“十二五国家政务信息化建设工程规划”。其中，工信部发布的物联网“十二五”规划中把信息处理技术作为 4 项关键技术创新工程之一提了出来，其主要包括海量数据存储、数据挖掘、图像视频智能分析等组成部分。而另外 3 项关键技术创新工程，即信息感知技术、信息传输技术和信息安全技术，也都与“大数据”密切相关。同期，我国开始着手构建大数据研究平台，整合创新资源，实施“专项计划”，突破关键技术，大力推进国家发改委和中科院基础研究大数据服务平台应用示范项目；广东率先启动大数据战略推动政府转型；北京正积极探索政府公布大数据供社会开发；上海也启动了大数据研发三年行动计划。

2013 年 1 月，为促进中国数据中心合理布局和健康发展，工业和信息化部、发展改革委、国土资源部、电监会、能源局五部委联合发布《关于数据中心建设布局的指导意见》，提出“以市场为导向，以资源节约和提高效率为着力点，通过引导市场主体合理选址、长远设计、按需按标建设，逐渐形成技术先进、结构合理、协调发展的数据中心新格局”，倡导企业利用云计算、绿色节能等先进技术进行整合、改造和升级已建数据中心，加快数据中心标准化研制，以促进产业健康发展。

2014 年 5 月 15 日，上海市推动各级政府部门将数据对外开放，并鼓励社会对其进行加工和运用。根据上海市经信委印发的《2014 年度上海市政府数据资源向社会开放工作计划》，目前已确定 190 项数据内容作为 2014 年重点开放领域，涵盖 28 个市级部门，涉及公共安全、公共服务、交通服务、教育科技、产业发展、金融服务、能源环境、健康卫生、文化娱乐等 11 个领域。其中市场监管类数据和交通数据资源的开放将成为重点，这些与市民息息相关的信息查询届时将完全开放。

总体来看，政策一方面在强调关注公共部门在大数据存储、挖掘、分析与应用方面的发展，致力于智慧城市的构建；另一方面也在倡导数据在传统企业改革升级及信息产业深度应用方面的重要意义，推动企业通过利用数据信息技术抓住新的市场机遇，以期为产业发展描绘更为正确的路线图。图 12-18 所示的是大数据发展的战略规划。在推动产业发展的同时，还应通过法律避免数据垄断带来的威胁，保护数据的安全性，及早开展相关法律法规的探讨和研究。

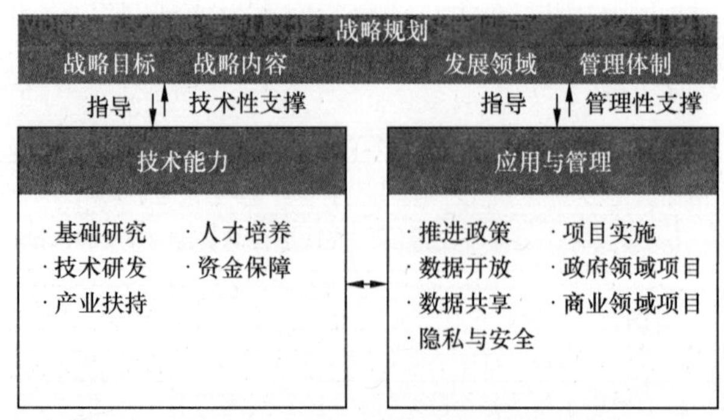

图 12-18　大数据发展的战略规划

5. 行业应用

从数据挖掘应用行业上看，国内大多数的用户都来自电信、银行、保险、税务、政府等领域。应用主题主要包含消费者行为分析、信用评分与风险管理、欺诈行为侦测、购物篮分析等方面。目前，国内数据挖掘应用仍停留在初级阶段，行业企业大规模地运用数据挖掘技术尚需时日。从数据挖掘应用层次上看，大体可以分为三个层次：第一层次是把挖掘工具当作单独的工具来用，不用专门建设系统；第二层次则是把数据挖掘模块嵌入到系统中，成为部门级应用；第三层次是企业级应用，相当于把挖掘系统作为整个企业运营的中央处理器。其中，国内应用数据挖掘的企业基本处于第一层次，少数一些企业用户能够做到第二层次。

（1）金融业

操作型数据挖掘应用在国内金融行业应用广泛，尤其是信贷评审领域。中小型银行数据挖掘需求将是未来金融行业数据挖掘市场的主要增长点。未来，数据挖掘应用在金融行业仍将高速发展。

其应用主要表现在银行、证券、保险三个领域（见图 12-19）。对于金融行业而言，存在大量的客户信息数据，通过对个人基本数据、财务数据、交易数据等的挖掘将帮助企业主体更好地进行用户分类，建立用户画像，进而进行精准营销与个性化推介；同时，进行流失客户预测，为客户管理提供依据。此外，从银行领域来看，依据此类信息，银行可以量化客户的信用额度，建立数据信用评估体系，从而开展更加快捷、高效、安全的中小企业贷款业务，这也为互联网银行这一新兴模式的发展提供了数据基础。从保险领域看，基于企业内外部交易和历史数据，实时或准实时预测和分析欺诈等非法行为，包括医疗保险欺诈与滥用分析以及车险欺诈分析等。从证券领域看，券商对于大数据的研究与应用正处于起步阶段，相对于银行和保险业，证券行业的大数据应用起步相对较晚。社交网络数据的分析将对于市场情绪的判断提供一定的依据，与此同时，通过对海量个人投资者真实投资交易信息的深入挖掘分析，有助于了解交易个人投资者交易行为的变化、投资信心的状态与发展趋势、对市场的预期以及当前的风险偏好等信息，进而为投资和股价预测提供依据。

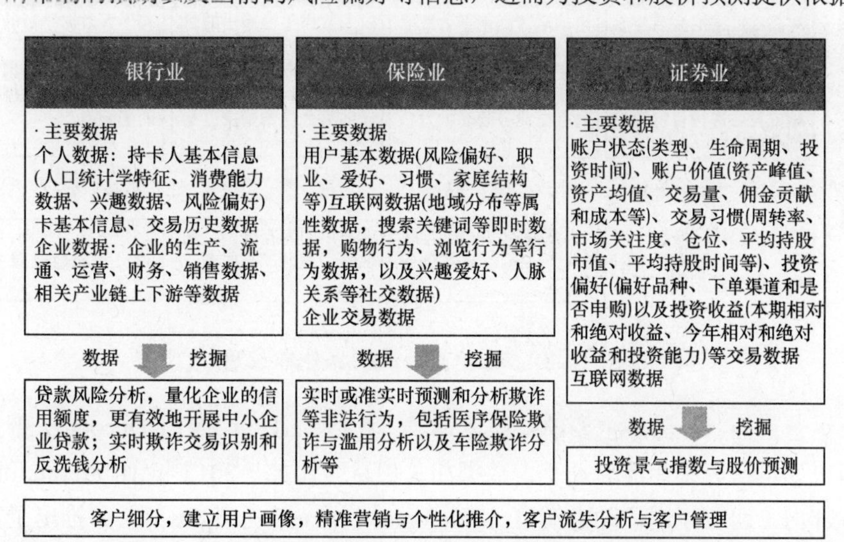

图 12-19　数据挖掘在金融行业的应用

（2）电信业

根据 IDC 进行的全球研究发现，全球通信和传媒行业有望在未来 4 年内从数据挖掘中获得超过 2350 亿美元的数据红利。在数据挖掘领域，运营商具有巨大的数据优势，因为深度数据包分析这种手段是与平台、应用无关的。同时，由于一般用户都是只使用一家运营商的宽带和手机业务。这意味着几乎用户所有的数据业务流量都要经过那家运营商那里，而且与用户具有很强的对应关系。运营商对个人数据覆盖的广度是互联网平台和手机应用提供商难以匹敌的，其手上的数据资源也是很多互联网巨头可望而不可即的。目前，运营商的大数据业务模式主要分为对内和对外两部分，如图 12-20 和图 12-21 所示。

内部应用
网络管理和优化
· 主要数据
话单和信令中用户的流量在时间周期和位置特征数据网络的流量、流向变化数据
数据 挖掘
基站与热点设计与选址；优化资源配置
市场与精准营销
· 主要数据
客户终端信息、位置信息、通话行为、手机上网行为轨迹、客户通讯录、网络社交行以及客户资料等数据
数据 挖掘
建立用户画像，精准营销与个性化推介；完成关系链研究，提升营销转化率
客户关系管理
· 主要数据
客户呼叫行为和需求数据、选择路径、等候时长、历史接触信息、客户套餐消费情况、客户人口统计学特征、客户机型等数据
数据 挖掘
客服中心优化，客户流失量分析与客户管理

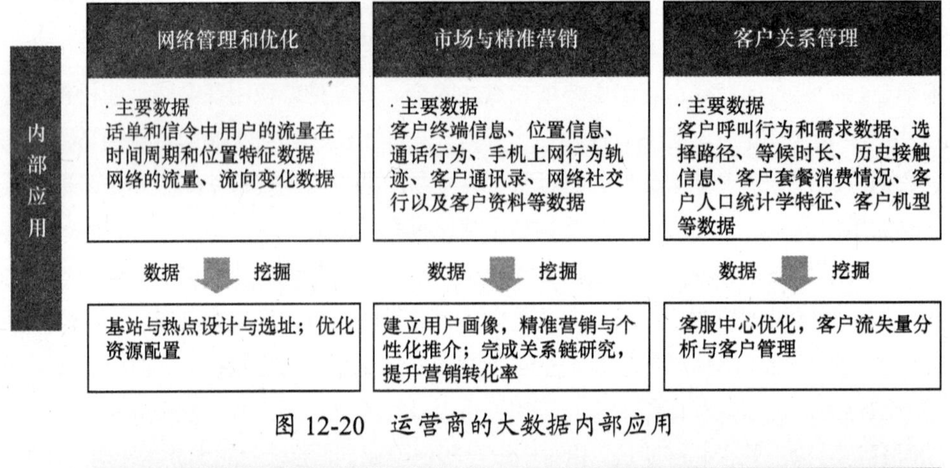

图 12-20　运营商的大数据内部应用

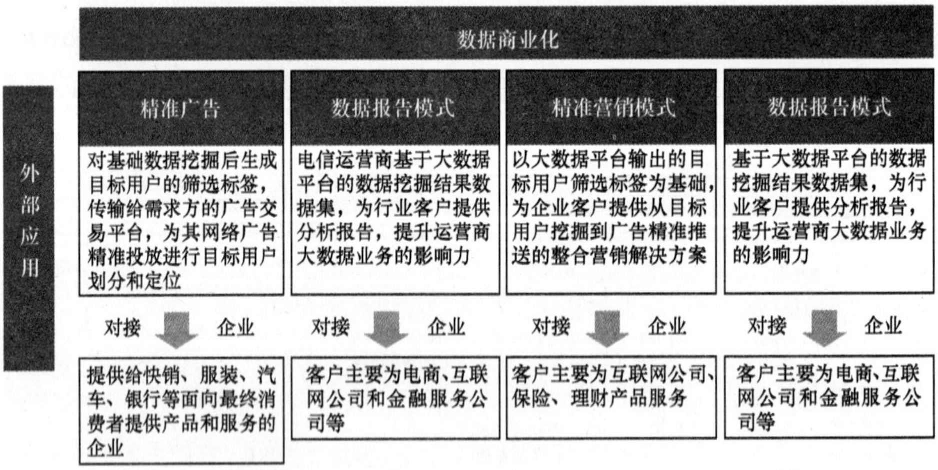

数据商业化
外部应用
精准广告
对基础数据挖掘后生成目标用户的筛选标签，传输给需求方的广告交易平台，为其网络广告精准投放进行目标用户划分和定位
对接 企业
提供给快销、服装、汽车、银行等面向最终消费者提供产品和服务的企业
数据报告模式
电信运营商基于大数据平台的数据挖掘结果数据集，为行业客户提供分析报告，提升运营商大数据业务的影响力
对接 企业
客户主要为电商、互联网公司和金融服务公司等
精准营销模式
以大数据平台输出的目标用户筛选标签为基础，为企业客户提供从目标用户挖掘到广告精准推送的整合营销解决方案
对接 企业
客户主要为互联网公司、保险、理财产品服务
数据报告模式
基于大数据平台的数据挖掘结果数据集，为行业客户提供分析报告，提升运营商大数据业务的影响力
对接 企业
客户主要为电商、互联网公司和金融服务公司等

图 12-21　运营商的大数据外部应用

就国外运营商而言，国外主要的电信运营商，包括 Verizon、NTT Docomo、德国电信、法国电信、西班牙电信等都相继启动了大数据相关项目。比如，2012 年 10 月 Telefonica 成立了大数据业务部门“西班牙电信动态洞察（Telefonica Dynamic Insights）”，并推出了第一款产品智能步伐（Smart Steps）——基于完全匿名和聚合的移动网络数据，可分析任意位置的人群轨

迹，并将分析结果提供给政企客户，或者说，通过完全匿名和聚合的移动网络数据及地理信息分析了用户类型，挖掘了潜在用户等消费信息，为营销决策提供了依据；2012 年美国运营商 Verizon 成立了大数据部门——精准营销部门，开始向商场、体育馆、广告牌业主等第三方出售特定场所 Verizon 手机用户的活动和背景信息，通过对 Web 浏览信息、位置信息的挖掘，针对观众重新设计赛季套票，给予家庭观众更多的优惠和折扣，实现了精准营销。

就中国运营商而言，中国电信提出构建数据共享服务体系，开展深度数据挖掘，最终将数据分析结果引入到应用开发，支撑业务发展；中国移动计划利用其拥有的海量大数据资源，建立数据分析平台，从而实现营销服务向“大数据、超细分、微营销”转型；中国联通以移动用户上网记录查询和分析系统为核心整合内部资源，发展定向流量包等创新应用，其数据挖掘业务较早实现在增值业务方面，直接利用用户数据变现，随着海量数据的增长，其所获取的位置、流量等数据将具有更大的应用价值。此外，中国联通帮助旅游局规划实施针对性的旅游路线推荐：运营商基于服务用户手机的基站信息，可以获知用户的当前位置；通过对用户的位置数据加以保存，可以实现用户全生命周期的轨迹服务；通过用户的移动轨迹来了解用户的喜好，并基于此对不同省份的游客进行不同的旅游路线推荐。

电信运营商发展大数据应用，还面临着技术水平、组织架构、管理体制等因素的制约，如何实现通信数据与商业数据的对接，建立商业标签将是运营商探索新的数据发展路径的关键。

（3）零售业

零售业是数据挖掘的主要应用领域，因为零售业积累了大量的销售数据，包括顾客购买历史记录、货物进出、消费与服务记录等。而且这些数据量随着日益增长的 Web 或电子商务上的商业方式迅速膨胀，为数据挖掘提供了丰富的资源。将这些数据收集、分类并存放到数据仓库中后，由数据工具对其进行分析，进而识别顾客的购买行为，可以发现顾客的购买模式和趋势，从而改进服务质量，取得更好的顾客保持力和满意程度，提高货品销售比率，设计更好的货品运输与分销策略，减少商业成本等。

以沃尔玛为例，在大数据概念引爆零售产业界之前，沃尔玛已经开始了网站数据库整合迁移和 Hadoop 集群扩展工作，收购 Kosmix 并在此基础上建立 Walmart Labs，并在近年着手收购了专注于数据挖掘或移动社交的初创公司（如 OneOps、Inkiru、Tasty Labs 和 OneRiot），进军互联网。目前，通过自身数据积累整合及并购研发，沃尔玛已然拥有一个涵盖消费者线下交易数据、沃尔玛网络商城电子数据与社交媒体应用数据为一体的、实时更新积累的大数据库，为沃尔玛在做出决策前将执行成本降到最低，并且创造新的消费机会。同时，沃尔玛自行为其网站 Walmart.com 设计了最新的搜索引擎 Polaris，利用语义数据进行文本分析、机器学习和同义词挖掘等，进而利用语义搜索技术使在线购物的完成率提升。

与国外相比，国内零售业显然对数据挖掘的应用并不太热衷，这可能与客户信息的完整性有关。但是在一些大型的超市、百货、电器等销售企业，数据挖掘技术已经开始得到应用，未来还有进一步的应用空间。

12.2.2 数据挖掘的发展趋势

随着大数据行业的深入发展，数据挖掘技术及其应用的价值将进一步凸显，行业数据的变现都将依赖于数据挖掘及其分析。这一趋势也将带来相关行业应用模式的变革，产生新的技术类型，同时加深社会公众对于信息安全的重视程度。

1. 应用形态

其模式主要体现在两方面。

（1）通过数据的挖掘分析为商业决策提供支撑和指导

首先，借助于搜索、社交、电商等领域海量的数据，互联网企业的核心竞争力优势进一步释放，精准营销将成为企业挖掘大数据市场商机的基本模式；同时，为互联网企业进入传统行业实现落地提供可能（如互联网银行的出现）。

其次，将为传统企业信息化升级、传统企业与互联网企业双向合作与交互提供契机，包括金融、零售在内的传统企业将借助数据挖掘技术实现管理模式、交易模式和组织模式上的转型，提升运营效率，数据复合化程度增强，数据生态系统逐步形成，进而更好地提升精细化企业运营、客户生命周期管理、精细化营销、经营分析和战略分析等方面的效率。

最后，随着行业重心由传统的商业情报解决方案转向预测分析，将为潜在的进入企业带来更多的市场机会。显然，各细分领域具有数据挖掘技术与分析能力的企业具有更大的发展可能，个性化定制化的解决方案将成为重要发展趋势。

（2）为公共管理、政府公务提供服务

随着智慧城市指导方案的出台，智能安防、智能电网、智慧交通、智慧医疗、智慧环保等公共领域将更多地借助物联网、云计算等新一代信息技术以及维基、社交网络、Fab Lab、Living Lab、综合集成法等工具和方法，通过数据的开放与共享、管理与分析，帮助各级政府建立智能化的城市规划系统。数据挖掘将帮助政府更好地明晰居民需求，优化城市规划，推动医疗教育等领域的信息化进程。

2. 技术趋势

核心技术的发展主要体现在研发形式与技术本身两方面。

其一，产学研合作将成为发展数据挖掘技术的重要驱动力。以爱奇艺为例，通过与高校建立“视频深度学习产学联合实验室”，利用可视计算、机器学习、大数据挖掘算法和自然语义分析，纵深挖掘人与视频间的多维关系，将帮助企业构建更为精确的视频行业知识图谱和视频推荐系统，进而更好地帮助用户获取视频信息。鉴于学术机构在深度学习、搜索识别、知识图谱构建等领域积累深厚，行业企业则在带宽布局、云计算和大数据存储分析领域优势明显，产学研的合作方式将能够让学术界的研发成果与实际应用相结合，并根据用户反馈获得新的研究问题，推动科技创新快速迭代。

其二，技术融合趋势将进一步增强，其与神经计算、深度学习、语义计算以及人工智能等其他相关技术结合，与物联网、移动互联、云计算、社会计算等模式的相互交叉融合，将产生更多综合性的应用。近年来计算机和信息技术发展的趋势是，前端更前伸，后端更强大。物联网与移动计算加强了与物理世界和人的融合，大数据和云计算加强了后端的数据存储管理和计算能力。今后，这几个热点技术领域将相互交叉融合，产生很多综合性应用。

3. 信息安全

大数据价值的实现方式之一就是实现数据开放、共享与关联，基于数据生态系统挖掘商业与社会信息。但与之相应的问题是，一旦信息数据泄露或者遭到滥用，个人的合法权益将遭到严重损害。一方面，我国在信息安全方面尚未建立较完善的法律体系；另一方面，对于数据存储这个场景，目前很多企业采用开源软件如 Hadoop 技术来解决大数据问题，由于其开源性，其安全问题也是突出的。这就要求 IT 企业加大对电子认证、加密解密、攻击检测与防御等技术的研发投入，加强产品系统应用安全。而政府用户要抓紧推进信息安全等级保护制度，加强对数据中心及信息系统运维的监督管理，做好系统与项目的评估验收工作，进一步完善信息安全保障体系。因而如何在推动数据全面开放、应用和共享的同时，有效地保护公民、企业隐私，逐步加强隐私立法，将是大数据时代的一个重大挑战。随着数据价值的越来越重要，大数据的安全稳定也将会逐渐被重视。

12.3 2014 年搜索引擎发展回顾和 2015 年展望

搜索引擎（Search Engine）是指根据一定的策略，运用特定的计算机程序从互联网上搜集信息，在对信息进行组织和处理之后，为用户提供检索服务，将用户检索的相关信息展示给用户的系统。随着互联网的快速发展和各种智能终端设备的日新月异，人类获取信息的方式变得更加多样和便捷。与此同时，随着各种论坛、博客、SNS 等社交网络应用的快速增长，网络信息的生产和使用快速发展，互联网所承载的信息量快速膨胀。在这样的背景下，搜索引擎成为信息社会网民进行网络信息检索的主要工具。

截至 2014 年 6 月底，中国搜索引擎网民规模为 5.07 亿，与 2013 年同期相比增长了 3711 万人，同比增长 7.9%。搜索引擎作为互联网的基础应用，是网民获取信息的重要工具。截至 2014 年 6 月底，中国手机搜索网民数达 4.06 亿，较 2013 年同期增长 25.1%，增长率较为稳定。手机搜索网民逐年提升，是近两年来搜索引擎网民增长的动力来源，手机网民使用率已达到 77.0%。随着搜索引擎覆盖的范围不断扩展，搜索引擎作为互联网入口的地位持续提升。一方面，用户对搜索服务的精准性和及时性提出了更高的要求；另一方面，搜索引擎自身的推广价值快速提升。研究搜索引擎用户的结构特征、行为取向、消费偏好等信息具有重要意义。

12.3.1 2014 年搜索引擎发展回顾

1. 搜索引擎发展历程

搜索引擎从最初的检索 FTP 文件，一直到现在的智能检索，先后经历了五个主要发展阶段，到现在已经出现了多种发展模式，并成为互联网的主要应用。

第一阶段，出现 World wide Web Wanderer，用于追踪互联网发展规模。刚开始它只用来统计互联网上的服务器数量，后来则发展为也能够捕获网址。

第二阶段，出现了以概念搜索闻名的 Excite 以及元搜索引擎 Dog-pile。

第三阶段，即 yahoo 的出现。随着访问量和收录链接数的增长，Yahoo 目录开始支持简单的数据库搜索。Yahoo 以后陆续有 Google 等提供搜索引擎服务，Yahoo 几乎成为 20 世纪 90 年代因特网的代名词。

第四阶段，一种新的搜索引擎形式出现了，即元搜索引擎。用户只需提交一次搜索请求，由元搜索引擎负责转换处理后提交给多个预先选定的独立搜索引擎，并将从各独立搜索引擎返回的所有查询结果集中起来处理后再返回给用户。

第五阶段，智能检索的产生，它利用分词词典、同义词典和同音词典改善检索效果，进一步还可在知识层面或者概念层面上辅助查询，给予用户智能知识提示，最终帮助用户获得最佳的检索效果。

2. 搜索引擎分类

搜索引擎按其工作方式主要可分为三种类型，即全文搜索引擎（Full Text Search Engine）、目录索引类搜索引擎（Search Index/Directory）和元搜索引擎（Meta Search Engine）。

（1）全文搜索引擎

全文搜索引擎是名副其实的搜索引擎，国内的代表有百度搜索，国外代表有 Google 搜索。它们从互联网提取各个网站的信息（以网页文字为主），建立起数据库，并能检索与用户查询条件相匹配的记录，按一定的排列顺序返回结果。

全文搜索引擎采取从网站提取信息建立网页数据库的搜索方式。根据搜索结果来源的不同，全文搜索引擎可分为两类。一类是拥有自己的检索程序（Indexer），俗称“蜘蛛”（Spider）程序或“机器人”（Robot）程序，能自建网页数据库，搜索结果直接从自身的数据库中调用，上面提到的百度和 Google 就属于此类；另一类则是租用其他搜索引擎的数据库，并按自定的格式排列搜索结果，如 Lycos 搜索引擎。

（2）目录索引

目录索引也称为分类检索，是因特网上最早提供 www 资源查询的服务，主要通过搜集和整理因特网的资源，根据搜索到的网页内容，将其网址分配到相关分类主题目录的不同层次的类目之下，形成像图书馆目录一样的分类树状结构索引。目录索引无须输入任何文字，只要根据网站提供的主题分类目录，层层点击进入，便可查到所需的网络信息资源。

目录索引虽然有搜索功能，但严格意义上不能称为真正的搜索引擎，只是按目录分类的网站链接列表而已。用户完全可以按照分类目录找到所需要的信息，不依靠关键词（Keywords）进行查询。目录索引中最具代表性的有 Yahoo 和新浪分类目录搜索。

搜索引擎与目录索引有相互融合渗透的趋势。一些纯粹的全文搜索引擎也提供目录搜索，如 Google 就借用 Open Directory 目录提供分类查询。而像 Yahoo 这些老牌目录索引则通过与 Google 等搜索引擎合作扩大搜索范围。在默认搜索模式下，一些目录类搜索引擎首先返回的是自己目录中匹配的网站，如中国的搜狐、新浪、网易等；而另外一些则默认的是网页搜索，如 Yahoo，这种引擎的特点是查找的准确率比较高。

（3）元搜索引擎

元搜索引擎在接受用户查询请求后，同时在多个搜索引擎上搜索，并将结果返回给用户。著名的元搜索引擎有 InfoSpace、Dogpile、Vivisimo 等，中文元搜索引擎中具代表性的是搜星搜索引擎。在搜索结果排列方面，有的直接按来源排列搜索结果，如 Dogpile；有的则按自定的规则将结果重新排列组合，如 Vivisimo。

3. 垂直搜索与通用搜索

（1）垂直搜索

垂直搜索引擎是针对某一个行业的专业搜索引擎，是搜索引擎的细分和延伸，是对网页库中的某类专门的信息进行一次整合，定向分字段抽取出需要的数据，进行处理后再以某种形式返回给用户。垂直搜索是针对通用搜索引擎的信息量大、查询不准确、深度不够等问题而提出来的新的搜索引擎服务模式，通过针对某一特定领域、某一特定人群或某一特定需求提供的有一定价值的信息和相关服务。其特点就是“专、精、深”，且具有行业色彩，与通用搜索引擎的海量信息无序化相比，垂直搜索引擎显得更加专注、具体和深入。

垂直搜索的优势有以下 3 个方面。

① 搜寻信息更具针对性。随着互联网的迅速发展，信息量也越来越大，如果想要准确无误地获取所需信息，就必须更好地过滤无用信息，这时垂直搜索引擎就为他们提供了便利，成为他们不可或缺的好工具。

② 受到商业公司的日益关注。搜索引擎是人们登录互联网的门户，垂直搜索引擎则是它所面向行业的门户，在这里进行广告投资，获得巨大收益的概率大，所以每个商业公司都会重视对其相关行业的垂直搜索引擎投资。

③ 用户搜索数据蕴涵巨大价值。垂直搜索引擎是面向行业、专注行业的搜索引擎，而使用垂直搜索引擎的人也都是和该行业有着密切关系的人，垂直搜索引擎记录着这些人的搜索数据，这些数据经过整理之后将会对该行业的发展起到巨大的指导作用，产生巨大的价值。

垂直搜索引擎的缺点有以下两点。

① 搜索排名与搜索结果的用户满意度不一致。垂直搜索引擎的主要盈利模式是基于竞价排名的广告模式，所以就出现了出价高的网页就排列在前，出价少或没有出价的网页就被排列在后面的问题。而一般用户的习惯是只看到第三页，这就使得后面的内容对用户来讲没有任何意义，同时也导致了用户可能无法得到他想要的结果。这样就大大破坏了用户的体验以及信息获取。

② 与相关行业联系度低。目前垂直搜索引擎的数据采集还是停留在传统的搜索引擎抓取数据的方式，这就导致最后的用户查询和在通用搜索引擎上的查询效果并无二致，这种表现肯定无法吸引用户，也无法发挥自己专业查询的优势。而且由于对该行业的了解无法深入，和该行业的从业人员也不能进行有效的沟通，自然无法了解该行业的真正需求。

（2）通用搜索

通用搜索引擎就如同互联网第一次出现的门户网站一样，大量的信息整合导航，极快的查询，将所有网站上的信息整理在一个平台上供网民使用，于是信息的价值第一次普遍的被众多商家认可，迅速成为互联网中最有价值的领域。互联网的低谷由此演变为第二次高峰。大家熟知的搜索引擎百度、Google、雅虎等是通用搜索引擎现如今的代表。

通用搜索引擎的优点是：查询速度快、准确，响应时间短，技术目前已经较为先进与成熟，能提供较高质量的服务。

缺点是：搜索信息的速度远落后于网络资源的增长速度，检索到的文献数量有限，对于较为专业偏僻的查询难以提供满意的结果。搜索词命中率不高，范畴检索功能有限，智能程度较低。

随着互联网的发展，搜索引擎的技术也在不断成长。互联网上海量的信息已经无法满足工作频率不断加快的人群的需求，用户在对搜索引擎的选择上真正进入了自主时代。垂直搜索引擎自进入市场以来受到越来越多人的认可，逐步地扩大了市场份额，对通用搜索引擎的发展造成了一定的威胁。

12.3.2 中国搜索引擎发展现状

1. 中国搜索引擎用户规模

（1）搜索引擎总体情况

根据中国互联网络信息中心的数据资料，截至 2014 年 6 月，我国搜索引擎用户数量为 5.07 亿，与 2013 年同期相比增长了 3711 万人，增长率为 7.9%（见图 12-22）。作为互联网的基础应用之一，搜索服务与即时通信、在线视频一直稳居互联网应用用户规模的前三位。

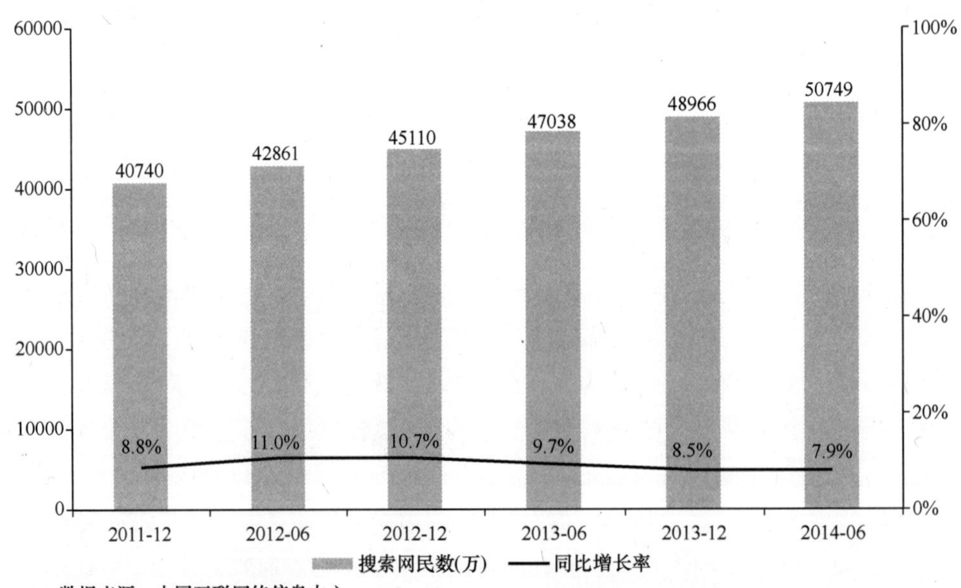

图 12-22 中国历年搜索引擎网民规模和增长率

截至 2014 年 6 月底，中国手机搜索网民用户数量为 4.06 亿，较 2013 年同期增长 8152 万人，同比增长率为 25.1%（见图 12-23）。手机搜索网民数量持续增长，成为近两年来搜索引擎用户增长的主要动力来源。截至 2014 年 6 月，手机搜索已经超过手机新闻，成为仅次于手机即时通信的第二大手机应用。

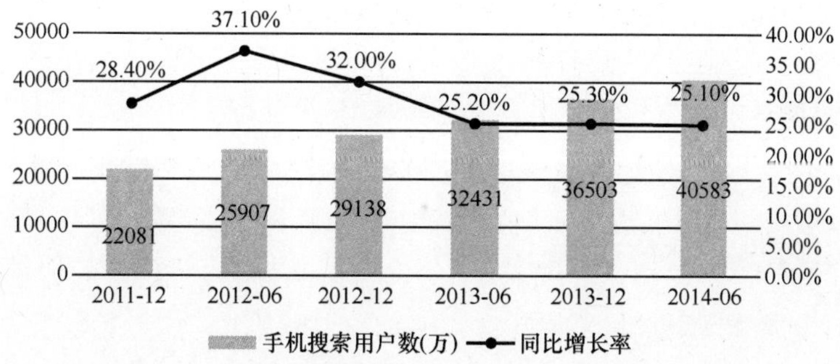

图 12-23　中国历年手机搜索引擎网民规模与增长率

（2）综合搜索仍然是互联网搜索的主流

综观 2014 年，在各类搜索引擎中，综合搜索仍然是互联网搜索的主流。截至 2014 年 6 月，搜索网民中有 95.4%的用户使用综合搜索网站进行信息搜索。综合搜索网站在互联网流量中稳居第一的位置，排在其后的是购物网站，有 78.5%的搜索用户使用网络购物平台。我国网络购物供应链日益完善，网购市场蓬勃发展，类似于淘宝、京东等购物网站的数量迅速增长，服务范围越来越广泛。搜索引擎渗透率排名 3～5 位的依次是视频网站、知识资讯类网站和微博搜索，比例分别达到 75.2%、57.2%和 57.1%（见图 12-24）。主动搜索信息能力的增强，体现了网民对互联网的使用深度的增加。

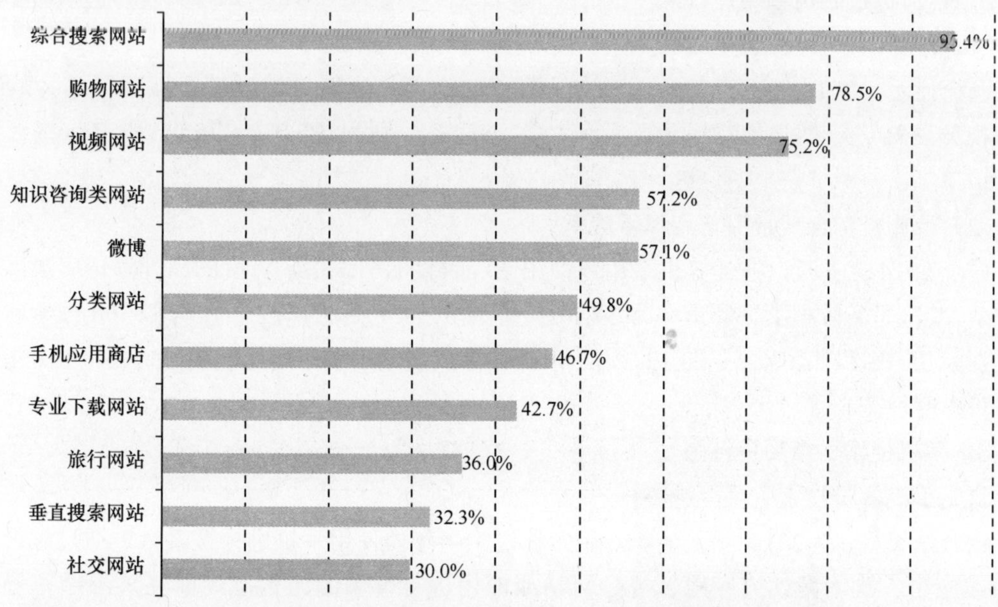

图 12-24　2014 年各类型搜索引擎渗透率

（3）综合搜索引擎品牌渗透率

2014年上半年，综合搜索引擎网民中使用过百度搜索的用户数量最多，渗透率高达97.4%，超出排名第二的两倍还多；位居次位的腾讯搜搜/搜狗的品牌渗透率为 43.6%；谷歌搜索借助其品牌影响力与较好的英文搜索体验，以41.7%的渗透率排名综合搜索引擎品牌渗透率的第三位（见图12-25）。

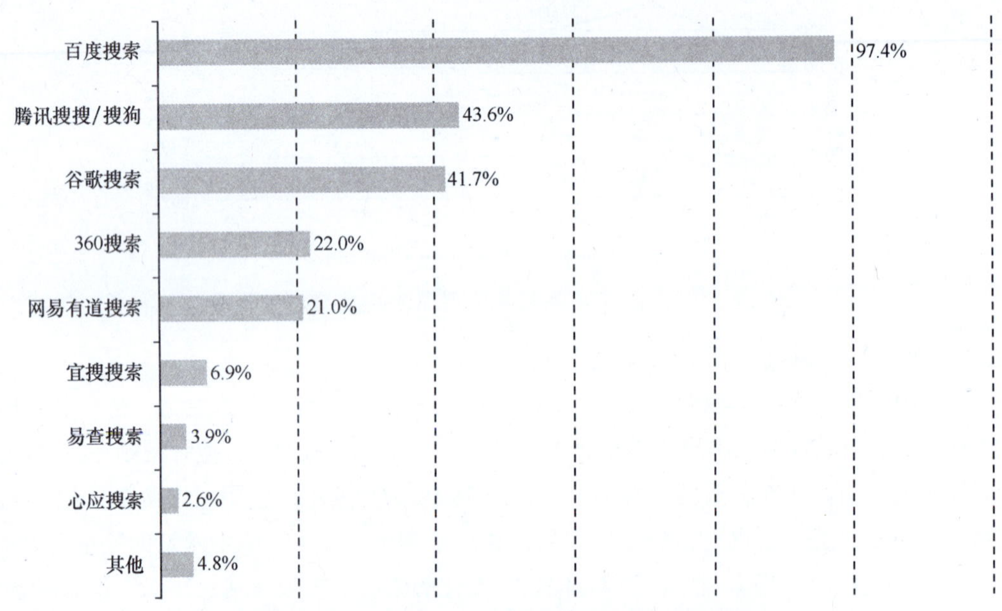

图 12-25 2014 年各综合搜索引擎品牌渗透率

2. 计算机搜索引擎用户行为

（1）计算机各类搜索引擎渗透率

调查显示，2014 年上半年，用户在计算机端进行搜索时，通过综合搜索网站、购物网站和视频网站进行搜索的频率位于前三位，渗透率分别为 95.0%、75.0%和 71.6%（见图12-26）。

（2）计算机综合搜索引擎品牌渗透率

截至 2014 年 6 月，在计算机端用户使用的综合搜索引擎中，百度的品牌渗透率最高，为96.7%；其次是谷歌搜索，渗透率为 37.1%；位列 3、4 的是腾讯搜搜/搜狗和 360 搜索，渗透率分别为 35.7%和 17.6%（见图 12-27）。中国计算机搜索引擎市场比较成熟，格局相对稳定，用户集中度很高。

3. 手机搜索引擎用户行为

（1）手机各类搜索引擎渗透率

调查结果显示，2014 年上半年，用户在过去半年内使用手机进行搜索时，通过综合搜索网站或应用、购物网站或应用、视频网站或应用进行搜索的比例位列前三，渗透率分别为92.0%、78.1%和 74.9%（见图 12-28）。

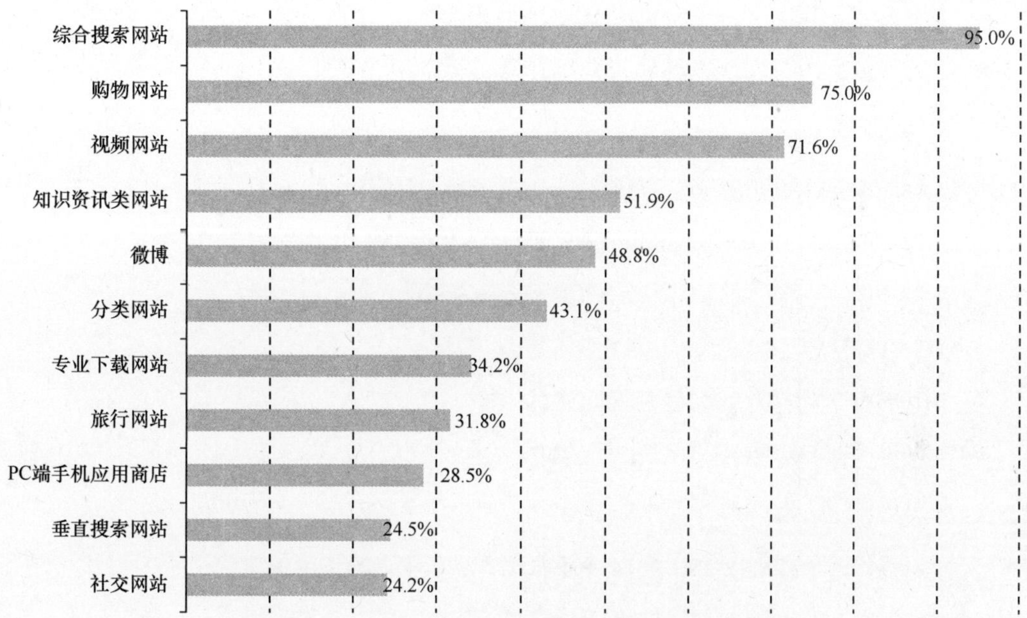

图 12-26 2013 年 PC 端各类搜索的网民渗透率

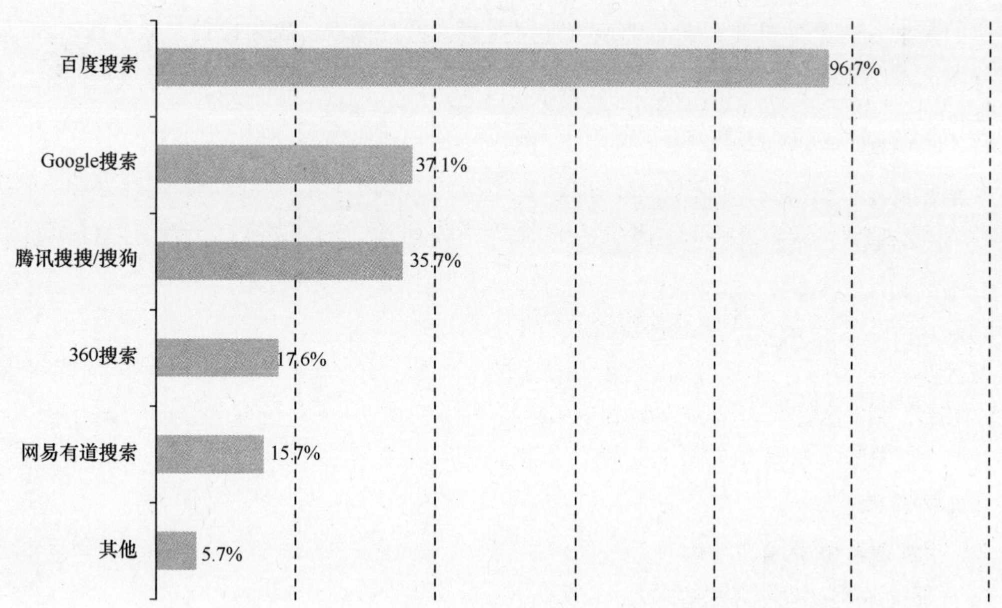

图 12-27 2014 年 PC 端综合搜索引擎品牌渗透率

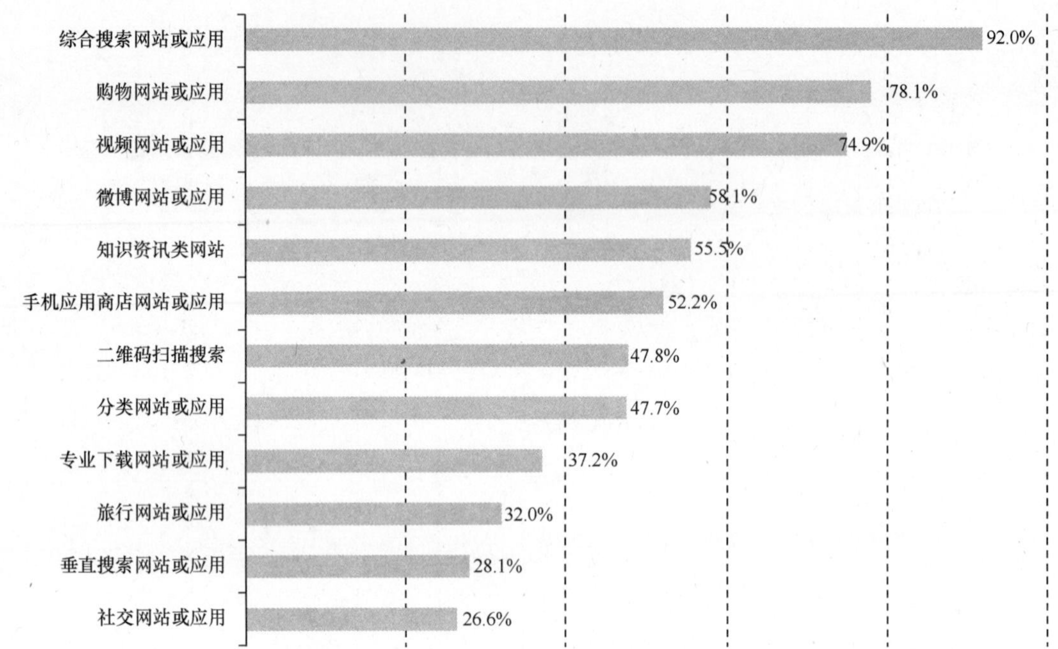

图 12-28　2014 年手机端各类搜索的网民渗透率

（2）手机综合搜索引擎品牌渗透率

截至 2014 年 6 月，使用手机综合搜索引擎的用户中，在过去半年内使用过百度搜索的用户比例为 95.8%；腾讯搜搜/搜狗、谷歌搜索分列二、三位，渗透率分别为 36.8%和 33.1%。值得注意的是，专注于手机搜索的品牌，如宜搜搜索、易查搜索、儒豹搜索、神马搜索的品牌渗透率并不高，用户对手机搜索引擎品牌的使用习惯表现出与 PC 高度一致的特点（见图 12-29）。

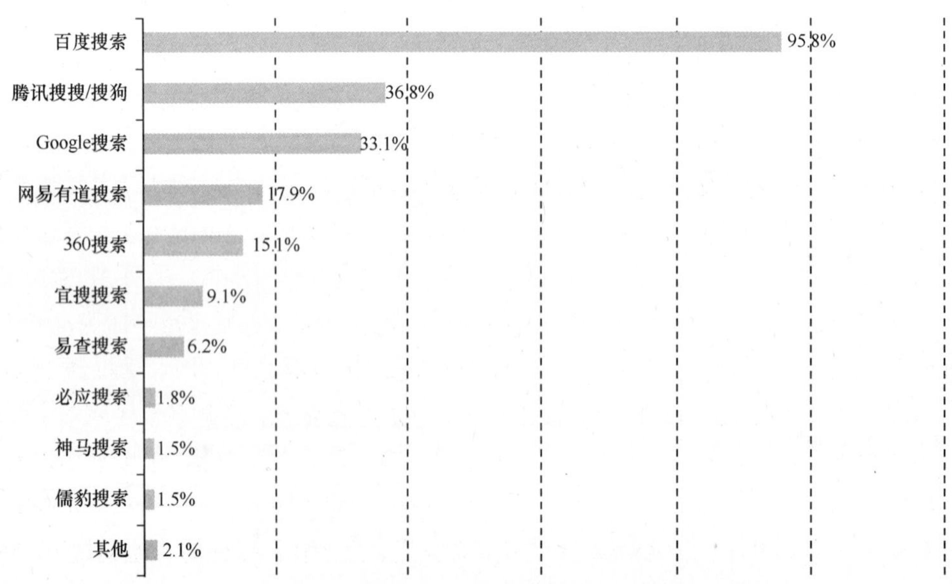

图 12-29　2014 年手机端综合搜索引擎品牌渗透率

12.3.3 2015 年搜索引擎发展趋势

1. 搜索引擎种类多元化

近些年，搜索引擎的发展已经取得了令人非常注目的成就。随着互联网对日常生活的渗透程度日益加深，网上信息数量、种类的不断增加，搜索已经成为网民正常获取互联网信息必不可少的途径。信息搜索行为发生在互联网生活的方方面面，加之移动互联网的发展，实现了随时随地任意搜。服务需求水平在不断提高，计算机技术日新月异地发展，一些高性能的、满足不同需求的搜索引擎将会不断被开发出来。在搜索引擎的类型使用上,95.4%的搜索用户都会选择综合搜索引擎。而随着各个互联网细分市场的发展,各类搜索网站都获得了长足发展，如微博已经逐渐转型成为信息发布交流平台，其热点事件、事实新闻搜索的重要性逐渐得到体现；又如网络购物的普及化，带动网购搜索成为用户进行网络购物行动链中不可或缺的一环。

2. 搜索方式个性化

个性化是指各网络检索工具注重内容的特色化和服务的个性化。由于用户千差万别，对信息搜索往往有不同的要求。个性化的核心是跟踪与分析用户的搜索行为，将搜索建立在个性化的搜索环境之下，通过对用户的不断了解、分析，充分利用这些信息来提高用户的检索效率，并为用户提供全程帮助和服务，使得个性化搜索更加符合每个用户的需求。综合性的搜索引擎收录的范围太广、太大，无法满足某一特定的需求，而垂直性专业搜索引擎则可解决这一难题。垂直性专业搜索引擎只面向某一特定的领域，专注于自己的特长和核心技术，能保证对该领域的信息的收录齐全与更新迅速，具有针对性强、实用性强的特点，能为用户提供个性化的服务，是未来信息检索的一个发展趋势。

3. 搜索技术智能化与多媒体化

智能化是网络信息检索未来的主要发展方向，搜索引擎也顺应了这一潮流的发展。检索工具是搜索引擎的核心部分，随着网络用户对检索精确度和效率的要求不断提高，越来越多的搜索引擎重视自身在检索功能和检索服务上的智能化程度，涌现出了智能搜索引擎。智能搜索引擎可以通过自然语言与用户交互，自动分析用户搜索习惯。它能为用户提供一个真正智能化的、个性化的信息过滤和推送服务，最大限度地了解用户的需求。用户无需再考虑烦琐的检索、语法等规则，从而提高搜索引擎的易简率。因此，智能搜索引擎成为今后搜索引擎的发展趋势。

随着宽带技术的发展，未来的互联网是多媒体数据的时代，开发可查寻图像、声音、图片和电影的搜索引擎是一个新的方向。目前，因特网上图形、图像、视频、音频、动画等多媒体信息正日渐丰富，与此同时，用户对其检索的要求也在不断增长，各种基于网络的多媒体搜索引擎便应运而生。它们的工作原理和方式不尽相同，虽还不是非常完善，但能使用户比以前更方便地检索多媒体信息。未来的搜索技术将更加成熟，在搜索内容上，向用户提供检索结果时仍可以向多媒体方向发展，使得检索结果形式多样化、生动化，以便更好地满足用户的需求。向多媒体化方向发展是搜索引擎的又一个新趋势。

4. 搜索引擎应用商业化

搜索引擎起着流量入口和信息分发的重要作用。随着互联网上信息服务和电子商务的发展，用户基数的不断增长，为电子信息的增值服务提供了广阔的空间。在这里汇集了最新的思想、最先进的技术和最大的潜在市场。网络检索系统已成为新的投资热点。搜索引擎已经不仅仅是一门技术、一门服务形态，而且已经成为一项产业，它的商业利益成为推动系统完善和扩展的主要动力，网络信息的检索与利用由公用性转向商业化。

5. 移动搜索 APP 化

随着智能手机的迅速普及和移动互联网的快速发展，移动搜索也随之发展，且其市场占有率不断提升。目前手机搜索用户增长超过总体增速，据统计，目前手机搜索的渗透率已经达到77.0%，成为移动互联网第二大应用。移动搜索的趋势是 APP 化，这也是移动互联网的现状。APP 可以极大地节省时间，无需再打开浏览器输入搜索引擎网址进行搜索。当前 APP 中使用率最高的是各大搜索引擎推出的新闻客户端，目前主要有百度新闻客户端、搜狐新闻客户端、网易新闻客户端、腾讯新闻客户端、中搜搜阅客户端，以及宜搜主打的“宜搜+免费小说”客户端，易查也推出了自己的客户端。除此之外，各大网站也上线了各具特色的客户端，譬如亿邦动力的电商新闻客户端等。微信和新浪微博等移动客户端也成为腾讯和新浪的新闻发布端口。

第13章　信息利用：电子商务

13.1　2014年中国电子商务发展回顾

相关统计数据显示，2014年，中国电子商务市场交易规模13万亿元，比2013年增长21.3%，预计未来几年将保持平稳快速增长，到2018年，电子商务市场规模将达到24.2万亿元。

13.1.1　我国电子商务市场规模进一步扩大

数据显示，2014年，中国电子商务市场交易规模13万亿元（见图13-1），比2013年增长21.3%。其中，网络购物增长48.7%，在社会消费品零售总额渗透率年度首次突破10%，成为推动电子商务市场发展的重要力量；另外，在线旅游增长27.1%，本地生活服务O2O增长42.8%，共同促进了电子商务市场整体的快速增长。

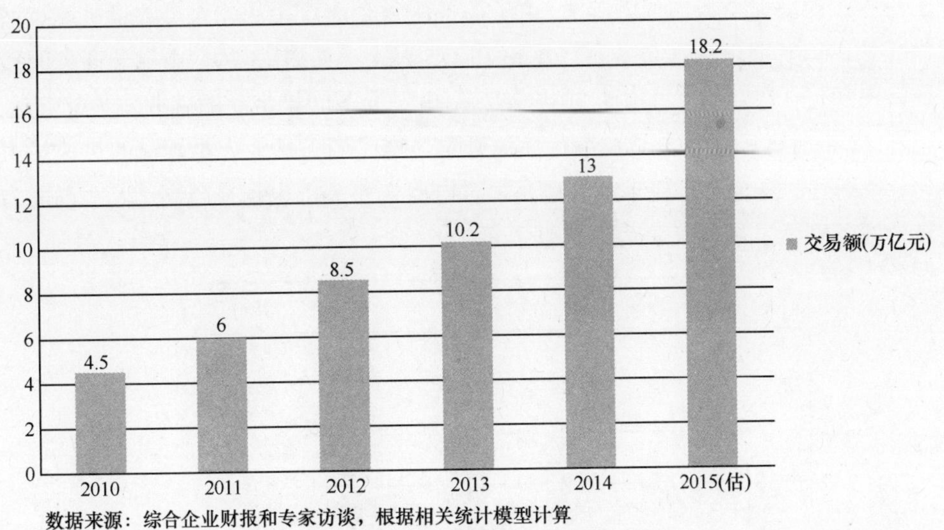

图13-1　电子商务市场交易规模

2014年，世界经济继续逐渐复苏，美国经济数据回暖，劳动力市场强劲复苏，欧洲经济整体向好。中小企业国际环境逐渐好转，我国政府继续出台财政政策加快中小企业应用电子商务。国内外环境均利于我国企业间电子商务的发展，而在网购市场中，企业加大移动端布局，移动购物发展迅速，成为拉动网购市场发展重要力量，进而推动电子商务整体市场增长。

1. 细分领域中 B2B 电子商务占据主要比例

2014 年电子商务市场细分行业结构中（见图 13-2），B2B 电子商务占比 76.9%；网络零售交易规模市场份额达到 18.5%；网络团购占比 0.5%；其他占 4.1%。

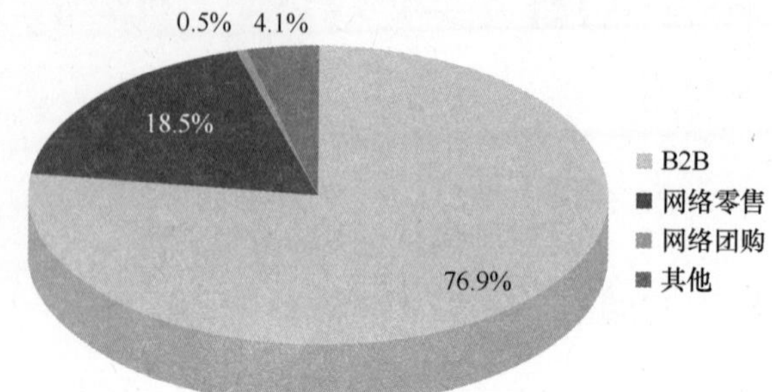

数据来源：综合企业财报和专家访谈，根据相关统计模型核算

图 13-2　2014 年电子商务市场细分行业结构占比

2014 年，中国电子商务市场细分行业结构中，企业间电子商务仍然占主导地位，整体占比超过七成，但占比环比均有所下降。受移动电商迅速发展的影响，网络零售市场规模占比提升明显。未来，网络零售市场交易规模占比将持续增加。

2. 电子商务从业人员规模继续增大

电子商务是高度市场化的产业，我国电子商务行业过去十多年之所以能够蓬勃发展，关键在于电子商务在拉动就业方面成效显著。电子商务服务企业直接从业人员数量呈逐年增加的趋势，2014 年，这一行业从业人员数量已经超过 275 万人（见图 13-3）。由电子商务间接带动的就业人数，已超过 1720 万人。预计 2015 年，由电子商务间接带动的就业人数能够达到 2080 万人，如图 13-4 所示。随着电子商务行业的升温，电子商务从业人员规模的迅速扩大。行业的专业化、精细化、复合化等要求越来越高，对电商人才需求也越来越高。人才已成为影响一个地区电子商务产业发展和竞争力的关键要素。

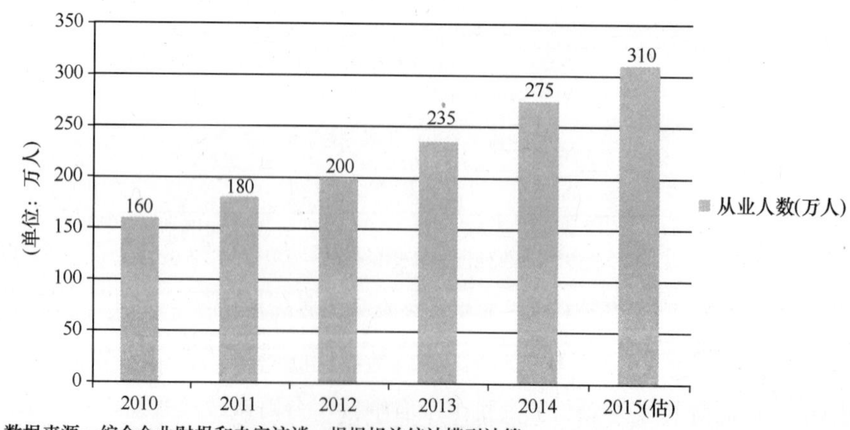

数据来源：综合企业财报和专家访谈，根据相关统计模型计算

图 13-3　电子商务从业人员规模

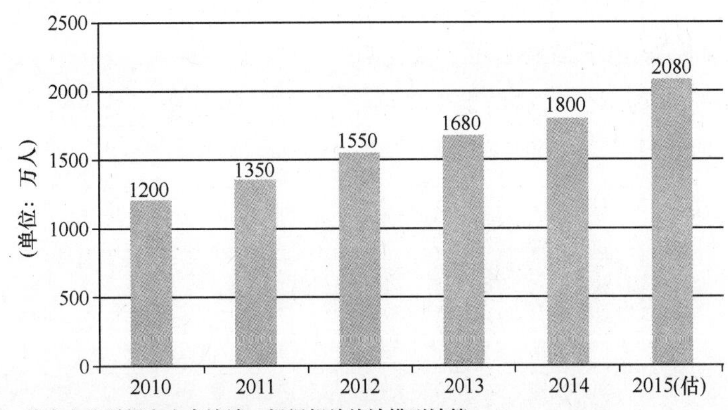

数据来源：综合企业财报和专家访谈，根据相关统计模型计算

图 13-4　电子商务间接带动从业人数

13.1.2　B2B 交易呈现良好的发展态势

1. B2B 交易金额再创新高

2014 年，我国 B2B 电子商务市场交易额达 10.8 万亿元，同比增长 32.4%，增速同比上升（见图 13-5）。

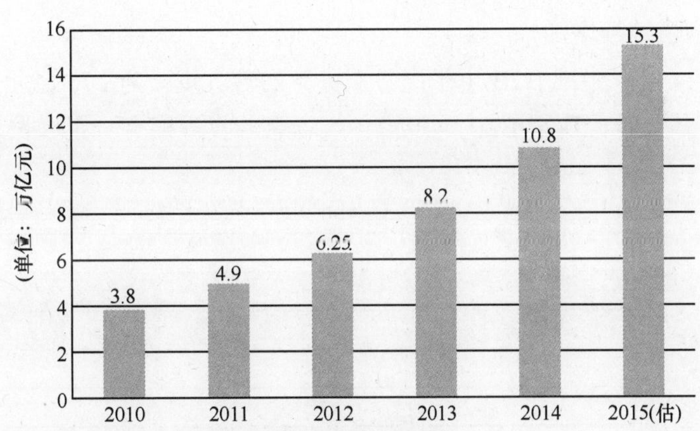

数据来源：综合企业财报和专家访谈，根据相关统计模型核算

图 13-5　B2B 交易金额

近年来，我国外贸 B2B 业务增长有限，2014 上半年，我国进出口总值 12.4 万亿元人民币，同比下降 0.9%，其中出口与进口为双降。但二季度进出口值由负转正，外贸呈现整体回暖的态势。而近年来内贸 B2B 增长迅速，各内贸 B2B 平台增速加快。B2B 企业正从信息资讯模式向交易平台模式转型，其中大宗商品交易平台也不断涌现，交易规模迅猛增长。

2. 电子商务服务企业数目不断增加

数据显示，近年来，我国 B2B 电子商务服务网站数目呈不断增加的态势。截至 2014 年上半年，我国 B2B 电子商务服务网站达 12030 家，同比增长 5.5%（见图 13-6）。

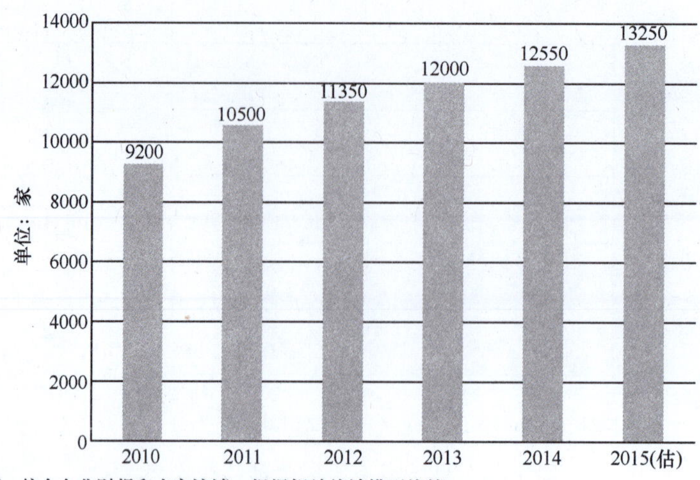

数据来源：综合企业财报和专家访谈，根据相关统计模型核算

图 13-6　B2B 交易规模

目前，在浙江、广东等沿海发达地区，电子商务已经成为不少企业不可缺少的业务工具，国内中小企业的电子商务意识也日益成熟，这在一定程度上助推了企业电子商务服务企业的增加。综合 B2B 平台纷纷向在线交易转型，在吸引更多中小企业进入的同时，也将压榨其他 B2B 企业生存空间。而随着行业竞争的加剧，优胜劣汰态势将继续。

3. 市场营收规模继续增加

数据显示，2014 年，中国 B2B 电子商务服务商的营收规模为 275 亿元，同比增长 22.6%（见图 13-7）。从整体来看，我国 B2B 电子商务市场总营收规模有一定增长，总体保持较为稳定的增长水平。

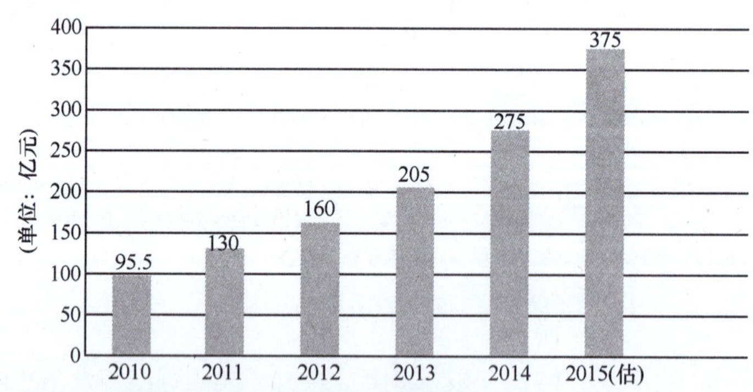

数据来源：综合企业财报和专家访谈，根据相关统计模型核算

图 13-7　B2B 电子商务应收规模

2014 年，中国 B2B 电子商务市场营收规模的增长受国内外经济环境共同影响。从国内环境看，我国政府继续增强电子商务财政政策与金融政策对中小企业的扶持力度，各个地方政府纷纷跟进，利好政策落地促进中小企业的发展。从国外环境看，上半年，全球经济延续了温和复苏态势，美国经济内生增长基础逐渐稳固，欧洲经济也出现回升，这一定程度上有利于我国

中小企业业务的发展。同时，B2B 行业在线交易、融资业务的开展等新模式的探索是其寻找营收增长的有效方法。

4. 阿里巴巴占据中国最大电子商务市场份额

2014 年，B2B 电子商务服务商营收份额中（见图 13-8），阿里巴巴继续排名首位，市场份额为 40.5%。接下来的排名分别为：我的钢铁网（上海钢联电子商务股份有限公司（300226,SZ）、环球资源（深圳环球资源网络服务有限公司（NASDAQ:GSOL）、慧聪网（北京慧聪国际资讯有限公司（HK.8292）、中国制造网（焦点科技股份有限公司（002315，SZ）、环球市场集团（股票代码：GMC）、网盛生意宝（浙江网盛生意宝股份有限公司（002095，SZ）分别位列二至七位，分别占比 8.0%、5.7%、4.0%、2.3%、1.6%、1%，其他 36.9%。

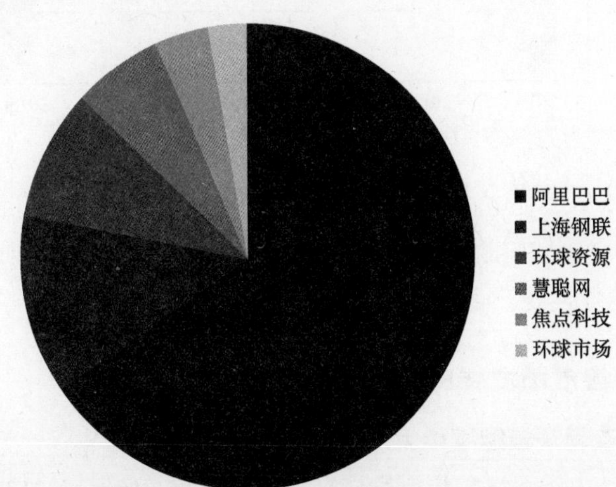

数据来源：综合企业财报和专家访谈，根据相关统计模型计算

图 13-8　中国 B2B 电子商务服务商市场份额

2014 年，在中国 B2B 电子商务服务商市场份额中，七家核心企业占比 63.1%，与 2013 年的 66.8%相比变化不大，核心企业整体营收格局保持稳定。其中，阿里巴巴以 40.5%的占比继续领跑 B2B 电子商务服务商总营收市场份额；我的钢铁网位居其次，营收的增长主要原因是旗下钢银电商的钢材交易服务业务的规模得到了扩大，导致上半年公司实现主营业务收入较 2013 年同期上升 45.22%。

阿里巴巴首次尝试采购业务的 O2O 模式，推出“阿里巴巴 1688 百亿采购中国行”等活动，以线上线下联动的方式，提升采购商采购和供应商销售的效率以及成功率；生意宝推出了“金融+数据+电商”的新战略，打造一个大宗品交易平台，向“交易+支付+供应链融资”的模式转型；数据业务“生意社”网站实施，提供大宗品的实时价格行情及资讯，是大宗品线上交易的保障；慧聪网推出闭环交易帮助 B2B 完善在线交服务，并推出微商城 2.0 专注打通微信支付功能；焦点科技与韩国 IMK 设立合资公司拓展采购服务，并与海尔合作服务渗透供应链上游。

5. 用户规模不断扩大

根据数据显示，截至 2014 年，国内使用第三方电子商务平台的中小企业用户规模（包括同一企业在不同平台上注册但不包括在同一平台上重复注册）已经突破 2050 万（见图 13-9）。

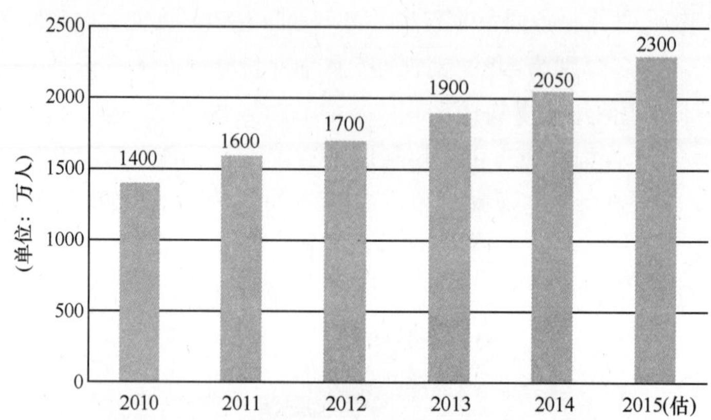

数据来源：综合企业财报和专家访谈，根据相关统计模型计算

图 13-9 使用第三方电子商务平台的中小企业用户规模

有分析认为，随着我国政府政策的导向以及各大电商平台服务的延伸，第三方电商平台中小企业用户规模得到稳健发展，而且这一趋势还将继续。

13.1.3 网络零售市场发展良好

1. 网络零售市场交易规模继续增大

截至 2014 年 6 月，中国网络零售市场交易规模达 10856 亿元，2013 年上半年，这一数据是 7542 亿元，同比增长 43.9%，预计 2014 年有望达到 27861 亿元（见图 13-10）。

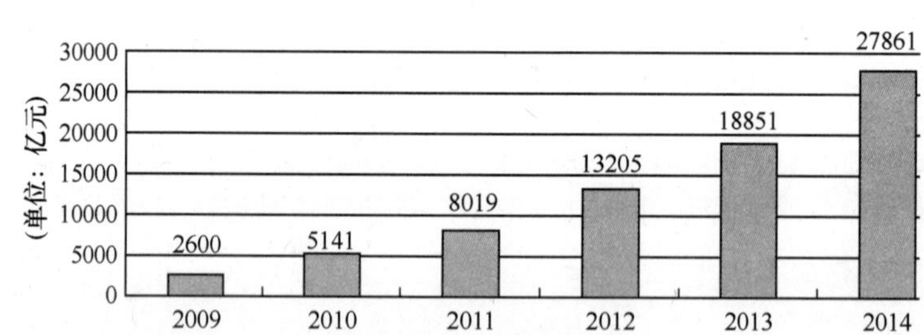

数据来源：综合企业财报和专家访谈，根据相关统计模型计算

图 13-10 网络零售交易规模

2014 年，网络购物市场交易规模增速略有放缓。今年京东、苏宁易购、唯品会、聚美优品、当当网等电商特别注重移动端的发展。各类手机端电子商务类应用迅速扩张。用户使用手机进行网络购物的频率也在不断增加。

2. 网络零售占社会消费品零售总额比例进一步增大

2013 年，中国网络零售市场交易规模占到社会消费品零售总额的 8%，而截至 2014 年年底，这一比例已经突破 10%，同比增长 25%。如图 13-11 所示。

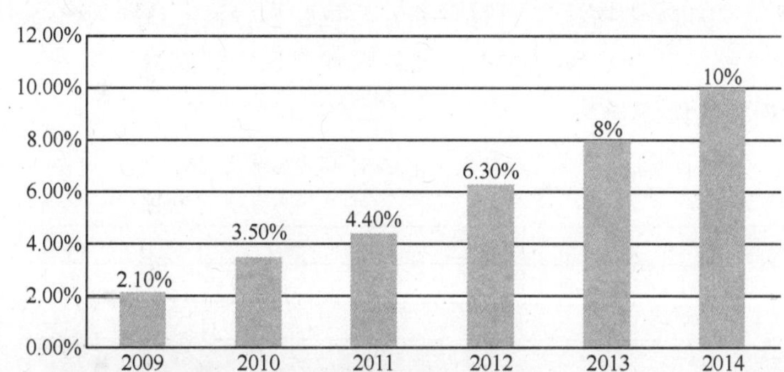

数据来源：综合企业财报和专家访谈，根据相关统计模型计算

图 13-11 网购规模占社会消费品零售总额比例

从中看到，网络零售取得的效益日渐明显，发展速度也超过预期，其中像北京、上海、广州、深圳和杭州这样的一、二线城市，这一比例远远超过平均水平，达到 20%～30%。未来电子商务与传统零售的融合将进一步加深。

3. B2C 市场梯队化越发明显

截至 2014 年，中国 B2C 网络零售市场（包括开放平台式与自营销售式，不含品牌电商），天猫排名第一，占 57.4%份额；京东名列第二，占据 21.1%份额；苏宁易购居第三，占 3.6%份额。4～10 位排名依次为：国美在线（3.3%）、唯品会（1.9%）、亚马逊中国（1.5%）、当当网（1.2%）、腾讯电商（0.8%）、聚美优品（0.7%）和 1 号店（0.6%）。如图 13-12 所示。

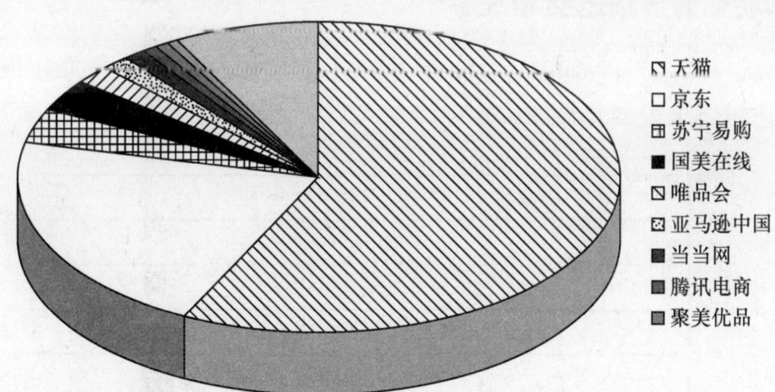

数据来源：综合企业财报和专家访谈，根据相关统计模型核算

图 13-12 B2C 市场份额

从图 13-12 中看出，B2C 市场梯队化越发明显。天猫京东位于第一梯队，尤其在腾讯电商的 QQ 网购、拍拍网及易迅网并入京东后，双寡头局面更加明显；苏宁易购、国美在线、唯品会和亚马逊中国位于在第二梯队；当当网、聚美优品、腾讯电商及 1 号店位于第三梯队。由此，国内 B2C 市场格局日趋明显。

随着网络购物行业发展的日益成熟，各家电商企业除了继续立足于网购市场的深耕和精细化运作，不断扩充品类和优化物流及售后服务外，也在积极向三四线城市甚至农村市场扩张，并积极部署国际化战略及移动端发展战略，促使网购市场持续深入发展。

4. 网购用户规模继续增长

截至 2014 年，中国网购用户规模达 3.9 亿人，同比增长 26.4%（见图 13-13）。

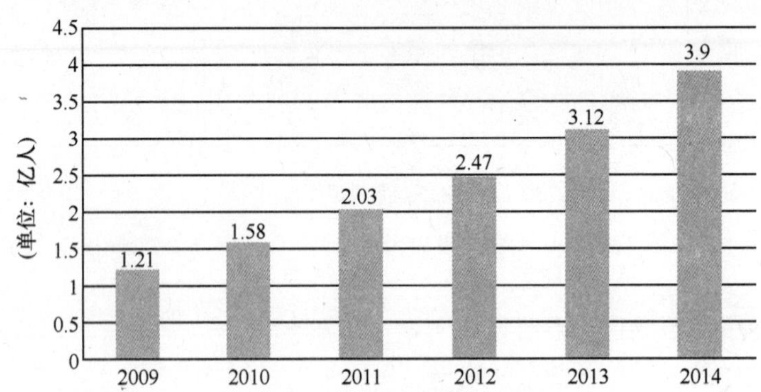

数据来源：综合企业财报和专家访谈，根据相关统计模型计算

图 13-13　网购用户规模

网购用户规模持续增长的原因包括以下四点：第一，网络购物环境日趋完善与成熟；第二，网购用户开始慢慢向年长群体扩展及向三、四线城市下沉；第三，政府监管以及物流支付环境的日益成熟；第四，电商企业的技术支撑能力不断提升。

13.1.4　移动电商市场迅猛增长

截至 2014 年 6 月底，中国移动电子商务市场交易规模达到 6324 亿元，同比增长 378%，进入了井喷式增长的新阶段（见图 13-14）。

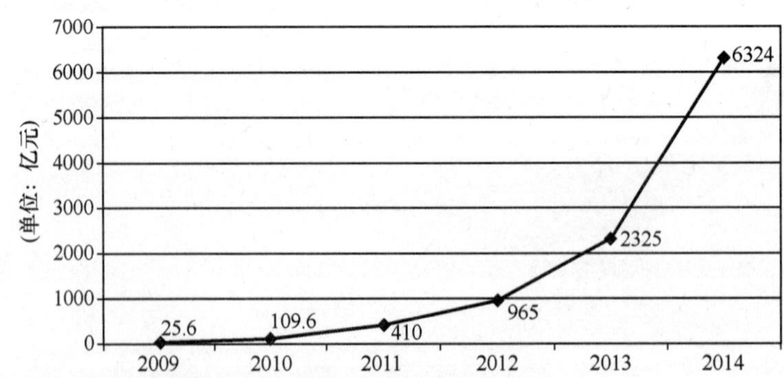

数据来源：综合企业财报和专家访谈，根据相关统计模型核算

图 13-14　移动电子商务市场增长规模

智能手机、平板电商的普及，3G 以及 WiFi 网络环境的日渐优化，培养了人们移动购物的习惯。这对推动移动购物交易额的增长起到重要的作用。未来移动购物规模的还会有大幅增

长，原因如下。

（1）移动互联网日渐普及和4G战略启动。2013年年底，工信部发放4G牌照，随后，中国移动启动4G战略。2014年第一季度，中国电信、中国联通相继公开披露4G资费信息，4G商用进程全面启动。4G网络的普及，有助于加快移动端上网速度，提升用户移动端上网体验，进而推动移动购物市场发展。

（2）纯电商的移动端布局和传统零售企业的试水“移动”。随着微信的快速发展和移动用户规模的扩大，电商企业、传统零售企业对移动营销逐渐认可。如朝世纪联华、银泰百货等企业微信支付、支付宝等移动渠道加上各类APP应用大行其道，大幅促进用户移动购物频次，也将推动移动电商的进一步发展。

（3）电子商务用户结构的变化将继续推动移动电商的增长。目前，越来越多的用户通过智能手机访问互联网。用户的访问及购物习惯的改变和企业在移动端的各类活动促进了移动电商规模的增长。

13.1.5　电子商务市场结构稳定

1. 市场细分行业结构稳定

统计数据显示，2014年，电子商务市场细分行业结构中，中小企业B2B电子商务占比一半，B2B电子商务合计占比超过七成，B2B电子商务仍然是电子商务的主体；在线旅游交易规模与本地生活服务O2O市场占比与2013年相比均有不同程度的提升。

从B2B市场看，未来B2B电子商务运营商将在在线交易、供应链金融以及质检、物流等配套服务方面继续深化发展，预计3～4年内，中国中小企业B2B电子商务市场将保持较平稳增长。从网络购物市场看，随着移动购物市场的飞速发展、典型电商企业向三四线城市甚至农村市场的扩张及国际化战略的布局，未来几年，中国网络购物市场仍将保持快速发展，网络购物在电子商务中的占比将会继续提升。此外，在线旅游市场虽然占比较低，但受酒店、旅游度假等细分市场的推动，一直保持25%以上的增长，逐渐会成为电子商务市场重要的组成部分；O2O逐步落地，服务类O2O如餐饮、休闲娱乐、婚庆已逐渐形成规模，本地生活服务O2O未来发展潜力巨大。

2. 移动购物推动网络购物市场快速发展，在线旅游及O2O发展迅速

数据显示，中国电子商务市场细分领域中，移动购物市场发展迅速，未来几年将保持48%的复合增长率，成为网络购物市场快速发展的主要推动力；此外，在线旅游和O2O未来几年也将保持20%以上的复合增长率，发展快速。

未来几年，移动购物和O2O将成为电子商务市场中发展最快的细分领域。

其中，移动购物方面，移动互联网的普及、网民从PC端向移动端购物的倾斜、移动购物场景的完善、各电商企业移动端布局力度的加大以及独立移动端平台的发展，均是推动中国移动购物市场快速发展的重要因素，预计未来几年，仍会保持较快的增长速度。

O2O方面，我国本地生活服务O2O市场发展快速，餐饮、休闲娱乐等O2O已经初具规

模，但本地生活服务 O2O 在整体本地生活服务市场中渗透率相对来说还较低。未来，随着实物类电子商务用户群体网络消费内容的不断扩大、移动互联网的飞速发展都将推动本地生活服务 O2O 的快速发展。

相关电子商务市场分析数据显示，2014 年，中国电子商务市场规模超过美国。据调查显示，在中国，不论是网上浏览还是网上购物的渗透率都大大超过了全球平均水平，中国有超过 6 亿的网民，电子商务的年增长率为 120%，这都使得中国会成为世界上电子商务发展最快的地区，并即将成为全世界最大的电子商务市场。

13.1.6 图书电商整体发展回归理性

2014 年，当当、京东、亚马逊、天猫等国内主要的图书电商进入收缩模式。先是苏宁退出图书市场，放弃自营，接着又传出"京东图书采销部门并入手机采销部门，不再是独立体系"的消息。曾进军图书市场的 1 号店等也在 2014 年开始理性收缩。与此同时，新华书店等实体书店不断增加在天猫等电商平台上的销售比重。

1. 第三方平台崛起

回顾 2014 年国内主要图书电商发展的代表性事件，天猫图书将此概括为"自营的衰落及第三方平台的崛起"。电商渠道一家独大或三足鼎立的局面在 2014 年得到改观。无论是新华书店，还是图书批发商，都在网络平台逐渐找到了合适自己的发展空间。

2014 年，京东第三方 POP 平台吸引了很多优质图书商家资源。京东图书着力于挖掘商家优势，引入差异化品类，提高竞争力。目前，京东图书的 POP 吸引了包括新华文轩、浙江博库、北发图书网、中关村图书大厦、中信书店等知名发行系统以及众多主流出版社的入驻。

2. 电商发展注重创新

2014 年，图书电商整体发展回归理性。2014 年，京东率先创新图书销售模式。2014 年 3 月，"京东图书"项目正式上线。"京东图书"以大数据分析为基础，真正从市场出发，可实现消费者群体的定制化，这是一种典型的按需印刷模式。这样的模式不仅可以释放长尾售止品种生命力，也可对传统出版业图书生产模式的转型带来一些新的思考。

目前，除了影响力巨大的《大卫·贝克汉姆》，京东还策划了《特洛伊》《不赦》《天使岩》《阿基里斯之歌》《警犬汉克历险记》等广受读者好评的作品。此外，2014 年 7 月，京东图书众筹项目上线，京东联合 360 以及中信出版社发起的《周鸿祎自述：我的互联网方法论》一书的众筹活动，一个月内众筹金额突破 160 万元，一举刷新了众筹的多项纪录。

在拓展渠道战略上，2015 年，京东图书将扩大自营品牌的影响力，拓展用户群体；增加媒体属性，从内容出发，推荐优质作品给用户以供选择参考；坚持"京东图书"项目，推广优质众筹项目；加大对移动端项目的投入比例。

图书电商 2015 年将延续 2014 年的形势，图书自营业务还会增长乏力，第三方平台的力量将持续加强。传统线下的转型规模和力度今年会更大，天猫书城入驻商家也会出现井喷式增长。

3. 融合脚步将更快

2015 年，图书电商的竞争会更加激烈，在现有基础上，都将谋求更大的发展，开拓不同的创新模式，对文化与优质内容的品牌营销会越来越重视。从出版社角度来讲，未来出版社对于提升网络营销能力有迫切的需求，与网店的合作也会越来越密切。

2015 年，当当网欲发力婴童全渠道战略，从线上到线下，深入跨界合作，升级其图书百货混合模式。未来当当网将与小星辰品牌集团合作，通过当当网文化消费大数据，打通品牌商、出版商及作家之间的产业合作，升级婴童文化产业链。

2015 年，电商之间及电商与实体店融合的脚步将进一步加快。融合有几个方面：其一，电商间的融合，比如，当当入驻 1 号店之后，将会入驻苏宁，甚至与京东采取合作模式；其二，电商大佬们纷纷开始在线下布局，如亚马逊中国大幅度与便利店合作，实现网上订货 24 小时便利店付款收货。同样，引入腾讯作为战略投资者的京东，已与北京、上海等 15 个城市的上万家便利店达成战略合作，货品则由消费者居所附近的便利店直接配送，2015 年有望覆盖所有的省会城市和地级市。这种电商与实体店合作的 O2O 模式以及“24 小时便利店+一刻钟到货”的物流服务，对实体书店的冲击是巨大的。因此，2015 年实体书店实施线上渗透的 O2O 战略将会成为营销重点。

13.1.7　电商领域出现新的增长点

从现阶段看，随着互联网日新月异的变化，我国电商领域也在不断推陈出新，同时还存在很多问题有待重视和解决。例如，电子商务市场秩序还不够完善，规范化不足，工商管理关于电商零售的投诉占比很大；市场竞争规则不清，变味的宣传导致消费者的电商体验下降；跨境电子商务方面还有待探索；企业电子商务应用水平不高。

中国电商品类中，最具新引力的前三名，依次是农产品生鲜电商、母婴电商和面膜电商（微商）。

农产品电商主要以中粮我买网、顺丰等发力，阿里上市后最新公告提出“涉农电商”将成为阿里未来重点布局的三个重点领域之一；母婴电商受到投资者的广泛认可，例如：四金冠母婴店铺《史诗》已经获得千万美元 VC 投资筹备推广无线端；母婴电商《荷花亲子》APP，筹备阶段还未上线就获得 IDG 及一家美国上市电商的千万美元投资；还有 VE 母婴平台也获得 3000 万美元投资；面膜电商之所以成为新的增长点，是因为微信朋友圈电商 60%都是以该品类为载体。

13.1.8　政策环境进一步优化

为完善电子商务制度环境，在立法层面，商务部积极参与推进《电子商务法》的立法以及《食品安全法》《广告法》等与电子商务密切相关的法律修订。在部门规章层面，研究制定了《网络零售第三方平台交易规则制定程序规定》，将对保护交易相关方合法权益、保障行业健康发展起到重要作用。在标准规范层面，开展电子商务标准框架体系、网络零售行业规范总体框架等研究。

在推进重点领域电子商务应用方面，一是健全电子商务示范体系。商务部会同发展改革委等 8 部门开展国家电子商务示范城市创建工作。2014 年年初，在第一批 22 个示范城市基础上，又评选出第二批 30 个电子商务示范城市。开展国家电子商务示范基地创建，首批确定了 34 家示范基地，指导示范基地整合社会服务资源、创新公共服务模式。目前，已向地方下发了开展第二批示范基地创建工作的通知。完成了 40 个典型示范企业案例的编写，正在着手开展 2014—2015 年度电子商务示范企业创建，发挥示范企业在创新模式、开拓市场、降低成本、刺激消费等方面的示范引导作用。

二是推进电子商务与物流快递协同发展。商务部会同财政部、国家邮政局，在天津、石家庄、杭州、福州、贵阳 5 个城市开展电子商务与物流快递协同发展试点。探索解决城市配送车辆规范运营、配送站点建设、“最后一公里”配送等问题。

三是促进农村、农产品电子商务应用。加强农村商务信息服务，开通全国农产品商务信息公共服务平台，推动农产品网上购销常态化对接，建立农产品卖难预警救助机制。同中央电视台农业频道合作，推出农产品电子商务系列节目。组织农产品网上购销对接会，实现农产品销售超过 100 亿元。

在健全电子商务支撑体系方面，一是加强电子商务统计体系建设。2014 年，开通了全国电子商务信息管理分析系统，形成具有统计、监测、信用、业务管理和企业服务五大功能的综合性工作平台。与有关部门、机构和企业的合作，推动建立电子商务统计报表制度，研究出台了《电子商务统计指标体系（总体）》，建立数据共享渠道，提高数据测算能力，研究制定季度统计指标和方法。坚持编写发布《中国电子商务报告》和《中国网络零售市场评估报告》。

二是加快电子商务信用体系建设。开展电子商务信用评价指标、信用档案等标准研究，建立统一的信用评价和奖惩规则。建设电子商务信用基础数据库，建立公开、透明、动态的企业信用记录。健全部门信息共享和协同监督机制，推动建立面向第三方信用服务机构的信用信息采集、共享与使用机制，形成政府主导、多方参与、标准统一的电子商务信用体系。

三是推动电子商务人才培养工作。推进国家电子商务专业技术人才知识更新工程，积极开展电子商务高端紧缺人才培训。推动创建国家级电子商务人才继续教育基地。推动行业组织、专业培训机构和企业开展电子商务人才培训及岗位能力培训。组织 4 期地方商务主管部门、商贸企业电子商务和信息化培训班，培训人员约 800 人。

在参与国际交流合作与规则标准制订方面，商务部发起“APEC 电子商务创新发展倡议”，获得各经济体一致通过，成为 APEC 中国年成果之一。完成中韩自贸协定电子商务谈判，开展中日韩、区域全面经济伙伴关系自贸协定电子商务议题谈判。开展两岸电子商务交流合作，参与 WTO 对华贸易政策涉及电子商务议题的审议工作。参与联合国亚太经社会无纸贸易议题谈判。启动上合组织电子商务工作组会议准备工作，推进金砖国家电子商务专家对话机制建设。

13.2　2015 年电子商务发展趋势

自 1990 年电子商务诞生，直到 2014 年的全民电商时代，电子商务作为新兴行业快速发展至成熟稳定期。由时间来推断，2015 年是非常具有代表性的一年，既是对上一阶段我国电子商务发展成绩的一个考核年，同时也是对电子商务行业发展的前瞻年。在此期间，电商线上线下的 O2O 融合与冲突初露端倪，物流大战爆发后的衍生价值开始显现，价格战开始偃旗息鼓等，这意味着电商在格局和模式上会发生转变。下面我们就从用户、业务模式、市场拓展、产品服务、品牌及营销等方面来对 2015 年电商的趋势做一次总结与预测。

13.2.1　电商下沉战略势在必行

在一线城市，各种形式的电商充斥着人们的生活，加之物流以及网络的发达，“网购”俨然已成为一线城市的居民最为热衷的生活方式，而相对与一线城市，二三线城市再到乡镇农村还有大规模的用户群体待挖掘，而且在二三线城市从事电商行业的公司比较紧缺，其中，还有假货泛滥、产品监管有漏洞等不健全的发展因素制约着二三线城市电商业务的发展。但随着基础设施建设的跟进，二三线城市居民消费观的转变，电商下沉也是“水到渠成”。阿里、京东争相下乡刷墙推广其电商业务，京东帮服务站和淘宝村的模式出现，各大物流公司逐渐扩大派送范围，这些也都为电商下沉铺好了路。由于农村地广人稀，农村电商必然走向本地化，如何调用第三方厂商服务资源、社会化维修、销售资源，会是 2015 年电商的角力点。

从体量上看，阿里与京东分别引领平台和 B2C 自营领域，当当、1 号店、苏宁等被甩开的距离较远。品类上，京东在 3C 家电领域依然占据优势，但在服装、百货等方面尚处于破冰期，2015 年能否突破成为一个关键点，相比之下，天猫、淘宝等生态改善会是明年的重点，消费者需求变化会加速阿里的自我变革。但有一点是确认的，京东与天猫的双寡头局面会进一步巩固，苏宁、1 号店等电商的距离会继续拉大。

13.2.2　基础服务再成行业竞争焦点

在经历了价格战、电商“造节”等发展阶段之后，国内电商从早期粗放式的抢夺用户到如今逐渐转变为精细化的发展模式。精细化后，例如物流、售后这些直接决定品牌美誉度以及用户黏性的环节，变得尤其重要。而且目前国内电商品牌林立，各类综合性百货电商以及垂直电商都在积极开发自身的发展策略，但是在基础服务方面却遭到消费者最多的诟病，虽然自电商诞生起，提供良好的服务就是电商的发展核心，但是消费者对此并不满意，这就意味消费者的需求没有得到满足，于是新的竞争点就出现了。本质上，消费者要求的就是一个快速响应的服务机制，这在物流以及售后换修等方面体现得尤其明显。

互联化帮助各产业链缩减了其中一部分环节，甚至是促进了上游和终端的直接连接，削减了中间成本。生鲜电商的发展就是一个很好的例子，种植商可通过电商平台直接面对用户，用户可以通过电商平台了解生鲜产品的生长过程，买到更为放心的食品。民以食为天，这是人类最大的需求，但是我们经常可以看到产销不平衡造成经济损失的例子，某地的农副产品因交通、天气等因素导致滞销，但同时另外一个地方却因为产量降低导致价格上涨。此时，如果电商平台将生鲜产业链串联起来，改善这种不平衡，将会避免更多的经济损失，并开拓出新的发展模式。

13.2.3 物联网成为电商流量新入口

电子商务从 1990 年的诞生，到 2014 年进入全民电商的时代，表明了电子商务作为一个新兴行业已经从快速发展期至成熟稳定期。纵观近 30 年的时间内，中国电子商务的发展历程，可以发现，从行业起步到快速发展这一段时间内，电子商务大致每 3 年就会出现在特定阶段的流行趋势，这可以看作是一个行业高速发展的体现。自 2000 年以后，电子商务稳步前进并且进入了行业发展额成熟期，这与电子商务相关的物流行业的发展以及计算机技术等配套行业的高速发展密切相关。

当一个行业进入成熟期后，其发展趋势的变化周期将会被延长，电子商务行业同样如此，根据目前电子商务行业的发展历程来看的话，这个周期在 5 年左右，由时间来推断，2015 年是非常具有代表性的一年，既是对上一阶段我国电子商务发展成绩的一个考核，同时也是对电子商务行业发展的前瞻。

2015 年移动电商将更加成熟，支付更便利，尤其是随着 O2O 模式的落地，以及移动端交互体验的增强，移动电商版图将进一步扩张，并有望超越 PC 端占到 60%以上的份额。另外，随着智能设备的不断涌现，电商将从除互联网、移动互联网以外更多平台获取新的流量，碎片化购物模式的形成更推动了物联网成为电商流量新入口的大趋势。

物流对电商的重要性是毋庸置疑的，2014 年，围绕着物流上的竞争大幕拉开，京东自建物流延伸出了极速达、3 小时达、移动自提车等个性化物流服务，苏宁、当当等也纷纷加码物流建设，开启了新一轮的竞争。2015 年，物流竞争的优劣势将充分暴露出来，并会影响到用户网购的选择决策，“无物流，不电商”会成为铁律。而且在 2015 年，物流价值不仅是快、慢，以物流为杠杆延伸出来的供应链、服务、营销等增值服务和价值也会凸显，尤其是在四、六线县乡级市场，这一表现会更加突出。

13.2.4 电商向上游覆盖将成为常态

电商行业一直以“出货”为主，但随着综合性电商平台在用户、流量上的优势，以及对网购行为、偏好、购买、支付等大数据的应用，2015 年，电商向上游覆盖将成为新常态。C2B 的按用户需求定制和众筹等模式将形成规模，进而传递到柔性制造、设计、供应链等环节，这也会成为 2015 年电商市场上的一个突出现象。电商与上游厂商的联盟与合作会越来越频繁，合作深度将涉及品牌、大数据、物流、供应链、互联网金融、智能设备等各个层面，电商的角色和重要性都会发生根本性转变。

O2O 是电商未来发展的一个重要部分，但 O2O 真正的实践模式并不多。2015 年，O2O 将出现新的变化，一是电商网站将加快向线下进军，例如，阿里入股银泰与京东联手全国百家便利店；二是线下零售业态 O2O 升级进入深水区，将会极大改造线下零售模式和体验，例如，万达收购快钱弥补支付短板，2015 年，线下店面的优势和地位会大幅抬升；三是 O2O 模式将整体走向成熟，创新的交互购物体验会涌现，并带来业务模式、用户体验上的新突破。另外，电商 O2O 必须依托线上交易的互联网产物只有与线下建立联系，才能说是建立了完整的生态链。但目前电商建立的线下实体店，大多数属于面子工程，很难在优化用户体验，增加服务品类上有所建树。

13.2.5　精准营销成为发展趋势

精准化营销，就是花钱就要花在刀刃上，这是成本考量的第一要素。对于电商来说，如何将产品定向推荐给需要的用户，在近几年以及未来几年都将会是不变的趋势。随着阿里上市、京东亚洲一号物流中心投入使用，目前电商市场上由阿里系、京东主导的格局已定，尽管京东还未盈利，但其综合实力越来越强。同时，国美、苏宁、聚美等一批颇具实力的电商也在逐渐完善各自的生态圈。

在支付平台日益完善，社交平台越来越优质的用户体验下，我们会发现店铺经营已经渗透到了身边的朋友、家人，这一类借助自身的口碑效益逐渐积累了不少忠实用户的微商群体在逐渐扩大，可以说我们目前进入到了人人皆电商的时代。与此同时，成熟的电商平台也在“微”平台开放入口，通过降低佣金等举措来网罗更多的卖家，在今后一年内，这种趋势仍将保持强劲的增长态势。

13.2.6　金融是电商生态的重要组成部分

金融是电商生态的重要组成部分，互联网金融的诞生，为用户增加了更多可投资的渠道，在初期，较高的回报吸引了大批用户，使得余额宝等互联网金融平台在短期内积累了大量的资金，由此开启了电商深入拓展金融类产品的大幕。尤其是拥有自己的支付平台的电商，无论是技术、安全还是资金，都给电商提供金融服务打好了基础。2015 年，由电商延伸出来的供应链金融、消费金融会向纵深发展，成为推动电商进一步扩张和增强用户黏性、消费力的重要工具。例如，京东推出了包含京东白条、京宝贝、项目众筹等功能的京东金融平台；阿里支付宝也针对淘宝卖家推出了余额宝信用支付手段。越来越多 P2P 平台的涌现，让电商兼具了越来越多的银行功能，但这一发展形势尚未形成标配效应。

13.2.7　电商购物体验被重新定义

2015 年，电商购物体验也会被重新定义，体验不再是一个购买便利性、界面友好性的单一话题，而是涵盖品质、价格、个性化、物流、服务等各个环节的全流程体验，单纯的价格战将远去，消费者对价格的敏感度会降低。2015 年的消费群会更追求个性、社群专属及品位主张，用户年轻化、个性化的体现越来越明显，如何网罗新用户，并保持老用户的新鲜感，打时尚牌显然是顺应潮流之举。品质、时尚及服务体验会是电子商务市场2015年竞争的新指标。例如：京东提出的新消费主义，宣布将与《时尚芭莎》展开深度合作改变京东用户男女比例失调的局面；天猫不再追求成交额，而是发布时尚战略，提供一系列时尚化解决方案；当当更换品牌Logo，强调当当的时尚属性等。

从阿里的“双十一”到京东的“6·18”，电商的“造节”营销手段，影响和带动了线下零售企业的跟风，但2015年，随着消费群的升级，以及个性化需求的增强，大众化的靠5折、低价等手段驱动的网购节日将日渐消退，节日的主旋律会发生转移，也将出现个性化、全球化等新标签，网购族们对狂欢节也逐步丧失刺激效应，节日效应相应减弱。相比，一些定制化、专属人群的节日可能会兴起。

国内电商是一个大市场，随着一级市场趋于饱和，以及高品质、中产阶级消费群的崛起，2015年，跨境电商、全球化会出现一波争相涌入的行情。越来越多的在物流、支付各方面都比较有经验和能力的电商开始将自己的业务线向外延伸，例如，淘宝全球购、天猫国际、聚美优品开放海淘专区、苏宁成立跨境电商项目组等。这不仅让消费者享受更多海外购物的便利以及资金保障，还会让电商在开拓海外市场以及引进外国品牌进驻上起到一定积极作用，实现多方共赢。未来一年，受到国内外经济环境和外贸政策的影响，跨境电商将出现大的增长，但不会大规模爆发，在这一领域，综合性电商的平台优势更有竞争力。

13.3 2014年我国电子商务行业重点企业排名分析

在新经济发展的时代，电子商务成为了当今服务业中的重要产业，素有“朝阳产业，绿色产业”之称。越来越多的企业和个人都加入了电子商务领域。因此，对电子商务行业重点网站的排名分析显得意义重大。对此，根据电商行业重点企业的表现，这里提供了2014年我国电子商务行业重点网站排名分析（详见附录2）。

第14章　信息技术服务业

14.1　2014年信息技术服务业发展回顾

2014 年，信息技术服务业整体增长速度有所放缓，但效益提升。从整体来看，该产业对国民经济和社会发展的支撑力进一步提高，产业结构和布局良性调整，新兴领域业务快速增长，中西部软件产业发展加快，中心城市软件业保持较快增长，信息技术服务重点企业竞争力明显增强，研发水平日益提升，创新能力不断增强。

14.1.1　信息技术服务业产业增长趋势减缓

根据工业和信息化部公布的统计数据显示，2014 年全年，信息技术服务业实现业务收入 3.7 万亿元，产业规模较 2010 年扩大近 3 倍，同比增长 20.2%，增速低于 2013 年同期 4.6 个百分点；而 1～11 月期间，全产业实现利润总额 3841 亿元，同比增长 31.2%，增速比 1～10 月份提高 7.3 个百分点。分季度来看，一、二、三和四季度分别完成业务收入 7426 亿元、9503 亿元、9886 亿元和 10185 亿元，同比增速分别为 20.9%、22.6%、18.5%和 19.1%，全年发展呈稳中有降趋势，月度累计增速稳定在 20%～22%，下半年增速有进一步放缓趋向。

从全年的数据来看，依旧保持着平均 20%的增长速度，但业务收入增速全面低于去年同期水平 3～5 个百分点，也低于“十二五”规划中行业预期增速约 4 个百分点。如图 14-1 所示。

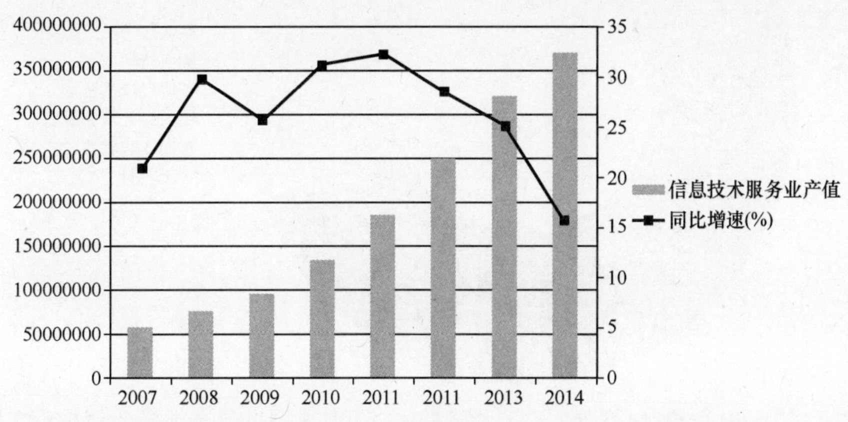

图 14-1　2007—2014 年信息技术服务业产业规模

14.1.2 信息技术服务业对经济社会发展贡献依然突出

2014 年全年，信息技术服务业产值增速为 20.2%，而全年国内生产总值同比增长 7.4%，同期的电子信息制造业增速为 12.2%。信息技术服务业的发展速度是电子信息制造业增速的近 2 倍，是国民经济整体增速的近 3 倍，可见，信息技术服务业对国民经济的发展贡献依然很显著。这充分表明，在近几年的移动互联网高速发展大潮的带动下，信息技术服务业对国民经济的推动和人民生活的影响逐渐加大，产业地位也逐渐突出。

14.1.3 嵌入式系统软件发展异军突起

2014 年，信息技术咨询服务、数据处理和存储类服务分别实现收入 3841 亿元和 6834 亿元，同比增长 22.5%和 22.1%，增速高出全行业平均水平 2.3 个和 1.9 个百分点；占全行业比重分别达 10.3%和 18.4%，同比提高 0.2 个和 0.3 个百分点。传统的软件产品和信息系统集成服务分别实现收入 11324 亿元和 7679 亿元，同比增长 17.6%和 18.2%，占全行业比重同比下降 0.7 个和 0.3 个百分点。如图 14-2 所示。

值得注意的是，嵌入式系统软件实现收入 6457 亿元，同比增长 24.3%，增速高出全行业平均水平 4.1 个百分点；集成电路设计业实现收入 1099 亿元，同比增长 18.6%。厦门、青岛、武汉和西安四个城市的嵌入式系统软件的发展尤其突出，速度均高于 30%，其中，武汉和青岛的增速甚至超过了 40%。

另外，2014 年的服务类业务占比又有了较大幅度的提高，达到了 52.1%，高于 2013 年同期 0.4 个百分点，软件产业结构的高端服务化趋势得以稳步增长。

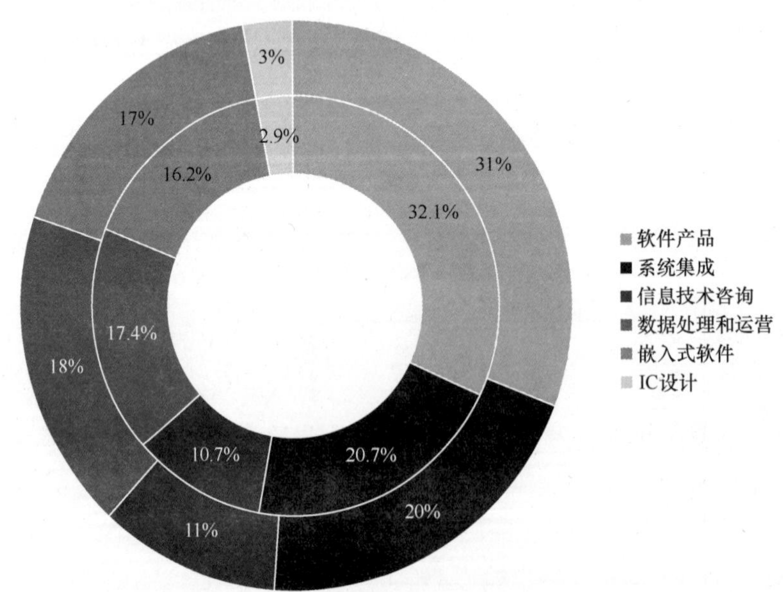

图 14-2 2013—2014 年（1～11 月同期对比）信息技术服务业产业结构示意图

14.1.4　青岛、武汉异军突起

2014年1～11月，全国4个直辖市和15个副省级中心城市实现信息技术服务业产值26693亿元，同比增长15.8%，低于全国平均水平4.3个百分点，占全国全行业产值的80.9%，与2013年基本持平。在这19个中心城市中，软件业务收入规模超过1000亿元的中心城市达到9个，比2013年增加1个；有13个城市同比增速高于全国平均水平，比2013年数量多一个；有9个城市以高于全国平均增速7个百分点以上的增速发展，比2013年多了2个；但是，增速超过30%的城市仅有3个，较2013年有大幅减少；而不可忽视的是，青岛和武汉仍然逆势增长，均以超过40%的增速引领全国各城市，成为2014年信息技术服务业发展的宝贵亮点。如图14-3所示。

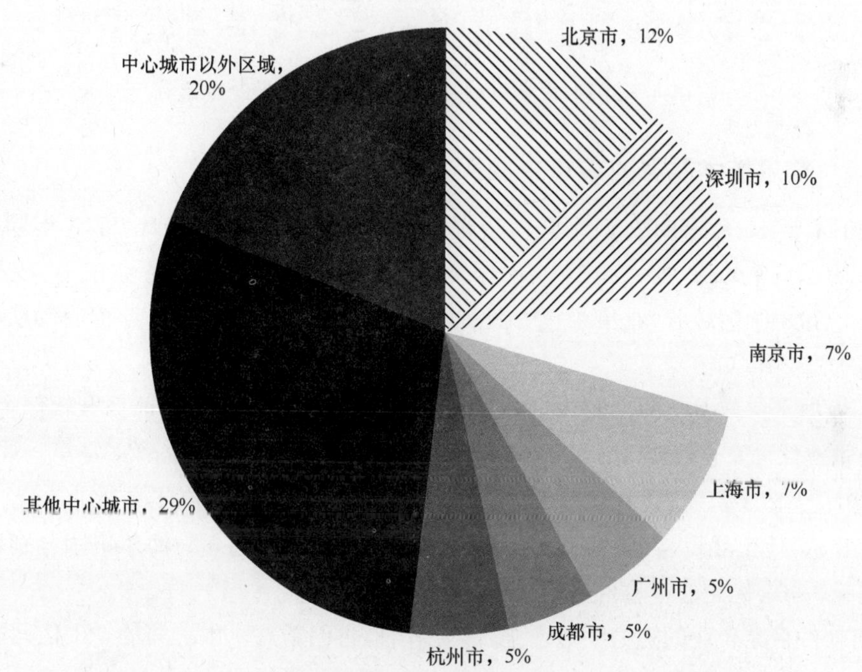

图14-3　2014年中心城市信息技术服务业分布比重情况

通过分析2014年1～11月的数据可以得出，虽然中心城市产业发展放缓，但产业结构的服务化趋势基本保持了上年的水平。信息系统集成服务、信息技术咨询服务、数据处理和运营服务和IC设计收入增速分别达14%、14.5%、22.6%和20.7%，前三项收入增速较全国平均水平下降4.8、6.5、2.7个百分点，只有IC设计收入增速比全国平均水平高出1.1个百分点。2014年1～11月，19个中心城市的信息技术服务业中服务类业务占行业比重为54.8%，比去年同期上升0.8个百分点。如图14-4所示。

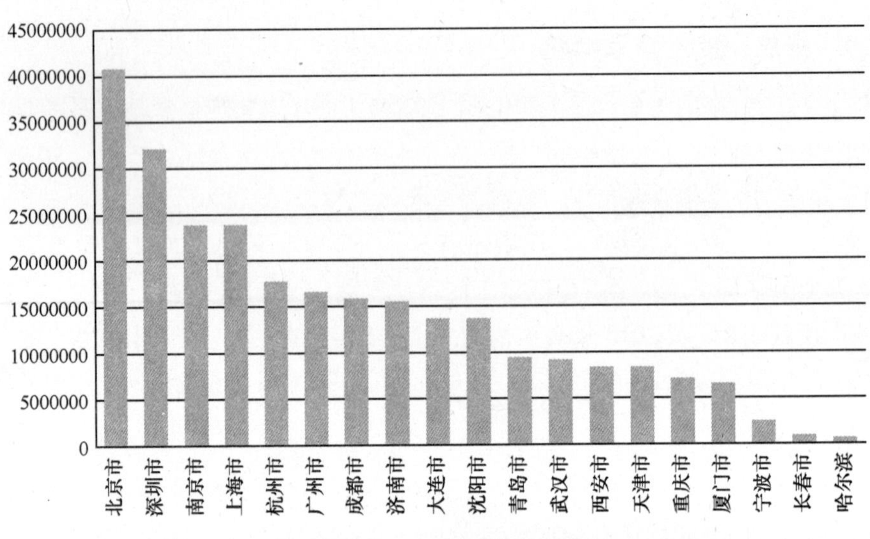

图 14-4　2014 年中心城市信息技术服务业分布情况

14.1.5　信息技术服务业重点企业实力明显增强

根据 2014 年 11 月末的统计数据，全行业共有企业 36459 家，比 2013 年同期增加了 4593 家，增长 14.4%；据 2013 年数据测算，我国信息技术服务业的行业集中度[1]为 CR4=6.7%、CR8=7.9%，行业集中度相比 2012 年略有提高，说明重点企业的实力有了明显的增强。

另外，根据工信部发布的“2014 年（十三届）中国软件业务收入[2]前百家软件企业”中的数据，新一届软件百家企业实现软件业务收入 4751 亿元，同比增长 29.6%，是第一届的 20 倍，占全行业收入的 15.3%，实现利润 899 亿元，比上届增长 37.4%，高于全行业 24 个百分点，利润率达 8.6%，比上届提高 1.1 个百分点。其中，华为、中兴通讯、海尔集团分别以 1216 亿元、463 亿元、401 亿元的营收位居榜单前三名。

新一届软件百家企业的实力明显增强，入围门槛再创新高，由上届的 7.8 亿元上升至 9.3 亿元，增长了 19%。

企业研发水平日益提升，创新能力不断增强。软件百家企业更加注重研发投入，研发经费比上届增长 9.4%;研发投入占比达到 6.5%，高出软件行业 1.5 个百分点，其中 4 成企业的研发投入占比超过 10%。创新成果也日益突出，工业控制系统、新一代通信技术、高端软件操作系统、海量存储系统、中间件应用等一系列国家“核高基”重大专项取得明显突破，产品的易用性和稳定性得到有效提升，云计算、物联网、信息安全等技术与应用取得了实质性进展，自主知识产权研发成绩显著。本届软件百家企业当年软件著作权数超过 9000 件，比上届增加了

1　CR4、CR8 表示行业前四、前八的企业所占的市场份额，是衡量行业集中度的常用指标。

2　根据工信部的相关定义，此处软件业务与本文的信息技术服务业定义范围基本一致。

34.7%，软件产品登记数增长了 11.5%。其中，中兴和华为 2013 年的国际专利申请量分列全球第二、第三。

14.2　2015 年信息技术服务业发展展望

基于 2014 年的基础及 2015 年行业的技术和政策趋势，我们对 2015 年信息技术服务业做如下的展望。

14.2.1　"互联网+"将为信息技术服务业夯实发展基础

展望 2015 年，在国家政策、社会需求和产业资金等多方面有力因素的驱动下，信息技术服务业将保持有力增长。随着我国经济转型成效逐步扩大，产业得到新的驱动力量和发展机会：一是高速发展的信息消费，逐渐成为推动我国经济增长的主要因素，不断深入社会经济和社会组织形式，带动数字内容、移动互联网等产业发展，信息平台建设和对接需求大大增加；二是发展空间巨大的新兴科技领域，随着以云计算、移动互联和大数据代表的技术创新和突破，产业发展方向越发明显，与传统行业融合不断深化，催生 IT 系统建设需求。特别是在 2015 年全国人代会上，李克强总理提出：制定"互联网+"行动计划，推动移动互联网、云计算、大数据、物联网等与现代制造业结合，促进电子商务、工业互联网和互联网金融健康发展，引导互联网企业拓展国际市场。这意味着"互联网+"已经上升至国家战略。

预计 2015 年，我国信息技术服务业将保持 22%以上的高速增长。在产业规模快速增长的同时，产业结构将进一步优化，数据处理和运营、信息技术咨询、数字内容服务等高端环节的比重将进一步增加。

新一代信息技术已经成为引领各领域创新不可或缺的重要动力和支撑，成为实施创新驱动发展战略、建设创新型国家的关键所在，在深层次上改变交通、医疗、电信、能源、金融等基础领域的面貌。

智慧城市领域。新一代信息技术在城市主体范围内的创新应用对于我国城市化进程尤为重要。经过 2013 年的大范围试点，2014 年智慧城市进入大力推广阶段，相关企业与各地政府签署众多框架协议，主要围绕争政务、交通、医疗等方面，并逐步由小部分项目开始实质性落地。2015 年将是智慧城市订单落地与建设的高峰期，据 IDC 预计，2015 年我国智慧城市市场规模将达到 150 亿美元。基于新一代信息技术的数据互联互通与统一管理平台是智慧城市发展的重要趋势，在智慧医疗、社保、教育、平安城市、电子政务、工商管理等领域的应用将不断增加。

互联网金融领域。在资本推动和我国客户金融需求逐步释放的影响下，市场快速发展并日益壮大，2014 年延续 2013 年的强势表现，在理财、投资以及信贷领域均有突破，阿里、腾讯和联想等企业相继投资互联网金融。2015 年，随着金融改革的不断深化和政策监管的逐步松绑，互联网金融创新和巨头布局将进一步加速。大数据与金融融合成为行业发展趋势，有助于金融企业提升竞争力，推动互联网金融模式创新和产品精准营销。行业边界日渐模糊，参与者包括传统金融机构、互联网企业、通信运营商以及基础设施提供商等，跨界合作活动频繁。

14.2.2 “工业 4.0”将给信息技术服务业带来巨大推动力

2015 年，制造业互联网化趋势将进一步向产品延伸，未来的产品，其物理属性将逐渐减弱，而更多的将是扮演互联网接口及信息采集与传输的角色。产品将借助物联网、云计算、大数据、移动互联网等技术实现虚拟世界与现实世界的融合。

据 IDC 预计，2015 年，工业 4.0 概念将从领导企业向中小企业、从高端制造业向传统制造业迅速传播。中国制造企业将以工业 4.0 作为标杆，打造符合行业特点，符合企业自身特点的智能工厂。

在过去的 2014 年，德国工业 4.0 已成为中国制造企业最为关注的焦点。其核心内容可以总结为：建设一个信息物理系统网络（Cyber-Physical System）、研究智能工厂及智能生产两大主题、实现横向集成、纵向集成与端到端集成。工业 4.0 将成为企业提高生产效率、降低成本并实现柔性生产的关键。

另外，制造业服务化将成为企业转型升级的主流趋势。在转型升级与“两化融合”的大背景下，中国制造企业正试图摆脱因低端价值链所带来的价格竞争，努力向价值链两端延伸。研发、设计、营销、售后、品牌管理和知识产权管理等服务环节的投入会逐年增加。IDC 预测，2015 年，中国制造业与服务业间的边界将越发模糊，两者间的相互融合和相互依存将驱动传统制造业向服务型制造业转型。中国制造企业需要将服务理念植入价值链的每一个环节，以客户需求为中心，为客户提供端到端的服务，从而提升用户体验，创造源源不断的价值。

14.2.3 跨界发展将成为新趋势

随着互联网的深度渗透和新兴技术的不断创新，企业加速跨界发展步伐，通过并购合作抢占新市场或补充自身短板，增强市场竞争力。一方面，2014 年科技行业的投资并购交易达到新的高峰，IT 业跨界并购进入井喷期。目前，国内跨界并购活动主要由资本充足的龙头公司开展，专注于产业新兴增长点。并购对象包括云计算、金融 IT 服务等领域企业，一般拥有细分领域领先的核心技术、客户资源等无形资产。另一方面，IT 企业通过签署战略合作协议，发挥各自信息技术和资源优势，如中软与华为、浪潮与金蝶强强联手推动跨界融合，加强在云服务、大数据和智慧城市等领域的共赢发展。在信息安全监管趋严的背景下，国际巨头如 IBM、思科也积极寻求与我国企业开展合作，从而实现本土业务的突破。

2015 年，受跨界并购合作热潮和软硬件服务化态势的推动，信息技术服务业的竞争与合作持续加剧。随着信息化向纵深发展，信息技术服务日益综合化、集成化，市场将从单一企业竞争到以聚合生态系统的协同效应参与全产业链竞争。多元化并购合作活动的增长趋势将于 2015 年延续，主要围绕大数据、云计算、物联网等新兴技术以及金融、医疗、数字内容等需求大、普及率高的领域展开，我国企业的海外战略投资与合作也将保持活跃。

第15章　中国信息技术服务业上市公司发展与竞争力分析

15.1　2014年信息技术服务业上市公司发展情况概述

2014年，我国的GDP增速为7.4%，国家宏观经济保持较为平稳增长，我国信息技术服务产业的增长速度为20.2%，在经济结构转型，行业利好政策的情况下，我国信息技术服务产业的增长速度远高于GDP的增长速度。与2013年相比，信息技术服务产业规模，业务规模和利润规模仍然保持继续增长的态势，但增速有所放缓。

15.1.1　信息技术服务业上市公司主营业务发展情况

2014年，信息技术服务业上市公司仍然维持着较为稳定的增长，但资产规模、主营业务规模与净利润的年增长率较之2013年有所下降，这预示着信息服务业呈现出高增长的同时增速放缓的发展态势。根据27家上市5年以上的信息技术服务公司的数据显示，预计到2014年年底，信息技术服务业上市公司的平均资产规模将达到42.82亿元，同比增长14.22%，增长速度基本与2012年持平。如图15-1所示。

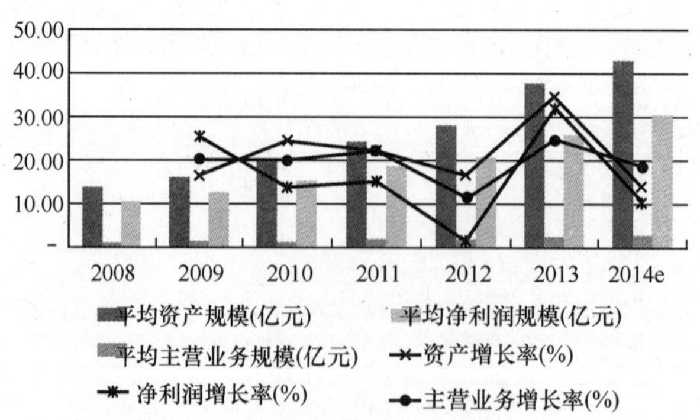

数据来源：上市5年以上的27家信息技术服务业公司年报数据整理

图15-1　信息技术服务业上市公司平均主营业务规模及增长率情况

15.1.2　信息技术服务业上市公司的效益情况

相对于2013年主要效益指标的回升情况，2014年，信息技术服务业上市公司的主要绩效指标展现出小幅度的下降，信息技术服务业的平均资产周转率为0.75，行业平均资产负债率为44.56%，资产增长率与营业利润增长率分别为14.22%与3.9%，与2013年情况相比均有所下降，其中营业利润的增长下降幅度更大。绩效指标如表15-1所示。参照2014版《企业绩效评价标准值》中信息技术服务业全行业指标，资产负债率、资产增长率和营业增长率都高于行业平均值，有些甚至处于优秀值水平。而营业利润增长率略低于行业平均水平，企业的资产周转率处于较差值的水平，其原因主要是2012年行业利润整体下降，低于上年水平，2013年出现较大逆转，而2014年延续2013年的发展趋势，增幅并不明显。

表15-1　信息技术服务业上市公司绩效指标情况　（单位：%）

	2013年	2014年	优秀值	良好值	平均值	较低值	较差值
资产负债率	46.3	44.56	55	60	65	75	90
资产增长率	20.25	14.22	15	10.8	7.2	−1.5	−14.9
营业增长率	24.63	18.43	19	11.6	5.8	−9.4	−19.9
资产周转率	0.78	0.75	2.0	1.5	1.2	0.9	0.7
营业利润增长率	43.66	3.92	15.2	11.8	5	−15.6	−19.9

数据来源：上市5年以上的27家信息技术服务业公司上半年年报数据整理计算，并与《企业绩效评价标准值》2014版的标准对比

1. 信息技术服务业上市公司并购重组事件

2014年上半年，受国家宏观经济政策的影响，国家经济增速放缓，信息技术服务业市场开拓阻力依然较大。信息技术服务业上市公司积极进行重组并购，企图通过购买技术与市场，实行资源整合。通过对60家信息技术服务业上市公司公告资料的整理发现，2014年上半年，共发生并购重组39件，与2013年的基本持平。

2. 信息技术服务业上市公司的融资力度进一步加大

由信息技术服务业60家上市公司的统计分析显示，2014年前三个季度的融资金额已经达到了193.4亿元，2014年信息技术服务业上市公司继续扩大融资力度，共进行融资52件，融资规模基本保持2013年的水平，同比增长率为1.96%，2014年相比于2012年，增速上升了24.09个百分点。如图15-2所示。

3. 信息技术服务业上市公司的服务倾向

2014年，信息技术服务业上市公司的各类业务中，系统类收入仍然占据相当重要位置，其收入水平占信息服务类总收入的45.7%，并保持着15.56%的增长率。服务类业务与设计开发类业务依然保持了相对较高的增长，增长率分别达到33.95%和15%，高于平均主营业务收入13%的增长率，比起2013年的26.94%与14.76%的增长率相比，分别增加了7.01个和0.24个百分点。而软件类收入呈逐年递减的趋势。如图15-3所示。

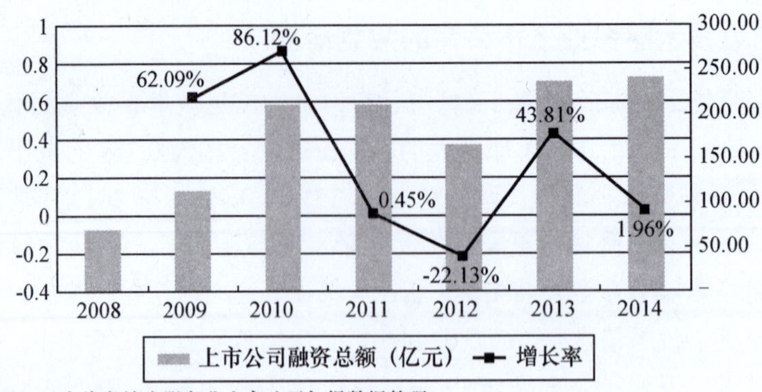

数据来源：60 家信息技术服务业上市公司年报数据整理

图 15-2　信息技术服务业上市公司融资情况

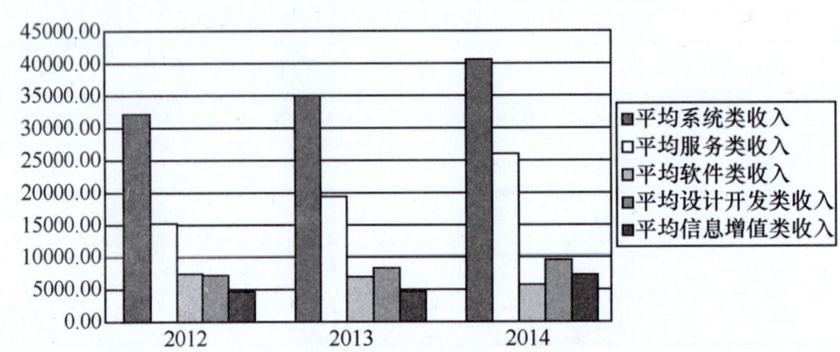

数据来源：上市 5 年以上的 27 家信息技术服务业公司年报数据整理计算

图 15-3　信息技术服务业上市公司技术咨询类业务与设计开发类业务平均规模情况

系统类收入的增长说明信息系统集成服务在行业内需求仍然占主体地位，在行业回暖的状态下，系统集成的需求也在进一步增大；而服务类业务比重的持续大幅增长，原因有两点：一是市场消费需求升级，消费者而对于综合类的信息技术服务与一体化解决方案的需求越来越大；二是信息技术服务业上市公司加大资金技术投入，意欲摆脱“技术支持”的形象，并逐步从技术提供商向综合型技术服务商转型。

15.2　信息技术服务业上市公司的竞争力评价

通过对 2014 年以前上市的 60 家信息技术服务业公司的获取资源能力、技术创新能力和履行责任能力数据的整理、分析及计算，得出其综合竞争力排名情况如表 15-2 所示（详见附录 3）。

表 15-2　　信息技术服务业上市公司排名情况

2014 年排名	综合得分	百分制	排名	2013 年排名
用友软件	3.56	100	1	用友软件
东软集团	2.54	76	2	东软集团

续表

2014 年排名	综合得分	百分制	排名	2013 年排名
国电南瑞	2.37	72	3	国电南瑞
科大讯飞	2.17	68	4	中国软件
东华软件	1.88	61	5	海得控制
鹏博士	1.86	61	6	广联达
中国软件	1.83	60	7	天源迪科
广联达	1.75	58	8	科大讯飞
太极股份	1.60	55	9	鹏博士
宝信软件	1.58	54	10	高鸿股份
		…		
天泽信息	0.54	30	51	中海科技
卫士通	0.51	29	52	浪潮软件
中海科技	0.47	29	53	天泽信息
赛为智能	0.42	27	54	新太科技
迪威视讯	0.30	24	55	超图软件
键桥通讯	0.22	23	56	湘邮科技
世纪鼎利	−0.01	17	57	大智慧
湘邮科技	−0.53	5	58	联信永益
联信永益	−0.68	2	59	中海科技
新世纪	−0.71	1	60	浪潮软件

与 2013 年的结果相比，用友软件、东软集团和国电南瑞依然保持行业前三名的位置并且与其他企业之间有明显的差距，而世纪鼎利等排名靠后的四家企业综合得分为负值，其原因有两点：一是企业的净利润为负，且绝对值占主营业务收入的比重较大；二是企业在本期内分红的数额比较大。从得分的整体分布上看，基本服从正态分布，得分在 60 分以上的企业有 7 家，得分在 23～59 分的企业有 49 家，其中有 37 家企业的得分集中在 30～49 分，得分在 17 分以下的企业有 4 家，从分布规律中可以看出，半数以上的企业集中处于行业的平均水平，少数几家企业处于行业的领先位置，并连续两年保持行业领先地位。

15.2.1　信息技术服务业上市公司获取资源的能力有所提升

从 2014 年上市公司得分来看，各公司在获取资源的能力方面差距较大仍是造成各公司竞争能力差异的主要因素，2014 年，其在上市竞争力评估体系中所占权重为 43.3%，相比于 2013 年上升了 2.76 个百分点。其中，融资金额、净资产收益率两个指标所占比重均比去年有所增加。其比重发生上涨主要是由于经济环境稳定，企业在政策利好的情况下，进一步扩大融资规模。获取资源能力指标及权重如表 15-3 所示。

在获取资源能力方面排名前三的公司为用友软件股份有限公司、东软集团股份有限公司和国电南瑞科技股份有限公司。其中，用友软件股份公司分别在融资和净资产收益率上表现出明显的优势，而东软集团股份有限公司延续了 2013 年的表现，依然在技术、专利储备方面突出，而国电南瑞则在主营业务规模上占有突出的优势。在员工受教育程度上，三者表现相当。

表 15-3　　获取资源能力指标及权重

融资金额	净资产收益率	技术、专利储备	员工受教育程度	主营业务规模
11.56%	9.47%	10.52%	1.66%	10.08%

数据来源：根据 60 家信息技术服务业上市公司年报数据整理计算

15.2.2　技术创新能力对信息技术服务业上市公司的影响力有所下降

各公司在技术创新方面的能力差异依然是造成竞争能力差异的重要因素，其在上市竞争力评估体系中所占权重为 28.71%，相比于 2013 年下降了 2.59 个百分点。其中，销售净利率指标发生 0.62 个百分点的上涨。其他三个指标相比于 2013 年都有小幅度的下降，考虑到行业整体主营业务收入增速的放缓，科研投入量也略有下降。技术创新能力指标及权重如表 15-4 所示。

在技术创新能力方面排名前三的公司为用友软件股份有限公司、恒生电子股份有限公司和广联达软件股份有限公司。其中用友软件在科研投入程度上表现最优，恒生电子其次，而广联达在销售净利率方面表现更为突出。

表 15-4　　技术创新能力指标及权重

科研投入程度	科研人员比例	员工贡献率	销售净利率
10.10%	2.62%	4.73%	11.26%

数据来源：根据 60 家信息技术服务业上市公司年报数据整理计算

15.2.3　信息技术服务业上市公司对责任的担当程度没有显著变化

各公司的履行责任方面能力的差异在上市竞争力评估体系中所占权重为 28%，与 2013 年的水平相当，相比于 2012 年，影响程度明显增强。其中每股收益和每股社会贡献值相比去年分别增加了 1.79 个和 1.05 个百分点，比重上升的主要原因是随着行业效益的好转，企业的收益也有一定的提高。承担责任能力指标及权重如表 15-5 所示。

在承担责任的能力方面排名前三的公司为用友软件股份有限公司，网宿科技股份有限公司和安徽科大讯飞信息科技有限公司。其中用友软件在股利发放这个指标上的得分为 0.65 远高于其他企业，科大讯飞其次，而网宿科技在每股收益和每股社会贡献值这两个指标上的得分都高于另外两个企业。

表 15-5　　承担责任能力指标及权重

每股收益	股利发放	每股社会贡献值	社会责任
9.49%	10.43%	6.30%	1.78%

数据来源：根据 60 家信息技术服务业上市公司年报数据整理计算

15.3　2014 年信息技术服务业资本市场的新发展

通过查询上海证券交易所和深圳证券交易所的上市公告，2014 年，新增信息技术服务业上市公司 10 家，其中有 8 家企业在创业板上市，截至 2014 年第三季度，这些上市企业的平均资产规模为 106570.221 万元，规模远低于前文中 27 家企业的平均资产规模，并且上市接近一年的时间里多次面临停牌整顿的事件，这说明新上市的企业还面临着诸多问题亟待解决。

附录1　2014年信息服务产业大事记

1. 2014 年 4 月 30 日，电信产业营改增。国家财政部和税务总局于 4 月 30 日印发《关于将电信业纳入营业税改征增值税试点的通知》，明确从 2014 年 6 月 1 日起，将电信业纳入营改增试点范围，实行差异化税率，基础电信服务和增值电信服务分别适用 11%和 6%的税率，为境外单位提供电信业服务免征增值税。

2. 2014 年 2 月 27 日，网络安全提上国家战略高度。中央网络安全和信息化领导小组宣告成立，中共中央总书记习近平担任组长，在中央网信领导小组第一次会议上，习近平提出“没有网络安全就没有国家安全”。

3. 2014 年 12 月 18 日，民资进入电信市场迈出实质性步伐。工业和信息化部向 8 家民企发放第五批移动通信转售业务试点批文，42 家民企（含浙江、广东省内各批复 1 家）进入移动通信市场。

4. 2014 年 7 月 18 日，中国铁塔公司正式组建完成，由中国移动、中国电信、中国联通三大通信运营企业出资组建的中国铁塔股份有限公司（以下简称中国铁塔）正式揭牌成立。此后数月，中国铁塔快速高效地完成了 31 个省（区、市）分公司及其地市级分公司的工商注册和人员组建工作。

5. 2014 年 5 月 13 日，运营商混合所有制经济“破冰”。中国电信提出将挑选集团内 2～3 家公司搞混合所有制经济体合作。公司董事长王晓初明确表示，将以混合所有制经济为导向，在需要引入能力、资本、创新活力的重点领域，尝试通过多种资本运作方式打造具有竞争力的新兴业务运营格局。

6. 2014 年 7 月，5G 研发中国穿上“领骑衫”。ITU 开始筹备启动新一轮的面向 2020 年的研究工作，历经两年的研究，5G 愿景的主体研究工作已基本完成。值得注意的是，中国通信业在其中扮演着关键角色，在相关领域的研究处于世界领先水平，与 3G 和 4G 相比，5G 标准在形成的过程中融入了更多的“中国智慧”。

7. 2014 年 10 月 16 日，中国互联网反垄断第一案尘埃落定。“3Q 大战”堪称中国《反垄断法》在互联网领域的第一个典型案例，并吸引了数以亿计的用户参与这场纷争。“3Q 大战”的判决具有示范作用，为行业内的各种竞争乱象划定了清晰的法律界限，也改变了中国互联网行业以往野蛮生长、奉行丛林法则的状况，客观上推动了新游戏规则的建立。

8. 2014 年 9 月 19 日，互联网企业再掀海外上市潮。2014 年，共计有 10 余家中国互联网公司赴美国、中国香港上市。其中有以阿里巴巴、京东商城、聚美优品为代表的电商公司，以新浪微博、天鸽互动、迅雷、乐逗游戏为代表的泛文化公司，以乐居、猎豹移动、智联招聘为代表的服务类企业。

9. 2014 年 10 月，工业 4.0、两化融合动力强。李克强总理访德期间，中德签订“工业 4.0”战略合作框架，显示出高层对制造业升级改造的强力支持。随着工业和信息化部、科技部和德国联邦经济和能源部、联邦教研部建立“工业 4.0”对话，两国制造业在“工业 4.0”计划携手合作，新一轮工业革命迅速影响到中国的工业化进程。

10. 2014 年 11 月 19 日，首届世界互联网大会在乌镇开幕。国务院副总理马凯在大会开幕式上致辞。正在浙江考察的李克强总理 20 日同出席大会的中外互联网大佬座谈，就互联网发展和开发创新等议题，进行共享共治、合作共赢的“头脑风暴”。

11. 2014 年 5 月 28 日，广电国网公司挂牌成立、并获 4000 亿元授信贷款，业界期待 4 年之久的国家级有线电视网络公司中国广播电视网络有限公司（简称广电国网公司）在北京复兴门外 2 号正式挂牌成立。这标志着国家级层面的三网融合进入新里程。

12. 浙江网商银行与深圳前海微众银行获批。2014 年 7 月，深圳前海微众银行、天津金城银行、温州民商银行获批筹建，9 月底，上海华瑞银行、浙江网商银行获批，至此首批试点的 5 家民营银行全部出炉。其中，阿里任大股东的浙江网商银行与腾讯任大股东的深圳前海微众银行备受瞩目，2 家银行都将以互联网为主要经营平台，面对小微企业和个人用户。

13. 2014 年 10 月 16 日，蚂蚁金融服务集团正式宣告成立。以一只蓝色蚂蚁作为公司 Logo。“蚂蚁金服”囊括了支付宝、支付宝钱包、余额宝、招财宝、蚂蚁小贷及筹备中的浙江网商银行等品牌。在蚂蚁金服的业务体系中，主要有支付、理财、融资、保险这四大板块。战略上，蚂蚁金服明确要走平台化道路，并把主要的服务对象定位为小微企业和个人消费者。

14. 2014 年被誉为众筹的元年，众筹平台雨后春笋般的出现。截至 2014 年 9 月 30 日，国内至少已有 100 家众筹平台，其中有 11 家倒闭或已无运营迹象，3 家发生业务转型。在经过连续 2 个月的大幅增长后增势有所放缓。所有平台中，商品众筹达到 65 家，纯股权众筹有 25 家，其余为股权及其他业务类型的混合型平台。

15. 传统银行重构互联网金融，电子银行部纷纷“升级”为互联网金融部。应对互联网金融浪潮，传统银行纷纷寻求改革。一方面不少银行将电子银行部升级更名为“互联网金融部”，如广发银行、上海农商行；另一方面则单设了“互联网金融部”与电子银行部并行的，如农业银行，正开发的全新互联网平台“磐石平台”。而在“触网”合作上，传统金融也在加速与互联网公司的合作，如兴业银行与百度正式签订战略合作协议；苏州银行携手点融网成立 P2P 互联网金融事业部；民生等十几家中小银行开通直销银行，用户一般仅需手机号、身份证号即可完成注册。

16. 作为互联网金融不可分割的一部分，2014 年的 P2P 行业都处于洗牌季。截至 2014 年

11 月，P2P 网贷行业正在运营平台数达 1540 家，累计成交金额 2451 亿元。一方面，P2P 行业体量逐渐扩大、竞争也越发突出，问题平台事件频繁爆发，近两个月平均每天都有 1 家问题平台曝光。另一方面，自 2014 年 3 月以来，整个行业平均的利率每个月基本上都会大幅下降，截至 11 月底已经只有 16.3%，更是加剧了行业洗牌。

附录2　2014年我国电子商务行业重点网站排名分析

序号	网站名称	特点
1	淘宝网	淘宝网位列第一，其目前是亚洲最大，最安全的一个网上交易平台。为大家提供各种服饰、家具、美容、数码等优质的产品
2	天猫	原名淘宝商城，是亚洲最大的网上购物网站——淘宝网打造的 B2C 购物平台。其整合数千家品牌商、生产商，为商家和消费者之间提供一站式解决方案。而目前的天猫正处在飞速发展阶段，多种新型网络营销模式正在不断被开创。加入天猫，将拥有更多接触最前沿电子商务的机会，也将为全新的 B2C 事业创造更多的奇迹
3	京东	京东 JD.COM——专业的综合网上购物商城，销售超数万品牌、4020 万种商品，囊括家电、手机、电脑、母婴、服装等 13 大品类。秉承客户为先的理念，京东所售商品 100%正品行货、全国联保、机打发票
4	苏宁易购	苏宁易购是苏宁电器旗下新一代的 B2C 综合网上购物平台，现已覆盖传统家电、3C 电器、日用百货等品类。在未来的三年，网站将依托强大的物流、售后服务及信息化支持，继续保持快速的发展步伐；目标是在 2020 年实现 3000 亿元的销售规模，成为中国领先的 B2C 平台之一
5	国美电器网上商城	国美电器网上商城是国美电器的唯一官方网上商城，更是中国领先、专业的家电及消费电子商品网上商城。其凭借着国美电器集团每年千亿规模的低价采购能力、25 年持续领跑行业的品牌影响力优势、领先的信息化后台处理系统优势，以及拥有在全国最大的大家电物流配送体系，为消费者提供更低价格、更便捷的订货方式
6	当当网	当当网是国内领先的 B2C 网上商城，也是全球最大的中文网上书店。其致力于为用户提供一流的一站式购物体验，在线销售的商品囊括了图书音像、服装、孕婴童、家居、美妆和 3C 数码等几十个大类，在库图书超过 90 万种，百货超过 105 万种
7	亚马逊中国	原名是卓越亚马逊，为全球最大的电子商务公司亚马逊在中国的网站。该网站出售多达上千种商品，并一直秉承“以客户为中心”的理念，承诺“天天低价，正品行货”，致力于从低价、选品、便利三个方面为消费者打造一个可信赖的网上购物环境
8	易迅网	易迅网是依托著名的 IT 产品通路商上海电子商务发展有限公司而创立的新一代专业电子商务消费服务网站。易迅网利用强大的全球化集约采购优势、丰富的电子商务管理服务经验和最先进的互联网技术为用户提供最新最好的电脑产品、数码通讯、家居家电、汽车用品、服饰鞋类等多种时尚精品
9	1 号店	大型知名综合网上购物中心，覆盖了食品饮料、生鲜、进口食品、美容护理、服饰鞋靴、厨卫家电、母婴用品、数码手机、家居用品、保健器械、箱包珠宝手表、运动户外
10	唯品会	唯品会，一家专门做特卖的网站，每天 100 个品牌授权特卖、确保正品、确保特价、限量抢购。区别于其他网购品牌，唯品会定位于“一家专门做特卖的网站”，每天上新品，以低至 1 折的深度折扣及充满乐趣的限时抢购模式，为消费者提供一站式优质购物体验

附录3 信息技术服务业上市公司综合竞争力排名情况

公司名称	综合得分	百分制得分	排名	公司名称	综合得分	百分制得分	排名
用友软件	3.56	100	1	金证股份	0.96	40	31
东软集团	2.54	76	2	金智科技	0.89	38	32
国电南瑞	2.37	72	3	海得控制	0.88	38	33
科大讯飞	2.17	68	4	天玑科技	0.86	37	34
东华软件	1.88	61	5	积成电子	0.85	37	35
鹏博士	1.86	61	6	杰赛科技	0.85	37	36
中国软件	1.83	60	7	超图软件	0.84	37	37
广联达	1.75	58	8	华星创业	0.82	37	38
太极股份	1.60	55	9	达实智能	0.74	35	39
宝信软件	1.58	54	10	银信科技	0.72	34	40
石基信息	1.54	53	11	易联众	0.71	34	41
网宿科技	1.54	53	12	启明信息	0.68	33	42
恒生电子	1.53	53	13	海隆软件	0.66	33	43
高鸿股份	1.44	51	14	立思辰	0.63	32	44
华胜天成	1.37	49	15	银之杰	0.63	32	45
远光软件	1.33	48	16	佳都科技	0.62	32	46
捷成股份	1.26	47	17	浪潮软件	0.62	32	47
万达信息	1.22	46	18	拓维信息	0.62	32	48
新大陆	1.11	43	19	榕基软件	0.61	32	49
川大智胜	1.07	42	20	皖通科技	0.60	31	50
国脉科技	1.05	42	21	天泽信息	0.54	30	51
久其软件	1.04	42	22	卫士通	0.51	29	52
汉得信息	1.03	41	23	中海科技	0.47	29	53
南天信息	1.02	41	24	赛为智能	0.42	27	54
大智慧	1.02	41	25	迪威视讯	0.30	24	55
天源迪科	1.00	41	26	键桥通讯	0.22	23	56
华平股份	1.00	41	27	世纪鼎利	（0.0057）	17	57
启明星辰	1.00	41	28	湘邮科技	（0.53）	5	58
拓尔思	0.99	40	29	联信永益	（0.68）	2	59
世纪瑞尔	0.98	40	30	新世纪	（0.71）	1	60

附录4　北京邮电大学经济管理学院

北京邮电大学经济管理学院的前身是1955年建校时成立的三大系之一——工程经济系。建院57年来，学院始终服从和服务于国家战略需求、服从和服务于国家经济社会发展，以培养人才、服务社会、创造新知为己任，逐步形成了具有鲜明特色的办学思想和教学理念，成为新中国培养信息通信产业经济管理人才的摇篮，被社会誉为“信息通信业经济管理人才的黄埔军校”，为国家信息通信事业的建设、发展和改革做出了重大贡献。

目前，学院有管理学、经济学2个学科门类，有1个博士后科研流动站（管理科学与工程），1个一级学科博士授权点（管理科学与工程），3个一级学科硕士点（管理科学与工程、工商管理、应用经济学），1个二级学科硕士点（信息系统与信息管理），3个专业学位硕士点（MBA、项目管理工程、工程管理），8个本科专业。

经管学院科研实力雄厚，现有教育部首批建设的5个教育部战略研究培育基地之一“北京邮电大学高水平特色型大学发展战略研究中心”，工业和信息化部信息管理与经济重点实验室，北京市级实验教学示范中心。电子商务研究中心、服务管理科学研究所、信息产业政策与发展研究所、信息管理与GIS研究中心、中国邮政发展研究中心、大系统仿真研究中心产业、竞争与规制研究中心、产业组织与营销研究中心、通信经济与产业竞争力研究中心、网络产业研究中心、电信增值业务研究中心、网络经济与商务智能研究中心、社会化网络信息管理与服务研究中心、服务科学研究中心、人才战略与知识创新研究中心、国际项目管理研究所等16个学术研究机构。近十年里承担了973计划、863计划、近30项国家自然科学基金、5项国家社会科学基金、1项国家软科学、14项教育部人文社科等国家级重大课题，众多项科技部、工信部、司法部、国资委、中国科学院等省部级纵向课题和国际合作项目，千余项横向企业课题，每年科研经费达到2000多万元。在通信管理理论与实践、网络经济与信息经济学、电子商务管理理论与应用、信息化与政策法规等多个领域取得了丰硕的科研成果，在人均科研经费、高水平检索论文、著作、教材、译著等方面名列前茅。

进入 21 世纪，经管学院确立了“致力于发展成为国内一流、世界知名，教学科研与社会服务卓越的经济管理高级人才的摇篮”的愿景，明确了“提供与我国社会信息化发展相匹配的高质量经济管理教育，培养厚德博学、敬业乐群并具有创新思维、社会责任和国际视野的社会精英，奉献于中国乃至世界的管理实践和经济发展！”的历史使命。学院愿与社会各界携手，努力为中国乃至世界信息通信产业的健康发展做出自己应有的贡献。

（1）北京邮电大学 MBA 项目

北邮 MBA 项目 1998 年招生，经过 15 年发展探索出“技术叠加管理、科学融合艺术，以创新为驱动”的全新 MBA 培养理念。2012 年，又在全国首家实施“智慧云课件”教学模式。一系列的改革措施和创新方式，使得北邮 MBA 项目在师资实力、品牌影响力、就业指导、职业发展、毕业生满意度、雇主认可等方面都得到肯定。现已毕业的 3000 余名校友分布在各个产业领域，大多已是高层管理人员和业务骨干。

（2）北京邮电大学 EMBA 项目

北京邮电大学是 2009 年由国务院学位办发布的国内第二批具有 EMBA 招生资质的院校之一，也是当中极具特色的院校。北京邮电大学 EMBA 项目经过了三年多的发展，截至 2012 年年底共招收近 400 多名学员，他们分别来自运营商、通信设备厂商、SP 增值服务企业、系统集成商、软件制造服务商、互联网行业等众多通信高新科技企业，学员分布于全国各个省份。

（3）北邮 - 里昂商学院国际高级工商管理硕士（GEMBA）项目

北京邮电大学与法国里昂商学院的合作项目是北京邮电大学第一个获批的高级管理人员工商管理中外合作学位项目。法国里昂商学院是欧洲第一个获得 EQUIS、AACSB、AMBA 三大国际权威认证的商学院，在全球最权威的金融时报（Financial Times）公布的商学院排行榜中，法国里昂商学院近年来均列欧洲前十位，管理学硕士在全球 65 大商学院中排名第五，“创业创新”方向 EMBA 位列全球第一，是全球企业家的摇篮。北京邮电大学以悠久的办学历史，通信行业对于商务型市场经营方面的人才的旺盛需求，承担培养创新性人才的社会责任，选择法国里昂高等商学院合作办学是当今教育全球化的趋势，可有效实现互补优势。

（4）北京邮电大学项目管理工程硕士（MEng-PM）项目

2004 年 6 月，北京邮电大学项目管理工程硕士（MEng-PM）获国务院学位办公室授权批准，2008 年获欧洲项目管理协会（IPMA）工程 IPMP 认证单位，2011 年 9 月，获美国项目管理协会（PMI）项目管理全球认证中心（GAC）国际认证。

经过 7 年建设、改革与发展的实践，北京邮电大学项目管理学科建立了一支具有教学经验丰富、教学特色鲜明、结构合理、高水平和高层次，且在国内外有影响的学术带头人和学术骨干团队。主持和主研国家级、省部级、企业级课题多项，发表 200 多篇学术论文，出版教材专著 20 多部，科研经费连年增加，取得了一批国内领先、国际先进的创造性科研成果，创造了巨大的经济效益和社会效益。截至 2010 年年底，招收项目管理工程硕士 1415 人，其中 565 人获工程硕士专业学位。建设了 1 个教育部批准的高水平“工程项目管理和信息系统仿真实验中心”和 2 个 ICT 企业工程项目管理学生实习基地，同时，多名教师到美国、英国、挪威等国家进修学习、参加国内外学术交流。

使命和愿景：到 2015 年，跻身国内高校项目管理学科领先行列，达到国际项目管理学科先进水平，培养 ICT 行业项目管理高水平、高质量、高层次的复合型、创新型和应用型工程技术和工程管理人才，造就未来 ICT 行业工程领域的项目领袖，贡献创新成果，推动世界信息经济的发展和繁荣。

（5）北京邮电大学工程管理工程硕士（MEng-EM）项目

2010 年 6 月，国务院学位办公室授权批准北京邮电大学为“工程管理工程硕士专业学位授权点”培养单位。

几年来，工程管理学科依托管理科学与工程、通信工程主干优势学科，形成了培养具有工程管理能力的高层次、高水平应用复合型专业人才为特色的工程硕士教育模式，形成了一支集理论、科研、教学和社会服务为一体的学科队伍。目前，承担国家自然基金、国家科技攻关、国家部委等项目多项，取得了一批具有国内先进水平的科技成果，其中部分成果达到了国内领先水平；为中国移动、中国联通、中国电信、国防科工委、中国石油、中国石化等开展了咨询服务，赢得了良好的赞誉。为社会培养了一批工程管理本科、研究生、博士生，探索出一套工程管理理论与实践相结合的培养模式，受到了业界的广泛认可。

使命和愿景：到 2015 年甚至更长时间，建成“工程管理本科、工程硕士、工程博士”系列培养模式，在总体水平上将工程管理学科建成国内知名、国际有影响的重点学科；构建一支结构合理、工作高效、教学研究并重的博士教师梯队；培育 ICT 行业工程管理高水平、高质量、高层次的复合型、创新性和应用型工程管理人才，推动我国信息经济的发展和繁荣，争取更大的经济效益和社会效益。

（6）北京邮电大学高层管理培训项目（EDP）

“授人以鱼，不如授人以渔。”北京邮电大学经济管理学院 EDP 项目以造就信息时代管理精英为己任，以“技术＋管理”的复合型培训方案为特色，主要面向企业的中高层管理团队开设 ICT 产业前沿讲座板块、管理通识板块、经典管理板块、ICT 行业特色板块四大培训板块，采用案例体验式学习模式，帮助学员探索更深层次的自我认知；通过名师短期引领，教会学员如何挑战固有思维模式，迅速完成突破、提升和跨越，从而支撑学员个人和所在企业的可持续发展。同时我们会结合客户组织的实际情况，邀请业界有实战经验的政商精英与您分享，交流。